GUNNAR DECKER

Ernst Barlach

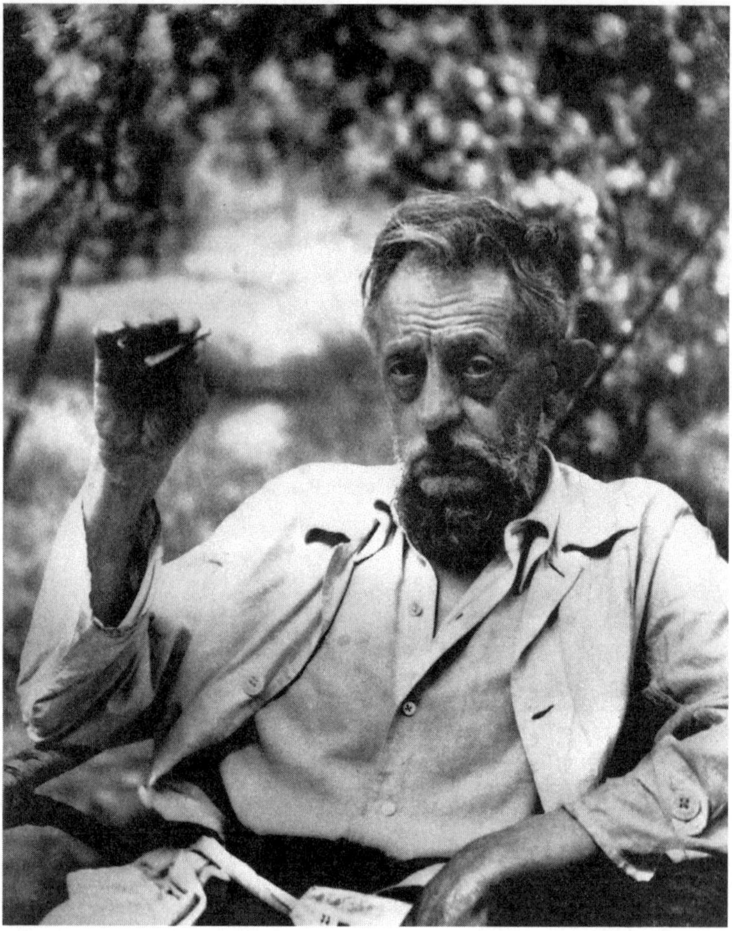

GUNNAR DECKER

Ernst Barlach

DER SCHWEBENDE   EINE BIOGRAPHIE

Siedler

MIX
Papier aus verantwortungsvollen Quellen
FSC® C014496

Verlagsgruppe Random House FSC® N001967

1. Auflage November 2019

Umschlaggestaltung: FAVORITBUERO, München
Umschlagabbildung: Ernst Barlach, Kopf des Güstrower Ehrenmals, Bronze,
Detailguss des »Schwebenden« (WVZ 424, 1927),
erstmals ausgeführt 1930 (WVZ 426)
© ars mundi – Die Welt der Kunst, Hannover
Lektorat und Satz: Büro Peter Palm, Berlin
Reproduktionen: Aigner, Berlin
Druck und Bindung: GGP Media GmbH, Pößneck
Printed in Germany
ISBN 978-3-8275-0106-6
www.siedler-verlag.de

Dieses Buch ist auch als E-Book erhältlich.

Im Traum fliege ich oft.

ERNST BARLACH

Inhalt

KAPITEL IV

173 Moses

KAPITEL V

201 Bolls Welt

KAPITEL VI

241 Von Frauen und Hexen. Liebe verjüngt?

KAPITEL VII

265 Zwischen Diesseits und Jenseits: die Totenmale

KAPITEL VIII

299 Weltensturz

PROLOG

Der Mann mit dem Totengräbergesicht

... meine Lieblingsthemen:
Bettler, Beter mit ihrem Nichts
vor dem Tiefsten und Höchsten.

Brief an Karl Barlach[1]

»Mutter Erde« hat Augen schmal wie Schlitze. Man weiß nie, in welche Himmel oder Höllen sie schauen. Sie sitzt, thront, ruht vor der Gertrudenkapelle in Güstrow, Mecklenburg. Oder der »Schwebende Engel« im Dom mit dem – ungewollt hineingeratenen – Gesicht der Käthe Kollwitz. Hier decken kreisrunde Lider die Augen.

Lauter vulkanische Ausbrüche an Schöpferkraft, die sich wenig um die Erwartungen anderer, gar um herrschende Konventionen scheren. Insofern ist Ernst Barlach gewiss ein Expressionist, dem sich alles in gesteigerten Ausdruck verwandelt, aber auch darin ein Außenseiter, ein passionierter Alleingeher, der barocke Welten im Kopf trägt und im Herzen ein Mystiker bleibt. Die Grenze zwischen Diesseits und Jenseits scheint für ihn nicht zu existieren. Und zugleich ist dieser Expressionist das Gegenteil eines Expressionisten, einer, der mit Linien geizt, ein Asket, dem jede Entäußerung wieder zur Verinnerlichung gerät. Entfesselung führt zu neuer Gebundenheit, Glauben und Skepsis finden unerwartet zusammen.

Ernst Barlachs Schöpfungen wirken erdschwer und schwebend zugleich, sind von einer gefangennehmenden Intensität, als handle es sich hier um die Wächterfiguren einer magischen Welt – so wie jene Balabanows, auf die er 1906 in der russischen Steppe stieß. Diese merkwürdigen Gestalten (riesenhafte Götzen) sind Seher, die nach innen, nicht nach außen blicken. Melancholische Klage und sachliche Kampfansage zugleich gegen das alltägliche Sich-gemein-Machen mit dem Gewöhnlichen spricht aus ihnen.

Wer sich mit unvollkommenen Verhältnissen, wie sie nun einmal sind, arrangiert, hat es gewiss immer und überall leichter.

Ernst Barlach kann das nicht. Oft trägt er schwer daran, wirkt unter Menschen stets eine Spur fremd.

Vielleicht ist es das einzigartige Zusammenspiel von Nähe und Distanz, das ihn zum formstreng-opulenten Menschenbildner macht, zum Alchemisten gar, der meint, die Schöpfung der Elemente sei noch nicht beendet, mehr noch, sie sei in seine Hände gelegt? Barlach notiert dazu am 8. August 1911 in einem Brief an Wilhelm Radenberg: *Tatsächlich ist mir seelisch der russische, der asiatische Mensch, der nur mystisch zu verstehen ist, verwandter als der typisch gebildete Zeitgenosse. Das Phänomen Mensch ist auf quälende Art von jeher als unheimliches Rätselwesen vor mir aufgestiegen. Ich sah am Menschen das Verdammte, gleichsam Verhexte, aber auch das Ur-Wesenhafte, wie sollte ich das mit dem landläufigen Naturalismus darstellen!*[2]

Die Menschen, die Barlach zeigt, sind weder erlöst noch verdammt, sie befinden sich in einem spannungsreichen Zwischenzustand. Bestenfalls sind sie auf dem Wege der Erlösung, die nicht allein aus ihnen selbst kommen kann, aber die sie auch nicht von einem transzendenten Gott erwarten.

Mit Barlach geraten wir in jene Regionen der Mystik eines Jakob Böhme oder Meister Eckhart, wo Gott allein auf dem Grunde der Seele geboren wird und Geist etwas ist, das funkengleich ausstrahlt. Ein Übermaß an Licht ist da nicht zu erwarten, aber genug, um die Finsternis nicht mehr fürchten zu müssen.

Wir kennen Ernst Barlach als Dramatiker barock-überbordender Stücke, in denen die Toten lebendiger sind als die Lebenden. Als einen Bildhauer, dessen Plastiken wie archaische Fetische darauf zu warten scheinen, dass jemand mit ihnen zaubert – aber niemand wird dies je tun können, denn Barlach, der Magier, setzt Brüche, vergrößert Abstände und vermeidet so voreilige Identifikation. So macht er sich unerreichbar für zweckhaftes Begehren. Als Grafiker und Zeichner durchwandert er surreale Traumwelten, als lägen diese gleich hinter Güstrow, wo er fast drei Jahrzehnte seines Lebens verbringt – am Ende ist es das wütende Standhalten von einem, der sich nicht vertreiben lassen will durch niedrige Gesinnung, wie sie 1933 auch in Mecklenburg in Amt und Würden kam.

Barlach trägt sie alle in sich, die Dämonen, die Furien, die Kobolde, die Gnome, die Wiedergänger, die seinem Werk etwas Gespensterseherisches geben. Er meint es ernst mit dem Leben als Maske des Todes.

Sein engster, aber – wie sollte es anders sein – auch fernster Freund, der neunzehn Jahre jüngere Güstrower Zeichenlehrer Friedrich Schult, der bis zu seinem Tod 1978 in der mecklenburgischen Kleinstadt lebte und jahrzehntelang unermüdlich an der Vervollständigung von Barlachs Werkverzeichnissen arbeitete, ist wohl auch der Einzige, dem es gelingt, Barlach als – durch noch zu erläuternde Umstände, aber auch durch dessen Wesensart – fremden Freund auf immer noch gültige Weise zu porträtieren. Er kannte ihn aus Jahren des intensiven Gesprächs und Jahren des angespannten Nebeneinanderher-Schweigens, schließlich des intensiv-ernsthaften Briefgesprächs (im selben Ort!), er erkannte ihn als freundlich-zuwendungsvollen Vater des Sohnes Klaus und als treuen Sohn der psychisch labilen Mutter Luise, die sich im Alter schließlich das Leben nahm.

Dennoch war da immer ein nur metaphysisch zu nennender Vorbehalt dem Leben gegenüber. Dieser Vorbehalt schmolz nur dahin, wenn Barlach – vor allem bei Kälte und Wind – in der Umgebung von Güstrow wandern konnte.

Er ist ein starker Raucher mit krankem Herzen, ein Spaziergänger, gar ein wohltemperierter Flaneur ist er nicht. Er schreitet energisch voran, den Hut tief ins Gesicht gezogen: *Drei Stunden zu Fuß im Wald oder über Land, und ich fühle mich gesund und von innen heraus beruhigt in der Art, daß alle kleinliche Sorge oder der falsche, d.h. hetzende Lebensrhythmus beseitigt sind.*[3]

Schult notiert in seinen »Letzten Aufzeichnungen« über Barlachs Art, die Dinge dieser Welt durchwandernd gleichsam beständig ins Surreale zu verwandeln, ihnen in seinem oft beschwerlichen Lebensalltag eine gespensterhaft-spielerische Gestalt zu geben: »Das Dämonische war ihm seit je vertraut. Er ging mit den

Hexen, in denen es Gestalt gewann, jederzeit so freundschaftlich um wie die anderen Zeitgenossen mit Hunden und Katzen.«[4]

Er kennt Barlach als kauzigen Eigenbrötler, doch er erkennt dahinter eben auch den Mystiker von barockem Ausmaß, der sich hartnäckig hinter seinem Werk verbirgt, der sich nur insoweit dieser Welt als zugehörig empfindet, als er sich ihr nicht zugehörig empfindet. Da bringt jemand das Kunststück fertig, gleichzeitig archaisch und avantgardistisch zu sein.

Alles Denken, alles Fühlen wurzelt ihm im Paradox. Etwas ist nur wahr, wenn auch sein Gegenteil wahr ist – das hat Barlach nicht nur abstrakt gedacht, sondern tagtäglich gelebt und in Ausdruck verwandelt. Dieser Beter zweifelt, dieser Zweifler betet. Barlach führt die Gegensätze immer wieder auf faszinierende Weise zusammen. Auch die Wirkung seiner Stücke ist nicht nur polarisierend, sondern bringt nicht selten einander sich ausschließende Urteile in einen Widerspruchszusammenhang. Berühmt ist das Diktum Alfred Polgars, der 1925 die konträren Wirkungen von Barlachs Dramen auf das Publikum wie auf die Kritiker so karikierte: »Da stand schwarz auf weiß, klar und eindeutig, wie die Sache gewesen und was von ihr zu halten sei. So lautete der eine Spruch: ›Es ist reiner Dilettantismus, maßlose Langweiligkeit, ein scheintiefes Mißdrama‹, und so der andere: ›Ein ganz großer, unvergeßlicher Abend. Barlachs Werk überwältigte.‹ Ich bin ganz der Meinung der beiden Herren.«[5]

Thomas Mann wird im April 1924 in einem »Barlach und Brecht« überschriebenen Theaterbrief aus Deutschland für die Zeitschrift »The Dial« in New York über »Der tote Tag« schreiben: »Die Münchener Kammerspiele hatten den schönen Mut, dies Trauerspiel vom Menschen, dem heldischen Geistsohn, der ewig ein Muttersöhnchen der eifersüchtig klammernden Erde bleiben wird, auf die Bühne zu bringen. Die Aufführung war vorzüglich. Sie konnte ein- oder zweimal wiederholt werden; dann blieb das Publikum aus. Das ist begreiflich, denn die stundenlange Konzentration auf das Raunend-Halbdeutliche ist keine jedermann genehme Abendunterhaltung. Aber es gibt zu grübeln über das Verhältnis von hoher Dichtung und Popularität.«[6]

Von »hoher Dichtung« wollen Barlachs Intimfeinde Alfred Döblin und Alfred Kerr nichts wissen, Döblin sieht nur »verqualmten Tiefsinn«, »Knurren«, »Drucksen« und befindet: »Barlach leidet an schwerster seelischer Verstopfung«, er sei eben ein »Provinzler«, ein »Kleinbürger«, »dumpf und nicht tief«. Und Kerr nennt »Die Sündflut«, für die Barlach 1924 den Kleist-Preis erhält, ein »scheintiefes Mißdrama«, »reiner Dilettantismus«.[7] Das scheint mehr als Kritik, purer Hass.

Es gehört zur Aura dieses rätselhaften Menschen, der sich so hartnäckig verbergen will, dass sein beständiges Nicht-mittun-Wollen die ebenso stolze wie demütige Reserve inmitten einer sich in selbstzerstörerische Handlungen stürzenden Zeit ist: die Offenbarung seines Geistes gegen den herrschenden Geist der Zeit.

Barlachs sich wie Sturm und Windstille hin und her wendende Stimme prägt sich ein, zu hören auf seinen letzten Tonaufnahmen vom Januar 1933. Sein Vertrauter Friedrich Droß wird es so ausdrücken: »Barlach sprach wie er ging: stoßweise, bald schnell, bald langsam ...«[8] Noch da, wo er sich in Unverständlichkeit wie in ein Versteck hinein murmelt, um dabei doch immer dem einen entscheidenden Wort, das er sucht (dem Zauberspruch!), nachzulauschen, klingt es – obwohl fraglos niederdeutsch – nicht recht auf mecklenburgische Weise platt: Man hört die Elbe, an der er geboren wurde, in seinen Sätzen rauschen.

Es sind wenige Augenblicke in seinem Leben (die Jahre 1933 und 1934), da gab auch er einige Male der Versuchung nach, wollte so sein, wie eben alle Welt – zu eigenem Vorteil den neuen Mächten hinterherlaufend. Aber er konnte es nicht, alles, was er bislang geschaffen hatte, sein ganzes Wesen zeugte dagegen. Er wusste es gut, er hatte es erfahren: Der Teufel, das negative Prinzip, das alles Wertvolle vernichtet wie ein böser Gott, er steckt auch in ihm selbst.

Heinrich Mann wird in Barlach jenen Typus des Intellektuellen erkennen, der der natürliche Feind aller Ideologen ist. Ende 1938 notiert er: »Das ist der Intellektuelle. In seiner echten Erscheinung ist er kein Fremder unter den gewöhnlichen Leuten. Er weiß über sie mehr, und was er ihnen darbietet, ist gewachsen. So wachsen sie selbst, so wächst auf dem Acker das Korn. Wirklich fremd, wirklich herbeigelaufen und wurzellos sind alle, die den redlichen Arbeiter am Wort und Bild von den gewöhnlichen Leuten trennen. Sie müssen ihre trüben Gründe haben, wenn sie ihn ausscheiden aus einem Volk, das er richtig sehen, tief empfinden, zuletzt auch denken lehrte.«[9]

Barlachs Gesicht auf den späten Fotos des Jahres 1938 ist das eines Ketzers und Großinquisitors zugleich. Unendlich müde – und doch jederzeit auf dem Sprung zu etwas, das dieses Verhängnis, in dem der Mensch gefangen ist, in einen Ausdruck zu bringen vermag. Eine Form, die den Betrachter bannt. Sein Vetter Karl Barlach schrieb: »Vom Vater hat er die Statur, der der kleinste unter den Söhnen des Pastors war, auch die großen lauschend abstehenden Ohren, die Ernst in seinen Selbstbildnissen keineswegs verschönt. Phantasie und lebhafte Empfänglichkeit haben von der Mutter her Stärkung erfahren. Aber die schauenden, fast übergroßen grauen Augen, ganz offen zum Aufnehmen, durchsichtig, so daß man glaubt, in sie hineinzuschauen, sind ganz Ernsts eigen.«[10]

Der Blick, mit dem Barlach in die Kamera schaut, ist nicht der eines furchtsamen, menschenscheuen Sonderlings, sondern der eines – trotz Alter und Krankheit – wehrhaften Alleingehers, der signalisiert: Meine Welt ist durch Feinde nicht zu erobern, nur Eingeweihten kann sie vertraut werden. Schult wird einräumen, es sei nicht leicht gewesen, mit Barlach umzugehen. Er vermeidet den Sündenfall ihrer Freundschaft, den Barlach auf schwer verzeihliche Weise herbeiführte, zu benennen, konstatiert nur: »Er war misstrauisch.«

Barlach gab sich gern als Landmann, obwohl er den urbanen Geist Berlins, der ihm zum Erfolg verhalf, immer in sich trug, aber auf eine ins Negative gewendete Weise. Er sprach von der Kunstmetropole auf eine für ihn typische Weise als von einer *toten Hölle.* Ein Mantelträger, der – wie sein früh verstorbener Vater, ein Landarzt – bei jedem Wetter weite Wege ging. »Im Sommer in einem leichten, im Winter in einem Lodenmantel.«[11]

Bei einem passionierten Wanderer wie Barlach verwundert das blutleere Gesicht, das ihm etwas Geisterhaftes gibt. Es zeigt den lebenslang starken Raucher, der als junger Mann schon herzkrank wurde – und dennoch bis ins letzte Lebensjahr die schwere körperliche Arbeit an der Skulptur nicht aufgab. Ein auf stoische Weise angenommenes Leiden des chronisch Kranken überschattet sein Antlitz, in dem sich etwas Faszinierendes ereignet: Scheinbar fern Liegendes wird als allerrealste Gegenwart verhandelt.

Das Schauspiel seines Geistes vollzieht sich wie hinter einem nur halb durchsichtigen Vorhang. Lauter Stimmen hören wir dahinter, im Zusammenklang mit Gesten, die wir mehr ahnen als im Detail wissen können. Wir spüren, dass sich hier etwas abspielt, das von größter Bedeutsamkeit ist, aber sein Erscheinen vor aller Augen erst noch vor sich hat.

Schult hat Barlach so genau beschrieben, weil er ihn erkennen wollte. Was er sah, war ein nach außen recht gewöhnlich wirkender Mensch, der sich bereits fast ganz ans innere Leben verausgabt hatte: »Barlach war mittelgroß, der Körper von leichtem Bau, mager, ohne Fettansatz. Die Augen groß, darunter Tränensäcke, die schon in den frühesten Aufnahmen retuschiert sind. Die Nase spitz, Gesichtsfarbe unfrisch, Kinnbart dürftig.« Nur Barlach selbst hat diese Beschreibung noch knapper auf den Punkt gebracht, als er von seinem *Totengräbergesicht* sprach.

Erst seine Bewegung ist es, die dem Körper im Raum die geistige Dimension gibt. »Die Gangart die eines Wanderers, der nach Gewohnheit lange Strecken bewältigt, langschrittig, den Mantel über die linke Schulter geworfen, in der Rechten den Stock.«[12]

So tritt der Wanderer dann auch mehrfach in seinen Plastiken auf: Im Wind, der ihm hart entgegenbläst und am Voranschreiten zu hindern sucht. So bereits 1908 in »Schäfer im Sturm«, aus Lindenholz geschnitzt. Doch der schwer Vorangehende hält, die rechte Hand am Hut, seinen nach vorn gebeugten Kopf dem feindlichen Element entgegen. Entschlossen stemmt er seinen Körper gegen die Gefahren, die seiner noch harren.

1934 hat Barlach den »Wanderer im Wind« thematisch noch einmal aufgenommen – vor einem ganz anderen gefährlich-drohenden zeithistorischen Hintergrund, der nicht nur sein Werk zu vernichten droht. Dieser Wanderer, der nun geradezu wie ein Soldat wirkt, steht hoch aufgerichtet in seinen langen Mantel geschlagen, die linke Hand geht auch hier zum Kopf, die Kopfbedeckung, die mit ziemlicher Bestimmtheit ein Helm zu nennen ist, tief ins Gesicht drückend. Er wirft sich nicht in den Sturm, sondern erwartet diesen auf seinem Posten ausharrend. Die obere Gesichtshälfte wird vom Helm bedeckt, die untere erweist sich als das vom Bart umrandete Kinn Barlachs, bereit, allen kommenden Angriffen zu trotzen.

Der Wind, die in arge Bewegung geratene Luft, so weiß Barlach, ist dem Wanderer nicht eigentlich feindlich. Im günstigsten Falle lässt sie ihn sogar schweben wie seinen an Theodor Däubler erinnernden Gottvater oder den Engel im Güstrower Dom.

So sah auch Anna Seghers im mexikanischen Exil auf Ernst Barlach, erblickte einen, der »salonunfähig« (Elmar Jansen) bleiben wird, der ganz allein für sich steht und nur im Traum anderen Menschen nah kommt: »Van Gogh und Käthe Kollwitz und Barlach gehören darin zusammen.«[13]

Im Traum fliege ich oft,[14] hatte Barlach bekannt. Die Flughöhe variiert, je nach Art des Traums, mal erdnah, mal himmelhoch, aber immer im Zutrauen auf die Elemente und ihre Verwandlungskraft oder – wie Christa Wolf im Herbst 1989 nach einem Besuch im Güstrower Atelierhaus über Barlachs Figuren notiert –: »Sie wühlen auf und trösten zugleich, ich würde gerne herausfinden, wodurch.«[15]

So wird der »Schwebende Engel« zum Symbol seiner Existenz: erdschwer und federleicht zugleich.

Ein Fall von Magie.

KAPITEL I

Umwege

Die Welt als Sensation und Stätte der Verwechslung

Bereits das Kind, das er einmal war, scheint lüstern nach Schauspiel aller Art, jubelt den Sensationen zu, die sich seinem Auge bieten. In »Ein selbsterzähltes Leben« erinnert Barlach sich an sein Geburtshaus in Wedel bei Hamburg zuerst unter dem Aspekt der Aussicht, die sich ihm von hier aus bot: »Die Welt, die ich anzuschauen bekam, ließ es sich von meinem guten Platze aus gefallen, dem Eckhaus am Markt, wo ich vom Balkon herab einen Leichenzug mit herzlichem Hurra begrüßte, da ich den Unterschied von einem Schützenausmarsch noch nicht wahrnahm.«[1] Der Unterschied ist dann wohl auch tatsächlich nicht so groß, wie es sich das moralische Bewusstsein der Erwachsenenwelt ausmalt.

Das Kind weiß es ein für alle Mal besser, wenn es im Leichenzug bloß wieder den Schützenausmarsch erkennt, dem man in der Kleinstadt mit Jubel begegnet, während der Leichenzug betretene Stille und den Anschein von Ehrfurcht verlangt. Doch all das sind Konventionen, der ursprüngliche Impuls ist bei Barlach ein anderer: ein theatralischer. Aber eben nicht wohltemperiertes Staatstheater, sondern faustgrober Jahrmarkt mit metaphysischem Anspruch. Die höchsten Weihen für das im bürgerlichen Sinne Niedere, die Synthese von Bettler und Beter.

Geburt und Tod wachsen aus derselben Wurzel, das Kind in ihm sucht in beiden lebenslang das Schauspiel, den überwältigenden Effekt, der aber eben beides bleibt: Überwältigung und Effekt. Das große Drama wird bei Barlach immer auch kleine Komödie sein, das Passionsspiel ein c, das Gebet eine Groteske mit bitterer Geschmacksnote, in das sich allerdings ein leichter Anhauch von Erlösungsaroma mischt.

Träumt sich das Kind ein langweiliges Kleinstadtleben zum großen Welttheater und kann dann nie mehr damit aufhören? Es scheint so, denn Ernst Barlach gehört zu jener Spezies Mensch, deren Leben vor allem in der eigenen Phantasie stattfindet. Das Spiel ist immer ein doppeltes. Arm an äußerem Erleben, dafür reich an innerer Anschauung? Wer dieser Eichendorff'schen »Taugenichts«-Perspektive nichts abgewinnen kann, dem wird Barlach fremd und verschlossen bleiben, als Mensch ohnehin, aber auch in seinen Texten wie in seinen Grafiken und Plastiken.

Für Barlach ist der Künstler auf sehr unmittelbare Weise ein Schöpfer, ein kindalter Gott in seinem eigenen selbst geschaffenen Reich, der im Kleinen über die Essenz der großen Welt verfügt. Ein Alchemist mit einer Handwerkerehre, ein Skeptiker, der nicht aufhört, jene Leerstelle in der Welt zu suchen, die der abwesende (wie Nietzsche meint: gestorbene) Gott hinterließ. Aber wir greifen vor.

Barlach, das sei bereits hier am Beginn gesagt, nimmt nicht die Wahrheit für sich in Anspruch, sondern will das Wahrhaftige.

In den Anfang ist alles gelegt? Bei Barlach stimmt dies auf eine frappierende Weise. Nur dass der Anfang so lange brauchen würde, um wirklich seiner zu sein, also einer, mit dem er tatsächlich etwas anfangen könnte, das hätte er nicht geglaubt. So hatte er mit sechsunddreißig Jahren schon aufgehört, an ihn zu glauben. Aber dann kam im Jahr 1906 die Russlandreise, die etwas in ihm zu einem Ende brachte. Und in diesem Moment war dann auch der Anfang seiner.

Zurück zu jenem Wedel, in dem Barlach am 2. Januar 1870 das Licht der Welt erblickte, oder sollte man sagen: Es erblickte ihn? Ganz so hochfliegend ging es nicht her in der Barlach-Familie. Die Zeit der Apotheosen mittels Kunst und ihrer Zügelung mittels kleinstädtischem Exil im mecklenburgischen Güstrow ist noch nicht gekommen. Aber natürlich blicken die Dinge, die er anblickt, auf ihn zurück. Diese Gewissheit ist ihm nicht erst gekommen, er hat sie von Anfang an. Und es geht dabei nicht nur ums Dinge-Anschauen, sondern darum, sie sich einzuverleiben wie in einem archaischen Ritus: *Knöpfe, die man mir zum Spielen reichte, fraß ich auf, desgleichen Zigarrenstummel, die mein Vater wegwarf, und vom Mistberg mußte man mich gelegentlich wegbesorgen, weil ich mir da etwas an Üblen zugute tat; ich nahm eben die Welt in der Weise in mich auf, die ich am schnellsten begriff.*[2]

Und hier tritt es bereits auf, wenn die Kinder Ernst und sein Bruder Hans, der 1871 geboren wird, mit dem er »am Frischen so gut wie am Faulen« schmarotzte, will heißen, wohin die Einbildungskraft sie trieb, dann zum Schlafen in ihren Betten lagen: das »Es«, das Ernst Barlach lebenslang begleitete. Gespenster seien in seinem Hause als ebenso selbstverständlich anwesend aufgefasst worden wie Haustiere, wusste sein in aller Fremdheit doch naher Güstrower Freund Friedrich Schult. Und Barlach selbst erinnert sich in Sachen jener Dinge, die *man nicht sehen und nicht hören konnte, und die doch gewiß wirklich waren,* an die Wächterrolle, die den Brüdern im verteilten Rollenspiel zufiel: *»Es« kann kommen oder auch nicht, machten wir aus, wenn wir am taghellen Sommerabend im Bett lagen – »sieh du nach der Stubenseite, ich will die Wand bewachen«, denn wir wußten bald, daß »Es« auch durch die Wände kam.*[3]

»Ein selbsterzähltes Leben« ist auf den Grundton von Herman Bangs »Das weiße Haus« gestimmt, worin alles um das »Kindheitstage, ich will euch zurückrufen« kreist. Das Bild der Eltern schwebt über dem Kind, an das sich Barlach mit siebenundfünfzig Jahren erinnert. Es schwebt wie der Engel in der Gertrudenkapelle in Güstrow über ihm, schützend, aber auch auf unnahbare Weise fremd.

Der Vater, Georg Barlach, ein Pfarrerssohn, versucht sich als praktischer Arzt mit eigener Praxis zu behaupten. Es liegt nicht an ihm, dass er die Familie kaum ernähren kann, er ist ein Arzt aus Passion, kein Geschäftsmann. Auf den Jungen wirkt der Vater, der keine *Dampfdoktorei* betreibt, wie eine strenge ferne Gottheit. Eine, die man halb fürchtet, aber auch ein wenig bemitleidet, weil sie in ihrem hohen Anspruch an sich selbst von anderen zumeist verkannt wird.

So einer wird in den Augen der Kleinstädter schnell zur komischen Figur. Da ist es einem wichtiger, was er macht, als etwas herzumachen! Über die Anfangszeit des Arztes als Kleinunternehmer weiß Barlach zu berichten: *Mein Vater ritt nach Hetlingen und Holm auf Praxis und schrieb den Marschbauern Rechnungen. Solch einer kam einst und mäkelte, während er die Taler aufzählte, über die Höhe der Leistung, und dem Doktor entfuhr im Zorn die Aufforderung, den »ganzen Schiet wedder mittonähmen«, was dem Bauern wohlgefiel zu hören. Er strich ein und meinte nur, das könne man ja beinahe nicht verlangen.*

Den dickschädelig-schlauen holsteinischen Bauern ist der streng seinem hippokratischen Eid folgende Vater nicht gewachsen – im Praktischen jedenfalls nicht, doch in seinem kauzigen Idealismus ist er ihnen auch wieder auf eine sie befremdende Weise überlegen. Der Vater also ist nicht weltfremd im Sinne eines Taugenichts, im Gegenteil: *Mein Vater war ein ziemlich kleiner, scharfer, feuriger, schwarzlockiger Herr, schnell bereit, in allen Dingen Ernst zu tun …*[4] Dass es sich hierbei um einen seinem Erstgeborenen bedrohlich nah kommenden Ernst handelt, aus dessen Umklammerung ihn die Mutter mit ihrem ganz anderen Wesen befreit, darauf wird zurückzukommen sein.

Ernst wollte den seltsam-unverständlichen Vater-Gott immer begleiten, wenn dieser mit der Kutsche in seiner geheimnisvollen ärztlichen Mission über Land fuhr. Dass er dies in einem höheren Auftrag tat, war Ernst früh klar. Denn für Dr. Barlach versank, wenn er Kranke behandelte, die Welt um ihn herum, er *vergaß an Krankenbetten frierende Pferde, Kutscher und Kind.*[5]

Das Kind ist sein erstgeborener Sohn Ernst, der selbst im Winter in der offenen Kutsche oft stundenlang auf die Rückkehr des Vaters warten musste. Er tat es mit unkindlicher Duldermiene im Wissen um die Wichtigkeit des väterlichen Tuns.

Was das Kind aus seiner heilen Welt herausreißt, in der alles immer nur beginnt, aber nicht endet, jedenfalls nicht brutal und für immer, ist die Begegnung mit dem Tod. Der wirft zum ersten Mal seinen schweren Schatten auf ihn, als er den Vater auf Krankenbesuch begleitet. Der mit wildwüchsigem Geschick durch die Maschen der bürgerlichen Wohlanständigkeit gleitende Junge, der sich wie Lederstrumpf fühlt, ist auf unkindlichste Weise schockiert oder – wie Barlach rückblickend schreibt –: *Doch das Leben nahm mich bisweilen am Genick und stieß mich mit der Nase in seine Wirklichkeiten, ich bekam die Elementarbücher des Geschehens um die Ohren geschlagen, daß mir der Kopf brummte.* Was meint er damit? Er meint auch den Knecht, der bei ihnen zu Haus bewusstlos in der Diele lag, weil ihm *von der Maschine der halbe Arm abgeschnitten*. Das Bild trägt Barlach sein Leben lang mit sich: *Ein blutfeuchtes Tuch war um den Stumpf gewickelt.*[6]

In einem anderen Fall wird er Zeuge davon, dass der Tod nicht einen alten Menschen trifft, einen, der einen Jungen wie ihn eigentlich nichts angehen sollte, nein, er trifft ein gleichaltriges Mädchen. Mit dem Kutscher des Vaters, Hoschen genannt, sitzt Ernst in der Diele, während sich der Doktor Barlach mit dem Vater des Mädchens im Haus aufhielt, *in dessen innerm Raum sich das Letzte eines an Diphtherie sterbendes Kindes begab.*[7]

Der Junge beobachtet die Szenerie genau – und vergisst sie nicht wieder. Es sind weniger die schlimmen Ereignisse selbst, die ihn aufwühlen, als die Reaktionen der von ihnen betroffenen Menschen: *Mein Vater und der des Kindes unternahmen drinnen irgendwelche verzweifelten Handlungen zur Rettung oder Erleichterung, wovon die Tochter des Hauses der Mutter von Zeit zu Zeit wie mit gewürgter Kehle die grausigen Einzelheiten zutrug. Die beiden Frauen standen vor unseren Augen leibhaftig im Tiefsten der Hölle.* All dies beobachtet er in den Mienen und Gesten der Umstehenden.

Barlach ist früh ein Meister des indirekten Sehens, dem von innen her etwas zuwächst, was das Außen nicht preisgibt. Der Blick der Mutter des toten Kindes etwa, die tags darauf noch einmal zum Vater in die Praxis kommt. Als sie aus dem Sprechzimmer tritt, da ist dem Jungen, als trage ihr über ihn hingehender Blick etwas Unbestimmt-Fernes in sich, das ihm unheimlich anmutet.

Was der Junge selbst nicht gesehen hat, das erzählt ihm der Kutscher Hoschen mit all den naheliegenden Übertreibungen eines Fährmannes zwischen den Welten. Und Barlach, der, als er dies schreibt, auf die sechzig zugeht, erinnert sich genau: *Nach solchen und ähnlichen Einblicken blieb ich viele Tage unbrauchbar für das gemeine Leben.*[8] Oder sollte man sagen, er blieb es – nach einer Reihe solcherart Erlebnisse – sein Leben lang?

Über die Krankenbesuche, bei denen das Kind den Vater begleitete, wird Barlach in einem Brief aus dem Jahr 1911 notieren: *Man lebte so im Elementaren des Landes, aber man war sich seiner Anschauung nicht bewußt, war ein dummer Junge von außen, von innen vielleicht mehr angehender Dichter als Künstler. Ich nahm alles auf – aber mit so wenig Rechenschaft, daß, als ich später Künstler wurde, ich ohne Vorurteil, Geschmack oder Kritik alles tat, was man von mir verlangte.* Es ist, so bekennt er hier, dieselbe Quelle, aus der dumpfe Anpassung und renitente Verweigerung wachsen. Denn: *Erst wo sich die ersten Rücksichtslosigkeiten gleich halben Flegeleien zeigten, kam ich gewissermaßen – jetzt künstlerisch – auf einen altbekannten Ton zurück und besann mich darauf, wie meine Welt eigentlich aussah und wie meine Kunst aussehen müsste.*[9]

Die norddeutsche Kindheit an der Grenze von Holstein zu Mecklenburg rettet ihn gewiss mehrfach aus großer Gefahr, wenn sein Leben wieder einmal unter einer heranrollenden Welle begraben zu werden droht. *Krisis* nennt er diesen Einbruch der feindlichen Außenwelt dann selber – und was sich hinter diesem Wort verbirgt, ist vielgestaltiges Unbill, über das noch zu reden sein wird. Der schwerblütig-verschlossene, über die Maßen langsame Norden wird ihm dennoch – oder gerade deswegen – immer wieder zum Rettungsanker.

Vor allem das Plattdeutsche, die Sprache, die er lieber hört als spricht. Der einundvierzigjährige Barlach, der sich immer wieder selbst vor das Gericht nicht nur eigener Erwartungen (eingelöster wie uneingelöster) stellt, nicht nur die Zukunft, mehr noch sein Herkommen vor Augen hat, notiert: *Das mit dem Plattdeutschen sehe ich so an: daß es eine naivsaftige, hartmäulige, allem Menschlichen und Ungelehrten passende Sprache ist. Ich möchte plastisch wirklich ausdrücken, was an Elementarem in dem mir von frühester Jugend an bekannten plattdeutschen Menschenschlag steckt.*[10]

Die Lehrer in der Schule ebenso wie seine Mitschüler sind für den Jungen eher ein Anlass zum Rückzug als zum Mittun an den

Dingen der Welt. Im Widerstand gegen sie gewinnt jene Gegenwelt an Kontur, die aus Phantasie gemacht ist. Zur *sonderbaren Erfahrung* wird ihm bei diesem Rückzug, der zugleich ein Vorstoß in unerkannte seelische Bezirke ist, ein Kasperltheater, ein Weihnachtsgeschenk, die Idee seiner Mutter, das er *ohne zugreifende Lust empfangen*. Dieser Abend, so Barlach, habe mit der *Vorstellung der unerschöpflich sprudelnden* weihnachtlichen *Lustquelle* ein Ende gemacht. *Das dumme Theater!* Doch als er die Puppen dann – unlustig – zur Hand nimmt, machen sie etwas mit ihm, das ihn überrascht. Was für eine unverhoffte Verwandlungsmöglichkeit! *Es brauchte keine Mühe, höchstens einen gewaltsam hergestoßenen Anfang, und das Stück bekam Fortgang und Ende.*[11]

Und schon sprechen sie alle, der Kasperl, Tod und Teufel, eine Sprache, die ihre ureigenste und doch auch die seine ist, sobald er sich eine Puppe über die Hand stülpt. Was für ungeahnte Möglichkeiten einer Vita experimentalis bietet doch die Bühne! Diese Faszination durchgespielter Lebenssimulation wird ihn nicht mehr loslassen.

Wie der Vater ein von der Passion seiner Pflicht über die Grenzen des ihm und seiner Familie Zuträglichen hinaus Getriebener ist, einer, der einen gewissen Hang zum lebensunpraktischen Fanatismus der Sache zeigt, so ganz anders erfährt der Junge die Gegenwart der Mutter Luise, einer geborenen Vollert. Sie ist Zuflucht, musisches Erbteil der Familie (obwohl Tochter eines Zöllners), aber in sich zutiefst unsicher, leicht von ebenjener Außenwelt irritierbar, mit der ihr Mann, seinem Berufsethos verpflichtet, so selbstverständlich umgeht.

Ernst Barlach, der dann konsequent Unverheiratete und dennoch passionierte Vater, der eine Ehefrau nicht geschenkt haben will (wohl aber eine Gefährtin), dekretiert in »Ein selbsterzähltes Leben«: *Die Ehe meiner Eltern war so glücklich wie eine Ehe sein kann und nicht minder unglücklich.*[12]

Die Mutter ist die Weichere in der Beziehung der Eltern und darum leichter zu verletzen. Zweifellos wurde sie, die doch im tiefsten Haltlose, zum seelische Halt für den sich in der Wirklichkeit von Anfang an fremd wissenden Ernst. Doch amusisch konnte man auch den Vater nicht nennen, wie Barlach lapidaren Tons vermeldet: *Ein bißchen Zeichnen oder Malen oder Schreiben mehr oder weniger fiel in der Familie nicht auf.*[13]

Ernst ist gerade zwei Jahre alt, als die Familie 1872 von Wedel nach Schönberg übersiedelt. Das ist die Hauptstadt des Fürstentums Ratzeburg, wie Barlach in »Ein selbsterzähltes Leben« nicht ohne einen ironischen Unterton mitteilt. 1912 schrieb er in einem Lebenslauf noch von Schönberg, als der in Mecklenburg liegenden Hauptstadt von Ratzeburg – da ist auf den verwaltungstechnischen Landkarten Norddeutschlands einiges in Bewegung geraten. Zum Höhepunkt des noch jungen und kargen Familienlebens wird, dass sich der Vater in Schönberg mit einem älteren Arzt vor Ort duellieren muss, weil sich dieser von dem jungen Konkurrenten bedrängt fühlte und diesen verleumdete.

Nicht nur dem Leser von heute passiert es also, dass er sich in der Topographie der mit der Reichsgründung 1871 untergegangenen deutschen Kleinstreiche mitsamt all ihren provinziellen Selbstherrlichkeiten nicht mehr recht auskennt. Das Fürstentum Ratzeburg lag in Holstein an der Grenze zu Mecklenburg, Ratzeburg selbst jedoch war und ist immer noch eine Kleinstadt im weiteren Umland von Hamburg. Aber auch hier bleibt die Familie nicht lange. 1872 werden die Zwillinge Joseph und Nikolaus geboren. Die Mutter, die wie ihr Erstgeborener ein träumerisches Verhältnis zum Dasein pflegt, jedoch ohne jene die Außenwelt abpanzernde Härte des noch dem Stein seine Form aufzwingenden Ernst Barlach, beginnt früh an dem so poesiefernen Familienalltag zu verzagen. Sie habe von ihren nun vier Söhnen so viele Pflichten empfangen, schreibt Barlach, *daß sie mit aller erdenklichen Vorsicht die Frage tat, ob denn die Welt für sie bloß noch Kinderklein, Geschrei, Darmdrücken, Kleidernässen und Krankenwartung übrig habe.*[14]

Den Takt des Lebens im Hause des Doktor Barlach bestimmt nach wie vor die Nachtglocke, die den Vater zu Patienten auch über Land ruft. Das Kind hört dies, aus dem Schlaf gerissen. Nachts darf Ernst den Vater nicht begleiten, er soll schlafen, aber er liegt wach und träumt von dem, was den Vater wohl erwartet.

Er malt sich die Geschehnisse aus, er übertreibt so sehr, dass er dann gar nicht mehr einschlafen kann.

Die Ehe der Eltern leidet unter diesen Zwängen. Der Sohn versteht sie instinktiv beide; den seinen Beruf mit unverhandelbarem Ernst ausübenden Vater und ebenso die Mutter, die sich ein friedlich-stilles Leben erträumt hatte und sich nun, da die Realität so anders ist, immer mehr in Träume flüchtet: *Nein, das Ideal meiner Mutter eines Seins auf einsamer Insel lebenslang in trauter Gemeinschaft mit dem geliebten Mann fand auch in Ratzeburg keine Erfüllung.*[15]

Und dann verschwindet die Mutter den Kindern ganz plötzlich aus den Augen. Als sie aus der Schule heimkommen, erfahren sie es. Sie sei abwesend *auf kurze vielleicht auf längere Zeit*, wird ihnen mitgeteilt. Nachfragen auf solche Mitteilungen sind nicht üblich und erfolgen auch nicht. Man schweigt über das psychische Leiden der Mutter, auch der Vater, der doch Arzt genug ist, um darüber mit Sachkunde zu urteilen, erweist sich als sprachlos.

Als praktischer Mensch verschafft er den vier Kindern jedoch umgehend eine Ersatzmutter und sich eine Haushälterin, Hermine Bark aus Rhena, bei den Jungen nur »Herminsch« genannt oder eher gescholten, eine *aus Saft und Jugend heraus zäh geräucherte Jungfrau.*[16] Der alternde Barlach steht nach über vierzig Jahren noch immer unter dem Schock des so plötzlich zerstörten häuslichen Friedens, der sich dramatisch äußert: *Es kam sogar zum Handgemenge zwischen ihr und uns Jungen – der eine sprang zu, als er den anderen sich widersetzen sah, und der dritte und vierte griffen ein. Nach hergestelltem Gewaltfrieden saßen wir vier in der Pfeifenkrautlaube des Gartens und pflegten in traurig-süßer Eintracht unsere Wunden. Herminsch machte aber doch einige unzulängliche Versuche, von ihrem Ufer an das unsere überzusetzen, unnötig; denn wir verwarfen sie mitsamt ihren Versuchen, wir haßten Herminsch von da, wo sie kam, bis da, wo sie ging.*[17]

Wo ist die Mutter geblieben? In einer Nervenheilanstalt. Ihre Depressionen und starken Stimmungsschwankungen haben es dem Arzt und Ehemann geraten sein lassen, seine Frau einzuweisen.

Und dann ist sie ebenso plötzlich wieder da, wie sie fort war. Als die Brüder aus der Schule nach Hause kamen, wurden sie von den Eltern erwartet. Zur Feier der Rückkehr und als Zeichen eines von den Eheleuten gewollten Neubeginns wird das Haus renoviert, aber die feinnervig-unruhige Mutter scheint etwas zu ahnen von dem *Unbestand dieses behäbig gelagerten Seins.* Das Weitere ist von Barlach in jener sachlichen Knappheit erzählt, die wohl nur jemand erlangt, dem die ewig gleiche Geschichte immer und immer durch die Kopf gerollt ist, bis er nur noch das Handlungsskelett des sich ereignenden Dramas in Worte zu fassen vermag.

Pfingsten 1884 reisen die wieder vereinten Eltern nach Hamburg auf Verwandtenbesuch. Der Vater hat seine Ratzeburger Praxis zu versorgen und kehrt also einige Tage vor seiner Frau zurück. Ernst Barlach, der schon als Kind hellhörig die Nächte durchwacht, vernimmt den Vater spät von einer Fahrt über Land zu einem Patienten heimkehrend die Worte sagen: *Der Kutscher ist krank und ich bin auch nicht wohl, Sie dürfen niemand hereinlassen.*[18]

Aber er selbst ist es, der sich an diese so vernünftige Anweisung an das Dienstmädchen dann doch nicht zu halten vermag. Der Doktor wird zu einem dringenden Fall gerufen, irgendwo auf dem Land. Nein zu sagen schafft er nicht und geht, da der Kutscher krank ist, bereits hustend den weiten Weg zu Fuß. Als er heimkehrt, muss er sofort zu Bett. Er bekommt Fieber. Die Ärzte aus dem näheren Bekanntenkreis stellen sich ein, eher pro forma und um ihre Zigarren zu rauchen und Scherze zu machen. Ernst Barlach erinnert sich an dieses *launige Konzil* der Kollegen am Bett des Vaters. Als die Krankheit, eine Lungenentzündung, wie Barlach schreibt, *auf diese Art Behandlung nicht einging,* blieben sie aus.

Die Mutter wird aus Hamburg zurückgerufen. Onkel Karl, ein Arzt, kommt ebenfalls, sagt zu dem Jungen eines Morgens, während er sich *mit Vehemenz die Zähne putzte: »Du mit deinem Vater steht es faul« – reiste aber ab, weil er schwere Fälle in eigener Praxis wahrnehmen mußte. Der Arzt war ohne Arzt.*[19]

In der auf ihren dramatischen Kern verknappten Schilderung dieser sich in wenigen Tagen vollziehenden Ereignisse beweist

Ernst Barlach seine poetische Sendung: *Am Dienstag nach Pfingsten wurde ich gerufen und mußte sehen, wie ein Zoll zu früh eingefordert wurde, ein Zoll, den ein Mann nicht anerkannte und der grausam eingetrieben ward.* Wenige Tage nach Pfingsten ist die kleine Welt Barlachs in Ratzeburg eine ganz andere, als sie es noch vor Pfingsten gewesen war.

Und dann schlägt die Kirchturmuhr drei Uhr. Ein sonniger Juninachmittag liegt wie harmlos da. Und auch im Jahr 1927, da Barlach dies notiert, ist es eine schwer erträgliche Botschaft, die alle seine Fassungskraft erfordert, als er sie dem Leser überbringt: *Sonst war alles totenstill und die meinem Vater beschiedenen fünfundvierzig Jahre waren um.*[20]

Konsequenterweise gibt Barlach in »Ein selbsterzähltes Leben« nur die tragikomische Vorgeschichte seines Erfolgs, die Irrungen und Wirrungen seiner künstlerischen Sendung preis. Sie dauerten, bis er fast vierzig Jahre alt war – und selbst Vater wurde, ein passionierter, ein geradezu fanatischer zumal. Da erst weiß er sich in der Rolle, in der er etwas zu schaffen vermag, das so leicht und klar schwebt wie das Gemüt eines Kindes, aber das dabei dennoch das Gewicht eines Menschenschicksals zu tragen vermag.

Quellen des Glücks und des Unglücks: Ton kneten oder Anna lieben?

Ernst Barlach ist nun eine Halbwaise von vierzehn Jahren. Der Verlust des Vaters bleibt für ihn eine offene Wunde, die er gern plakativ zur Schau stellt, weil er nebenbei auch in sich das Pflänzchen Geltungssucht züchtet. So malt sich der Junge mit Farbe aus dem Tuschkasten ein rotes Mal auf die Stirn: Symbol seiner stellvertretenden Verletzung durch die Honoratioren der Stadt. Das glaubt er dem Vater schuldig zu sein. Er hasst sie alle, die alten Vaterfeinde, denen er es einmal noch zeigen wird, vom Bürgermeister bis zu den anderen Ärzten in Schönberg, wohin die Mutter mit ihren Kindern nun zurückkehrt.

Er hält die Insignien des toten Vaters hoch und heilig, trägt seine *soliden Schoßröcke auf* und Seumes »Spaziergang nach Syrakus«, das der Vater geliebt hatte, wie ein Manifest seines künftigen Lebens bei sich. Doch nicht nach Süden sollte es diesen Wanderer ziehen, der gern im Vertrauten schweifen wird. Und als er nach einigen Jahren, früh genug, endlich rauchen darf, ist die ererbte väterliche Pfeife zur Hand.

Doch eigentlich sind das alles hilflose Versuche des Sohnes, den Vater, der für immer ging, doch irgendwie zu halten. Lauter Vergeblichkeiten, Ersatzhandlungen, auf die bestenfalls Verzweiflung folgt, aus denen aber kein schöpferischer Quell entspringt.

Dann ist es ein Zufall, der ihm dauerndes Lebensglück verheißt und ihn dabei nicht betrügt. Die *Lebenswerkstatt* wird nichts ahnend von ihm betreten: *Ich erhielt von der Frau Schuldirektor durch Vermittlung meiner Mutter die Aufforderung, für ein so oder so geartetes Brettspiel ein Dutzend Vögelchen zu kneten, ein Klümpchen Ton in die Hand zu nehmen und – nun als Anfang – einen Kiebitz zu formen. Es wurde einer und das andere Geflügel folgte, bis das Dutzend voll war.*[21]

Dies sollte die Urzelle von allem werden, was noch folgte. Langsam, sehr langsam wächst in ihm das Wissen um das, was er einmal im Leben tun will: das, was er am liebsten macht natürlich, Tiere und sonstiges Gezücht in Ton formen, so wie nur er sie sieht.

Gegenüber der Wohnung befindet sich eine Werkstatt für Grabsteine. Steckt letztlich nicht in jeder Skulptur ein Grabstein für wen oder was auch immer? Zu Weihnachten fertigt er aus dem Bruchstück einer Grabsteinplatte unter Mithilfe von Meister Busch sein erstes Denkmal an – auf einer *höllisch blank polierten Marmorplatte* finden sich Buchstaben, bei denen der Steinmetz den Meißel führte. Was auf der Platte zu lesen war, ist nicht überliefert.

Doch Barlach hat in der Steinmetzwerkstatt so etwas wie Heimat (auch Vaterersatz!) gefunden. Fortan weiß er, wohin es ihn zieht: *Es waren friedlich belebte und mit leiser Inbrunst gefüllte Stunden, wenn ich mich so dem schönen Belieben ohne Selbstkritik überließ, meine Nase hielt wohlgefälligen Umgang mit Holzspänen und Sandsteinstaub, und die Welt war ein Kämmerchen für meine Selbstbescheidung, wo ich ohne Arg hantierte und eine Art Entfaltung mit der Gläubigkeit der Pflanze geschehen ließ.*[22]

Mit siebzehn begegnet ihm Friedrich Düsel, *einem jungen Goethe gleich, uns alle mühelos überstrahlend, siegend durch raschen und regen Geist,* mit dem ihn bald ein genialischer Briefwechsel verbindet. Vierzig Jahre später erinnert er sich an die für den Abiturienten im verschlafenen Schönberg nun anbrechende Phase des Sturm und Drang. Was passiert in dem entfesselten stürmischen Briefwechsel, wie ihn Barlach selbst nennt? Zum einen duzten sie sich *überschwenglich*, zum anderen *weihten sie sich gegenseitig in die aufregenden Zustände unseres Wesens, Lebens und Strebens ein.*

Aber das stimmt nicht so ganz. Denn am Anfang, das ist das ganze Jahr 1888, siezen sie sich ausgesprochen zeremoniös. Wie überhaupt die langen bekenntnishaft-hochgestochenen Briefe nach einer besonders vornehmen Spielart der Pubertät klingen. Doch entscheidend ist, dass Barlach mit Düsel jemanden gefunden hat, dem er sagen kann, was er im Leben am liebsten tun würde – nichts im bürgerlichen Sinn Nützliches, sondern eher das, was er in Meister Buschs Steinmetzwerkstatt erprobte: ganz für sich allein etwas zu formen, im einfachsten Fall ein Schriftzug, den es in Stein zu meißeln gilt. Das kann ruhig anstrengend und mit Schmutz verbunden sein, die biedermeierliche Anmutung von Werkstatt gefällt Barlach. Und so ist Düsel, der einmal promovierter Germanist und Redakteur werden wird, wohl der Erste, der von der heimlichen Obsession des Freundes erfährt: *Es ist weniger die Malerei als die Bildhauerei, die mich besonders anzieht, und ich kann mir schmeicheln, zum mindesten nicht weniger Talent für dieses als für jenes zu besitzen.*

Die Grabmal-Werkstattszene in Schönberg wird zur Urszene der Barlach'schen Bildhauerei. Wenn er so ein Steinmetz für den Friedhof geworden wäre (anders, als er es dann tatsächlich wurde), er hätte wohl nichts dagegen gehabt: *Als ich später mit einem geschickten Steinmetzen in Berührung kam, lernte ich von diesem die Führung des Meißels und ging einen Schritt weiter, indem ich meine, allerdings jetzt weniger künstlerischen Sachen in Stein arbeitete. Aber das Verbot des Arztes, der sah, daß ich schon von der kurzen Arbeit in staubiger Luft angegriffen wurde, verhinderte mich an der Verfolgung und Fortsetzung meiner Arbeit.*[23]

Die Berufswahl rückt näher, und da haben die beiden Vormünder (Vormund und Gegenvormund) ein Wort mitzureden. Beide sind erfolgreiche Größen der Gesellschaft, für die Ansehen und Geld gewichtige Argumente sind. Erster Vormund wird Bankier Friedrich Haase aus Ratzeburg, ihm folgt Hauptlehrer Paul Hempel in Lübeck. Gegenvormund ist sein Onkel Heinrich, der Bruder des Vaters, Rechtsanwalt in Ratzeburg. Sie verwalten die Erbschaft der vier Brüder. Das ist vor allem der Erlös aus dem Verkauf des Grundstücks in Ratzeburg. Bei Erreichen der Volljährigkeit werden Barlach immerhin achttausend Mark ausgezahlt. Ein Kunststudium ist in den Augen der Vormünder nichts, worauf sich eine sichere Zukunft bauen lässt. Zum Glück hat Lehrer Hempel selbst einen Sohn mit Zeichentalent, der die Gewerbeschule in Hamburg besucht. Das sieht dann doch nach zielgerichtetem Zeichnen aus, Geschäft statt Boheme! Glück gehabt. Also besucht Ernst Barlach von Ostern 1888 an ebenfalls die Hamburger Gewerbeschule.

Aber in Schönberg hat er noch ein anderes Problem, das heißt Anna Spiekermann und ist die Cousine von Friedrich Düsel. Das Mädchen wird zu Barlachs erster großen romantischen Liebe – vielleicht in dieser ungeschützten Weise auch seine letzte.

Die Beziehung zu Friedrich Düsel wird sich dagegen als dauerhaft erweisen. Sie gründet auf beider Hinwendung zur Literatur. In den Jahren 1888 bis 1900 – zwölf lange Jahre, die ihn nach Dresden und Paris führen – wird Düsel fast der einzige Adressat seiner Briefe sein, jedenfalls der langen (die ausführlichsten, die Barlach in seinem Leben je schreiben wird, oft sind es viele Seiten voller Bekenntnisse und ausgeschmückter Schilderungen von Begebenheiten), mal melancholisch-vergrübelten, mal schwärmerisch-spintisierenden Tons.

Diese eruptiven Entäußerungen spiegeln sein Außenseitertum in den frühen Jahren, seine völlige Unfähigkeit, irgendwo mitzulaufen oder das auszudrücken, was ihn am stärksten beschäftigt. Und Düsel, der später Redakteur von »Westermanns Monatsheften« werden wird, ist das Gegenüber, das in Barlach das noch Unausgesprochene bestärkt. Sieht er in ihm den kommenden Künstler? Man darf das bezweifeln, was schon daraus ersichtlich wird, dass seine Reaktionen auf Barlachs Zusendungen von – gewiss noch pubertären – Gedichten und Skizzen, die er ihm zur Beurteilung schickt, alles andere als ermutigend klingen und von unverhohlener Herablassung geprägt sind.

Erst als Barlach 1899 nach Berlin kommt und dort den Buchhändlerlehrling Reinhard Piper trifft, der einen viel intensiveren Sinn für eigenständigen Ausdruck besitzt, wird er diese Düsel-Fixierung, die ihn in fataler Abhängigkeit vom Flach-Konventionellen hält, überwinden. Nun schreibt Barlach nicht mehr nur an Düsel, doch ganz reißt der Kontakt zwischen den Jugendfreunden nicht ab.

In seinem weiteren Leben wird Barlach nicht allzu idealistisch Frauen gegenüber sein, er schätzt sie teils heimlich, teils offen gering, kann aber nie ganz von ihnen lassen. Bei Anna Spiekermann ist das noch anders. Er verklärt sie geradezu. Doch das Mädchen, das in einem Pensionat in Lübeck wohnt, schützt Sittenstrenge vor und hält ihn auf Distanz. Man könnte auch sagen, das junge Mädchen spielt mit ihm, aus purer Eitelkeit. Bis Barlach zu Ohren kommt, was er anfangs nicht glauben will. Düsel erfährt es am 17. März 1889 als Allererstes: *Lieber Friedrich, ich kann mich nicht entschließen zu glauben, daß Anna andere Absichten mit der bewußten Handlung verbindet, als ihrem Pflichtgefühl zu genügen.*[24] Doch der Stachel des Misstrauens bohrt sich in ihn. Als er am 29. April 1889 schreibt, es sei ihm unmöglich zu glauben, *daß Anna mich hat so hintergehen können,* da ist er sich der Sache bereits sicher.

Er kommt sich vor wie Gretchens Bruder in Goethes »Faust«. Er, der sich für ihre Tugend duelliert hätte, muss hören, dass sie sich einem anderen Jungen gegenüber, der um sie wirbt, gar nicht zurückhaltend verhält. Barlach ist tief getroffen, doch die Freundschaft mit Friedrich Düsel, dem Cousin Annas, hält.

Annas Tochter wird sich, lange nach dem Tod der Mutter, erinnern, dass diese im Alter oft von Barlach sprach. Da wusste sie, dass sie die Chance verpasst hatte, an der Seite eines berühmten Künstlers zu leben. Oft habe sie an einem Fenster gestanden, Richtung Ratzeburg gewinkt, wo sich Barlachs Grab befindet, und gesagt: »Auf Knien würde ich ihm Abbitte tun!«[25] Man könnte angesichts der pittoresken Szene auch sagen, Barlach ist hier dem frühen Schicksal falscher Bindung entkommen, denn eins ist klar: Sentimentalität hasst er genauso wie Verrat.

Barlach notiert, *die kindliche Welt wurde hinter mir abgeriegelt.*[26] In Hamburg wird er sich auf den Weg in sein eigentliches Leben begeben – aber von Anna träumt er noch jahrelang. Wie sie in seine Träume gelangt, ist ihm ein Rätsel. Denn, so erfährt Düsel, er denke nicht mehr an sie, *wenigstens nicht in Liebe.* Da erhält er gerade eine erste Lektion in Sachen Unbewusstsein.

Die ungeliebte Gewerbeschule in Hamburg

Auf der Allgemeinen Gewerbeschule in Hamburg lernt Barlach zeichnen. Um Freude geht es dabei nicht, auch nicht um Kunst, nur um Korrektheit. Er kommt sich vor wie ein Kanzlist, dem die Schönschrift für die Buchhaltung eingeprügelt wird. Hier sollen schließlich keine Meister in welcher Kunst auch immer ausgebildet werden, sondern jene Teile der Kaufmannswelt, die für das Bildhafte zuständig sind, mit anderen Worten: die Verpackung der Ware, die Werbung, ohne die man weniger verkauft, weniger verdient. Es geht also um ernste Dinge, es geht um viel.

An seinen ersten Zeichenlehrer in Hamburg, einen Schüler Thorvaldsens, erinnert sich Barlach als an einen *regelrechten Original-Germanen*, ein durch einen falschen Strich zu heftigem Zorn zu bringenden *Machtbold, der in Furcht und Zittern des Gesindes die Bestätigung seines Wertes sah.*[27]

Die Gewerbeschule in Hamburg ist mehr als eine Enttäuschung, sie ist eine Qual: *Die Zeichenstunde nutze ich zwar so viel wie möglich aus, aber mein Interesse ist nur gering. Im Übrigen denke ich, diese Jahre sind meine Lehrjahre, und was die Wanderjahre anbetrifft, so halte ich die Akademie nicht für die alleinseligmachende Kirche für Künstler.*[28]

Ernst Barlach, achtzehn Jahre alt, fühlt sich auf dem falschen Weg. War es das, was er wollte? Er weiß die Frage nicht zu beantworten. Aber diese Art von Dressur kann nicht sein weiteres Leben bestimmen. Er hat immer gern gezeichnet, in letzter Zeit auch Plastiken modelliert. Was ihm hier in Hamburg auf der Kunstgewerbeschule als Erstes verloren zu gehen droht, ist die Freude. Wo bleibt denn hier das Schöpferische, das Finden einer eigenen Form? Eine solche zu finden ist gar nicht vorgesehen – und Ernst Barlach leidet daran, ohne es ausdrücken zu können.

Dann wird er krank, schwer krank. Freund Düsel bekommt es am 25. Mai 1888 zu hören, geschrieben *aus dem Bett und aus dem Bereiche einer gänzlichen Mutlosigkeit, die mich nach und nach in Hamburg ergriffen hatte und mich mit eisernen Klauen festhielt.*[29] Er fühlt sich nicht geschätzt, nicht gefördert. Die meisten der in Hamburg unterrichtenden Lehrer wollen die Gewerbeschüler dazu bringen, alles, was sie bislang an Kenntnissen zu besitzen glaubten, zu vergessen, und sie ganz von vorn anfangen lassen, wie Barlach beklagt: *Ich könnte Ihnen viel sagen vom Umgang mit meistens gänzlich ungebildeten Genossen, von Lehrern, die mißgünstig jede freie Bewegung hemmen und dem Menschen nur das* Schlechteste zutrauen *usw., aber ich will davon schweigen, denn ich habe mich auf viel Schlimmeres gefaßt gemacht und wäre glücklich gewesen, wenn es mir nur in dem einen Fache geglückt wäre, in dem, was später mein Beruf sein soll. Die von mir ausgeübte Zeichenmethode zum Beispiel mußte ich sofort aufgeben, natürlich war »ganz von vorne anzufangen« jedes zweite Wort der Lehrer, die bei oft überfüllten Klassen, von denen zwei zuweilen der Aufsicht e i n e s Lehrers anvertraut werden, den einzelnen Schülern nicht die nötige Aufmerksamkeit erweisen können.*[30]

Nein, ein Institut, in dem Begabungen – auch so verborgene wie die Barlachs – entdeckt und gefördert werden, ist diese Hamburger Gewerbeschule nicht, auch wenn er mit der Zeit einige

Lehrer wie den Bildhauer Theodor Richard Thiele findet, die ihn zu Eigenem ermuntern. Aber im Moment hilft ihm das nicht, die fremde Stadt, die doch für den in Wedel gebürtigen Barlach etwas Vertrautes haben sollte, haut ihn um – auf ungute, auf gefährliche Weise.

Am 26. Mai folgt der Nachtrag zum noch nicht abgeschickten Brief an Düsel vom Tag zuvor: *Eben komme ich vom Arzt, der eine Rippenfellentzündung bei mir konstatierte.*[31] Der Achtzehnjährige flüchtet zur Mutter, der lebensunruhigen, die inzwischen in Lübeck lebt. Hier wird er die nächsten Wochen, ja Monate im Bett verbringen, umsorgt von Luise Barlach, die fürchtet, absurd früh wie bei ihrem Mann könne der Tod nun auch bei dem erstgeborenen Sohn eintreten. Es tut Barlach gut, so umsorgt zu sein. Er richtet sich mit der Zeit sogar in der Krankheit ein, die gefährlich ist, wie Düsel Anfang Juli erfährt. Immer noch muss er im Bett bleiben, vor zwei Wochen durfte er bereits einmal aufstehen, *doch der Versuch mißlang gänzlich*, ein schwerer Rückfall war die Folge.

Seinen Mut hat er während der langen Krankheit nicht verloren, im Gegenteil: Die Krankheit fördert bei ihm etwas, das ihn stärkt. In dieser paradoxen Situation befindet er sich, er tastet sich in ihr voran, macht sie sich zu eigen: *Jede Krankheit ist mir eine Zeit der schönsten inneren Anregung, wenn ich mich auch über die Länge der Zeit, die ich nun anscheinend unbenutzt hinbringen muß, zuweilen beklage.* Wenn er wieder so weit hergestellt sei, dass er reisen könne, dann solle er an die See *und zwar für lange Zeit.* Auch diese Aussicht motiviert ihn, wieder gesund zu werden.

Anna geistert weiter in seiner Phantasie umher, während ihm aus einem Erguss zwischen Lunge und Rippenfell *1 Liter Flüssigkeit abgezapft wurde.* Doch sein Träumen hilft ihm über den Berg, er fühle sich nun bedeutend besser, *habe das Fieber zum Teufel gejagt und nehme baldiges Aufstehen und Reisen in Aussicht.*[32]

Im Grunde ist diese Krankheit die Einübung in eine Lebensform aus Lesen und Meditieren, die zur Basis seiner späteren künstlerischen Produktivität werden wird. Etwas in seinem noch jungen Leben muss sich ändern, das weiß er, die Boheme-Attitüden sollte er hinter sich lassen, sie passen nicht zu ihm und schädigen obendrein seine Gesundheit. Die Abende *bei einem Glase Bier und qualmender Pfeife bis spät in die Nacht* durchsitzen und schwadronieren – nein, das ist nicht sein Leben.

Eine unerklärliche Schwäche, berichtet er Düsel, habe ihn gleich nach seiner Ankunft in Hamburg ereilt, *wenn ich morgens aufstand, konnte man meinen Gang nur ein mühsames Schleppen nennen,* die Nächte liegt er schlaflos. Dafür, so weiß er, zahlt er nun den Preis. Aber auch das Herz scheint angegriffen, denn fortan wird er unter Herzbeschwerden leiden und dennoch nie aufhören zu rauchen. Wenn seine Krankheit einen Sinn gehabt hat, dann diesen: *Mein Verlangen, Bildhauer zu werden, hat sich immer mehr gesteigert ...*[33]

Und dann, am 6. August 1888, schreibt er seinen ersten Brief von Norderney an Düsel. Die Hamburger Gewerbeschule ist weit weg, Barlach taucht ein ins raue Nordseeklima, das zu ihm passt, dessen ist er nun sicher. Und was er schreibt, das offenbart seine gewachsene Ausdruckskraft, hier allein den Elementen ausgesetzt, die er tief in sich einsaugt.

Er hat den Kontakt zum wirklichen Leben doch nicht verloren, ebenso wenig den zu seinen Phantasien. Er ist gerettet – vorerst jedenfalls – vorm Zugriff des falschen Lebens. Darum jubelt es aus ihm auch so überschwänglich heraus: *Der Nordweststurm, der das Meer gegen die arme Insel empört, brachte mich heute morgen auf andere Gedanken, ich eilte ans brüllende Meer, wo ich indessen den Strand, sonst Promenade für sämtliche Badegäste, nicht mehr vorfand, indem er sowohl als sämtliche Molen oder »Buhnen« von einer kochenden Gischtmasse bedeckt war; ich suchte und fand jetzt einen Beobachterposten auf der Düne ungefähr 20 Fuß über dem Meer, obgleich noch nicht außer dem Bereich der Schaumflocken, die ganzen Dünenstrecken das Aussehen eines Schneegestöbers verliehen.*[34]

Er ist Teil des wilden Tanzes der entfesselten Elemente, er ist – so die Neuigkeit des Tages – ganz bei sich! Wieder auskuriert und mit starken Eindrücken angefüllt, kehrt er an die ungeliebte Gewerbeschule nach Hamburg zurück. Immerhin weiß er nun, was er will!

Außerhalb der Schule scheint das Leben viel interessanter als innerhalb. Ist das etwa eine falsche Wahrnehmung? Fortan sucht Barlach echte Typen, um sie zu zeichnen: Wirtshausfiguren, Schauspieler, Spaziergänger, noch nicht wie nach der Russlandreise 1907 Beter und Bettler, aber fast. Und da man beim Zeichnen die Anatomie des menschlichen Körpers kennen soll, kann er auch gleich am richtigen Objekt studieren. Er hat vor, erfährt Düsel, an einem Kursus für Anatomie teilzunehmen, *wo gestorbene Verbrecher, unter denen auch der nächstens hingerichtete letzte Mörder sein wird, zersetzt und studiert werden.*[35]

Ob er dieses Vorhaben realisieren konnte, ist unklar, vermutlich nicht, sonst hätte Düsel gewiss ausführlichen Bericht darüber erhalten. Aber ein Bekenntnis des neunzehnjährigen Barlach wird bis zu seinem Tod Bestand haben: In einem langen, an zwei Tagen geschriebenen Brief an Friedrich Düsel vom 15./16. Juni 1889 gesteht er dem Jugendfreund, dass – mindestens – zwei Künstlerseelen in ihm wohnen und er sich nicht zwischen ihnen entscheiden kann, auch nicht will: *Nun kann mir aber die Plastik nicht ganz genügen, deshalb zeichne ich, und weil mir das nicht ganz genügt, schreibe ich.*[36]

Der ihm altbacken anmutende Unterricht birgt Überraschungen: Faltensysteme! Anfangs studiert er sie ungern, aber bleibt dennoch mit erstaunlicher Beharrlichkeit dabei. Ein halbes Hundert dieser Faltensysteme gibt es. Er lernt, wie verschieden Kleidung am Körper fällt oder absteht, und vor allem, wie sie je nach Körperbau und Haltung Falten wirft. Irgendwie hat er das Gefühl, dass ihm dies noch einmal von Nutzen sein wird.

Tatsächlich, die Gewänder werden in Barlachs Skulpturen immer eine starke Rolle spielen. Sie sind mehr als bloß eine Hülle, sie erweitern den Leib, den Barlach nie nackt denkt. Über die großen, konturgebenden Linien *entscheidet* bei Barlach das Gewand!

An der Hamburger Schule unterrichtet unter anderen der Bildhauer Thiele, ein unsteter Charakter, der – er ist gerade dreißig Jahre alt – an der Gewerbeschule wegen Disziplinschwierigkeiten immer wieder in der Kritik steht. Er fühlt sich mehr als Künstler denn als Lehrer, doch ein Werk von einiger Bedeutung ist von ihm nicht überliefert. Immerhin hat Barlach mit ihm einen – exzentrischen – Bezugspunkt in Hamburg gefunden, wo er schließlich drei Jahre aushalten muss. Friedrich Düsel erfährt in dem Brief, den Barlach am 15. und 16. Juni 1889 schreibt (zwei Tage Arbeit am Gewerbeschulreport!), wie es um sein Verhältnis zu dem neuen Mentor steht. Thiele habe ihn bewogen, in sein Atelier einzutreten, ihm aber gleich gesagt, er werde ihm bei allen anfallenden Dingen helfen müssen, doch dabei auch die praktische Seite der Bildhauerei kennenlernen.

Theoretisch ganz gut, aber der weitere Bericht klingt bereits desillusioniert, geradezu frustriert: *Ich gehe hin; und gerate mitten in Arbeiten für die Ausstellung hinein und tue Tage, Wochen hindurch nichts als die Arbeit eines Arbeitsmannes, was Thiele mir selbst zugestanden, indem er lachend meinte, getan müsse sie werden, und einen Arbeitsmann wolle er für uns nicht halten. Ich schleppte Wasser und Gipssäcke, ich rührte Gips an und klopfte für die Herrn Gehülfen Ton weich, ich ließ mich wie ein 14jähriger Lehrjunge bald hierhin, bald dorthin schicken – es war vielleicht gut so, denn nur der, der selbst einmal eine Zeitlang Abend für Abend todmüde nach Hause gekommen ist, weiß die Arbeit an anderen zu beurteilen.*

Ein Praktikantenschicksal! Da habe er sich, schreibt er Düsel sarkastisch, daran erinnert, dass er andere Ziele habe, als Stuckateur zu werden, und der Arzt ihn ohnehin angewiesen habe, Staub zu meiden.

Als Thiele ihn wieder als Laufburschen einsetzt, wehrt sich Barlach. Er fühlt sich ausgebeutet. Die Reaktion des Bildhauers sei kühl ausgefallen, *wenn es mir nicht bei ihm gefiele, könne ich gehen, wann es mir beliebt.*[37] Barlach geht nicht, sondern bleibt und nimmt die despektierlichen Äußerungen Thieles über seine ersten plastischen Versuche in Kauf. Dieses Durchhalten sollte sich auszahlen – in mehr als nur einer Hinsicht .

Barlachs Gesundheit bleibt angeschlagen. Den Sommer 1890 verbringt er mit der Mutter an der Ostsee, in Niendorf an der Neustädter Bucht.

Pfeife rauchend sinniert er hier über das Meer und seine künstlerische Berufung. Das *faule Badeleben* mutet ihn merkwürdig an. So großartig wie Norderney sei Niendorf nicht, denn es gibt an der Ostsee keine Ebbe und keine Flut. Doch die Nebelschwaden können sich sehen lassen. Barlach sucht das nördliche Meer – es bleibt für ihn ein Fluchtpunkt. Er beginnt genau zu beobachten, Unterschiede im Charakter der Natur festzuhalten. Während die Nordsee einen majestätischen Eindruck zu machen vermag (etwas, wozu die Ostsee unbegabt ist), wild und streitbar wirkt, zeigt die Ostsee ein zahmeres und auch menschenfreundlicheres Wesen. Nicht dass sie harmlos wäre. Es gibt, weiß Barlach, auch hier tiefe Täler zwischen den sich türmenden Wellen, auch *Schaumberge,* die sie gewaltig wie die Nordsee wirken lassen. Doch es fehlen *die pechschwarzen sturmverkündenden Wolkenstreifen*, die etwas von *»Sturmvögel«-Schwärmen* an sich haben.

Nein, als Meer kann die Ostsee nicht mit der Nordsee konkurrieren. Aber darum kann man sie dennoch oder gerade deshalb der Nordsee vorziehen, wie es Barlach, der als »Vorstadt-Hamburger« eigentlich eine natürliche Affinität zur Nordsee haben müsste, noch oft mit seiner Wahl unter Beweis stellen wird. Die Ostsee ist ihm nah, sie tut ihm gut oder – wie der Zwanzigjährige aus Niendorf an Düsel vermelden wird –: *Die Ostsee hat mich lieb, und ich habe sie lieb; ihre Brandung ist meinen Ohren eine angenehme, beruhigende Musik, und wie liebevoll, wenn auch ein bißchen rauh und herzwild hat sie mich heute morgen beim Baden geschaukelt!*[38]

1891 wird er volljährig, die beiden Vormünder – die entschieden gegen eine Laufbahn als freier Künstler sind – können ihn nicht länger kontrollieren. Barlach hat vorerst nur ein Ziel vor Augen: die Kunstakademie. Aber welche? Thiele kommt aus Dresden, hat selbst beim Bildhauer Ernst Julius Hähnel studiert, dem Mitbegründer der Dresdner Bildhauerschule, und gute Kontakte zur Kunstakademie, der er regelmäßig aus Hamburg begabte Schüler schickt – so bereits Barlachs Freund Carl Garbers, der in kurzer Zeit Meisterschüler bei Hähnel geworden war. Das ist auch Barlachs Perspektive. Vermittelt durch Thiele, wird er zu Ostern 1891 an der Dresdner Kunstakademie angenommen, in der Unterklasse.

Dabei hatte er gehofft, die *lästigen* Unterklassen wie auch die Mittelklassen zu überspringen und gleich in der Oberklasse aufgenommen zu werden. Aber nach Begutachtung der Kompositionen, die er für die Aufnahme einreichte, teilte man ihn der Unterklasse zu. Eine Demütigung, die seinen Ehrgeiz weckt.

Dresden und der Atem großer Kunst

Dresden gefällt ihm als Stadt durchaus. Ein deutsches Florenz, *das muß ihm der blasse Neid lassen.* Die Kirchen und Kuppelbauten der sächsischen Residenz haben Format. Jedoch: *Sehr enttäuscht bin ich in verschiedenen Beziehungen: Da ist zunächst die weltberühmte Brühlsche Terrasse mit den Schillingschen vier Jahreszeiten. Die Terrasse ist eine Hühnerstiege, wenn man aus dem großartigen Hamburg kommt, und die Jahreszeiten, die vier wundervollen Gruppen von Schilling, sind mit – Goldbronze bepinselt, eine barbarische Geschmacklosigkeit, ein Schandfleck für das kunstsinnige Dresden.*[39]

Auch hier kopieren die Studenten nach Gips, jedenfalls in der von ihm besuchten Unterklasse. Barlach langweilt das kolossal. Aber das hat er schon befürchtet. Da hilft nur eins, sich schnell in die Oberklasse vorarbeiten. Bereits nach einem Jahr hat er das auch geschafft – er kann immens fleißig sein, wenn er will.

Der erste briefliche Gruß geht am 19. März 1891 an Friedrich Düsel, den er über seine Fortschritte auf dem Laufenden hält. Seine Mutter kommt nach Dresden, um ihm den Haushalt zu führen. Gegen einen gut geführten Haushalt hat er eigentlich nichts, auch liebt er seine unstete Mutter durchaus, aber dass sie ihr kleinstädtisches Naturell nun auch in der Residenzstadt verbreitet, wo er doch vor allem Weltläufigkeit atmen will, das missfällt ihm. Schnell konstatiert er in der sächsischen Metropole *einen ewigen monotonen Schlendrian.*[40]

Keine zwei Monate nach seiner Ankunft in Dresden ist Hähnel (mit einundachtzig Jahren) gestorben. Barlach erlebt ihn als Lehrer gar nicht mehr und notiert: *Jetzt ist der alte Hähnel unter der Erde und ein neuer Professor ist in Aussicht.*[41]

Der Neue, Robert Diez, hat für Barlach zumindest einen Vorzug: Er ist dem Studenten Barlach durchaus wohlgesinnt, erkennt dessen Begabung, zeigt sich von den Skizzenbüchern begeistert und nimmt ihn schließlich als Meisterschüler. Barlach fühlt sich erstmals von einem Lehrer ernst genommen, lobt Diez als jemanden, der ein *wirklich gediegenes Können bei seinen Schülern zu erzwingen* vermöge. Einen besseren Lehrer kann er sich in dieser Situation nicht vorstellen. Später allerdings wird er lakonisch konstatieren: *Das Atelier Diez vollbrachte an mir keine Wunder.*[42]

Aktzeichnen steht nicht auf dem Programm. Also organisieren die Studenten sich das selbst. Doch auch daran empfindet Barlach wenig Freude. Einfach etwas Abmalen ist seine Sache nicht. Immerhin, hinterher trinkt man gemeinsam Bier, das gefällt ihm noch am besten an diesen Abenden. *Indes blieb die Hauptsache – Aktzeichnen, ich muß bekennen, daß ich nie einen einzigen leidlichen Akt zustande gebracht habe, es ergaben sich aus meinem heißen Streben nichts als ausgezogene Männekens und entfederte Gänslein.*[43]

In Dresden kann man durch die Fürsprache der Professoren bereits an lukrative Aufträge kommen. Sein in dieser Hinsicht begabter Freund Garbers macht es Barlach vor. Als Meisterschüler Hähnels bewirbt er sich um die Ausgestaltung des neuen Rathauses in Altona bei Hamburg. Der ältere Student tritt Barlach wie ein arrivierter Künstler entgegen, auf altdeutsche Weise in Samtjacke! Mit so etwas kann man Barlach nicht imponieren, derartige Bedeutungshuberei findet er bloß lächerlich.

Doch die Verbindung mit Garbers wird ihm noch unerwartete Gelegenheiten bieten, sich auszuprobieren. Vorerst aber sieht der Neuling Barlach dem geschäftstüchtigen Garbers dabei zu, wie dieser den subventionierten Kunstmarkt erobert. Was bleibt ihm dabei zu tun? *Ich lernte unter seiner Anleitung ehrbar zechen, einen Trunk tun, ohne die Besinnung zu verlieren, saß am Tisch bei seinen älteren, gleichfalls selbständigen Skat- und Schachbrüdern und ließ mich ins Vertrauen manches Ungemachs ziehen, das den Menschen in der Jugend begegnen kann.*[44]

Immer wieder muss Barlach wegen Krankheit pausieren, das Herz schlägt nicht im rechten Takt. Seine Mutter ist in heller Aufregung, sie sieht ihn *krankhaft nervös* und *überanstrengt*. Barlach dagegen meint, in Dresden eher herumzutrödeln, wie das in dieser Stadt so üblich sei. Und nun soll er auch noch den Sommer 1892 über zum *Grasen und Seebaden* verschickt werden. Aber er hat große Pläne, und für die benötigt er das Atelier in Dresden.

Da er häufig an Herzbeschwerden leidet, braucht er in Dresden neben einem Kunstprofessor auch einen Arzt. Der findet sich in Gestalt des Dr. Klencke, ein sächsisches Unikum und falstaffscher Mittelpunktmensch, der Barlach sofort in den Kreis derer, die um ihn kreisen, eingemeindet. Barlach formulierte es auf das Feinsinnigste so: *Klencke riet mir Mäßigung an, empfahl mir aber keineswegs Enthaltung von seinem Umgang, und so war ich zugleich mit heilsamen Vorschriften wohlversehen und in Kreisen zugelassen, wo es am wenigsten auf die Beobachtung solcher Regeln ankam.* Klencke war reich – oder verhielt sich zumindest so – und Sozialdemokrat. Diese Gesinnung äußerte sich vor allem darin, dass er ein Haus auf der Loschwitzer Höhe gemietet hatte, wohin er alle seine Freunde (das wurde man schnell, wie Barlach erlebte, der als Patient zu ihm gekommen war) zu üppigen Feiern einlud, die im Grunde große Besäufnisse waren.

Dr. Klencke liebt die Kunst und die Künstler, wohl wissend um die Abgründe dieses Gewerbes. Das bekommt Barlach mehr als einmal zu hören: Die Künstler seien doch die Einzigen, die sich einer Sache opferten, *ohne sie durch Zwecke zu schänden,* sagt Klencke, und ein andermal sagt er es ganz anders: *Wenn Sie die dämelige Kunst nicht aufgeben, werden Sie auf dem Misthaufen verrecken.*[45]

Dann aber ist es der orgiastische Doktor, der vor der Zeit stirbt. Barlach, der diesen urgewaltigen Menschen nie ganz aus den Augen verloren hat – ein Däubler-Typ, so was imponiert ihm –, wird 1905 vom Tod des Arztes erfahren, da ist er gerade Lehrer an der Fachschule für Keramik in Höhr im Westerwald geworden und berichtet Charitas Lindemann von den Umständen dieses Todes: *Er hatte einen Gehirnschlag und wollte schreiben,*

Rezepte, Testamente usw. Niemand aber konnte was davon lesen. Zuletzt haben sie ihn nicht mal auf seinem Berg sterben lassen, wie er gebeten, sondern ins Krankenhaus gesperrt.[46]

Derart sind die Lektionen, die das Leben erteilt. Noch aber fließen all jene erlebten Absurditäten nicht recht ein in seine Kunst. Da ist im Jahr 1894 die »Krautpflückerin« in Bronze, seine Abschlussarbeit an der Kunstakademie, eine erste zählbare Arbeit. Aber wie viel zählt sie genau?

Die gebückte Gestalt, die viel zu anmutig für die schwere, monotone Arbeit wirkt, habe er, wie er schreibt, in Friedrichroda gesehen. Immerhin das Thema einer Feldarbeiterin ist kein gefälliges Jugendstilsujet, das muss man Barlach anrechnen. Derartige Themen gibt es bereits zahlreich seit Mitte des 19. Jahrhunderts. Von diesem neuen Realismus in der Kunst zeugen Jean-François Millets Gemälde »Die Ährenleserin« (1857) oder Gustave Courbets »Steinklopfer« (1849). Das Sujet ist also nicht neu, neu ist dagegen Adolf von Menzels »Eisenwalzwerk« von 1875, das die menschengemachte Höllenhitze der Industrie fühlbar werden lässt.

Was der Betrachter in Barlachs »Krautpflückerin« erkennt, ist eher verspielter Jugendstil, der auf seltsame, geradezu pittoreske Weise mit der schweren Feldarbeit kokettiert, sodass der Eindruck schwerer Arbeit sich bei dieser Landarbeiterin nicht recht einstellt. Da ist zwar einiges von jener Körperlichkeit zu spüren, die der von Barlach – halbherzig – zum Vorbild erkorene Auguste Rodin in diesen Jahren zelebriert, aber merklich zur blumigen Seite von Camille Claudel hin. Barlach, der Augen hat, um zu sehen, erkennt dies natürlich. Er weiß, er ist noch weit davon entfernt, auszudrücken, worum es ihm geht – und zwar auf seine ganz eigene Weise.

Die Unruhe darüber, ob er je zum echten Ausdruck vordringen werde, wächst in diesen Dresdner Jahren. Mehr als dreißig Jahre danach wird Barlach die diffuse Zeit des Übergangs so auf den Punkt bringen: *Meine Verschwärmtheit kreißte, und Ausgeburten aus Nacht und dickgebrauter Dämmerung krochen fledermausflügelig zutage.*[47]

Immer noch ist ausschließlich Friedrich Düsel Adressat der oft seitenlang mäandrierenden Briefe des Fünfundzwanzigjährigen – und er wird es auch in den kommenden Jahren bleiben. Diese Briefe heute zu lesen, ist nicht unbedingt ein Vergnügen, aber aufschlussreich. Das soll derselbe Ernst Barlach sein, der schließlich in seinem Werk (nicht im Leben!) Wesenstiefe und Leichtigkeit in eine Balance bringen wird, die noch das Schwere schweben lässt?

Ja, aber man muss Geduld mit Barlach haben, noch mehr als zehn Jahre! Denn es stimmt, was er über sich selbst sagt: dass man alles, was vor seinem sechsunddreißigsten Lebensjahr entstanden ist, getrost vergessen könne. Aber was passiert in dieser quälend langen Zeit, in der der Spätentwickler Barlach sucht – nach seiner Mission und einer Ausdrucksform, nach sich selbst? Es gärt. Zu beschleunigen ist dabei nichts, es handelt sich um einen chemischen Prozess, der eigenen Gesetzen folgt.

Barlach existiert in dieser Zeit dennoch, und er schreibt seine langen Briefe an den einzigen Freund dieser Jahre, an Friedrich Düsel. Er zeichnet viel, aber ziellos, wie er wohl weiß. Er notiert hastig alles, was ihm durch den Kopf rast, doch er weiß nicht, wohin ihn dies führen soll. Etwas von Wert erhalten hat sich nicht. Nur seine Düsel-Briefe haben wir als authentische Selbstauskünfte aus einer Zeit, als er sich selbst auf unheimliche Weise fremd scheint.

Was erwartet er von seinem Jugendfreund, der gerade über den »Monolog« promoviert? Kurz vor seiner Abreise nach Paris am 14. April 1895 schreibt er ihm: *Hast du Lust, wenn ich Dir von Paris das eine oder andere kleine Schriftstück sende, es zu begutachten? Ich habe wieder manchen Abend an meinem schwülstigen Stil mit Beilhieben gearbeitet.*[48]

Barlach sucht nach Maßstäben und nach jemandem, der ihn korrigiert. Aber das ist nicht so einfach, denn eigentlich lässt er sich von niemandem korrigieren.

Dass er nach Paris fährt, ist zur einen Hälfte Glück, zur anderen Pech. Carl Garbers, bereits Meisterschüler in Dresden, liefert dem Hamburger Rathaus eine Fassadenfigur, die den Stadtvätern gefällt. Man *schob ihm ein Stipendium nach Paris in die Tasche.* Barlach wird Garbers frei werdende Stelle an der Hamburger Gewerbeschule in Aussicht gestellt, mit zweitausend Mark monatlichem Gehalt. Aber er kommt zu spät. Die Stelle, so erfährt Düsel, ist weg: *Du kannst mir gratulieren, daß ich so glatt an der Ecke der Spießbürgerlichkeit herumbog.*[49] Barlach beschließt, dies sei die Gelegenheit, die Reste seines väterlichen Erbes zu verbrauchen – und fährt mit Garbers nach Paris.

Was will er dort überhaupt? Weltläufigkeit lernen? Wie so vieles von dem, was er unternimmt oder unterlässt in diesen Jahren: Er weiß es selbst nicht, lässt sich treiben, wenn auch mit zunehmendem Unbehagen. Fast schon routiniert lügt er sich mit mehr oder weniger eleganten Formulierungen darüber hinweg, aber es scheint sein Schicksal zu sein, dass bei ihm alles oberflächlich bleibt. Alles bloß plaudernde Schmerzvermeidung, bestenfalls reicht es zur Ironie. Es will nicht intensiv werden, nur sein Herz, das ihm in Dresden schon zunehmend Beschwerden machte, weiß, wie falsch das ist, und schmerzt immer heftiger. Er trinkt und raucht darum nicht weniger.

Ach ja, die europäische Kunstmetropole. *Auf Paris bin ich neugierig wie auf die Bekanntschaft einer Dame, die man mir hoch und herrlich gepriesen …*[50]

Schon hier gilt, wenn Barlach etwas nicht interessiert, dann eine solche Dame. Der Frauenhass in ihm sitzt tief. In den Briefen an Düsel, die er aus Paris schreibt, klingt es noch wie im Weindunst treuherzig vor sich hingesprochen, aber es ist mehr als eine fixe Idee, er wird auch später immer wieder darauf zurückkommen: *In meiner väterlichen und mütterlichen Familie haben alle Männer an zu großer Schwäche gegen das weibliche Geschlecht gelitten … auf mein Leben übt kein Weib mehr einen Einfluß aus … Laß das Weib heulen und bereuen, laß sie büßen, aber sei stark!*[51]

Eines Panzers bedürfte es, an dem alles Weibliche mitsamt dessen *chamäleonartig farbenwechselnden Gefühlen* abprallt.

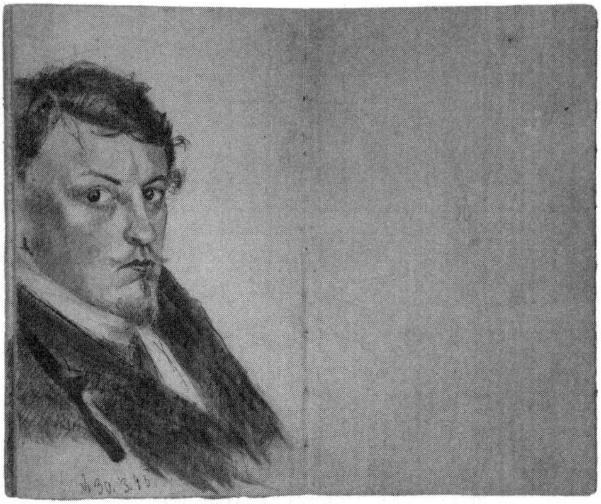

Selbstbildnis (1895)

In Paris geht er zuerst dorthin, wohin deutsche Künstler in Paris in diesen Jahren immer gehen: an die Académie Julian. Aber Kunstschulen aller Art, die unfreie Schülerrolle, in die man ihn drängt, öden ihn an. Einige Wochen und Monate habe er hier vergeudet, zeichnete *Akte, schlechte, langweilige Richtigkeiten, Zustände einer schlechten, langweiligen Kleiderlosigkeit bei männlichen und weiblichen Darbietern von so viel Mangel an Trost, daß ich nicht einsehen konnte, weshalb man sich eigentlich mühe – ich, dem beim Gang durch die Straßen der Bleistift in der Hand vor Ungeduld zu tanzen begann.*[52]

Also beendet er auch diesen Versuch einer *Dressur.* Nein, er will sich nicht in irgendeiner Schule abrichten lassen, Kunstdoktrin, egal welcher Richtung, langweilt ihn. Das ist rückblickend meisterhaft beschrieben in »Ein selbsterzähltes Leben«. Da hat er die große Unsicherheit, ob er das Chaos in sich einmal wird bändigen können, längst hinter sich gelassen. In den Briefen an Düsel von 1895 und 1896 jedoch spürt man es, da wächst es immer noch weiter – und Barlach selbst weiß immer nur, was er nicht will.

Die erste Zeit wohnen er und Garbers in einem kleinen Hotel in der Rue de la Bastille, das unter deutscher Leitung steht. Düsel erfährt, wie es ihm hier ergeht: *Nun lebe ich hier als Bohémien, wie ich's aus den Büchern gelernt!, schon bald ein Vierteljahr, der erste große Absatz in meinem Pariser Leben.*[53]

So soll es sein: das Leben ein Roman. Aber die Hauptfigur schwächelt und schiebt das auf die Stadt, die ihm nichts gibt als lauter Posen, denen er nichts glaubt, aber denen er auch nichts Eigenes entgegenzusetzen hat.

Das Pariser Stadtleben sagt ihm wenig zu. Dieses Hoteldasein frisst die Kräfte und ist für jemanden, der fast nichts verdient, zu teuer. Also zieht es ihn an den Stadtrand, er mietet *im Süden ein gartenwärts idyllisch-kleinstädtisch gelegenes Atelier.* Was aber soll ihm Paris? Es ist nicht so, dass er nicht lernen will, aber wenn, dann auf eigene Faust.

Also begibt er sich in das *Geklüft des Louvre, das mich verschlang und Tage, Wochen und Monate lang behielt.*[54] Da geht er, wie er sagt, als Hausgeist um, eine Ratte, die ihr Loch gefunden hat. Was er nicht findet, sind die großen lebenden Meister, denen er folgen mag. Kann sein, kokettiert er später, er habe die ganze Zeit in Paris nicht einen Daumier zu Gesicht bekommen.

Rodin läge nahe, aber Barlach sieht – wohl nicht zufälligerweise – wenig von ihm, und *dies Wenige vermochte nichts über mich.*

Er streunt und will dabei nicht gestört werden, schon gar nicht von einem Lehrer, der von ihm verlangt, so zu zeichnen wie er. Oder gar zu malen? Das kann er nicht, er hat zu Farben einfach kein Verhältnis. Dennoch probiert er es hier, wo es keiner sieht. Aber die Aquarelle, die er malt, machen ihm keine Freude – wie dann erst anderen? Er schreibt einen »Geisterroman«, an den er nicht glaubt und den er – wie so viele seiner Prosatexte – irgendwann einfach als Skizze liegen lässt.

Das Fragment dieses »Geisterromans« besteht aus dreißig Seiten und trägt den Titel »Reise des Humors und des Beobachtungsgeistes«. Es leidet unter einem bis ins Abstrakte getriebenen Anspruch und ist sehr wenig lustig, tiefsinnig auch nicht, aber dafür aufschlussreich, Barlachs Existenz betreffend – und die ist auf ungute Weise verknotet. Wie beim Gordischen Knoten hat es wenig Sinn, an ihm herumzuzerren, er wird sich nicht lösen. Man muss ihn mit einem Schlag zertrennen. Aber wie und womit?

Dieser Geisterroman ist das Zeugnis einer Verirrung. Er variiert dabei den märchenhaft-bösen Blick eines E.T.A. Hoffmann.

Barlach macht den Humor zur Figur der Erzählung und lässt ihn nachts durch den Louvre wandern. Das ist noch fataler, als würde man etwa die Vernunft in Person auftreten lassen. Es sind schlechte Gespenster, sie transportieren keinerlei Bild. Und was eine weitere groteske Geschichte aus »Nachts im Museum« hätte werden können, wird so zur verquälten Stilübung. Dem Humor eine Gestalt zu geben, ohne diese jedoch beschreiben zu können, ist überaus hinderlich für eine gute Geschichte. Denn Humor stellt sich nun einmal immer in Relation auf etwas anderes her, bleibt eine flüchtige Sache, die, versucht man sie festzuzurren, schon verschwunden ist.

Der Humor trifft als Erstes ein trauriges Gespenst, das eigentlich auf dem Friedhof Père Lachaise wohnt. *Nun gingen sie los, der Humor mit der Laterne voran, das Gespenst seufzend unter seinen Erinnerungen hinterdrein, treppauf, treppab, durch lange Säle und hallende Korridore, und der Humor leuchtete, wohin es ihm beliebte. Das Gespenst machte ihn darauf aufmerksam, daß es verboten sei, die Figuren in den Rahmen zu necken, auch warnte es ihn, sich lange aufzuhalten, da er ein hübscher Kerl sei, dem die Weiber alle nachlaufen würden; bei ihm selbst habe das keine Not.*[55]

Dann stehen sie vor der »Unbefleckten Empfängnis«, es folgt die »Venus von Milo«. Sie machen ihre makabren Bemerkungen und gehen weiter. Das verrät Talent und Geist ohnehin, aber ganz so wie der Jugendstil, in dessen Schatten Barlach gefangen ist: auf ornamentale Weise mit sich selbst beschäftigt, gefällig, ansehenswert, aber ganz und gar nicht funktional. Sie stoßen auf eine Mumie: *Die Mumie war hoch beglückt, als sie hörte, daß sie den Humor begleiten dürfe, und fast schadete ihr die Aufregung. Als der verabredete Abend kam, tat sie ein Gewand um, das sie von dem benachbarten Glasschrank geliehen. Das stand prächtig zu dem Übrigen, von dem man nicht unterscheiden konnte, ob es gedörrte Haut oder Lumpen waren.*[56]

Die anderen Gespenster erweisen ihnen die Ehre, werfen *ihre Schädel in die Höhe.*

Der Humor findet auf seiner Reise den idealen Begleiter, den Beobachtungsgeist, der sich in persona zu ihnen gesellt. Als Barlach spürt, in was für bildlose Gegenden ihn dieser epigonale Gespensterreigen führt, lässt er ihn liegen und schaut ihn niemals wieder an.

Barlach sitzt in Paris mit all seinem Talent in einer Sackgasse. Ausgerechnet das, was er dieser Stadt immer wieder vorwirft, durchzieht sein eigenes Schreiben wie sein Zeichnen: die permanente Ironie. Er findet keine Form, dem repräsentativen Ernst der Amtsinhaber und Geldverdiener einen Ernst entgegenzusetzen, der nicht bieder, sondern spielerisch ist.

Die legendäre Kunstmetropole erweist sich als eine leere Hülle: *Paris und seinem Ruf geht es wie einer einst berühmten Schönheit – sie verliert die Frische, die echten Zähne und das echte Rot der Wangen, aber die Routine bleibt und der Ruf auch.*[57]

Was ist es, das ihn hier so abstößt? Die hochentwickelte Raffinesse lehnt er instinktiv ab, er ist auf der Suche nach etwas Elementarem – und damit völlig allein im Paris der Salons einerseits und dem der Impressionisten andererseits. Die südliche Landschaft eines van Gogh oder Cézanne interessiert ihn offenbar nicht.

Nun versucht er sich an Impressionen aus Paris. Auch hier wieder: Talent zeigt alles, was er schreibt, aber es fehlt das Zwingende der Form. Und bloß gefällig und nett zu sein, das ist für Barlach die schlimmste Form des Versagens. Und doch sind diese kleinen Skizzen besser als die überanstrengte Reise des Humors mit dem Beobachtungsgeist – sie erwachsen aus seiner eigenen Beobachtung. Es beginnt scheinbar simpel. *Die Seine ist grün.*[58] Das zählt schon einmal. Oder auch: *Der Eiffelturm hat seinen kleinen Kopf in Nebel gehüllt; er ist dumm wie der Vogel Strauß und glaubt, man sieht ihn so nicht. Er glaubt, Paris ist flöten.*[59] Das immerhin ist bestes Feuilleton.

Diese kleinen Texte schreibt er Anfang 1896, nachdem er den »Gespensterroman« abgebrochen hat. In den Paris-Szenen zeigt sich plötzlich eine besondere Fähigkeit Barlachs: Er kann präzise die Dinge auf eine doppelte Weise beschreiben, so, wie sie dem Augenschein nach sind, und so, wie sie ihrer Möglichkeit nach sein könnten. Die Dinge träumen sich voran, sie verwandeln sich vor aller Augen in ein offensichtliches Geheimnis.

Ein Stück leibhaftiger Magie, noch als Fingerübung begonnen, aber plötzlich auf unerwartete Weise auflebend, ist in dem kleinen Text »Sturm auf der Seine« zu besichtigen: *Die Lastboote liegen faul beieinander, wie Ungetüme nach dem Fraß im Mittagsbad. Nordische Ungetüme. Vorne breit und hinten breit. Mit extra dicken Schädeln.*[60]

Expressiv im Profanen zu sein, das ist das Geheimnis, das Barlach dabei entdeckt. Doch er träumt seinen Traum vom Norden, er träumt von Gewicht. Ein merkwürdig unausgegorener Widerspruch prägt die Jahre. Ironie samt ornamentalem Jugendstil hier, deutscher Tiefsinn da. Und keine Brücke weit und breit?

Er weiß natürlich, dass – trotz aller von ihm gepriesenen norddeutschen Schwere – der eigene Mangel an technischer Meisterschaft etwas ist, das in einen Vorzug zu verwandeln als Aufgabe noch vor ihm liegt. Aber jetzt ist es beschwerlich, etwa wenn er – um Geld zu verdienen – Aquarelle für eine Märchenbuchfirma malt, mit ungutem Gefühl, wie er Düsel gesteht: *Nun kannst Du Dir vorstellen, was ich für ein Kinderbuchillustrator bin – der ich für Hünenjungen schwärme mit ungeheuren Zehen, dünnen Waden, dicken Knochen, und nun Rotkäppchen, Schneewittchen, Dornröschen!! Es ist nicht mein Fach, aber ich habe Konzessionen gemacht und geglaubt, wunder was für reizende Dingelchen gepinselt zu haben. Noch keine Antwort.*[61]

In seinen Briefen an Düsel hält er seine offenbare Ignoranz für eine deutsche Tugend. Böcklin und Klinger können auch viel weniger als die gefeierten Pariser Meister, aber in ihnen steckt viel mehr an Wahrheit und Tiefe, eben echtes Genie! In dieser Stadt aber sei man bloß fingerfertig geschickt, nur hier konnte einst Meyerbeer über Wagner triumphieren. Barlachs Fazit: *Wir sind schon zu sehr Juden!*[62] Barlach, ein Antisemit? Das nicht, aber einer, der immer mal wieder in Gefahr steht, in Deutschtümelei zu versinken, das schon.

Was hundert Jahre zuvor, mit Lessing gegen das französische Theater gesagt, noch von klarem Geist zeugte, bekommt hier etwas auf ungute Weise Provinzielles. Barlach droht in Überheblichkeit und Ressentiments zu versinken, ähnlich wie Julius Langbehn mit seinem Verkaufshit der 1890er Jahre »Rembrandt als Erzieher«, der den Modernisierungsängsten der bis eben ländlichen Kleinstädter und -staatler, die sich als Bürger des Deutschen Reiches von 1871 in einer ungewohnten Rolle fühlen, ein heroisches Traditionspflaster aus Mythos und Mystik aufklebte.

Zum Glück hat Barlach eine Gabe, die ihn vor hitzigen Ideologismen schützt: Selbstdistanz. So lautet sein Fazit über die ersten Pariser Wochen dann auch: *Dumm bin ich nicht, nur der Verstand ist an einigen Stellen beschränkt.*[63] Dass er nicht lernen will, stimmt nicht. Er lernt sehen, was sich lohnt, in eine eigene künstlerische Form zu bringen – auch wenn er noch nicht weiß, wie.

Kurz vor seiner Abreise dann doch ein anderes Sujet: In den Elendsvierteln von Paris, wo viele Menschen krank sind, stirbt man früh: *Am Nachmittag war Begräbnis der Wäscherin. Eine Stunde Trauerfolge durch Paris im Schmutz und Regen; Massenbegräbnis und nacktes Elend. Aber die Tochter hielt den Kopf hoch, stampfte mutig durch den tiefen Dreck vor mir her und hatte alle Anerbietung von Geld zurückgewiesen. Du siehst, man kann überall studieren und die Menschen sind nicht anders als bei uns!*[64]

Friedrichroda und Hamburg. Das Drama des Einzelgängers

Schon im April 1896 klagt er, dass Paris sein *Wohlbehagen gräulich gestört* habe, was kein Nachteil sein muss. Er träume vom Thüringer Wald. Friedrichroda statt Paris! Einen Monat später ist es so weit, und er vermeldet so etwas wie ein Resümee dieser Reise, die doch mehr als eine Episode war. Aber Barlach, der einen *Heißdurst nach der Tannenluft des Thüringer Waldes* entwickelt und sich sogar einen *König der Wälder* nennt, fühlt sich kein bisschen angeregt, eher leer und zerstört. All die vielen Menschen der Kunstszene, die Versuchung, viel zu reden, eitel zu sein und sich um Kunstgeschäfte kümmern zu müssen, lastet schwer auf ihm.

Was der sechsundzwanzigjährige Ernst Barlach dann im Mai 1896 aus Friedrichroda zu vermelden hat, klingt allerdings nicht nach Neubeginn, sondern nach Verlängerung des alten Elends: *Paris hat mich ziemlich mitgenommen, mein Herzleiden hat mich dort unausgesetzt das ganze Jahr verbittert, und ich habe eine kindliche Furcht vor anderen Leuten und anderen Dingen, ich bin erschossen, wenn ich nicht eine gründliche Änderung meiner Lebensweise eintreten lasse.*[65] Er ist ratlos. Wie soll er leben, um einmal das Werk zu schaffen, von dem er bislang noch gar nicht weiß, wie es aussehen könnte und in welchem Metier: dem des Schreibens, Zeichnens oder Bildhauens? Malend, da ist er sich sicher, jedenfalls nicht. Sagt seine Mutter nicht, er sei völlig farbenblind?

Dass er allein sein muss, um etwas zu schaffen, um überhaupt atmen zu können, das immerhin weiß er nun. Doch die ihm in der Isolation auferlegte Begegnung mit sich selbst wird zur harten Prüfung – seiner künstlerischen Mission ohnehin, aber auch seiner kreatürlichen Duldungskräfte. Er muss sich eingestehen, dass er nicht weiß, wohin er sich wenden soll, in welcher Richtung die geforderte große Kraftanstrengung Früchte tragen wird.

Es ist eine tiefe Krise, in die er nun gerät – und keine Pariser Künstlerkneipenfluchten lenken ihn von seiner *Verzweiflung ab.* Die Tage in Gesellschaft seiner Mutter bestehen aus lauter *Marterung aus Unlust an mir selbst und immer neues Gerichthalten und Verworfenwerden.*[66] Barlach ist nun bald Ende zwanzig, die Ausbildung liegt hinter ihm, er weiß, dass er Bildhauer werden will, aber was er schaffen wird und wie es aussehen soll, das steht in den Sternen. Vor allem bedrängt ihn ein existenzielles Problem: Er hat kein Geld. Seine Erbschaft ist längst aufgebraucht, Aufträge bleiben aus. Wovon soll er nun leben? Sein Bruder Hans, der in Russland als Heizungsingenieur lebt, springt ein und vermittelt ihm einen ersten Auftrag: eine Reliefplakette zur Thronbesteigung des Zaren Nikolaus II. Er erhält dafür dreihundert Mark.

Ein weiterer Auftrag trifft den Anfänger, der nicht aus noch ein weiß, im denkbar falschen Augenblick: Er soll ein Lehrbuch über

»Figuren-Zeichnen« verfassen! Was bleibt ihm anderes übrig, als den Lehrer zu spielen, der anderen sagt, wie es geht. Ein falscher Weg ist das, aber wo sind die Alternativen? Ironie der Geschichte: Das so widerwillig verfasste Buch wird ein Erfolg, und Barlach muss es 1909 für die fünfte Auflage noch einmal überarbeiten.

Garbers ist in der zweiten Hälfte der 1890er Jahre sein einziger Kontakt zur Kunstszene, dort, wo man um bezahlte Aufträge konkurriert. Und der Freund erweist sich im Aufspüren von Gelegenheiten durchaus als begabt. 1897 beordert er Barlach für vier Monate nach Paris zurück, denn er benötigt Hilfe bei einem Auftrag von *plastischer Maßlosigkeit* aus Hamburg: *Es handelte sich um die Ausgestaltung des Rathausmarktes in der Umgebung des Schillingschen Kaiserdenkmals, ein Sturm von wasserkantiger Unbändigkeit sollte entfesselt werden.*[67]

Was für eine Chance für die beiden jungen Bildhauer! Immerhin haben sie den ersten Preis im Wettbewerb um die Ausgestaltung des Hamburger Rathausmarktes bekommen. Aber sie sind unerfahren im Umgang mit Gremien, die Aufträge – also Geld – verteilen. Fast ohne dass sie es bemerken, wird den beiden Jungkünstlern unter Schulterklopfen ihr Gesamtplan aus der Hand genommen und dem Bildhauer Schilling, einem Routinier, zur Ausführung übergeben, der das Werk, wie Barlach sich in »Ein selbsterzähltes Leben« erinnert, *leerte, verödete und glatt und reif machte.*

Immerhin hat diese Pleite einen für Barlachs weitere Entwicklung positiven Effekt: Er flüchtet außer sich vor Wut, so hereingelegt worden zu sein, von Hamburg nach Berlin (aber nur kurzzeitig), wo er mit den künstlerischen Maßstäben der Avantgarde konfrontiert wird, die sich nicht ums ornamentale Ausschmücken von Repräsentationsbauten scheren. Eine wichtige Lehre. Im Verteilungskampf der Subventionen geht es um vieles, aber nicht so sehr um die Kunst, das hat er inzwischen zur Genüge erfahren.

Schillings Denkmal war in Berlin durchgefallen, für Hamburg reicht es aber offenbar, so der bittere Befund. Und sie beide, Garbers und er, waren in der Sache nur nützliche Idioten, die praktikable Entwürfe zur Raumgestaltung um dieses Denkmal herum geliefert hatten. Dennoch wird er später im Gespräch mit

Friedrich Schult konstatieren: *Alles in allem bin ich heute herzlich froh. Die Arbeit hätte mir viel Zeit weggenommen. So kam ich viel eher zu mir selbst. Auch von Garbers wurde ich frei.*[68]

So bleibt ihm nur das Fazit: *Bei der ganzen Geschichte sind alle andern Interessen, bloß keine künstlerischen maßgebend. Da soll ein Reiterstandbild herkommen, wo ein ganz vorsindflutlicher Gaul drauf ist, buglahm und schwanenhalsig, und ein wahrer Dämlack von Kaiser; ich glaub', er betet, gewiß weiß ich's nicht. Solches wird von Schillings persönlichen, hier allmächtigen Freunden lanciert.*

Und was heißt das nun für seine Zukunft? Nichts Gutes: *Ein Bildhauer kann hier nicht leben, es sei denn, daß er die Kunst nebenbei betreibt oder etwas anderes neben der Kunst.*[69]

Aber damals, als achtundzwanzigjähriger Bildhauer, für den dieser erste Preis der Durchbruch hätte sein können, ist er über die unsauberen Machenschaften, die ihnen beiden den sicher geglaubten Auftrag aus der Hand schlagen, aufs Heftigste empört. Er fällt in ein Loch, weiß nicht, ob er noch einmal die Kraft finden wird, sich – bei diesen korrupten Verhältnissen – zu einem neuerlichen Anlauf gegen die kreisenden Windmühlenflügel des Kulturbetriebs zu motivieren. Vom Jahr 1899 hat er nur eines zu vermelden: *Der Morast meiner Untätigkeit dehnt sich in einer Fläche von fast einem Jahr und stinkt zum Himmel!*[70] Doch Barlach übertreibt, denn längere Zeit passiv sein, vermag er nicht.

Immerhin führt das an Barlach und Garbers begangene offensichtliche Unrecht dazu, dass der Architekt Martin Haller den beiden Jungkünstlern – *als Trost und Entschädigung für den entgangenen Rathausmarkt* – einen durchaus gut bezahlten Auftrag vermittelt: *die Gestalt eines Neptun-Riesen auf dem Gebäude der Hamburg-Amerika-Linie, ein zurechtgehadertes Ding von grotesker Zusammenhanglosigkeit.*[71]

Die sieben Meter große Neptunfigur stand seit 1902 auf einem Verwaltungsgebäude an der Binnenalster, mit Krone und Dreizack, einem wehenden Umhang im imaginierten Nordwind. Der Gott des Meeres balanciert in einer Muschel, die wie ein Wagen von vier Pferden gezogen wird. Immerhin bieten Barlach die

Pferde, die Neptun in seiner Muschel ziehen, den Anstoß für weitere Studien: *Zum wenigsten bekam ich Gelegenheit, mich im Pferdeschlachthaus umzusehen und nach den reichlich ausgesäten Köpfen mit Inbrunst zu zeichnen.*[72]

Noch vor Ende des Ersten Weltkriegs wird dieser Neptun aus Kupfer abgebrochen und eingeschmolzen. Die riesige Gründerzeitfigur, die wie die Galionsfigur eines reichen Kaufmannsschiffes schon von Weitem signalisieren soll, wohin sich dieses Unternehmen wenden will, geht den Weg aller Konjunkturgewinner.

Interessanter ist jedoch die Frage, wohin wendet sich Barlach?

Den frisch aufgestellten Neptun betrachtet er immer wieder ausgiebig von unterschiedlichen Positionen aus, rudert sogar auf die Binnenalster hinaus, um die Wirkung der Figur von hier aus zu prüfen. Aber sie lässt ihn innerlich unberührt. Ein schlechtes Zeichen. Rückblickend klingt es so: *Bis 1900 etwa blieben meine und Garbers' Nöte miteinander verkettet. Ich experimentierte und suchte meinen Weg zwischen den abgesteckten Grenzen seiner Aufträge im Hamburg-Altonaer Felde.*[73]

Barlach hat mit dem Neptun endlich etwas Geld verdient, und er weiß nun: Zum Zyniker hat er kein Talent. Wenn er doch wenigstens kontinuierlich arbeiten könnte! So aber stöhnt er in seinen Düsel-Briefen: *des Bildhauers Nebenbei kostet zu viel.*[74]

Töpfern, Schreiben und Warten in Wedel

In seinen Geburtsort Wedel kehrt er 1901 zurück, in Begleitung der Mutter. Unweit seines Geburtshauses findet er in der Kuhstraße 4 einen Laden, den er als Atelier einrichtet. Hier erprobt er sich an einem neuen Material – der Keramik. Der Vater eines Studienfreundes ist der bekannte Hamburger Kunsttöpfer Hermann Mutz, der einen Brennofen sowie einen Ausstellungsraum besitzt. Dort lernt Barlach das ihm neue Töpfermilieu kennen – und hofft, regelmäßig Geld zu verdienen.

Anfangs lässt sich das auch ganz gut an, aber aus Barlach wird dann doch kein Gebrauchskeramiker. Was er formt, das sind immer wieder phantastische Figuren, seltsame Formen, die man anschauen, ja anstaunen, aber eben im Alltag nicht so recht gebrauchen kann.

Was im Jahr 1903 »Deckelgefäß« (Bowle) oder »Henkelgefäß I« und »Henkelgefäß II« heißt, verziert mit dämonischen Köpfen, daraus werden sehr schnell reine Skulpturen in Keramik wie etwa »Ruhender junger Goethe«, ebenfalls 1903, oder – aus demselben Jahr – »Triton« und »Nöck«. Aber was hat diese in eleganter Form gebettete Figur mit dem jungen Goethe zu tun? Zwingend scheint es nicht, was er in dieser Zeit hervorbringt. Wie alles Ornamentale ist es vor allem gefällig anzuschauen. Aber das genügt nicht, Barlach selbst am wenigsten.

1904 fertigt er einen »Wandbrunnen« in Mutz-Keramik an, der von Pflanzen und Tieren umlagert wird und auf der Rückseite ein nacktes Paar zeigt. Eine Art universale Orgie findet hier statt – ob er tatsächlich als Waschbecken funktioniert, ist unklar, denn das blau-grün glasierte Stück, für das Barlach vierhundert Mark erhält, kommt sofort ins Altonaer Museum, wo es magaziniert wird.

Insgesamt liefert er in drei Jahren zehn Tonvorlagen für Mutz-Keramik. Zumeist werden die Krüge und Schalen dann in Steingut gebrannt und farbig lasiert. Während dieser Zeit entbrennt ein Machtkampf um die Richtung der Keramikproduktion zwischen Mutz senior und Mutz junior, und Barlach hatte keine Lust, hierin Partei zu nehmen.

Vom jungen Mutz heißt es, er sei neuen künstlerischen Formen der Keramik aufgeschlossener als der alte Mutz; der Direktor des Hamburger Museums für Kunst und Gewerbe Justus Brinckmann unterstütze ihn in diesem Kurs, zu dem gehört, auf jemanden wie Ernst Barlach zu setzen. Am 28. Februar 1905 wird dieser über die Zeit, die er für Mutz-Keramik arbeitete, an Friedrich Düsel schreiben: *Ich habe ein Jahr, »ein rundes Jahr«, für Mutz gearbeitet, bisher keinen Heller hereinbekommen, aber nur von dem Alten gewußt, daß er mich mit bewährten Mitteln zu treiben suchte, etwas hervorzubringen, wovon er den möglichen Vorteil, ich aber die sicheren Zeit- und Kraftverluste hatte. Preisfrage: Wie ist der Junge? Scheinbar ganz anders, aber ich bin Schuft genug zu schwanken.*[75]

Es sind, nach Barlachs eigenem Bekunden, Jahre der Irrungen und Wirrungen. Aber ist es darum, wie er meint, eine gänzlich verlorene Zeit? Die Erfahrungen, die er im Umgang mit der Keramik macht, werden sich als wertvoll erweisen, als er 1906 von seiner Russlandreise zurückkommt mit seinem alles Weitere prägenden Sujet der Bettler und Beter im Kopf. Er besitzt die Fähigkeit, diese in Ton so zu formen, dass sie den Anspruch an künstlerische Plastik einlösen. In den Schwarzburger Werken in Porzellan gefertigt, werden sie in zahlreichen Exemplaren verbreitet.

Woran es ihm in diesen Jahren dennoch mangelt, ist eine Erdung seiner überbordenden Phantasie, die nicht einengt, sondern dieser ein eigenes Gewicht gibt. In »Ein selbsterzähltes Leben« heißt es dazu bündig: *Es war immer noch übervoll von Schwäche, Irren, Maßlosigkeit und Verlorengehen an alles durchsichtig Ungestaltbare …*[76]

Und es bleibt dabei: Sein Einkommen reicht einfach nicht zum Leben. Es erweist sich, dass er auch in der Keramik zu exaltiert ist, um daraus einen Brotberuf machen zu können. Phantastische Stücke gewiss, ein ungewöhnliches Fabulieren, da sind sich die meisten einig – aber als Gebrauchskeramik eher ein Ausfall. So ist Barlach 1903 gezwungen, wiederum seinen Bruder Hans, der in Charkow mit seiner Heizungsfirma recht gut verdient, um Hilfe zu bitten. Hans schickt ihm tausend Mark. Barlachs Zweifel an sich selbst wachsen, er fühlt sich leer und krank. Wird er jemals den Durchbruch als Künstler schaffen?

Schreiben braucht weniger Material als Bildhauerei – ein nicht zu verachtender Vorzug; noch in der schmalsten Kammer lässt sich beim nächtlichen Kerzenlicht etwas notieren. Und Barlach schreibt – im Moment sind es die Hexen, die ihn sehr beschäftigen. Eine von ihnen ist ihm wohlbekannt als »Die Hexe Einsamkeit«.

Er sieht also Gespenster, lernt es, sich mit ihnen als Hausgenossen anzufreunden. Er muss ihnen nur noch eine Gestalt geben, die stimmt. »Unsere lieben Haushexen« hebt an: *So gingen die Hexen in meinem Hause hin und wieder, kamen neue jahraus, gingen alte jahrein.* Aber auch bei anderen Leuten, in anderen Häusern, so Barlach, leben Hexen – *je wie sie es verdienen.* Natürlich leben die prächtigsten dieser Exemplare bei ihm: *alles, was so zur Zunft gehört, die schienen mir oft trotz Putz und Stuck wie spukende Ausbrecher aus dem Panoptikum, wo die einst lebendigen Begriffe gläsern und wachsig stilisiert sind. Unheimliche Rotten solcher Toten, die nicht gestorben sein wollen und sich lebendig gebärden, schrecken umher, und eine Unzucht mit dem Lebendigen blüht im Breitesten.*[77]

Damit öffnet sich ein neues Themenfeld für Barlach, das seinen Plastiken eine neue Dimension geben wird: das Zwischenreich von Leben und Tod.

Der Alltag in der Kleinstadt, die ja seine Geburtsstadt ist, birgt für Barlach auch eher profane Überraschungen. Er bekommt Post vom Bürgermeister. Der junge Mann, der der Gemeinde zugefallen ist (ein Heimkehrer in den Augen der Stadtväter), kommt gerade recht: für die örtliche Feuerwehr! Am 29. Juni 1903 wird sich Barlach genötigt sehen, gegen die Zwangsverpflichtung als Brandbekämpfer Widerspruch einzulegen.

Unter der Betreffzeile *Reklamation gegen Aushebung zur Pflichtfeuerwehr in Wedel* übermittelt er dem Bürgermeister seine Einwände gegen die ihm bevorstehende Karriere als Feuerwehrmann: *Zum Verlegen meines Wohnsitzes von Berlin nach hier her bin ich hauptsächlich durch den Wunsch bewogen worden, teils bestehende, teils durch berufserzwungene Unrast meines Lebens erworbene Störungen meiner Gesundheit in der ländlichen Zurückgezogenheit und, soweit es überhaupt möglich zu machen sein sollte, durch unbedingte Ruhe und Regelmäßigkeit meiner Lebensführung auszugleichen.*[78]

Er hat Glück, einen wie auch immer »gestörten« Bildhauer will die Stadt Wedel dann doch lieber nicht als Feuerwehrmann und entbindet ihn per amtlicher Verfügung »von der Dienstpflicht im Feuerlöschcorps«.

In Wedel hält er bereits drei Jahre aus, er hat nicht das Gefühl, auf eine wesentliche Weise voranzukommen. Er wird nun vierunddreißig Jahre alt und hat, das ist die große Unruhe, die von ihm Besitz ergreift, noch immer nicht begonnen, ein Werk zu schaffen, das diesen Namen verdient. Alles nur Vorläufigkeiten, Provisorien,

Behelfslösungen. Ist es nicht längst zu spät, um anzufangen? Ist er bereits ganz und gar gescheitert?

Was er Ende 1903 – nur für sich – notiert, lässt das fast vermuten. Er sei krank und mutlos geworden, ohne dabei seine künstlerischen Fähigkeiten verloren zu haben. Aber ohne die Gelegenheit zu ausgiebiger Arbeit vertrockne *der mutige Schwung, die Zuversicht und Fähigkeit zu heftiger Betätigung.*

Ernst Barlach steckt in einer Depression, er weiß nicht, wie er der dunklen Seite des Daseins entkommen kann, er habe keine *Courage mehr zum Draufgehen* und die Überzeugung verloren, einmal siegen zu können: *Ich bin eigentlich nur wohl, wenn ich schlafe, im Wachen bedrängen mich Verzweiflungsvorstellungen, ich fühle mich als Beute der Gleichgültigkeit als Folge von Krankheit und Abnahme von jugendlicher Elastizität.*[79] Auch dass er keine Frau hat, bedrückt ihn. Aber wie könnte er als *besitzloser Lump* daran denken zu heiraten? *Also krank, mittellos und von Liebes-Notwendigkeit bedrängt; allen drei Übeln stehe ich ratlos gegenüber.*[80]

Er weiß, er muss sein Leben ändern, und zwar schnell, ihm läuft die Zeit davon. Das kleinbürgerliche Wedel ist kein Ort, an dem er eine Zukunft hat. Er muss irgendwo anders hingehen – und vor allem Geld verdienen. Aber wie? Am 20. Februar 1904 notiert er: *Vor einer Woche Benachrichtigung von Peter Behrens, daß der Direktor Meister in Höhr im Westerwald von der Keramischen Hochschule bei ihm angefragt hat, ob er einen Lehrer empfehlen könne. Er hat mich vorgeschlagen. Noch nicht entschieden.*[81]

Als Lehrer in Höhr im Westerwald. »Keinerlei Rheinbegeisterung«

Da Barlach in Wedel fast keine Aufträge bekommt, bleibt ihm nichts anderes übrig, als das Angebot anzunehmen, als Lehrer an die Keramische Fachschule nach Höhr im Westerwald zu gehen, obwohl er kaum pädagogische Ambitionen hat. Was soll er auch lehren, wo ihn das Gefühl beherrscht, selbst als Künstler noch keinerlei Boden unter den Füßen zu haben?

Zögernd versucht er dem Direktor der Keramischen Fachschule anzudeuten, dass er als angehender Bildhauer neben dem Unterricht auch freie Zeit für seine eigenen Arbeiten benötigt. Von den Lehrern werden sechsundzwanzig Stunden Unterricht gefordert, das Gehalt ist nicht hoch.

Also schließt Barlach seinen Bittbrief an das Direktorat der Schule vom 18. März 1904 mit den um Verständnis werbenden Sätzen: *So erstrecken sich meine Bedingungen eigentlich nur auf das Innere der Verhältnisse, die ich als gegeben und unabänderlich betrachte, sie sind also nur Hoffnungen, deren Billigung durch Sie mir bei der Erklärung meiner Bereitwilligkeit zum Antritt der Stellung allerdings unentbehrlich scheint. Sollten Sie mich der moralischen Unterstützung bei dem Versuch zur Erlangung der für meine künstlerische Existenz notwendigen Vorbedingungen versichern, würde ich nicht einzuschlagen zögern.*[82]

Doch scheint man dann in Höhr auf seine Wünsche in keiner Weise eingegangen zu sein, und so wächst Barlachs Unwille. Ist er denn nun Künstler oder Paukmeister? Nein, vom *fröhlichen Rhein* würden nur *alberne Leute* reden, ihm fehle jede *Rheinbegeisterung.* Und doch, so teilt er Friedrich Düsel am 30. September 1904 mit, eine Wahl habe er nicht gehabt. Zwar werden gerade seine Keramik, auch Plastik und neunzig Zeichnungen bei Richard Mutz in einem Berliner Ladenlokal in der Ludwigkirchstraße 11 ausgestellt, aber Folgen hat dies nicht für ihn – die erhoffte Presseresonanz ist ausgeblieben. Er muss nach Höhr.

Die Fachschule für Keramik bildet vor allem Töpfer aus, bereits mit einem Volksschulabschluss kann man hier anfangen. Doch die allgemeine Keramiksituation ist nicht gut. Mit der industriellen Fertigung von Porzellan war das Bearbeiten von Ton plötzlich an den Rand gedrängt worden. Das Design ist veraltet, und das Produzieren in kleinen privaten Töpfereien hat keine Zukunft auf dem Markt. Darum empfiehlt der Direktor des Museums für Kunst und Gewerbe Justus Brinckmann in Hamburg Ernst Barlach ja auch nach Höhr, eben weil er in ihm keinen Routinier, sondern einen Künstler mit Visionen erkennt. Der Schulbetrieb jedoch sieht in

Barlach nur einen Anfänger, der froh sein kann, wenn er die Probezeit übersteht.

Barlach soll Modellieren und Zeichnen unterrichten. Die Maßstäbe dafür sind in Höhr, so bemerkt er mit Entsetzen, gleichermaßen stupide wie an der Hamburger Gewerbeschule. Sollte er nicht die Einflüsse aus Japan (Katsushika Hokusais berühmtes Bild »Die Welle« von 1831), die schwungvollen Linien, die vom Jugendstil aufgenommen werden, in den Unterricht einfließen lassen? Davon ist hier nicht die Rede.

Die Beurteilung, die Barlach Ende 1904 vom Direktor Heinrich Meister erhält, klingt reserviert: »Nach meinen bisherigen Wahrnehmungen glaube ich zwar, daß wir in dem Lehrer Barlach eine geeignete Kraft für unsere Schule gewonnen haben; ein festes Urteil über ihn habe ich mir indessen bis jetzt noch nicht bilden können.«[83] Barlach fehle die Sicherheit im Zeichnen, am Modellierungsunterricht »hatte ich auszusetzen, daß er das Figürliche zu sehr bevorzugt« – und so werden mit Pedanterie noch weitere Mängel des Unterrichts aufgezählt. Von Barlachs großem Talent, von dem man sich eine Erneuerung im Umgang mit Keramik erhoffe (immerhin werden seine keramischen Arbeiten in Berlin gerade ausgestellt!), ist dagegen nicht die Rede.

Entsprechend unwohl – und wieder einmal verkannt – fühlt sich Barlach. Seine Zukunft als *Schulmeister* im Westerwald vor Augen, dazu Schüler, die ihn nicht interessieren, ist bei ihm nichts als Klage: *Wie mich das Amt öde anmutet, kann ich gar nicht genug sagen; eben um meine Bestätigung zu erhalten, war ich damals in Berlin – was habe ich für ein freies Leben verloren, in welcher Schlinge hänge ich drin! Ich bin kein Schulmeister von Natur, und also macht mir die Sache viel Mühe.*[84]

Barlach will die starren Schulregeln sprengen, aber man lässt ihn nicht. So sucht er nach nicht einmal einem halben Jahr in Höhr bereits Gründe, schnell wieder von hier zu verschwinden, obwohl er sich das eigentlich gar nicht leisten kann. Am 6. November bekommt Düsel zu hören: *Aber der Unterricht an dieser Fachschule ist mir dauernder Schrecken*. Unschöpferische Orte sind ihm ein

Gräuel. *Du kannst ja nicht ahnen, wie unkünstlerisch dieser Unterricht, nein, Dressur, in der Kunst ist. Aber es müssen »Resultate« gezüchtet werden, nun, da peitscht man eben gegen besseres Fühlen drauflos, leitet nicht, sondern stößt – und am Ende werden Zwangsarbeiten für Leistungen ausgegeben.*[85]

In seinen Briefen aus Höhr spricht Barlach von *Verbannung*, er sei *schon ganz nervös*, diese viele Arbeit, die nichts mit seinem Werk zu tun hat – und wofür eigentlich? *Für ein bißchen Gehalt?* Aber ein bisschen Gehalt ist für jemanden ohne jedes Einkommen eben mehr als gar kein Gehalt. Doch das sind Maßstäbe, die reichen nicht aus, wie er hier erfahren muss. Am 6. November 1904 notiert er in einem Brief an Friedrich Düsel: *Übrigens bin ich körperlich sehr herunter.*[86] Er weiß genau, dieser Satz wird Folgen haben müssen, wenn er überhaupt noch über eine – seine – Zukunft als Künstler reden will.

Er weiß, er sollte es eigentlich nicht tun, aber kann nicht anders, und so schreibt er am 11. März 1905 an die Schulleitung, er sei *leider gezwungen, die Stelle als Lehrer an der Keramischen Fachschule hier aufzugeben, da ihn eine beträchtliche Schädigung seiner Gesundheit unmittelbar, mittelbar die Erkenntnis der dauernden Unmöglichkeit einer Verfolgung künstlerischer Pläne am hiesigen Orte zum Abbruch seiner Thätigkeit bestimmen.*[87]

Endlich ist er wieder frei – geradezu vogelfrei! Doch er weiß einen Ort, wohin man in einer solchen Situation gehen kann: Berlin.

Die »tote Hölle« Berlin

In »Ein selbsterzähltes Leben« fertigt Barlach die Zeit in Höhr in einem einzigen Satz ab – *fruchtlos und unlustig* sei sie gewesen. So also ist er Ende 1905 wieder in Berlin. Hier soll nun endlich der Aufbruch zum künstlerischen Erfolg beginnen. Er ist Mitte dreißig, er hat keine Zeit mehr zu verlieren. Und wo, wenn nicht hier, sollte jemand wie Barlach mit seinem besonderen Talent auffallen? Doch Barlach, der geborene Kleinstadtbewohner, schreibt rückblickend über das, was ein Aufbruch werden sollte: *Hier ging es nun allerdings heillos her, ich wußte, daß ich in einer Hölle saß, und saß darin ringend um die alltägliche Überwindung des Bewußtseins meiner gänzlichen Überflüssigkeit.*[88]

Einer der wenigen etablierten Kunstkritiker, die Barlach in diesen Jahren im Blick haben, ist Karl Scheffler. In seiner Autobiographie »Die fetten und die mageren Jahre« erinnert er sich, dass er Barlach bei Richard Engelmann begegnete, der 1900 im großen Atelierhaus in der Fasanenstraße Ateliernachbar von Barlach wurde. Die beiden kannten sich von der Académie Julian in Paris.

Scheffler erahnt sofort das Besondere an Barlach, vorerst nicht in seiner Kunst, sondern in seinem Wesen: »Er war insofern ein Leidender, als seinem Temperament etwas Süchtiges Eigen war, als der Strom seiner Kräfte ganz einseitig, dafür aber reißend schnell floss.«

Mit Barlachs keramischen Versuchen kann Scheffler wenig anfangen, die Plastiken, auch wenn sie noch im Jugendstil gefangen sind, scheinen ihm jedoch vielversprechend. 1901 hatte er darüber in der »Dekorativen Kunst« einen ersten Text verfasst, in dem er zu dem Schluss kommt: »Er will zu viel, will alles und kommt nirgends zum Abschluss. In den plastischen Entwürfen und in den Zeichnungen: immer spürt man den rhythmischen Drang, der sich im ornamentalen Schwung bewegt, und die Neigung für die pathetische Silhouette: Hier ist eine Kunst, die tanzen möchte und noch nicht gehen kann, die feierlich reden will, während sie noch nach der Sprache sucht.«[89]

Der Umgang mit Barlach, so freundschaftlich er auch begann, erweist sich als schwierig, denn Barlach, so Scheffler, habe die Neigung besessen, alles zu forcieren, was Kritik an ihm beinahe unmöglich macht. Seine noch ziellos schweifende Unbedingtheit lässt ihn unberechenbar scheinen: »Bei ihm war nie etwas vorherzusehen, alles kam stoßweise und abrupt heraus.« Am 9. Dezember 1906 wird Barlach an Reinhard Piper schreiben, Scheffler sei ein *starker Denker,* jedoch: *Seine Resultate sind mir traurig.* Das bezieht sich bereits auf die neueren Arbeiten, mit denen er sich nicht recht verstanden fühlt. Er vergisst nicht hinzuzufügen: *Übrigens, 1901 hat Scheffler in der »Dekorativen Kunst« über mich gesprochen. Leider sehr richtig. Seitdem über literarische und künstlerische Versuche ein nicht entmutigendes, aber hartes Urteil abgegeben.*[90]

Seine äußere Situation ist für Barlach in diesen ersten Jahren des 20. Jahrhunderts durchdringend deprimierend, in Wedel ebenso wie in Höhr, aber auch Berlin wird für ihn nicht zum Ort der Entfesselung schöpferischer Kräfte. Scheffler charakterisiert ihn so: »Äußere Erfolglosigkeit, innere Not und eine pathologische Menschenscheu breiteten um die Gestalt des jungen Barlach schon eine Stimmung von Verlassenheit, er trieb abseits dahin wie ein ›Grüner Heinrich‹.«[91]

Nach der plötzlichen Flucht aus Höhr scheint Barlach wie verstummt. Monatelang kaum Briefe, keine Lebenszeichen. Arbeitet er? Nein, er kämpft gegen die Depression – und scheint zu unterliegen. Zwanzig Jahre später kann er in »Ein selbsterzähltes Leben« dann endlich aussprechen, unter welch schwerem Alpdruck seine Tage damals lagen: *Es langte bei meinem Treiben mit dem abhanden gekommenen Mut so oft kaum zum Aufstehen, am liebsten wäre ich um zehn Uhr früh schon wieder ins Bett geflohen, ich wirtschaftete ab und das Leben ebbte mit so starker Strömung, als wollte es sich wie die Elbe beim Ostorkan entleeren.*[92]

Nach fast einem Jahr ist ihm Berlin immer noch absolut fremd. Am 1. August 1906 erfährt das befreundete Ehepaar Georg und Charitas Lindemann: *Berlin war heute wie eine tote Hölle. Voll Sturm und Drang, aber Sturm und Drang von Toten, die nichts mit einem wie ich mehr zu tun haben.*[93]

Er versucht nun, nachdem er sich so lange bemüht hatte, neue Formen der Gebrauchskeramik für die Firma Mutz zu entwickeln, zu den Plastiken zurückzukehren, zu kleinen Formen ohne jeden Gebrauchszweck. »Die Vertriebenen« heißt eine Kleinbronze, die 1906 entsteht, zwei sitzende Menschen, einander zugewandt.

Die Plastik wird auf der großen Berliner Kunstausstellung gezeigt. Sollte das nicht der Durchbruch sein? Später erinnert er sich: *Ich stellte eine kleine Bronze aus und ging, sie in der großen*

Ausstellung zu sehen, doch war sie so gut verborgen, daß ich sie nur schwer ausfindig machte – eine Halbheit, kein voller Ton, nichts von dem, was ich als mindestes zu sehen erwartete ... [94]

Selbst zwanzig Jahre später klingt die Enttäuschung noch bei ihm nach. Wie konnte er so versagen? Was fehlte seiner Kunst, um ihr eine innere Stärke zu geben? Er ist ratlos, in sein Tagebuch notiert er am 29. Mai 1906: *In der Ausstellung gewesen u. meine Arbeit als kläglichen Mißerfolg erkannt. Bin nicht verkannt, sondern überschätzt ...*[95] Aus lauter Verzweiflung über das fortgesetzte Misslingen zerstört er »Die Vertriebenen«.

Dennoch ist da etwas im Abseitigen gewachsen, dem Barlach selbst wohl keine allzu große Bedeutung beimisst. Er zeichnet Grabmalentwürfe. Sie haben Tiefe und – bei Grabmalen vermutet man das nicht – eine seltsam vitale Präsenz. Friedrich Schult gegenüber spielt er diese wichtige Phase seiner künstlerischen Selbstfindung allerdings herunter, sagt ihm, er habe sich nach seiner Flucht aus Höhr *mehrere Monate hindurch mit allerlei verfehlten Entwürfen zu Grabdenkmälern*[96] beschäftigt.

In der Beschäftigung mit Formen des Totengedenkens setzt Barlach etwas bereits in Hamburg Begonnenes fort. 1902 hatte er ein recht imposantes Grabmal im Auftrag des Konsuls Gustav Moeller geschaffen, das auf dem Friedhof Hamburg-Ohlsdorf aufgestellt wurde. Es zeigt eine Wand, die in einer Nische ein Scheintor andeutet, an dem eine Frauenfigur lehnt, die gar nicht allegorisch, sondern sehr natürlich wirkt. Geradezu anmutig beugt sie sich leicht zum Grabe hin, der Tür (die keine ist) entgegen. Sie lauscht, aber ist es die Wand, hinter der der Tote liegt, an der sie lauscht, oder hört sie eher in sich hinein?

Hier ereignet sich nicht weniger als die Urszene zum »Fries der Lauschenden«, eines von Barlachs späten Hauptwerken. Da ist offenbar eine Musik im Spiel, die Leben und Tod auf geheimnisvolle Weise verbindet.

KAPITEL II

Fernstraßen und Landwege

Die Reise nach Russland

> *Alles, was ich gemacht habe, eh ich sechsunddreißig war, kann ich leichten Herzens verabschieden.*
>
> Ernst Barlach im Gespräch mit Friedrich Schult (1919)

Woran erinnert ihn die Steppe? An etwas, was er noch nie gesehen hat: die Prärie. Der erste Eintrag in seinem »Russischen Tagebuch« datiert auf den 2. Mai 1906, Southmayd, Texas. Da lesen wir: *A man from America goes to Russia?* Der texanische Advokat, der ihm eine Vollmacht ausstellen soll, begreift das nicht. Ernst Barlach notiert dazu: *Sie springen in ihrem Land hin und her, das freilich groß genug ist. Aber die Perspektive solcher Sprünge, die ich machen wollte, das verstand er nicht ...*

Es sind allerdings so einige Sprünge, die Barlach hier unternimmt – dabei nicht immer unbedingt seine eigenen. Er, der sich noch Mitte des Jahres 1906 so schlecht wie nie fühlt, ist bereits sechsunddreißig Jahre alt. An einen echten Anfang als Künstler glaubt er nicht mehr. Zu spät! Er hat sich gründlich verlaufen im Rankengestrüpp des Jugendstils. Was seine eigene Sprache ist, weiß er nicht. An den Anfang seines »Russischen Tagebuchs« stellt er, was ihm sein Bruder Nikolaus erzählt. Nikolaus kommt geradewegs aus Texas, wo er mit seinem Zwillingsbruder Joseph eine »Hungerfarm« betrieben hat.

Nikolaus Barlach hat alle Hoffnung auf eine Zukunft in Amerika verloren. Jetzt will er weiter zu seinem Bruder Hans, der im russischen Charkow als Heizungsingenieur arbeitet. Da kann Ernst doch auch gleich mitfahren, der ist genauso gründlich gescheitert mit allem, was er einmal vorhatte, der ist ebenfalls am Ende. Ja, Ernst Barlach denkt tatsächlich an Flucht aus Berlin und notiert, weil ihm nichts Eigenes einfällt, in sein Reisetagebuch, was er vom Bruder über Texas hört: *A man from America goes to Russia?* Mit ihm hat das nichts zu tun. Er schreibt hier so, wie er auch seine Skulpturen modelliert oder zeichnet: ohne innere Notwendigkeit, von irgendwoher zusammengesammelt. Genauso gut könnte sein Bruder Nikolaus dieses »Russische Tagebuch« führen.

In »Ein selbsterzähltes Leben« wird Ernst Barlach die Situation beschreiben, aus der ihn die Russlandreise herausreißt. Der Berliner Kunstbetrieb ist ein Vampir, und Barlach glaubt, kaum noch Blut in sich zu haben. Depressionen und Herzbeschwerden sind in dieser Zeit seine ständigen Begleiter. So sei es keine große Kunst gewesen, ihn zu der Russlandreise zu überreden. Nur weg aus Berlin, dieser *toten Hölle,* egal wohin. Er solle sich schnell einen Pass beschaffen, lässt ihn Nikolaus wissen, der aus Amerika offenbar eine pragmatische Direktheit mitbringt, sonst *ginge er ohne mich*. Barlachs lapidare Auskunft: *Wir reisten.*

Tatsächlich brechen die Brüder Ernst und Nikolaus Barlach erst am 2. August mit der Eisenbahn aus Berlin auf. Über Warschau und Kiew erreichen sie Charkow am 5. August, wo sie Bruder Hans erwartet. Hans wohnt in einem traditionellen kleinen Bauernhaus, strohgedeckt und im Mittelpunkt der typisch russische Ofen mit seinen Bänken rundum, die im Winter dazu einladen, ein Oblomow zu werden, der seinen warmen Liegeplatz nur im äußersten Notfall verlässt. Aber jetzt ist Sommer in der Steppe, und die drei Brüder, mehr im tagtäglichen Streit als in Harmonie vereint, sitzen oft im kleinen Garten, der zum Haus gehört.

Das von Barlach mit literarischer Ambition begonnene Reisetagebuch offenbart dann sofort einiges an merkwürdig jugendstilhaftem Geranke, das ihn ohnehin in allem umwuchert, was er unternimmt. So verlegt er den Reisetermin fürs Tagebuch auf den 15. Juni vor, das lässt sich nicht einmal mit einem möglichen Wechsel vom gregorianischen zum in Russland gültigen julianischen Kalender erklären (hier beträgt die Differenz nur dreizehn Tage). Wollte er am Ende die knapp achtwöchige Reise länger aussehen lassen, als sie war?

Ernst Barlach steckt künstlerisch zu dieser Zeit fest im Fingerfertigen, er probiert vieles, aber es könnte auch immer etwas anderes sein. Was er macht und wie er es macht – seins ist es in keinem Fall. Er fühlt sich in einem Zustand der Hysterie, und davon sollen ihn Russland, der slawische Mensch und die Weite der Landschaft heilen?

Barlach, der an nichts wirklich glaubt, ist bereit, sich auch darüber wieder selbst zu täuschen. Er spielt sich und anderen etwas vor, das nicht existiert, das mit seiner inneren Erfahrung nichts zu tun hat, bestenfalls mit der ihm zur Verfügung stehenden Fähigkeit, in verschiedenste Rollen zu schlüpfen. Aber das vermag auch jeder durchschnittliche Kopist. Was ist hier echt, was ist sein Eigenes – und was wieder nur geborgt?

Aus dem Abstand von über zwanzig Jahren zurückblickend wird er mit der Erfahrung Russland einen Wendepunkt markieren: *Schon als wir durch Warschau zum anderen Bahnhof über die Weichsel fuhren, schüttelte mich die Beglücktheit des selig Erwachenden, der noch die Pein des mühsamen Sterbens nicht vergessen hat – ich sah, daß das Feld schnittreif meiner harrte.*[1]

So mag es sich ihm im Nachhinein gezeigt haben. Aber ist es wirklich allein die Begegnung mit Russland, die ihn im Jahr 1906 aus der Bahn wirft? Oder auch ein Ereignis, von dem er auf dieser Reise Nachricht erhält, etwas, das ihn tiefer, als er selbst vermutet, in seinem Selbstverständnis erschüttern wird – die Geburt seines Sohnes Klaus? Darüber wird noch zu reden sein. Barlach deutet den Weltenwechsel, der sich in diesem Jahr tatsächlich vollzieht, nur in einem Satz an: *Und doch hatte sich in diesen dunkelsten Zeiten ein junges Leben auf den Weg gemacht, wie um meine Hand zu fassen und mich in ein ansteigendes Dasein zurückzuleiten.*[2]

Was er unter dem 17. Juni 1906 in seinem Reisetagebuch festhält, kommt immer noch in jener Rhetorik daher, die ihn wie eine Mauer von jedem echtem Gefühl, jedem wahren Ausdruck trennt. Er läuft Gefahr, ein routinierter Konjunkturschwätzer zu werden: *Dem Reisenden erscheint jenseits der Grenze eben alles neu, und wenn in seine brausende Überschwenglichkeit im Auffassen auch ganz sacht die dämpfende Überlegung hineinraunt und zu wissen vorgibt, die Welt sei überall eine Welt des Scheins, diesseits und jenseits, so reizt doch eine neue Welt – und für die Neugier ist's eben eine junge – alle Sinne mit so heftigen Forderungen, wirkt auf sie so anmutend und anfrischend, daß sie, um nur einigermaßen der Glücklast Überfluß zu empfangen und zu halten, ihre Bequemlichkeiten und Gewohnheiten, den ganzen Leistungsschlendrian auf einmal von sich scheiden, gleichsam ausschwitzen müssen.*

Er schreibt nicht von sich, vermeidet die erste Person Singular, das Erfahrung aufschließende Ich, verbirgt sich in einem Allgemeinen, das fast schon wieder beliebig ist. Nur ein Wort bleibt beim Lesen hängen, weil es nicht zu diesem vor sich hinplätschernden Literatenton passt. Wenn der Reisende etwas *ausschwitzen* muss, dann spricht er doch von sich! Das ist ein Wort, das zu ihm in dieser Situation passt. Ansonsten zeigt der gesamte erste Teil der »Russischen Reise« den Autor in der Pose eines Reiseschriftstellers, der uns vorab schon die Resultate verkauft – und das in Form eines selbstgefälligen Manierismus: *Die Ferne als deutliche Vorstellung der Nie-Endlichkeit ist mir der Inbegriff des Russischen meiner Erfahrung geworden; und mit der Formung des Begriffs begann schon die Reise.*[3]

Das offenbart die Krise, die Barlach umklammert hält und der er nun zu entfliehen hofft. Er weiß alles und kann alles – und trotzdem ist es nichts mit ihm. Diese Tatsache vermag er nicht zu verdrängen, die innere Stimme in ihm ist noch wach genug, ihm das zu sagen.

Die Reise, die ihn zu sich bringen soll, droht gleich zu Beginn zu scheitern. Wieder sucht Barlach nicht ernsthaft, erwartet von dieser Fahrt ins Unbekannte außer einigen folkloristischen Sujets gar nichts. Er hat sich schließlich bloß überreden lassen. Wird ihm die fatale Oberflächlichkeit, die aus seiner kunstfertig gehandhabten Routine kommt, zum Schicksal?

Der Ansatz dieses Reisetagebuchs scheint bereits völlig verfehlt, wird aber vorerst nicht fallen gelassen. Es klingt gut, dieses: *A Man from America goes to Russia?* Doch was hat das mit ihm zu tun, das ist schließlich die Geschichte seines Bruders, auch die seiner Mutter, die Jahre zuvor nach Texas gereist war, um den beiden Brüdern Barlachs bei der trostlos unergiebigen Quälerei auf ihrer Farm zu helfen. Aber er selbst hat die Prärie nie gesehen. Trotzdem schreibt er: *Manches läßt mich hier an Texas denken ...* Der Satz geht noch endlos weiter, ohne etwas zu sagen oder zu zeigen. Warum? Wer einmal auf einem falschen Gleis fährt, der fährt. Obwohl, Barlach ist aus Widersprüchen gemacht, warum nicht auch aus dem von Russland und Amerika?

1910, vier Jahre nach der Reise, deren Charakter als Wegscheide seiner Entwicklung sich da bereits herumgesprochen hat, äußert der mit Barlach bekannte Karl Ernst Osthaus in einem Brief: »Rußland muß ihn bis auf die Knochen gepackt haben, trotzdem er sagte, daß er darüber hinaus wäre und sein neues Ideal in Amerika sähe.«[4]

Offenbar bemerkt Barlach nicht die tiefe Kluft, die doch zwischen beiden so eilig hingeschriebenen *Fragen* liegt: *Sollte man Sehnsucht nach Texas haben können? Was ist der Russe für ein Mensch?*[5] Was wäre darauf zu antworten? Vielleicht, dass in Barlachs Vorstellung die Grenzen fließend sind, der Russe für ihn durchaus nach Texas gehört. Aber wohin gehört er selbst? Im Traum fühlt er sich überall zu Hause, wie er sich im wachen Zustand überall gleich fremd fühlt.

Noch türmt sich in ihm das Gerümpel, das er mit sich schleppt, das nicht selbst Gesehene, das nicht selbst Gefühlte. Aber woher etwas Neues nehmen, wenn man immer eine Definition parat hat?

So wird das »Russische Tagebuch« zu einem Dokument des Übergangs. All die Einträge der ersten Hälfte haben etwas Papiernes, etwa jene allzu eilige Charakterisierung der Menschen in diesem Land: *Der russische Mensch ist als Typus so besonders, er muß auch einen neuen Revolutionstypus zustande bringen, einen, der seinem Widerwillen dagegen, ein Ziel im Auge unverrückbar festzuhalten und ihm zuliebe in eine vorläufige Knebelung konträrer Willensrichtungen zu willigen, entspricht. Ihn ekelt vor seinem eigenen Ideal, wenn es unverdrossen Fleiß und Disziplin von ihm fordert.*[6]

In der Peripherie seines Bewusstseins dämmert ihm, dass es hier im Jahr zuvor eine blutig niedergeschlagene Revolution gegeben hatte. Immer noch ist auffallend viel Militär präsent. Aus welchen Quellen speist sich die Unzufriedenheit mit unhaltbaren Zuständen, in die eine Revolution einbricht?

Aber dann ereignet sich etwas, das ihn ganz und gar überwältigt: Russland ist ganz anders, als er es sich im Vorhinein dachte. Es ist vor allem auf brutale Weise widersprüchlich und dabei von einer Weite der Landschaft, in der man sogar als Berliner, als der sich Barlach nur unter Vorbehalt versteht, verloren gehen kann. Er sieht Dörfer, er sieht Fabriken, er beginnt zu unterscheiden, was er mit eigenen Augen sah.

Im »Russischen Tagebuch« verändert sich sein Ton, der Inhalt wird dokumentarischer. Er sammelt Material: Menschen in einem Zeitenumbruch, der befreit und gefangen setzt zugleich. Er beginnt zu vergleichen, was er mit eigenen Augen sah, Östliches und Westliches, Ländliches und Urbanes, Bauern und Fabrikarbeiter. Deutlich werden ihm diese Unterschiede erstmals auf der dreistündigen Eisenbahnfahrt von Charkow nach Belgorod.

Nun ist plötzlich eine neue Intensität da, er schreibt mit dem Atem eines, der gerade etwas Wichtiges entdeckt: *Auf einer flachen Senkung zwischen zwei gewölbten Erdzügen liegt dann Belgorod (die weiße Stadt) in kleinen und großen Brocken hingeworfen: die großen sind zahlreiche Kirchen, die kleinen Häuser und Häuschen. Auf den ersten Blick sieht man dann, daß die Stadt einen ganz anderen Charakter hat als Charkow. Hiergegen ist Charkow westeuropäische Industriestadt, von ausgesprochenem Großstadtehrgeiz erfüllt, während Belgorod sein dorfmäßiges Dasein mehr träumt als lebt.*[7]

Barlach kämpft sich auf dieser Reise von Tag zu Tag, von Tagebuchseite zu Tagebuchseite ins Freie – raus aus der Ornamentik des Jugendstils, hin zur klaren, einfachen Form, die etwas Wesentliches auszudrücken versucht.

Und so ist dann erklärlich, dass Barlach in »Ein selbsterzähltes Leben« von einem *Fieber* spricht, das ihn auf dieser Reise befällt. Es ist die Krisis des Alten, in dem sich ein neues Gefühl des In-der-Welt-Seins regt: *Und trotz Fieber und endlosem Bruderzwist fraß ich wie ein Gezücht und Landplage alle Erscheinungen von Stadt und*

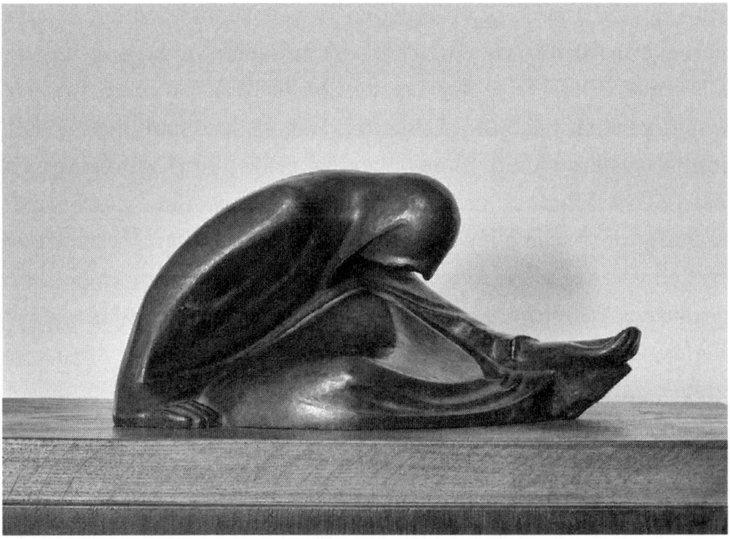

Russische Bettlerin (1907)

Steppe in einen unersättlichen Hungersack, in der Glut eines andern Fiebers, einer Angestecktheit nicht durchs Klima, sondern aus unheilbarem Verfallensein, für das ich bis zur Wehrlosigkeit zugerichtet war.[8]

Russlands Menschen verwandeln sich in seinem Kopf nicht nur zu Typen, mit denen sich ein folkloristisches Tableau bestücken ließe, sondern in Archetypen, also elementare Möglichkeiten des Menschseins, die einen mythischen Erzählraum bilden: *Form – bloß Form? – Nein, die unerhörte Erkenntnis ging mir auf, die lautete: du darfst alles Deinige, das Äußerste, das Innerste, Gebärde der Frömmigkeit und Ungebärde der Wut, ohne Scheu wagen, denn für alles, heiße es höllisches Paradies oder paradiesische Hölle, gibt es einen Ausdruck, wie denn wohl in Rußland eines oder beides wirklich ist.*[9] Auch das ist eine Erkenntnis im Rückblick, zwanzig Jahre nach dieser Reise notiert.

Es lohnt sich, beim zweiten Teil des Reisetagebuchs zu verweilen. Denn hier zeigt sich, wie genau Barlach nun zu beobachten beginnt. Als Plastiker sucht er bereits nach Formen und Linien, das Gesehene mit eigenen Händen nachzuschöpfen. Doch die Dimension des sich vor seinen eigenen Augen ausbreitenden Raums sprengt die Mittel, die Barlach bisher zu seiner Verfügung wusste. Die ungeheure Weite der Steppe überwältigt ihn nicht nur, sie lässt ihn auch nach Möglichkeiten fragen, wie man diese Größe miniaturisieren kann, ohne dabei den prägenden Grundeindruck dieser Landschaft zu verlieren. Er denkt bereits über jene Vereinfachung nach, die alles Kleinteilige in einen neuen Horizont zu stellen vermag, *ohne Furcht vor den letzten Konsequenzen des Stilgedankens, rücksichtslos in der Lust der flachen Bogen, auslassend das Verlangen tischflacher Flächen nach der Ferne, ausbrechend in Zügen grauer, am Himmelsrande hinschießender Riesenwale, die im Wahn durchscheinender Freiheit am harten Kristall des Horizonts entlangrasen.*[10] Das ist der neue Ton, der von jetzt an zu Barlach gehört. Die Steppe träumt sich *unendliche Befriedigungen.*

Aber dann wird der Traum von einem kalten Bewusstseinsblitz getroffen, sackt in sich zusammen wie ein vertraut gewordener nächtlicher Wahn im ersten Morgenlicht. Was federleicht schien, das zeigt nun sein Gewicht, erweist sich als Last, die es zu tragen gilt, will man den Traumstoff in den Tag hineinnehmen. Es wird zur Arbeit, die dem Widerstand des Materials eine Form abtrotzt, die, obwohl sie selbst hervorgebracht ist, dennoch etwas von der ungebärdigen Naturwüchsigkeit, die in ihm steckt, bewahrt.

Barlach entdeckt angesichts der rätselhaften Natur der Steppe etwas von jenem Doppelgesicht, an dem es seinen Plastiken bislang fehlte. Es ist die Doppelbewegung von Öffnen und Verschließen, von Hingabe und Verweigerung, von Nähe und Ferne, Vertrautheit und Befremden. Es ist das Geheimnis der Mystik, die sich in aller Unmittelbarkeit des Ansprechens doch immer auch zu verbergen vermag. *Da sieht dann das Geistesauge die in den Himmel ragenden Gestalten, deren verklärte Formen die Erfüllungen der drängenden Sehnsüchte darstellten, aus der Tiefe, die Antwort auf die Gebete eines ganzen Lebens, die Entpuppung des Geistes aus der Irdischkeit, die Gestalt der Steppe als Seele.*[11]

Die Steppe, der zweifellos etwas von Ödnis anhaftet, hat jedoch einen Vorzug, der den Berlin-Flüchtling fasziniert: Scheinbar eine leere Fläche, die dem Okkupiert-Werden durch den fremden Blick wenig entgegenzusetzen weiß, erweist sich plötzlich auf unerwartete Weise beharrlich im Verteidigen des Eigenen. Ein welterschütternder Gedanke für Barlach, der sich doch schon über die Mitte seines Lebens hinweg getrieben ahnt, ohne bislang merkliche Spuren in einem Werk hinterlassen zu haben.

Sein Bruder Hans arbeitet in der Charkower Industrie: Das Donezk-Becken beginnt zu werden, was es heute immer noch ist: ein rauchiges Nibelheim. Die Steppe wird von Maschinen gefressen, aber dieses Drama will Barlach nicht sehen. Für ihn ist, was sich da in der Weite erhebt, Erhöhung, geradezu Verklärung der Menschennatur: *Das deutsche Hochofenwerk dampft mit zwei Schornsteinen über die Steppe hin und hat sich mit seinen bizarren Formen, mit seinem verwirrenden Gefüge von schwarzen Organen so selbstverständlich in die graue Einöde gewurzelt, daß der Betrachter und Sucher einheitlicher Stimmungen an seinem Recht verzweifeln möchte, die tiefe und reine Ungestörtheit der Steppe zu preisen.*[12]

Nein, die Steppe ist nicht ungestört, das wiederum verbindet sie mit ihrem amerikanischen Pendant, der Prärie. Sie ist bedrängt von Kräften, die Ausdruck menschlichen Gestaltungs- und Machtwillens sind, letztlich auf Unterwerfung und Ausbeutung der Natur zielen. Doch das führte auf jenes soziale Feld, das Barlach meidet. Für ihn, den Großstadtverächter, der die Technik als Lebensorganisator von urbanen Massen fürchtet, überwiegt etwas anderes: *Dieses Werk bringt Leben in die Steppe, nährt viele Beamte und Arbeiter und deren Familien und setzt gegen das Behagen der Einöde und der dumpfen Verträumtheit schwach kultivierter Landmassen das höhere Menschenwohl und -wehe; es kultiviert den Boden mit edelster Frucht, die die Erde tragen kann.*

Seltsam klingende Worte aus dem Mund von einem, für den rauchende Schornsteine und Industrieanlangen nie ein künstlerisches Thema sein werden. Fast möchte man annehmen, dass seine beiden Brüder ihm in ihrer Ingenieursbegeisterung die Feder führten. Aber Barlach sieht auf neue Weise, wenn er die Industrialisierung als Fortschritt preist: *Eine Menschenseele ist eine Welt für sich, und hier finden Tausende die äußeren Bedingungen, gleichsam die Wärmegrade, in deren Grenzen Seelenleben rege werden und bleiben kann.*

Welch eine poetische Verklärung findet hier statt, eine für Barlach höchst ungewöhnliche Industriepanegyrik: *Über den Horizont steigen Rauchwolken weiterer Steppenwerke, und Schienengleise spannen sich wie schmale Maßbänder über die sanft steigenden oder fallenden Flächen hin. Und die Züge sind die eiligen Erbeuter, die Habebalde der Ferne, Raumgewinner und Raumverschwender; die Meilen stürzen hinter ihren Fersen, und wo sie im Grau der Weite verschwinden, zeigt das Gewölk ihres ausstoßenden Atems die Unermüdlichkeit bei der Arbeit des Räderns und Verkleinerns aller Entfernung.*[13]

Es klingt wie im Märchen. Baut denn ein Riese mit seinen jedes menschliche Maß übersteigenden Kräften diese Schwerindustrie in die Steppe? Es hört sich fast so an wie mehr als ein halbes Jahrhundert später bei Franz Fühmann, dem großen Barlach-Vermittler einer sich aus Schdanows Dogmen freikämpfenden Kunstanschauung in der DDR. Franz Fühmann, am Rande des »Bitterfelder Wegs« seine Gastrolle als Schweißer auf der Rostocker Warnow-Werft beschreibend, lässt in »Kabelkran und Blauer Peter« von 1961 die Industrieanlagen während seiner Anreise mit der Eisenbahn langsam aus mythischem Nebel auftauchen, um sie dann in ein verklärendes Licht zu stellen. Genauso verfährt Barlach im Sommer 1906, wenn er von einem Überlandweg im Donezk-Becken spricht: *eine köstlich wogende Flut vorwärtsströmender Linien!*[14]

Interessanterweise wird Barlach nach seiner Rückkehr nach Berlin, Ende September, das Reisetagebuch, das zu seinen Lebzeiten unveröffentlicht bleibt, zur Arbeitsgrundlage für eine Erzählung nehmen, die den Titel »Eine Steppenfahrt« trägt und 1912 in »Kunst und Künstler« erscheint. Darin sind einige Passagen aus dem Reisetagebuch verwendet, einiges wurde umformuliert, anderes aus wachsender Distanz zurückblickend hinzugefügt. So findet sich gleich im ersten Absatz ausgesprochen, was Barlach als doppelten Eindruck mit aus dem Donezk-Becken nach Berlin zurücknimmt, hier wohlweislich als Doppelbild des Deutschen, der in Russland Arbeit findet, angelegt. Zum einen sei dies ein Gebiet, *in dem der Deutsche auf Schritt und Tritt den Deutschen an der Arbeit findet als modernen Schatzgräber, Goldmacher oder Eisenfürsten.*

Die Kehrseite davon kennt er nun aus eigener Erfahrung, wenn er hinzufügt, dies sei auch – immer noch – eine Gegend, wo, *müde vom Anblick dieses ungeheuren Industrie-Werktages, derselbe Deutsche sich an der Luft der guten alten Zeit und an ihrer Gemächlichkeit laben kann, wenn er die in diesem Gebiet, besonders im Süden, eingesprengten Schwabenniederlassungen besuchen will, wo ihm dann die beste bäuerliche Rückständigkeit in der Erhaltenheit aller Stilkostbarkeit und alter Zeit gemäßen Geistes entgegenhaucht.*[15]

Es sind die Unterschiede, an denen sich das Auge schult, die Verwerfungen im scheinbar doch so Homogenen, die Risse im Monolithischen, die ein differenziertes Urteil provozieren. Und dass hier im alten Tatarenland plötzlich die Schornsteine einer Schwerindustrie emporwachsen, deren Lebensrhythmus mit brutal schneller Gewalt eine traditionelle Lebensform zerstört, beunruhigt Barlach und bestätigt seine Vorbehalte gegen die Technisierung aller Lebensformen, wie er sie bereits aus Berlin kennt.

Er registriert den Fortschritt in seinem Januskopf: Er schafft einerseits mehr Komfort und Lebenssicherheit, erleichtert den Alltag, aber entwertet rigoros jenes Wissen, das als eine von Generationen zusammengetragene Überlebensweisheit galt. Es herrscht Orientierungslosigkeit zwischen den Zeiten, eine große Sprachverwirrung: *Man bekam Zeitbotschaften und konnte doch keine Übersetzung liefern, weil man den Schlüssel der Chiffre-Sprache verloren hatte.*

Inmitten dieser auch ihn tief angreifenden existenziellen Irritation sucht Barlach das Einfache: den einfachen Menschen, den Bauern, den Bettler und jene schlichte Form, die vorerst nur eine Vision ist. Wenn er notiert, *Brot und Melone ist Speis und Trank des russischen Mannes dieser Gegend,*[16] dann weiß er sehr wohl, dass er nicht von den Ernährungserfordernissen des Industriearbeiters spricht, sondern den vor seinen Augen zur Antiquiertheit verurteilten Steppenbewohner poetisiert.

Barlach sieht das Zurückbleibende, das Versinkende um sich herum. Meist fährt er mit der Eisenbahn, die zum neuen Donezk-Becken passt und Zeitvergeudung ausschließt. Dann wieder steht er vor einer der wenigen noch fahrenden Überlandkutschen, *ein schwarzer Kasten zottelt von vier nebeneinandergespannten Pferden gezogen heran.* Noch gibt es die Fuhrwerke der armen Bauern, die nicht mit der Eisenbahn reisen, aber die Rollen der Gewinner und Verlierer sind bereits klar verteilt. Es sind von Barlach *Pferdemenschen* genannte Gestalten, die ganz eins mit Pferd und Wagen zu sein scheinen, wie zu einem einzigen Leib zusammengeballt. Barlach weiß, er wird sich entscheiden müssen, wessen Weltgefühl er folgen will, dem der Gewinner oder dem der Verlierer?

Sympathien hat er nur für die einen, und das Auge wandert mit Lust nur über das Gebrauchte, das in aller Verschlissenheit doch eine Würde verteidigt, die von weither kommt und vielfach beglaubigt ist. *Ein Biedermeier-Fuhrwerk besterhaltener Art, ein Überbleibsel der guten alten Zeit, behäbig und grotesk wie ein Urgroßvatergespenst mit Familienschirm, Mordszylinder und Vatermördern. Eine Geisterkutsche in der hellen Sonne mit ängstlich verschlossenem Innern, als reisten die lichtscheuen Verdammten ihren täglichen Weg in tiefster Verborgenheit vor Menschenaugen. Als hinge ihre Erlösung vom Ungesehenwerden ab …*[17]

Und nun beginnt er, der am Anfang seines Tagebuchs bereits eine Definition des russischen Menschen parat hatte, auch den Alltag der Menschen kennenzulernen. Der hat nichts Erhebendes, ist vor allem auf kümmerliche Weise beschwerlich. Vor einer am frühen Morgen beginnenden Steppenfahrt geht er am Vorabend in einem Gasthaus schlafen. Es ist ihm unbehaglich dabei: *Das Bett war unbezogen mit frischer Wäsche, und man sagte mir, das sei üblich. Wasser gab es keinen Tropfen im Behälter, dafür sorgte ein herbeigeklingeltes Mädchen, aber mit einer Miene, als wundere sie sich, wie man so anspruchsvoll sein könne. Auf Handtücher schien sie auch nicht eingerichtet zu sein. Man muß eben in Rußland jedes Stück der Ausstattung, die bei uns als Gesamtes von ineinander verschränkten Notwendigkeiten lückenlos ist, einzeln und jeden Tag neu begehren.*[18]

Das sind Einsichten, die hat man erst, wenn man den profanen Widrigkeiten des Unterwegsseins ausgesetzt ist.

Wann gibt es das schon, dass jemand im Verlauf von nicht einmal zwei Monaten in seinem Tagebuch dokumentiert, wie er diese aus Boheme-Attitüden gezimmerte Welt der Selbstgefälligkeiten zurücklässt, bereit, sich einer neuen, strengen Selbstzucht zu unterwerfen? Das erst noch zu Bejahende erwächst aus der Ablehnung von etwas, das er als nicht hinnehmbare Entfremdung erfährt. Und das ist für ihn, den – wenn auch schwer melancholischen – Lebensbejaher, immer zuerst und zuletzt die Frage nach dem Platz des Todes unter den Lebenden. Wieder sind es zwei Welten, die nebeneinander existieren.

Der traditionelle tatarische Totenritus scheint ihm weitaus würdevoller als die moderne Todesverdrängung. Für Barlach gehört es fortan zu seiner künstlerischen Sendung: das Wissen *von jener Seelen Abschiedsschmerz und Erinnerungsbrunst,* von denen eine Grabstätte künden sollte. *Die Majestät der Totenruhe sollte keines Grabschauflers Späßen dienen. Der Totenschlaf sollte schön sein von der unendlichen Ferne; auf dem breiten Wölbrücken der tragenden Erdwellen sollte eine schwebende Ruhe ohne Erschütterung den Toten in die Ewigkeit tragen.*[19]

Was er dann jedoch jenseits der traditionellen Grabstätten als Werksfriedhof zu sehen bekommt, das wird Ernst Jünger in »Aladins Problem« als einen jener »Expressumschlagplätze des Todes« bezeichnen, aus dem keine Kultur mehr erwächst. Denn im Totenkult gründet das Leben, das sich eine Form gibt. Barlach wird dieses Wissen – eine aus Urtiefen heraufsteigende Klage – mit in seine Kriegerdenkmäler hineinnehmen.

Und so liegen sie zwar noch dicht beieinander, oben auf dem Hügel die alten Grabstätten und unten im Tal der Werksfriedhof, aber was sie trennt, das scheint für Barlach unüberwindlich: *Am Abhang des Hügels schräg hingelehnt, hatte eine moderne Zeit zu ihrem Bedarf den Platz für ihre Toten, man kann wohl sagen – belegt. Der Friedhof des Werkes. Diese wissenschaftliche Zeit hat keine Ursache, an ihre Verstorbenen anders als an unappetitliche Reste zu denken, die man irgendwo möglichst ohne Schererei absetzen kann. Diese Reihengräber mahnen dann doch den Betrachter gar zu sehr an das Magazin für Unschädlichmachung unreinlicher Abfälle, auf die als eine rein praktisch zu lösende Aufgabe möglichst billiges Geld und keine Symbolik verwandt wird.* Und so fasst er den Zusammenprall der Totenwelten, den Verfall der Bestattungskultur in den sarkastischen Satz: *Oben ein Ruheort, mehr für die Seelen als die Leiber der Toten, unten ein Abort, ein Kehrrichtplatz.*[20]

Und dann hat er doch noch die große unerwartete Begegnung, die zu einer Urszene künftiger plastischer Arbeiten werden sollte. Sie stehen am Wegrand, Übriggebliebene einer anderen Zeit. *Eine steinerne Mißgeburt, ein Götzenbild aus frühen Zeiten, harrt geduldig unseres Nahens und Vorbeifahrens.* Zu Barlach sprechen sie, für ihn sind sie ganz und gar lebendig in all ihrer massigen Hässlichkeit: *Balabanows nennt man diese Bilder; sie haben einen großen Kopf, dessen Form von all den Eindrücken, die über ihn dahin gestrichen sind, ganz abgewaschen ist; so möchte man die blöde Leerheit dieses Antlitzes deuten.* Sogleich wird sein Blick professionell, hier notiert sich der Bildhauer für die eigene Arbeit wichtige Details: *Die Arme sind dem Körper anliegend gebildet, und die Hände vereinen sich unter dem vorspringenden Bauche. Was nun noch an Stein bleibt, kommt den Beinen und Füßen zugute.* Schon öffnet sich ein Sujet für Barlach, an das er bislang nicht dachte: *Sie stehen am Wege wie Bettelmänner, und einer liegt im Weg wie ein Betrunkener.*[21]

Hier füllt sich seine Sprache mit Gesehenem, das sich in ihm fortzeugt. Einst hatten diese »Urmänner«, so schreibt er, auch einen praktischen Nutzen, etwa im Winter als *wegwartende Schneemänner.* Aber der technische Fortschritt ist nicht nur über die kultische Bedeutung, die sie für die Tatarenstämme hatten, gleichgültig hinweggegangen, auch über die praktischen Reste ihrer Daseinslegitimität. Und doch existieren sie noch, aber wozu und für wen? Die Antwort, die Barlach sich selbst gibt, überrascht in ihrer beiläufigen Demut, die nichts demonstrieren will, sondern nur etwas ihm selbstverständlich Gewordenes konstatiert.

Es ist Barlachs neu erworbenes Steppenwissen, das sich regt, wenn er von der *bescheidenen Wichtigkeit von Leuten, deren Würde die Reserve nicht schadet,* spricht. Das wäre doch auch ein Ziel für ihn: *Angesehen oder übersehen – sie wissen, wer sie sind, umschlingen einer wie alle ihre Bäuche und gefallen sich wie Einsiedler in der Gebärde eines vollen Selbstgenügens.*[22] Allein wegen dieser Einsicht scheint es plausibel, dass er fortan seine Suche nach einem echten Ausdruck datieren wird in die Zeit vor und nach der russischen Reise. Zumal am 20. August 1906 sein Sohn Klaus geboren wird, den er zwar, das scheint sicher, gezeugt hat, aber den er doch erst noch zu seinem Sohn machen muss. Gegen alle Widerstände der Mutter, des Modells Rosa Limona Schwab, wird er ihn für sich erobern! Auch dieser Vorsatz reift im südlichen Russland.

Aber es braucht eben seine Zeit, erst recht bei Barlach, dem gebürtigen Holsteiner und baldigen Wahlmecklenburger. An den Münchener Verleger Reinhard Piper, den er seit seiner Berliner Zeit als Buchhandlungsgehilfe kennt, wird er am 4. Dezember 1906 schreiben, er stehe nach *langen Irrfahrten* wieder da, wo er bereits gestanden habe, als sie sich noch regelmäßig in Berlin sahen. Da hat sich die Depression offenbar wieder schwer auf sein Gemüt gelegt. Aber schon am 9. Dezember bekommt Piper anderes, fast schon Hoffnungsvolles zu hören: *Übrigens war ich jetzt einige Monate im südlichen Rußland, habe da unendliche Anregung, sagen wir gleich Offenbarungen empfangen. Hoffentlich gelingt es mir, in Zeichnungen und Plastik Einiges zu gestalten.*

Auch die profane Seite dieses Offenbarungsbekenntnisses verschweigt er dem Freund in München nicht: *Nur gehört zum Arbeiten immer Geld, mag man sich stellen wie man auch will. Und des Geldes wegen muß man sich absichtlich verkrüppeln!*[23]

Erste Ernte

Die Bettler, die er in Russland sah, lassen ihn nicht los. Was für massige Körper! Die physische Präsenz dieser zerlumpten Gestalten steht im Widerspruch zu deren offen ausgestellter Bedürftigkeit! Da hat jemand nichts, ist auf Almosen anderer angewiesen und scheint dennoch nicht gebrochen.

Diese breit hingelagerten Bettler fordern Gaben wie selbstverständlich ein, ihre Demut hält sich in den Grenzen ihrer Gottgesandtheit. Sie klagen nicht an, aber sie fordern ein, dass man sie erhält. Es ist eine auf selbstbewusste Weise genügsame Existenz, die zur kargen Steppe passt. Über die Jahrhunderte haben sich die Tataren dieser Kargheit angepasst, sie begründeten ihre Existenz, wie es schien, dauerhaft im Rahmen der Steppenkargheit. Und nun droht diese Lebensform zu verschwinden, nicht weil die Steppe sie verhungern ließe, sondern weil die neue industrielle Existenzform kein anderes Leben neben sich duldet.

Die in sich ruhende Steppe hat mit den ersten Hochöfen ihre Balance verloren, und damit ist auch der Bettler aus der Zeit gefallen. Plötzlich scheint er ohne Würde, nicht mehr ein von Gott gesandtes Wesen, auf dass die Menschen nicht vergessen, wer Jesus sein wollte: der Geringste unter ihnen. Nun scheint er wirklich auf störende Weise überflüssig geworden, ein Elender, der nichts leistet, ein ärgerlicher Kostenfaktor.

Barlach, zurück im ungeliebten Berlin, weiß, er muss diese Bettler so zeigen, wie sie schon bald nicht mehr sein werden: lebendige Balabanows, die Mittelpunkte einer Welt, die dabei ist, zu zerfallen. Sie sind einerseits Teil der weiten Steppe und andererseits auf archaische Weise metaphysisch hingeworfene Stolpersteine, deren Stärke in ihrem Beharrungsvermögen liegt.

Die »Russische Bettlerin mit Schale« war noch 1906 entstanden, eine Arbeit in Steinzeug, gebrannt und grünlich glasiert bei Hermann Mutz. Jetzt endlich erweist sich das jahrelange Herumschlagen mit der ungeliebten Keramik doch noch als fruchtbar. Ein massiger, geradezu fettleibiger Körper, der auf dem Boden fast schon thront und seine Schale eher beiläufig in der Hand hält. Ein auf fordernde Weise harter Gesichtsausdruck, ein erhobener Kopf, und unter dem diesen bedeckenden Tuch blicken die Augen in eine unbestimmte Ferne. Das, was hier naheliegt, der Akt des Bettelns, scheint ganz selbstverständlicher Teil einer Lebensform zu sein,

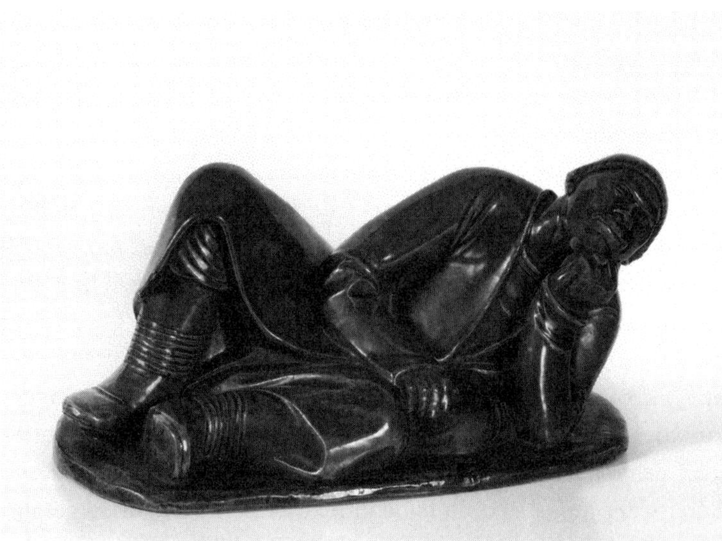

Liegender Bauer (1908)

deren Würde unbestritten ist. Auch ein »Blinder Bettler« entsteht in Steinzeug – auch er neu in seiner starken physischen Präsenz, die der symbolischen Wirkung nicht im Weg steht, sondern diese noch verstärkt. Barlachs Figuren, die er jetzt schafft, sind auf erdnahe Weise einfach – und weisen dennoch auf eine metaphysische Dimension hin, die sie in sich tragen. Sie transzendieren!

Barlach weiß, dieser doppelte Blick, den er hier in Material zu formen beginnt, birgt etwas Entscheidendes, das seine Arbeit bislang entbehrte: die Wucht des Menschlichen, die über sich hinaustreibt und allein durch die Form des Werks wieder eingebunden wird. So bildet sich die innere Spannung jener Figuren, an denen er nun arbeitet. Barlach dazu: *Ich habe nichts verändert von dem, was ich sah, ich sah es eben so, weil ich das Widrige, das Komische und (ich sage es dreist) das Göttliche zugleich sah.*

»Russische Bettlerin mit Schale« und »Blinder Bettler«, beide 1906 unmittelbar nach der Rückkehr aus Russland entstanden, werden 1907 auf der Frühjahrsausstellung der Berliner Secession gezeigt. Es ist kein Zufall, dass nun gerade diese beiden Figuren als etwas bemerkt werden, das es so noch nicht gab. Karl Scheffler beschreibt die Überraschung, die ihm Barlachs Skulpturen bereiteten. Der Bildhauer sei zwar in kleinen Kreisen als starkes Talent bekannt gewesen, aber etwas Reifes sei *dem Rastlosen* bislang nur selten geglückt.

Doch jetzt, wo er bereits siebenunddreißig Jahre alt ist, zeigt sich sein Werk plötzlich anders. »Die Figuren geben nun endlich Hoffnung«, schreibt Scheffler und fährt fort: »Es ist ein bemerkenswertes ornamentales Formgefühl in diesen Figuren und eine mit überlegener Vereinfachung arbeitende Psychologie; es schwingt die Erschütterung des Künstlers vor seinem Stoff in den Bildwerken nach, und doch ist das menschliche Erlebnis zugleich zu einem künstlerischen Formerlebnis geworden.«[24] Und Emil Nolde erinnert sich daran, wie verschieden ihre Art zu schauen gewesen sei. Bereits der junge Barlach habe ihm zu seinem Erstaunen gesagt: *Eigentlich schreibe ich ebenso gern, als daß ich Bildhauer bin.*[25]

Plötzlich also wird Barlachs neue Stimme in der Kunst bemerkt, denn dieser Auftritt mit den beiden Bettler-Figuren hat – im Unterschied zu seinen früheren Arbeiten – eine unerhört wuchtige Geschlossenheit. Diese erzeugt dann auch jene Magie, die fortan Barlachs Figuren ausmacht. Sie sind gleichsam als Kunstwerke wiedergeborene Fetische! Die Ursprungsbeschwörung findet zu einer Form, die das Werk einerseits aus aller kultischen Zweckhaftigkeit befreit und andererseits das beschwörende Element darin auf säkularer Grundlage neu erstehen lässt: als das Geistige in der Kunst. Es erlangt deshalb Gewicht, weil es transparent sein will.

Ein Paradox, das Barlach in den kommenden drei Jahrzehnten kultivieren wird. So betritt er im Jahr 1907 als moderner Mystiker die Bühne der Kunst – und hat erstmals einen spürbaren Erfolg.

Doch an seiner prekären Einkommenssituation ändert sich erst einmal nichts. Er bietet seine Zeichnungen bei Zeitschriften an – mit mäßigem Erfolg. Immerhin, die Zusammenarbeit mit dem »Simplicissimus« ist mehr als bloß sporadisch. Aber die politische Karikatur liegt Barlach nicht, doch auf die achtzig Mark pro Blatt, die man ihm zahlt, ist er dringend angewiesen. Er hat einen Sohn, den er unbedingt zu sich nehmen will, aber eben fast kein Geld.

So erfährt Reinhard Piper am 7. Juni 1907, er möge bedenken, dass er, *immer in Kalamitäten,* vielleicht sogar genötigt sein werde, *Wertsachen und also auch Ihre Werke zu verkaufen.*[26]

Es gibt zwar erste Käufer für seine Skulpturen, aber auch hier muss Barlach Lehrgeld zahlen. Hermann Obrist heißt jener Käufer einer der Bettlerin-Figuren, der in Sportkleidung bei ihm erscheint, da er in einem Automobil vorfährt, *wodurch ich von ihm den Begriff eines reichen und noblen Herrn bekam.* Er entschließt sich zum Ankauf einer der Figuren, *ausgerechnet der besten, die er nachgerade in München in Bronze gießen lassen wollte,* wie Barlach sich im Gespräch mit Friedrich Schult erinnert. Barlach schickt ihm die Gipsvorlage und erhält dafür dringend benötigte zweihundertfünfzig Mark. Dann aber überlegt es sich Hermann Obrist anders, verzichtet auf den Guss, aber behält die Gipsfigur. Barlach ist fassungslos: *So hatte ich's nun freilich gar nicht verstanden, aber ich gab mich vorläufig darein. Und das Modell blieb seitdem für mich verloren.*[27]

Heute gilt diese Gipsfigur als verschollen. Aus dieser für ihn so kummervollen Transaktion zieht Barlach den Schluss, Gussvorlagen künftig nicht mehr so leichtfertig aus der Hand zu geben.

Der Kampf um Sohn Klaus. Vatervergottung in »Der tote Tag«

In Barlachs Briefen von 1907 bis 1909 scheint es für ihn nur ein Thema zu geben, das ihn ganz ausfüllt: der juristische Kampf um das Sorgerecht für seinen Sohn Klaus. Georg Lindemann erfährt am 1. Februar 1907 über Nikolaus, den er nur Klaus nennen wird: *Er legt es, scheint's auf einen Riesen an, und eine stürmische Lebensfreude steckt in dem Balg.*[28]

Doch die Sorgen um den Sohn wachsen. Gerade hat die Mutter des Kindes ihre Wohnung verloren, die sie nicht mehr bezahlen konnte, und muss mit dem Säugling eine Zeit lang auf einem zugigen Korridor wohnen.

Verbunden mit der Frage, wann er nun, wie angekündigt, heirate, erfährt Reinhard Piper am 10. Oktober: ... *ich meinerseits kämpfe gegen ein Weib um einen kleinen Jungen. Ja, ja, Herr Piper, Mann zu sein ist schon keine Kleinigkeit – aber Vater, da merkt man erst richtig, was ein Mann sein heißt.*[29]

Das »Weib« ist die siebenundzwanzigjährige Rosa Limona Schwab, von Beruf Näherin, die aber auch als Modell arbeitet. Vermutlich hat Barlach sie bei dieser Gelegenheit kennengelernt. Warum es Barlach strikt ablehnt, sich mit der jungen Frau zu verbinden, ist im Detail nicht bekannt. Er selbst hat sich dazu nie deutlich geäußert. Nur dass er sich von der Frau, die mit einem anderen Mann zusammenlebt, betrogen und schließlich auch erpresst fühlt, deutet er in Briefen an.

Also klagt Barlach auf die Herausgabe des Sohnes, den er adoptieren und so ganz zu seinem eigenen machen will. Ein anderes Thema kann an Bedeutung nicht damit konkurrieren, auch nicht sein sich immer deutlicher abzeichnender künstlerischer Durchbruch. Klaus lebt nun, auf Intervention Barlachs, im damals noch dörflichen Lichtenrade *bei gesunden und ruhigen Leuten.* Aber das genügt nicht: *Ich habe mich entschlossen, um seinen Besitz alles zu riskieren, da ich überzeugt bin, daß seine Mutter ihn nicht besitzen darf. Ich kann ihr nicht weiter helfen, und sie sitzt in einem vollen Unglück tief drin. Ohne sie ginge es wunderschön, mit ihr gar nicht.*[30]

Warum verbeißt er sich geradezu in dieses – in der damaligen Zeit zumal – höchst ungewöhnliche Ansinnen? Gerade bekommt er erste Anerkennung für seine Skulpturen, aber Geld ist immer noch knapp. Und nun ein teurer Prozess mit ungewissem Ausgang? Und wie soll er, ein einzelgängerischer Bildhauer, der Herzprobleme hat, trotzdem nach eigenem Bekunden zu viel raucht und trinkt, ein Kleinkind versorgen? Für Barlach steht eines fest: *Die Klarheit muß mit Herzkrämpfen bezahlt werden.*

Immer mehr scheint er, der fortan die Frage der Vaterschaft in den Mittelpunkt seiner Existenz stellen wird, das Gefühl zu haben, mit diesem Sohn Klaus sein erstes – und vielleicht auch einziges – Werk von bleibendem Wert in die Welt gesetzt zu haben. Liest man sein zur gleichen Zeit entstandenes Drama »Der tote

Tag«, dann spürt man, hier ist etwas so Unbedingtes im Spiel, dass daran alle rationalen Antwortversuche auf Barlachs Vaterschaftsfanatismus versagen.

Wie ernst es ihm ist, zeigt sein Brief vom 16. Juli 1907 an Georg und Charitas Lindemann: *Mein letztes Mittel, wenn alles fehlschlägt, ist, ihn zu rauben, was mir Gefängnis einbringt. Dafür sitze ich gerne. Vorläufig prozessieren wir, d. h., ich habe, um der Sache ein Ansehen zu geben, mich auf Zahlung der Gelder verklagen lassen, wobei denn einmal alles belichtet wird und die Flecken auf der Scheibe Zeichnung bekommen. Er (durch Vormund) gegen mich. Ich beabsichtige, so meine Vaterschaft gerichtsnotorisch zu machen und dann meinen Antrag auf Ehelich-Erklärung zu stellen, bei dem, wenn das Gericht Einsicht hat, über Einwilligungsverweigerung der Mutter hinweggegangen werden kann.*[31]

Seine Briefe sind nun die eines in Prozessgeschichten Verstrickten, dessen anfänglich noch mit Mitleid grundierte Distanz sich in offene Abneigung, schließlich Hass gegen die Mutter seines Sohnes steigert. Reinhard Piper wird brieflich in seine Prozesstaktik eingeweiht. Um diesen Punkt kreist juristisch alles, an ihm entscheidet sich seine Rolle als Vater, die er immer weiter überhöht: *Das Gesetz, das den unehelichen Vater als nicht dem Kinde verwandt ansieht, hat aber die Möglichkeit, es zu einem »ehelichen« zu erklären, selbst gegen den Willen der Mutter, gelassen. Es müssen aber alle Umstände für mich sprechen, und so müßte ich mich eigentlich eines schrecklich tadellosen Benehmens befleißigen.* Und dann gefährdet der Erfolg seiner Arbeit diese Strategie auch wieder: *Wenn der betreffende Richter dahinter kommt, daß ich für den »›Simplicissimus« zeichne, steht meine Sache schlecht.*[32]

Er sieht sich von Rosa Limona Schwab vor Gericht *brutal beschimpft* und lässt sich – obwohl sich der Prozess zu seinen Gunsten entwickelt – in einem Brief an Charitas Lindemann zu der dramatischen Volte verleiten: *Ich fürchte, sie wirft ihn aus dem Fenster, wenn ich ihn verlangen darf.* Seine Vatergefühle mutieren, wenn es um die Kindsmutter geht, in pure Rachegelüste: *Ich würde ihr ohne Zucken Gift geben können und sie, wenn es sein müsste, sonst aus der Welt schaffen.*[33]

Und noch ein Entschluss reift in ihm: Er muss weg aus Berlin, nicht nur, aber nicht zuletzt des Sohnes wegen, für den er nun bald verantwortlich sein wird. Am 19. Januar 1909 dann endlich die erlösende Nachricht an Georg Lindemann: *Also – der Klaus ist jetzt kraft Erlaß des Justizministers – endgültig mein geworden.*

Die Nachricht erreicht ihn fast im gleichen Moment wie eine zweite, die eine Einladung nach Florenz in die Villa Romana bedeutet. Er ist mit einem einjährigen Stipendium ausgezeichnet worden. Aber zuerst muss er die Unterbringung von Klaus für diese Zeit organisieren. Eigentlich fällt ihm nur eine ein, der er diese Aufgabe übertragen könnte: seine Mutter!

Aber soll er ihr dies wirklich zutrauen?

Wie sehr er sich bis in die elementare mythische Schicht der Vater-Mutter-Sohn-Welten hineinsteigert, zeigt sein Drama »Der tote Tag«. Ein Gespensterstück! Es treten auf Mutter und Sohn, dazu die Gnome Steissbart und Besenbein, ebenso eine ominöse – offenbar mit seherischen Fähigkeiten ausgestattete – Figur, Kule, ein blinder Bettler, der für Barlach eine leitmotivische Wirkung erlangt, eine Art Götterbote. Die Szenerie ist offenkundig: Der – abwesende – Vater ist ein Gott, die Mutter überaus irdisch. Barlach versetzt den Sohn – wobei an Klaus zu denken kein Fehler ist – in die Gefangenschaft der Mutter, aus der ihn der Gottvater zu befreien versucht.

Damit der Sohn flüchten kann, schickt ihm der Vater das Ross »Herzhorn«, das die Mutter jedoch ersticht. Der nichtsahnende Sohn läuft fort, es zu suchen. Er verirrt sich im Nebel, und als er schließlich zur Mutter zurückkehrt, ist »der Tag tot«. Nachdem die Mutter ihm gestanden hat, dass sie Herzhorn ermordete, ersticht sie sich selbst, und der blinde Bettler Kule kommentiert: *Sonderbar ist nur, daß der Mensch nicht lernen will, daß sein Vater Gott ist.*[34]

Besteht das Stück im Grunde nur aus einer bizarr anmutenden Sprüchesammlung von Vater-Verklärung und Mutter-Schmähung? Die anklagenden Sätze des Sohnes könnten diesen Verdacht aufkommen lassen: *Soll ich auf Mutter sehen und vor Vater die Augen zuschließen? Wenn Vater unsichtbar ist, wie bin ich sichtbar, wenn ich rufen kann, wie kann Vater schweigen? Kann man Mutter sagen ohne Vater zu meinen?*[35]

Das offenbart den Gedanken, der Barlach in diesen Jahren des juristischen Kampfes um das Sorgerecht für seinen Sohn Klaus beherrscht: Die Stimme des Sohns ruft – tief in seinem Innern – beständig nach ihm! Der Gnom Steissbart weiß es längst: *Alle haben ihr bestes Blut in einem unsichtbaren Vater.*[36]

Dass es sich hier um ein Seelendrama existenziellster Art handelt, blieb nicht lange verborgen. Der nach Archetypen fahndende Psychoanalytiker C. G. Jung wird sich zu »Der tote Tag« äußern – auf eine Barlach schockierende Weise. Der Arzt Julius Cohen, der über »Der tote Tag« mit Jung korrespondierte, bringt Barlach im April 1916 drei Briefe zur Kenntnis. Darin ist der Befund zu lesen: »Ich glaube Ihnen gern, dass Barlach ihre Proposition der inzestuösen Fixierung nicht annehmen konnte, auch nicht die der sexuellen Komponente in der Mutter-Sohn-Beziehung. Meines Erachtens ist Barlach ein Introvertierter, der eine der Freudschen Psychologie entgegengesetzte Einstellung hat. Denn die Freudsche Psychologie ist extravertiert, d. h., sie sieht alles vom Standpunkt der elementaren Gefühlstatsachen.«[37] Für Barlach besitze die Mutter darum nicht jenen »konkreten Wert« wie bei Freud, sondern »wesentlich einen symbolischen Wert«. Als »introvertierter Künstler«, der Barlach in seinen Augen sei, benutze er »die stehengebliebenen Reste der Vergangenheit«, um daraus sein Werk zu schaffen.

Natürlich missfällt es Barlach, zum Objekt einer Diskussion zu werden, die um die Frage einer inzestuösen Vereinigung mit seiner Mutter kreist. Die sollten mal seine Mutter kennenlernen, dann würden sie solche Dinge nicht ernsthaft erörtern!

Entsprechend enerviert ist seine Reaktion in einem auffällig langen Brief an Julius Cohen, den er vom 22. bis 28. April 1916 schreibt, so lange trägt er die Antwort mit sich herum: *Meine Seele wußte nichts von alledem, was Sie das Kernproblem nennen. Ich bedachte nur dies und empfand es: Wie niedrig ist der Mensch, an seine Erzeugerin gebunden, wie banal, wie bürgerlich seine Existenz! An Sexuelles dachte ich dabei nicht.*[38]

Sein Grundproblem sei vielmehr, wie komme er über dieses Herkommen hinaus, wie also sei eine Transzendenz möglich, die nicht etwas Jenseitiges, sondern Künftiges erlange? *So versetzte ich mich mit obenbezeichnetem Trieb »über mich hinaus« in die Situation des Kindes, war in der Phantasie zugleich Vater und Sohn, zugleich Mutter und Kind.*[39]

Er wollte, schreibt er Cohen, der Mutter alles geben, *was abstößt und doch nicht losläßt.* Im Ganzen jedoch sei er gewiss zu *ahnungsvolles Subjekt,* ein *Mystiker,* um sich auf eine sexuelle Sphäre reduzieren zu lassen. Überhaupt komme ihm der sexuelle Instinkt als *Wurzel, aus dem der Drang zum Höchsten entspringt,* sehr roh vor: *Ich für meinen Teil habe meine überwältigendsten Erlebnisse als Kind gehabt, wo ich noch von keiner Ahnung einer Sexualität behaftet war.*[40]

Also der Versuch, über seine Mutter, da hat Jung zweifellos recht, sich Barlachs schöpferischem Antrieb zu nähern, muss scheitern. Sie ist eine negative Folie, mehr nicht.

Viel interessanter ist sein Vaterbild. Seinem Vetter Karl Barlach wird er am 10. Februar 1918 darüber schreiben, dass die Begriffe Sohn und Vater für ihn eine *ungeheure Weite* besäßen: *Ein Vater, den man wie ich im Alter von vierzehn Jahren verliert, ist etwas unbegreiflich anderes als der, welcher einem als erwachsenem Mann entrissen wird. Mag sein, daß mir aus meinen Erfahrungen so viel Mystik in den Vaterbegriff geflossen ist und daß diese Dinge Dir anders vorkommen.*[41]

Diesem Vetter Karl, der selbst künstlerische Ambitionen hat, wird Barlach die Übersendung von »Der tote Tag« dann mit der Begründung verweigern, er würde damit gar nichts anzufangen wissen. Er merkt an, dieses Drama würde von Psychoanalytikern Freud'scher Richtung auf eine Weise *zerfasert,* die ihm fast widrig sei. Es folgt der Satz: *Fünf Vorträge nacheinander darüber von Jung in Zürich.*[42]

Hier, so scheint es, erliegt Barlach einer Versuchung, der er nicht oft erliegt: er renommiert. Denn von solchen Vorträgen ist, außer dass Barlach ihre Existenz behauptet, nichts bekannt. Vielleicht wollte er das Vorhandensein jener drei Briefe, die Julius Cohen mit Freud über »Der tote Tag« wechselte, dem Vetter gegenüber etwas bündiger (und weniger demütigend, als er es empfand) mitteilen? Doch schon Jungs Hinweis Cohen gegenüber, er habe leider keine schriftlichen Aufzeichnungen über »Der tote Tag«, die er ihm zukommen lassen könne, verweist die Rede von den »fünf Vorträgen« über dieses Stück ins Reich der Legende.

Am deutlichsten wird Barlach sich über seine Vaterrolle Reinhard Piper gegenüber in einem Brief vom 14. April 1919 äußern. Klaus, zwölf Jahre alt, ist krank, und Barlach plagen *Vatersorgen*. Der Sohn sei überhaupt *nervös, reizbar und von jedem Lüftchen umgeworfen*. Im Winter sei es so weit gewesen, da habe er ihn aufgegeben, seine *Lebensunfähigkeit war offenbar*. Aber dann sei in ihm die Gewissheit wach geworden, diesen Sohn kann er nicht aufgeben, wenn er selbst weiterleben will. *Ich – um's aufs Egoistische hinauszuspielen – ich brauche das Stück Mensch, sagen wir dreist, zu meiner eigenen Erziehung, zur täglichen Mahnung, mich nicht in meinem formlosen und grenzenlosen Leben gehenzulassen. Ich muß, ihm zur Erziehung und Beispiel, ein wenig durch eigenes Vorspielen beweisen, daß die guten und bösen Dinge einen nicht unterzukriegen brauchen, daß man Herr in seinem Reiche sein kann.*[43]

Später wird Barlach angesichts der an Verweigerung grenzenden Unlust von Klaus, einen bürgerlichen Beruf zu erlernen, seufzen, dem Jungen würde es offenbar gefallen, nur der Sohn seines Vaters zu sein. Wie recht er damit hatte! Denn die Rede vom Vatergott in »Der tote Tag« fiel auf fruchtbaren Boden – und als Sohn seines Vater gesundete das kränkliche Kind, das zu Barlachs Leidwesen keinen eigenen Platz auf Erden erobern wollte.

Dennoch, Klaus Barlach lebt gern und ist bis zu seinem Tod im Jahre 2001 mit fünfundneunzig Jahren ein überzeugter Sohn und Erbe seines Vaters.

Der Vaterschaftsprozess um Klaus reibt Barlach ebenso auf wie die Berliner Kunstszene. Das ist nicht die Atmosphäre, in der der Same Russland, den er in sich trägt, keimen kann. Er hat Sorgen mit Klaus, mit der Mutter Luise, mit dem Geld und damit, was für ein Werk er nun endlich beginnen sollte, zumal es eines sein soll, das zu ihm passt. Und so groß die Freude über Klaus ist, den geliebten Herzenssohn, die Sorgen werden durch ihn nicht weniger, im Gegenteil, wie Charitas Lindemann am 20. August 1908 erfährt: *Ich arbeitete etwas und verkaufe nichts. Der Junge kostet fast meine ganze Zeit, da es bei seiner Pflegerei gelegentlich hapert; so gerne ich es tue, so wenig kann es so weiter gehen.*[44]

Für den »Simplicissimus« hat er schon wieder aufgehört zu zeichnen. Diese Art schnelle und bissig-karikierende Feder führt er nicht. Sie bringt auch finanziell nicht viel ein. Darum der erbittert klingende Ausruf: *Am Simplicissimus streike ich jetzt. Zu viel Arbeit gegen den Erfolg. Ich brauche Nervenkraft für diese Witzeleien und mag sie nicht umsonst verpulvern.*[45]

Er ist hochgradig gereizt, spricht sogar davon, er komme in die Stimmung, einen Revolver in die Hand zu nehmen und *jeden anzuschießen, der auf meine Zeit einen Anschlag macht.* Er steht vor einem Dilemma: Er muss sich beruhigen, auch der ihn regelmäßig heimsuchenden Herzkrämpfe wegen, und mit seiner Kunst endlich Geld verdienen – und zwar so regelmäßig, wie man das von einem Familienvater verlangen kann.

Bruder Nikolaus erfährt in einem Brief vom 16. Oktober 1908 von seinem Vorsatz, der sich ihm wie ein erlösender Ausweg zeigt: *Ich muß mich mehr ins Geschäft drängen, und es wäre da gut, wenn ich Zeit und Ruhe bekäme ... Ein Stipendium und Atelier in Florenz für einhalb bis ein Jahr glaubt man mir leicht verschaffen zu können. Das wäre ja das Beste, einige Zeit weg zu sein. Wenn man wiederkommt, steht man zum Ganzen kühler und läßt sich nicht mehr so leicht beeindrucken.*[46]

Wie kommt Barlach nach Florenz? Er hat es seinen ersten kleinen Stücken zu verdanken, die er erstmals 1907 bei der Ausstellung der Berliner Secession zeigt. Neben Max Liebermann setzen sich August Gaul, Paul Cassirer, Max Slevogt und Lovis Corinth für Barlach ein. Der Vorsitzende der Secession Max Liebermann wendet sich daraufhin am 9. November 1908 an den Villa Romana-Verein in Florenz. Dieser war 1905 von Max Klinger ins Leben gerufen worden. Klinger kaufte die Villa in der Via Senese, um dort deutschen Künstlern ein ungestörtes Arbeiten zu ermöglichen, inspiriert von der alten toskanischen Kulturlandschaft.

Nun also Liebermanns Bittbrief, leicht ironisch gehalten, aber dennoch ernst gemeint: »Lieber Klinger, ich komme heut mit dem Klingelbeutel: ob Sie nicht einen Platz für die Villa Romana frei haben? Es handelt sich um den Bildhauer Ernst Barlach, den wir alle für ein besonderes Talent halten und für dessen Entwicklung ein Aufenthalt in Florenz riesig vorteilhaft wäre. Die eigenthümlichen Verhältnisse Barlachs machen schnelles Eingreifen zur Pflicht u wenn augenblicklich kein Stipendium frei ist, so wäre dem Manne mit dem freien Atelier in Florenz schon gedient.«[47]

Max Klinger teilt am 3. Februar 1909 Georg Hirzel, Vorstandsmitglied des Vereins Villa Romana, die Ankunft Barlachs in Florenz mit: »Lieber Hirzel!, Ich vergaß Dir, soviel ich mich erinnere, zu sagen, daß Barlach diese Tage nach Florenz geht. Ich schreibe ihm, daß er auf Geldbeihilfe von uns aus nicht zu rechnen hat.«

Er soll, so Klinger, »das kleinere Seitenatelier über der Remise bekommen. Er ist allein. Um so besser.«[48] Das klingt ein wenig herablassend, von Barlach hält Max Klinger offenbar nicht allzu viel, vermutlich kennt er überhaupt keine Arbeiten von ihm. Und dann hatte er auch noch angekündigt, dass er, alleinerziehender Vater eines Sohns (er hat den Sorgerechtsprozess soeben gewonnen), vielleicht mit Kleinkind anreisen werde, was für die der Ruhe bedürftigen Künstler keine gute Nachricht gewesen sein dürfte.

Am 15. Januar 1909 kündigt Ernst Barlach Max Klinger überaus eilig sein Kommen an: *Sehr geehrter Herr Professor, durch Herrn Cassirer erfahre ich, daß ich in der Villa Romana ein Atelier mit zwei*

Zimmern beziehen kann. Ich denke also, noch in dieser Woche abreisen zu können, und werde Ende dieser oder Anfang nächster in Florenz eintreffen.[49] Klaus komme nicht mit, um den kümmere sich seine Mutter.

Allerdings, Barlachs Seele strebt nach Norden, nach Güstrow – und nicht nach Italien. Zwar hatte er in seiner Dresdner Studienzeit vom südlichen Arkadien geträumt. Damals notierte er, Italien sei für einen Deutschen der Ort, *wo seinem Künstlertum die Bahn gezeigt wird.* Das ist ganz im Stile des 19. Jahrhunderts gesagt. Doch seit seiner Russlandreise liegt das hinter ihm. Am 30. Dezember 1908 hatte er an Charitas Lindemann geschrieben: *Ich pfiffe auf Florenz, wenn ich nicht müßte und hoffen könnte, da ganz ruhig zu werden.*[50]

Dies ist der erste Brief, den er aus Güstrow schrieb, vor seiner Abreise nach Italien. Nicht ganz aus der Stadt, aber immerhin in Sichtweite, aus der Villa Maria, wo er Klaus und seine Mutter vorerst unterbringt. Das ist doch fast auch schon so etwas wie die Villa Romana, nur eben nördlicher. *Die Türme von Güstrow, glockentonnenweit entfernt, winken mit der Gebärde alter Bauten, und wenn man eine Viertelstunde über Land geht, sieht man in allen Tälern lauter Seen liegen.*[51]

Barlach befindet sich in einer merkwürdigen Konstellation. Die Russlandreise liegt noch keine drei Jahre zurück und gärt immer noch in ihm. In der Berliner Kunstszene ist man auf ihn aufmerksam geworden, endlich, schließlich ist er schon Ende dreißig, Vater eines Sohns und Sohn einer Mutter. Um beide muss er sich kümmern. Das kann er nur, wenn er als Künstler erfolgreich ist – also Geld verdient. Jedoch ändert es nichts an der Tatsache, dass die Großstadt im fremd, gar feindlich erscheint und die Kunstszene vor allem eine Wirkung auf ihn hat: Sie nervt.

Auf seine verschlungen barocke Weise drückt Barlach diesen Umstand seiner neuen Position so aus: *Überbewertet zu sein mag für mich kaum schmerzlich sein, wenn es aber dem Jungen zugute käme, ist es entschieden erfreulich.*[52] Nun also, auf nach Florenz!

Die Mitteilung, auf Geldzuwendung brauche er seitens der Stiftung nicht zu hoffen, ist keine gute. Eigentlich kann Barlach unter solchen Vorbedingungen gar nicht erst abfahren. Wovon soll er denn in Florenz leben? Das sei Liebermanns Sache, hatte Klinger gesagt, aber der findet nicht, dass dies seine Sache ist. Er ist nun also ein Stipendiat ohne Stipendium. Ihm bleibt ein kostenloser Aufenthalt in der Villa Romana, immerhin mit einem richtigen Atelier.

Bleibt die Frage der Finanzierung, denn nicht nur er muss in diesem Jahr leben, auch Klaus. Barlach überlegt ernsthaft, ob er sich diese Auszeit in Florenz überhaupt leisten kann: *Es ist ja in gewisser Beziehung billig hier, aber wer arbeiten will, braucht zu dem Drum und Dran so manches, daß es mit der Sorglosigkeit nicht weit her ist.* Das schreibt er, bereits aus Florenz, am 18. Februar 1909 an Gustav Moeller. Aber dass er überhaupt hierher reisen konnte, hat er nur einem zu verdanken: Paul Cassirer, der zum großen Retter für ihn geworden ist, allerdings nicht umsonst: *Indessen habe ich Hilfe an einem Berliner Kunsthändler, dem ich meine Arbeiten gegen ein festes Jahresgehalt übergeben muß.*[53]

Die toskanische Landschaft, ebenso wie die Antike oder die Renaissance interessieren Barlach wenig. Ja, wenn die Reise zehn oder fünfzehn Jahre früher gewesen wäre! Aber so trägt er seine Bilderwelten, die zur Form drängen, alle schon mit sich. Da ist der Süden bloße Ablenkung und außerdem viel zu heiß, und das ist erst der Februar-Befund! Es ist Erdbebengegend, die Villa Romana hat davon einige nicht heilende Risse bekommen, das gefällt Barlach schon besser. Gefährliche Schönheit auf bebenden Böden! Aber das scheint hier eher die Ausnahme, wie er Georg Lindemann am 23. Februar im ersten Bericht aus der Toskana mitteilt: *Das Land hügelt sich und färbt sich unendlich fleißig und mannigfaltig, und wenn ich Umschau halte, überall hat sich ein Mensch mit seinem Haus heimisch gemacht, bald oben, bald unten. Das Leben scheint hier eine selbstgefällige Zufriedenheit zu haben.*

Könnte er, der dabei ist, Berlin hinter sich zu lassen, vielleicht im Süden eine dauerhafte Bleibe suchen? Er hält die Augen offen: *Manch einsames Gehöft sah ich darauf an, ob ich da hausen könnte – ein Zypressenweg leitet hin, Mauern umschließen es, der Berg wölbt*

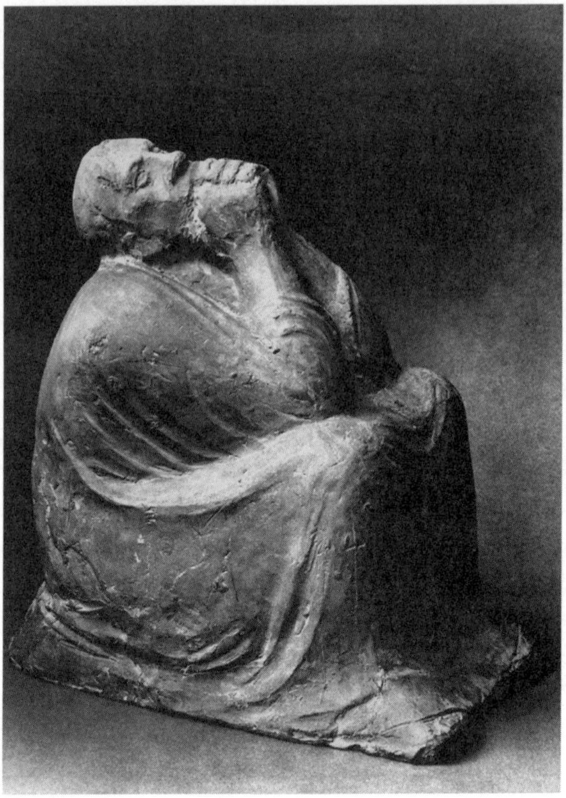

Sterndeuter (1909)

sich behaglich darunter wie ein zahmes Haustier von Mammut, weiße Mauern blinken von ferne, als ob Kinder lachen, und die Kinder spielen herum und gedeihen an der Sonne wie Äppel. Aber ich finde keine Freude an den Menschen – als ob sie nicht verdienten, was sie haben, und begreife ganz gut die alte deutsche Lust, sich das anzueignen.[54]

Italien bietet ihm nicht genug Widerstand, ist nicht rau und abgründig genug, zu hell, zu warm und zu gefällig, also viel zu lau für seine dem dunklen Ursprung zustrebende Seele. Es ist so langweilig hier, die Menschen genießen das Leben, kultivieren ihren Alltag, den Wein und das Essen. Das ist für Barlach, den zum Unbedingten hin drängenden Asketen und Bekenner, kein Milieu, das ihn anregt. *Alles Tun und Lassen wird hier wunderbar leicht, besonders das Lassen, man könnte hier wunderbar vertroddeln.*

Ihm ist jenseits der Alpen vom ersten Tag an unwohl, und er hat Angst, man könnte es ihm ansehen.

Adolf Schinnerer reist im September 1909 mit Frau und zwei kleinen Kindern in Florenz an. Es ist mörderisch heiß, am Bahnhof herrscht dichtes Gewühl, die Familie ist am Ende ihrer Kräfte. Und dann taucht doch jemand auf dem Bahnsteig auf, sie abzuholen: Ernst Barlach empfängt den neuen Stipendiaten der Villa Romana. Er habe gerade nichts anderes vorgehabt, erklärt er.

Barlach, selbst ein passionierter Vater, kauft sofort Milch für die Kinder. An diese Dinge denkt er. In Florenz jedoch fühlt Barlach sich am falschen Platz: Hier hat er eigentlich gar nichts vor. Und gäbe es hier – im deutschen Café Reininghaus – nicht Theodor Däubler und Arthur Moeller van den Bruck, die auf ihn warten, er hielte diese künstliche Stipendiatenexistenz nicht aus. Wahrscheinlich wäre er ohne die beiden neu gefundenen Freunde längst wieder abgereist.

Die Villa Romana jedenfalls gibt ihm nichts, was er nicht schon hätte. Er ist nun einmal ein norddeutsch-schwerblütiger Einzelgänger, leichte Konversation liegt ihm nicht. Schinnerer erinnert sich: »Es vergingen Tage, bis ich Barlach wiedersehen und ihm danken konnte. Er wohnte in dem kleinen, neuangebauten Flügel, der durch eine eiserne Türe vom Haupthaus abgeschlossen werden konnte, und diese Türe war häufig zu.«[55]

Im Atelier, das Barlach nutzt, sieht Schinnerer die angefangenen Holzfiguren der beiden Sterndeuter. Diese beiden hat er den Florentiner Nächten zu verdanken. Wegen der Sommerhitze in seinem Zimmer stieg Barlach nachts aufs Dach und legte sich dort zum Schlafen nieder – über sich den Sternenhimmel. Und dann immerhin passiert doch einmal etwas: Als er eines Nachts unter den Sternen im Freien auf dem Dach der Villa Romana liegt, gibt es plötzlich ein Erdbeben. So etwas erlebt man in Güstrow nicht, nicht einmal in Berlin.

Welche Kraft in der zuckenden Erde liegt, erfährt er in diesen Augenblicken. Gut, dass ein Gitter das Dach begrenzt, sonst wäre der versonnene Sternengucker Barlach vielleicht sogar durch die Wucht der Erdstöße vom Dach geworfen worden. So aber liegt er, vom Gitter gehalten, zu dem er gerollt ist, am Rande des Dachs. Barlach zeigt Schinnerer, der das Erdbeben nicht miterlebt hatte, die Spuren am Haus: Neuerliche Risse im Mauerwerk bezeugen seine Erzählung.

In Italien also fühlt er sich fehl am Platz. Doch es ist nicht nur Russland, wovon er träumt. Zu Schinnerer sagt er, Ägypten würde jetzt gut zu ihm passen oder auch Skandinavien: *Ich möchte also etwa in Dänemark auf einer Insel verschwinden, in Italien möchte ich dauernd nicht leben.*[56]

Woran beginnt Barlach im bis zur Raffinesse verfeinerten Florenz zu denken? An Kolossalfiguren! Schwer lagernde Kolosse wie »Der Zecher« – ohne Däubler vor Augen gelänge dies nicht. Reinhard Piper erfährt von den Problemen der neuen Dimension seiner Arbeit: *Mein Holzblock ist so schwer, daß ich Bedenken trage ihn in mein im ersten Stock liegendes Atelier zu bringen.*[57]

In Florenz fühlt sich Barlach, der das Gegenteil von Weltläufigkeit verkörpert (dieses Gegenteil ist nicht das Provinzielle, sondern das Elementare!), in all seinen deutschen Vorurteilen gegen die Italiener bestätigt. Wilhelm Gross, ebenfalls Stipendiat in der Villa Romana, erinnert sich an den nicht endenden Ärger, den der große Holzklotz Barlach bereitet. Er hat sich übers Ohr hauen lassen. Für Barlach ist klar: So etwas passiert nur in Italien.

Da er aus dem Holzklotz seinen »Zecher« schneidet, findet er auch gleich Gelegenheit, sich über diese Betrüger, die ihm das Holz verkauften, zu empören, natürlich am Stammtisch des Café Reininghaus: »›Da sehen Sie nun! Diese Schufte! Der Kerl, der mir den Block verkaufte, versicherte mir auf die Frage, ob das Holz auch trocken sei, wiederholt: Signore, e assulamente secco! (Mein Herr, er ist absolut trocken!)‹ Dabei spritzte bei jedem Hieb, den Barlach ausführte, das Wasser nur so zur Seite.«[58]

Der Alltag in der Villa ist ein Schauspiel, aber nicht eines nach seinem Geschmack. Andere könnten es als südländische Milieustudie genießen, aber nicht Barlach, der sich hier vorkommt wie die Inkarnation der deutschen Provinz im Exil, so schwerfällig und vergrübelt. Die Rede von der Schönheit, der Leichtigkeit nervt ihn – das Schöne, so weiß er, ist nicht leicht, sondern schwer, ist das Ergebnis langen Ringens mit dem Stoff um eine Form, die Bestand hat. Da stört ihn das Leben in der Villa, zu viel Nebenschauplatz, zu viel Zerstreuung.

Und dann ein Einwand, wie man ihn eher von einem deutschen Oberlehrer erwartet hätte, aber Barlach reagiert nun einmal allergisch auf jede Art von Laissez-faire, was die französische Spielart (von Paris her kennt er es und lehnt es als bohemienhaft ab) des italienischen Dolcefarniente zu sein scheint: *Hier in der Villa Romana herrschen konfuse Verhältnisse, da es hier eigentlich keinen Herrn gibt. Man schlängelt sich so durch, aber es ist etwas Erdbebenstimmung dabei.*[59]

Doch Sinn für das Kuriose hat er natürlich, und so notiert er: *Eine D a m e führt in der Villa den Haushalt. Eine Köchin kocht und ist dabei schon so fett geworden, daß sie bald quittieren muß, denn sie kommt nicht mehr den engen Treppengang nach ihrer Stube hinauf. Ein Bauer, als padrone, mitsamt Familie bedient und tut, was ihm beliebt.*

Barlach fühlt sich in der Villa Romana deutscher, als es ihm behagt. Reinhard Piper gesteht er: *Es ist schon fast so weit, daß es zu Thaten kommt – nämlich zu Prügeln.*[60] Sein Temperament ist nun einmal ein anderes, er schätzt das frei schwebende Improvisieren, das sinnliche Vergnügen am Kultivieren des Chaos nicht, er will eine berechenbare Ordnung, zumal eine, die er kennt. So aber resümiert er das Leben in der Villa, das ihm kein Vergnügen bereitet: *Nur ich ... halte vorläufig zur Hausordnung.*[61]

Theodor Däublers »erhabene Hysterie« und der südliche Traum vom »Nordlicht«

Es gibt also einen Fluchtpunkt, ein Stück Heimat mitten in Florenz, ein deutsches Café mit deutschem Publikum und deutschen Zeitungen: das Café Reininghaus! Seine wichtigsten Begegnungen in Italien ereignen sich tatsächlich hier.

In »Ein selbsterzähltes Leben« lesen wir: *Eines schönen Tages lag die majestätische, vielpfündige Inkarnation des Däublerschen Sterngeistes hinter den schmierigen Marmortischen des Café Reininghaus, lag da wie ein ausladendes Inkognito eines exotischen Machthabers breit im halbdunklen Hinterhalt, im Versteck vor Hitze und Qual des Daseins, ein Alleswisser und Nichtbesitzer, in seiner Höhle voll trauriger Behaglichkeit des Lebens ohne Lebensnotdurft froh.*[62]

Theodor Däubler ist eine Erscheinung nach Barlachs Geschmack, wie schon der ekstatisch aufspringende und sich im Gefallen an sich selbst drehende Satzbau zeigt. In diesem wohnen laut Gottfried Benn Verheißungen ebenso wie Verabschiedungen ganzer Welten.

Eigentlich verwundert die Begeisterung für Däubler, steht er doch dem von Barlach verachteten Typus Bohemien sehr nahe. Zumal er, gebürtiger Triester, Bürger der österreichisch-ungarischen k.u.k. Monarchie, sein Leben bislang in italienischen Städten verbrachte – dies ist der Raum seiner Dichtung.

Aber etwas Seltsames gärt in ihm, das wohl ist es, das zu Barlach spricht: ein umgekehrter Arkadientraum. Während deutsche Dichter und Maler in dunklen und kalten deutschen Landen gemeinhin vom sonnigen Süden träumen, sucht Däubler mit der Seele den Norden: das dunkle Licht. Dennoch ist in seinem schier endlosen Epos »Das Nordlicht«, mit dem er ein zweiter Dante (nicht Goethe!) werden will, viel von italienischen Landschaften und Städten die Rede – etwas anderes bekam er in seinem Leben bislang auch nicht zu sehen.

Zum ersten Mal erwähnt Barlach – noch ohne Nennung seines Namens, den zu diesem Zeitpunkt ohnehin noch niemand kennt – Däubler als Vertreter eines bestimmten Typus, den er in Florenz trifft. Am 27. Februar 1909 schreibt er in einem Brief an Reinhard Piper: *Es hat sich hier eine ganze Reihe Leute zusammengefunden, eine Art Refugiés, geflohen vor dem barbarischen offiziellen Berlin-Wien-und-so-weiter-Neudeutsch, die von wenig leben, aber leben – für ihre Art und eigene Mode. Darunter ein Prachtkerl – man sagt, er hat ein Epos von 30 000 Versen geschrieben, das nun in München erscheinen soll, groß geworden ohne Schule und Schulung in Triest, allerhöchst intelligent und ein Temperament wie von Shakespeare gebaut. Wie das ausläuft und wie er sich gestalten kann, weiß ich nicht, aber ich habe das Gefühl einer unheimlich großartigen Natur.*[63]

In Däubler erkennt Barlach zum ersten Mal den schwebenden Engel, wenn auch einen schwer übergewichtigen. Jedoch, das Phänomen fasziniert ihn: Diese gewaltige Leiblichkeit lastet nicht, sie schwebt! Und ein Mittler zwischen den Welten ist er auch, jener Welten, die Barlach 1937 in seinem unvollendet gebliebenen Roman »Der gestohlene Mond« in Wau und Wahl teilen wird: der Unzeitgemäße, der nie ganz von dieser Welt ist (Wau), und der Zeitgeistige, der eifrig jeder Wirklichkeit Dienende (Wahl).

Das Geheimnisvolle und das Geheimnislose, das er damit in Wau und Wahl personifiziert, sind auf schicksalhafte Weise in Barlachs eigenem Leben miteinander verschlungen. Barlach benutzt sein Faktotum Bernhard A. Böhmer ebenso, wie er von diesem benutzt wird. Mit Däubler tritt das Thema des Boten, jenes Hermes, erstmals in Fleisch, Blut und Nerven auf, das Barlach dann nie mehr loslassen wird. Denn Hermes ist ein unzuverlässiger Götterbote, vielleicht sogar ein diebischer und betrügerischer. Was man ihm übergibt, kommt vielleicht gar nicht oder auf eine unerwartet abgewandelte Weise beim Adressaten an. Das Thema der Boten zwischen den verschiedenen Wirklichkeitssphären nimmt bei Barlach eigenwillige mythologische Formen an wie den »Geistkämpfer« oder den »Schwebenden Engel«. Darin wird das Ursprungsthema gestellt, die Frage also, wie (und woraus) das, was ist, entspringt.

Wie wird etwas zu dem, was es ist – und wie bleibt es das? Durch Wandlung, Metamorphosen, das ständige Überschreiten des Vorfindlichen. Ernst Bloch nennt diese Bewegung des schöpferischen Geistes ein »Transzendieren ohne Transzendenz«. Man könnte von einer »religio« sprechen, einer Rückwendung zu den Ursprüngen. Gemeint ist jener Sinn und Geschmack für das Unbedingte, der bei Barlach nicht in Anbetung mündet, sondern in ein Zugleich von gläubiger Hingabe, dem Verschmelzen mit dem Ganzen (»unio mystica«) und Skepsis gerade gegenüber dieser Hingabe.

Die Doppelbewegung von Annähern und Entfernen bestimmte als »Pathos der Distanz« bereits Nietzsches Weltverhältnis. Das unaufhörliche Ringen dieser beiden gleich starken Kräfte in Barlachs Werk gibt ihm jene ungeheure innere Spannung, die die massigen Skulpturen schweben lässt. Es ist jene innere Spannung, die Barlach zuerst in den Balabanows in der russischen Steppe und dann – als leibhaftiges Gegenüber – in Theodor Däubler begegnete.

Schwer und witzig, dabei auch auf koboldig-verspielte Weise unergründlich ist Däubler. Ein barocker Mensch, der das Explosive in sich trägt und es zu zelebrieren weiß! Ein unmöglicher Expressionist, für den der Umweg immer die freudvollste Abkürzung zu sich selbst darstellt. Soeben hat er in Florenz seine monumentale Dichtung »Das Nordlicht« – nach zwölf Jahren Schreibarbeit – beendet, aber kann keinen Verleger für das unhandliche Werk finden. Sofort ist Barlach hilfreich zur Stelle. Am 25. März 1909 schreibt er Reinhard Piper, und nun hat der avisierte *Prachtkerl* auch einen Namen: *Mit dem guten Däubler ist es eine Not, er kann sein Epos nicht gedruckt kriegen, und doch sind durch Subskription ungefähr die Kosten gedeckt.*

Das wird sich schnell als frommer Wunsch oder eher ein von Däubler gezielt ausgestreutes Gerücht zur Verbesserung seiner Verlagschancen entpuppen.

Aber weiter Barlach bei einer für ihn seltenen Panegyrik, zumal er, wie er hier gesteht, noch keine Zeile vom genialen *Prachtkerl* Däubler gelesen hat. *Ich selbst habe noch nichts davon gesehen, aber Leute, die skeptisch bleiben davor, bewundern es aufs höchste und nennen ihn einen deutschen Dante.*[63]

Neben Däubler ist es Arthur Moeller van den Bruck, den Barlach im Café Reininghaus trifft. Er übersetzt Dostojewski für Piper, schreibt bemerkenswert über Italien und wird in nicht sehr weiter Ferne ein merkwürdiges, geradezu obskures Werk verfassen, dessen Name bereits missverständlich wirkt: »Das dritte Reich«. Moeller van den Bruck ist ein Mystiker, der Joachim von Fiores bereits im 13. Jahrhundert in den Ketzerbewegungen kursierende Drei-Reiche-Lehre in ein theologisches Konzept bringt.

Dieses interessiert Barlach weniger als der Mensch Moeller van den Bruck, an dem er ein unbehagliches Gefallen findet: *Moeller van den Bruck saß im selben Sommer an denselben Marmortischen, hielt die Fäden der Verhandlung und zeigte Däublers und eigenen Dingen den noblen Stolz eines Vertrauens, das sein Recht in der Absolutheit einer schaltenden Notwendigkeit erkennt.*

Moeller van den Bruck erklärt sich bereit – und Däubler stimmt zu –, »Das Nordlicht« Korrektur zu lesen. Eine schicksalhafte Unternehmung. Barlach, dies berichtend, ist in seinem Element, spricht von *Verskatarakte(n) und Sternstürze(n) aus Weltkernen.*[65]

Das Monumentale Däublers steckt Barlach an. Sein »Zecher«, der in der Villa Romana entsteht, ist einerseits eine rauschhafte Erinnerung an die russischen Balabanows – und andererseits Däublers Wesen und Gestalt auf ihren archetypischen Kern gebracht. Eine erste große Arbeit in Holz!

Das Phänomen Däubler wird Barlach fortan begleiten. Was für ein Mensch gewordener Widerspruch – und das auf eine Barlach dauerhaft faszinierende Weise archaisch!

Allerdings wird Barlach nie blind vor Bewunderung. Er liebt Däubler noch, während er den Kopf über ihn schütteln muss. Ja, er befremdet durchaus, er ist ein Vorbild, jedoch eines, das alle Vorbilder ad absurdum führt. Ein hochfliegender Zerstörer der reinen Ideale, ein Hüter des redlich erworbenen Schmutzes in poetischer Absicht. Ein Diogenes-Typ, der jedem schnell klarmacht, dass er ihn nicht braucht zur eigenen Vollkommenheit. Der ebenso die Schläue eines wohlgenährten Bauern besitzt, sich potenzielle Mäzene seines Genies gewogen zu halten. Und von diesen versammelt er eine ganze Reihe im Laufe seines Lebens um sich.

Für Barlach ist er ein unerschöpfliches Gegenüber, das er nicht aufhört zu studieren und in immer neue Bilder zu bringen versucht. »Ruhender Däubler« entsteht unmittelbar nach seiner Rückkehr aus Florenz, es folgen mehrere Porträts in verschiedenen Materialien.

Däubler drängt zum Holz, einem für Barlach seit Florenz (seit dem »Zecher«) neuen Material. Die Bildnisbüste von 1913, in Ton

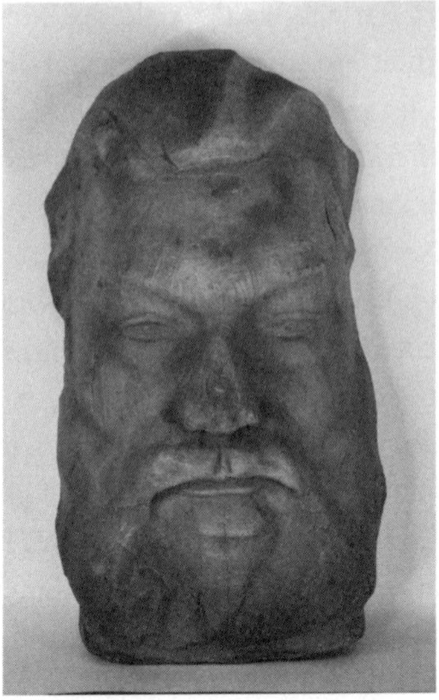

Theodor Däubler (1913)

gearbeitet, kehrt 1916 in Holz wieder – damit resümiert Barlach seine intensive Auseinandersetzung mit Däubler, die hiermit auf einen Höhepunkt gelangt.

In »Diario Däubler« von 1912 – das ist das Jahr ihrer gemeinsamen Backsteingebäudereise, die sie von Güstrow über Rostock nach Bad Doberan und Wismar führt – nimmt die Auseinandersetzung mit ihm Züge eines Kampfes an. Aber es ist weniger der Kampf gegen den Antipoden Däubler, den österreichisch-italienischen Deutschen, als Barlachs Kampf mit sich selbst um einen Ausdruck dieser Figur: ein Ringen um die Form.

Und hier zeigt sich – vielleicht erstmals –, wie stark der Autor Barlach auf den Grafiker und Plastiker verwiesen ist und umgekehrt. In »Diario Däubler« meißelt er gleichsam die Kontur Däublers in Worte. Welch ein furioser Steinbruch an Gedankensplittern zeigt sich dabei auf wenigen Seiten!

Er hebt an mit dem Konstatieren der *Schwungbrettnatur* Däublers. Gemeint ist damit jenes Schweben, das Barlach noch bis zum Engel im Güstrower Dom beschäftigen wird. Trotz seiner mächtigen Leiblichkeit erwecke Däubler diesen Eindruck des Schwebens, nicht des Lastens. Da ist Barlach einem Geheimnis auf der Spur, das er für sein eigenes plastisches Werk lösen muss. Wie kann das Schwere zugleich leicht wirken?

Es muss etwas mit der Art zu tun haben, in der Däubler in der Welt ist. Als Bildhauer fragt sich Barlach sofort, woraus ist dieser so ganz und gar nicht ätherische Däubler eigentlich gemacht? *Sein Fett hängt an ihm wie seine Zeit, er kann es nicht loswerden und sie auch nicht. Und predigt doch immer, es gibt kein Fett und keine Zeit. Und in der Tat, wie er mit seinem Fett schwebt trotz seinem Fett – so ist er trotz seiner Zeit zeitlos.*

Da Barlach gerade dabei ist, den Gedanken zu durchdringen, fährt er noch drastischer fort: *Däubler – zeitig, fettig – ist Däubler, aber unzeitig schwebend – ist Erbrechen seiner selbst, Entleerung, Vernichtung des Viertels, um ein Ganzes zu füllen. Sein Baden ist sein Bestes, er ersäuft seinen fetten Leib im salzigen Überall. Seine Zeit im Unbegrenzten, Reden, Beschwören, Prophezeien ist sein Bestes, gleichsam sein geistiges Baden; er erbricht sein Individuum im Absoluten.*[66]

Wonach klingt das? Gewiss nach Boll, dem blauen Boll, dem massigen Mann, von dem man nur eines mit Gewissheit sagen kann: Er muss der werden, der er ist. Sich selbst zur Welt bringen, in einer zweiten Geburt. Kurz gesagt: Er muss sich verwandeln. So erhebt er sich dann aus dem bodenlosen Zugleich von immer mehr In-sich-Hineinfressen und es dann erbrechen. Die Entleerung wird hier zum Zwischenschritt zu einer neuen Erfüllung, die dann nichts mehr mit maßlosem Sich-Füllen zu tun hat. Es wird hell um Däubler, dessen massiger Körper doch so lange Schatten wirft, so will es Barlach.

Diese Aufhellung führt direkt ins Zentrum der Person und des nachlässig wie von einem Gott betriebenen Wortwerks: *Er möchte überall sein, und das heißt nirgendwo sein. Er möchte das Sehen umbringen, weil er weiß, das Licht, das bessere Licht, wird sich Augen schaffen, die ihm angemessener sind. Im Nordlicht schafft sich die Dunkelheit höheres Licht, Erde wird Gott.*[67]

Am 4. September 1913 schreibt Barlach an Reinhard Piper über Däubler, und es klingt nach herzinniger Empfehlung an den

Verleger, sich dieses schreibenden Stücks menschlicher Absonderlichkeit, seiner *elephantenhaften Majestät*, anzunehmen.

Hier spricht der Bildhauer aus ihm, der sich an Däublers wuchtigem Schädel gleich mehrfach abarbeitete. *Man denkt: soviel Fleisch, soviel Haar, solche Backen – aber Prost die Mahlzeit! All dieses Fleisch und Bein soll und will überwunden werden, muß verschwiegen und vergessen sein, die gewisse »erhabene Hysterie«, wie Worringer von der Gotik sagt, ist das Witzige bei ihm und muß doch bescheiden unterm Scheffel stecken.*[68]

Allerdings nimmt dann in erstaunlich kurzer Zeit die Distanz zu. Däubler ist ihm plötzlich zu arrogant, er lässt sich überall durchfüttern und sagt nicht mal Danke, weil er das für normal hält. Der strenge Arbeiter Barlach sieht nun Däubler immer mehr als den größenwahnsinnigen Bohemien, der ihn nicht mehr zu eigener Arbeit – als Fels in der Brandung des Zeitgeistes – inspiriert, sondern wie ein dunkler Schatten verfolgt. Immer mehr wird der Name Däubler für Barlach nun ein Synonym für jene Kunstpose, die ihn auf ungute Weise reizt.

Es fällt ihm nicht leicht, sich von Däubler loszusagen, wie ein Brief zeigt, den er am 23. September 1915 an Less Kaerrick schickt: *Damit Sie merken, wie mir die Antwort auf Ihren Däubler-Brief auf dem Herzen liegt. Es gab nämlich schon zwei Antworten, beide zerrissen. Ich hatte damit meinem Antidäublertum Luft gelassen, mit Unrecht, es war allzu ernst von mir genommen. Aber in Wahrheit: es gibt irgendwo in mir eine Wut auf ihn, da ist ein Schwindel mit Geist und Bedeutung, ein Aufwand an vermeintlicher Tiefe, die mich bald entsetzen, bald empören. Aber wozu damit orgeln!*[69]

Däubler, so ergänzt Barlach, nachdem er längst auf andere Dinge zu sprechen kam – der Koloss lässt ihn eben nicht los –, sei wie ein *Großfürst in Ungnade, seine Fürstlichkeit schaut überall durch die Nähte seine Kleider.* Klingt fast schon wieder versöhnt mit ihm, trotz der Barlach so provozierenden Selbstinszenierung des Dichters.

Und nachdem er über Goethe und Mephisto, Dostojewski und das Heilige, das nicht jenseits, sondern inmitten all der

Verfluchten und Verbannten, der Sträflinge des Lebens, aufscheine, geschrieben hat, ist er plötzlich wieder bei Däubler. Dann zitiert er – und das sehr ausführlich – aus dem Däubler-Kapitel im Romanfragment »Seespeck«, damit sein Gegenüber nicht meine, sein *Antidäublertum* komme aus der *Froschperspektive*. Das liest sich dann wie Karikatur und Hommage zugleich.

Im fünften und sechsten Kapitel des Romans »Seespeck«, an dem er 1913/14 schrieb und den er schließlich als Fragment liegen ließ, tritt Seespeck (das Alter Ego Barlachs) Däubler entgegen. Er lässt ihn unter seinem eigenen Namen auftreten, was zeigt: Hier ist von jemandem die Rede, der ist nicht irgendwer, sondern derjenige, an dem sich Barlach in der Zeit seines Aufenthalts in Florenz bis zum Ersten Weltkrieg pausenlos abarbeitet. Dieser Däubler ist für ihn Gott und Götze zugleich, mehr noch, er ist sein eigener Doppelgänger, was die Sache kompliziert macht, zeigt es doch: Was Barlach mit Däubler abzumachen hat, geht ihn selbst auf ureigenste Weise an.

Das Thema ist immer noch die Verwurzlung und gleichzeitige Entwurzlung einer Figur, ihr Abstand zum Boden: *Nicht umsonst gibt es Türme, die wie der von Pisa bei aller Schwere und Wucht wie niedergeschwebt, wie Erscheinungen wirken, die leise knirschend mit steinernen Zehen den Erdboden berühren und heiligen.*[70]

Dieser Däubler, der nichts hat – außer Löcher in den Schuhen – und alles ist, erscheint Barlach manchmal wie ein *Zaubermeister,* mitunter aber auch wie ein Hochstapler. Aber was heißt dies anderes, als Souverän seines Alltags zu sein, wenn dieser, an bürgerlichen Maßstäben gemessen, längst ein dauerhaft gewordener Ausnahmezustand ist? Allerdings, Däubler versteht es, sich schadlos zu halten. Alle müssen seinem Genie opfern, auch Barlach. Für den ist das eine demütigende Übung, überhaupt diese Großmannssucht, die Freude daran, immer und überall das eigene Erscheinen zu zelebrieren, notorisch im Mittelpunkt stehen zu wollen!

Das strapaziert den geborenen Außenseiter Barlach, der sich als Person gern unsichtbar machen würde, um seinem Werk nicht im Wege zu stehen. Bei Däubler ist das anders: Er ist der Schöpfer einer respektablen Dichtung, die allerdings kaum einer liest, aber der Schöpfer hat das Gemüt eines Schauspielers, der auftreten will – egal wo und wie, Hauptsache, immer in der Hauptrolle.

Das *Posaunen-Erz* seiner Stimme dröhnt ihm voran.

Als Däubler den Wunsch äußert, Bad Doberan zu sehen, weiß Seespeck (er spielt auf die Backsteinbaureise mit Däubler an), dass sein Schicksal sein wird, Däubler auf dieser Reise zu Gast zu haben: *Sie verzehrten also Doberan, übernachteten in Rostock, verschlangen Rostock und reisten mit Wolfshunger nach Stralsund weiter. In den Gasthäusern ward Däubler etwa wie ein fahrender Fürst, manchmal fast als der Hölle entfahrener, angesehen, der in Begleitung seines zahlenden Sekretärs reiste. Exotisch und sonderlich. Sie sahen erstaunt, wie herrisch er ging, mit Ungestüm niedersaß, wie ein Sklavenhalter Gehorsam gewöhnt, nach Bedienung rief und alles verzehrte, was aufgetragen ward.*[71]

Wenn Däubler isst, dann ähnelt er einer heidnischen Gottheit, der man eiligst immer mehr Gaben opfert, aber es sind immer noch zu wenig, um ihn milde zu stimmen. Däubler frisst!, er ist wie Baal ohne innere Grenze, wenn er tafelt, gleicht dies einer Orgie, die zu keinem Ende kommt, sodass Seespeck folgert: *Er bereitet seinen Selbstmord durch Platzen vor.* Und doch entwickelt er dabei eine unerwartete Schnelligkeit, er ist wie ein Virtuose, der seine Finger über die Tasten des Klaviers gleiten lässt und die allgemeine Verblüffung, die er so erzeugt, mit routinierter Noblesse hinnimmt: *Wie behende er zur Schüssel griff und rechts und links nagte, knusperte, teilte und gebratene Materie durch den Zauber der Zähne zu Geist umschuf, denn Nehmen und Geben verstand sein Mund gleich gut. Wie sein Appetit löwenähnlich auf der Lauer lag, wie er die Tatzen dirigierte zum Empfangen und Erlangen!*[72]

Seespeck – und also Barlach – schaut diesen egomanen Fettkloß, der zwischen zwei üppigen Happen bekundet, dass diese Welt eine *nicht zu billigende Veranstaltung wäre,* mit einer heftigen Hassliebe an. Was für eine Größe bei gleichzeitiger Erbärmlichkeit doch in einem einzigen Menschen steckt! Barlach scheint es angesichts der Lächerlichkeit dieser Großmannssucht eines auf andere Weise ja tatsächlich großen Manns, *als ob ein Affe hinter ihm stände und seine Grimassen zöge.* Es ist dieses Zugleich von echt und falsch, von Wahrheit und Lüge, von würdig und windig, das Barlach bei Däubler keine Ruhe lässt. Sein Zug ins Hermetische ist nicht bloße Attitüde, wie Barlach wohl weiß, er ist bitter ernst gemeint trotz der Kostümierung, in der er auftritt.

Däubler zahlt in Gestalt eines Hanswurstes den Leidenspreis für seine forcierte Antibürgerlichkeit. Wie sollen all die Alltagsmenschen auch einen Dante in ihrer Mitte erkennen, wenn das Genie – was tatsächlich passierte, so erinnerte sich Eckart Peterich – so große Löcher in den Schuhen hat, dass die Zehen herausschauen!

Die Däubler'sche Weltschöpfung im eigenen Wort, die Barlach doch einst so faszinierte, er sieht es durchaus, aber sieht jetzt auch etwas anderes: *Ich bin in der fatalen Lage eines Gottgläubigen, der an einem verehrten gütigen Menschen plötzlich einen Verbrecherwahnsinn entdeckt und der – als nichtgrößenwahnsinnig – auf irgendeine Weise das Übel bei sich sucht. Däublers Unsinn ist somit meiner.*[73]

Dagegen glaubt er sich nun mit Ironie wehren zu müssen. Ist dieser zarte Koloss nicht eine höchst lächerliche Erscheinung? *Er schmiß seine Faust, die zart und klein war, und hämmerte einen Zauberschlag in die Luft, und siehe – die Welt erstarrte, schrumpfte und gestaltete sich zum geometrischen Gebilde. Das balancierte er nun auf der flachen Hand, und weil es noch glühte vom Schrumpfungsprozeß, ließ er es zwischen Daumen und Zeigefinger seiner Rechten in der Luft stehen ... Er handhabt das Welt-Krystall zwischen den Fingerspitzen wie ein rohes Ei: es ward leergeblasen und wieder vollgedeutet.*[74]

Man fragt sich an dieser Stelle natürlich, woher genau die Entfremdung von Däubler resultiert – und hat es doch gerade vorgeführt bekommen. Barlach ist nicht mehr der nach Worten tastende, unsichere Autor, der im Café Reininghaus im Florenz des Jahres 1909 vor dem König der Außenseiter saß, er spürt jetzt die eigene Mission in Konkurrenz zu der Däublers. Für zwei von ihrem Range ist das Universum zu klein?

Doch Barlach ist nicht blind vor Ärger oder gar Missgunst Däubler gegenüber, er bleibt sehend, auch wenn er sich immer wieder angesichts dessen, was sich da seinen Augen zeigt, Luft machen muss. Wie kann das sein, fragt er sich, was für ein fauler Zauber ist das, den Däubler ihm da voraus hat: *Es geht, man schwebt! Und winkte hochwärts, als wolle er eine Hand in den Wolken schütteln.* Es ist ein Jahrmarktstrick, gewiss, aber er funktioniert wie ein echter Zauberspruch, das ist ebenfalls gewiss: *Er machte Seespeck ein geistiges Abenteuer vor, auch wenn er auf einem Heuwagen saß, wie Jovis in den Wolken, dann leugnete er sogar die Pferde und den Kutscher und schwebte vorüber.*[75]

Warum schreibt Barlach das alles, warum kommt er in Gestalt Seespecks nicht los von Däubler, warum kann er ihn nicht einfach in all seiner Absonderlichkeit, freundlich, aber eher unverbindlich an sich vorbeiziehen lassen? Der Grund ist: Barlach arbeitet, er studiert sein Modell, das ihn in den Jahren zwischen 1910 und 1914 nicht loslässt. Er muss diesen übergewichtigen Widerspruch Däubler ergründen, ihm eine Gestalt geben, die wahr ist – auch in ihren lügenhaften Facetten. Dieser Schalk redet wahr!

1910 hatte er bereits »Ruhender Wanderer« und »Ruhender Däubler« in Gips modelliert. Zwei erdnahe Geister, wie jene Balabanows, die Barlach in der russischen Steppe sah, inmitten ihrer eigenen Zeitrechnung lagern sie abseits der Wege. Unerschütterlich, selbstgewiss – die Nervosität der Zeit hat bei diesen beiden Clochards, die in eigener, also höherer Mission unterwegs sind, keine Chance.

Von 1913 gibt es dann ein »Bildnis Theodor Däubler« in Gips, da sitzt jener Löwe auf dem Sprung, der im Schlussteil des »Seespeck« bereits seinen Auftritt hat. Ein echter Löwe zweifellos, aber auch das Trugbild eines solchen! Das wird deutlich, betrachtet man die Kohlezeichnung gleichen Titels ebenfalls von 1913. Da ist der Löwe zugleich Löwenbändiger – und zuallererst jener Schalk, der uns diese ganze Geschichte von des Löwen Gefährlichkeit erst suggeriert. Dieser Jahrmarktsmagier könnte uns noch mittels eines Bettvorlegers das Fürchten lehren! Und so notiert Barlach im fünften und sechsten Kapitel vom »Seespeck« all jene Züge, die sich in seinen Däubler-Porträts wiederfinden.

Däublers Züge, so Barlach, bergen die *Verschmitztheit eines Tieres.* Genau so blickt uns Däubler aus der Kohlezeichnung entgegen. Aber seit wann ist ein Tier, zumal ein Löwe, verschmitzt? Das wiederum führt mitten hinein in die geheimen Winkel des Däubler'schen Bestiariums, die verborgen bleiben, obwohl – oder gerade weil – er umstandslos damit hausieren geht: *So blicken Wildaugen, die dazu im Dschungel großer Städte geworden waren. Da waren die Flucht- und Furchtschnelle des Rehs, das Mißtrauen des Bibers, die Lichtlosigkeit im Auge der Ratte, die ihren Hunger im unterirdischen Nagen unsichtbar und unsagbar stillen muß.*[76]

Der Kunsthändler Paul Cassirer

> *Mit einem Wort: das Enfant terrible einer von Widersprüchen gepeinigten Zeit.*[77]
> Karl Scheffler

In den Jahren 1907 und 1908 stellen sich für Barlach die Weichen. Er ist aus Russland mit einer neuen ästhetischen Kraft heimgekehrt, hat einen Sohn, den er vergöttert, fährt zum ersten Mal nach Güstrow und erhält ein Stipendium für die Villa Romana in Florenz. Die Berliner Secession beginnt ihn regelmäßig auszustellen, Karl Scheffler schreibt anerkennend über ihn. 1907 zeigt die Secession zwei kleine Bettler-Figuren, die aus dem neuen Geist der Russlandreise geschaffen wurden. Diese Bettler, so Barlach, hätten den Beifall eines halben Dutzend Männer gefunden, *deren Urteil ich nur zu gerne als unzweifelhaft verlässlich ansah.* Das ist nicht weniger als der Durchbruch für Barlach, dem man nun eine eigene Form und damit einen unverwechselbar starken Ausdruck in seinen Plastiken bescheinigt.

Sofort wird jemand auf ihn aufmerksam, dem auch seine Gegner einen untrüglichen Instinkt in Kunstdingen bescheinigen: Paul Cassirer. Barlach, dem wenig daran gelegen war, »wichtige« Menschen der Gesellschaft zu treffen, hat die ersten Begegnungen mit ihm in »Ein selbsterzähltes Leben« beschrieben. Zum ersten Mal begegnen sich beide an einem Sonntagnachmittag beim Tiermaler

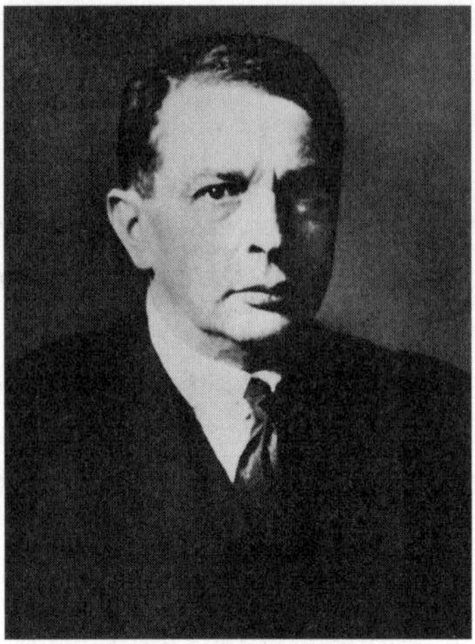

Paul Cassirer, 1920er Jahre

August Gaul, der eng mit Paul Cassirer befreundet ist, so eng, dass man in Berlin schon von »Paulchen und Gaulchen« spricht.

Paul Cassirer hatte den Tiermaler kennengelernt, als sich dieser in einer schwierigen finanziellen Lage befand und vor lauter Nebenarbeiten, die er für das tägliche Überleben ausführen musste, nicht zu seiner künstlerischen Arbeit kam. Cassirer tat das, was er angesichts der prekären Lage von Künstlern noch des Öfteren tun würde: Er bot Gaul ein monatliches Fixum an, für das dieser regelmäßig für ihn arbeiten sollte.

Auf seine selbstherrliche Weise lehnte Cassirer es jedoch ab, den Vertrag, den er einhielt, schriftlich zu fixieren. Seine Begründung in diesem wie in anderen Fällen, wie sich Tilla Durieux erinnerte, lautete: »Entweder, jemand will den Vertrag halten, wozu dann das Papier? Oder er will ihn nicht halten, dann gibt es hundert Wege, um ihn zu brechen, sagte er stets.«[78] Diese Art von Geschäftsverständnis sollte sich – sehr viel später – für die beteiligten Künstler noch als fatal erweisen.

Offenbar hat Gaul, der jede Gelegenheit nutzt, Barlach zu fördern, dieses Treffen arrangiert. Aber Barlach ist kein Geschäftsmann und kein Diplomat, also bleibt diese erste Begegnung ohne Folgen. Cassirer forderte ihn zwar auf, ihm neue Arbeiten zur

Ansicht zu schicken, aber Barlach befand, dass er nichts habe, was er ihm schicken könne, und vergaß oder verbummelte auf seine Art die sich ihm bietende Gelegenheit.

Nach einem halben Jahr ist es Paul Cassirer, der den eigensinnigen Bildhauer zu sich einlädt. Er hat ihn offenbar keinen Moment aus den Augen gelassen.

Als Barlach zu ihm kommt, bietet Cassirer ihm ein Abkommen an, wonach Barlach ihm alle seine bildhauerischen Arbeiten gegen ein monatliches Fixum überlässt. Barlach sagt zu, er kann ein regelmäßiges Einkommen gut gebrauchen.

Paul Cassirer ist Berlins wichtigster Galerist, sitzt im Vorstand der Secession, gibt die »Pan«-Presse heraus und beginnt nun auch einen eigenen Verlag aufzubauen. So ein Angebot kann man also kaum ablehnen, zumal Barlach vor Gericht um das Sorgerecht für seinen Sohn Klaus streitet und solide Einkommensverhältnisse nachweisen muss.

Andere sehen Paul Cassirers Rolle als Förderer der Kunst skeptischer. Wilhelm Herzog, Mitherausgeber des »Pan«, der mit Frank Wedekind in Cassirers Namen verhandelte, gibt dessen Antwort so wieder: »Mit einem Gemälde von Manet verdient er auf einen Schlag 100 000 Mark. Bei mir kann er das in zehn Jahren kaum verdienen. Und dann, wenn ich einmal einen Vorschuss brauche, so empfängt mich in seinem vornehmen Kunstsalon ein galonierter Diener und fragt mich nach meinem Begehr. Wenn ich sage, ich will Herrn Cassirer sprechen, wird er mir vielleicht antworten: ›Herr Cassirer hat eine wichtige Konferenz‹, oder ›Er ist verreist‹. Nein, das ist nichts für mich. Da gehe ich lieber zu meinem Münchener Hausknecht Georg Müller, der mich in Hemdsärmeln empfängt, und verlange zunächst 5000 Mark. Er gibt mir tausend, und die Sache ist erledigt.«[79]

Auch von Emil Nolde ist Ablehnung bekannt. Paul Cassirer lege ein herrisches Auftreten an den Tag und behandle seine Künstler wie Sklaven.

Seit den 1890er Jahren setzten sich Paul Cassirer und sein Cousin Bruno unermüdlich für die Impressionisten ein, die aus Frankreich kamen und in Deutschland Fortsetzer fanden. Kaiser

Wilhelm II. äußerte sich, wie Tilla Durieux schreibt, bevorzugt so: »Paul Cassirer, der die Dreckskunst aus Paris zu uns bringen möchte.«[80]

1898 wurde die »Bruno & Paul Cassirer, Kunst- und Verlagsanstalt« gegründet, im selben Jahr auch die Berliner Secession. Anlass dazu war die Zurückweisung eines Landschaftsgemäldes von Walter Leistikow durch die Jury der großen Berliner Kunstausstellung 1898. Das beantworten 65 Künstler – darunter Käthe Kollwitz, Lovis Corinth und Max Slevogt – mit der Gründung einer eigenen unabhängigen Kunstvereinigung, der Secession.

Im Grunde war dies die verspätete Reaktion der deutschen Maler auf den »Salon des Refusés« (den »Salon der Zurückgewiesenen«), mit dem die französischen Impressionisten auf den herrschenden Akademismus reagiert hatten. Ein eigenes Forum der Kunst!

Bruno und Paul Cassirer gingen bald wieder getrennte Wege, aber die Berliner Secession blieb. Auf Vorschlag des Präsidenten Max Liebermann wurden beide Cousins geschäftsführende Sekretäre der Secession. Einflussreiche Positionen. Sie saßen nun also an der Quelle der neuen künstlerischen Strömungen, die gegen den langweiligen Akademismus eines Anton von Werner, des Protegés Wilhelms II., revoltierten. Der Kunstschriftsteller Julius Meier-Graefe gehörte zu den wichtigsten Propagandisten der neuen Kunst im Kaiserreich, sein Buch über Vincent van Gogh machte den Maler einem großen Publikum bekannt.

Allein zehn Ausstellungen der Werke Vincent van Goghs initiierte Paul Cassirer zwischen 1901 und 1914. Kurz vor Ausbruch des Ersten Weltkriegs konnte er 146 Werke van Goghs aus seinem Besitz präsentieren. Schnell hatte er den Ruf eines Neureichen, gemischt mit antisemitischen Untertönen verpasst bekommen, sodass etwa die »Lustigen Blätter« 1899 titelten: »Devise: Durch Manet und Monet zu money.« Aber das ist eine allzu billige Gleichung. Denn die moderne Kunst musste gegen den etablierten Wilhelminismus, der Staatskunst war, erst durchgesetzt werden. Auch von Paul Cézanne zeigte Cassirer 1904 bereits eine Retrospektive mit vierzig Werken.

Da hat einer einen sicheren Instinkt für neue Kunst, die anfangs noch billig zu haben ist. Von den fünfundvierzig Arbeiten Picassos, die der Pariser Kunsthändler Paul Durand-Ruel 1903 zur Ausstellung an Cassirer nach Berlin schickt, wird nicht ein einziges Bild verkauft.

Paul Cassirer, 1871 als Sohn eines jüdischen Fabrikanten (des Gründers der Deutschen Kabelwerke) in Görlitz geboren, ist keineswegs ein Neureicher, wie ihm gern unterstellt wird, sondern einer, der sich als Bildungsbürger versteht. Als Geschäftsmann wird er oft angefeindet, als Kunstkenner bewundert. Diese widersprüchliche Aura umgibt ihn. Barlach beschreibt ihn als jemanden, der darunter gelitten habe, Nutznießer jener Künstler genannt zu werden, *mit denen er, wie der Hamburger sagt: aus einer Buttel trank, und weiter, daß er verwegen war wie selten einer. Seine Tapferkeit dürstete nach der Nähe der Gefahr, da wo er die bestmögliche Unmittelbarkeit der Entscheidung witterte, wo kein Schild deckte, keine Anonymität schäbig schützte, nicht wo im bombensicheren Unterstand das grobe und klare Abmachen verschlissen werden konnte, fühlte er sich wohl.*[81]

Barlach also weiß sich von Cassirer als Künstler geliebt, und das ist ihm mehr als bloß viel, es ist alles! Er, von dem solche Bekundungen selten zu hören sind, notiert: *Und wir wurden ein seltsames Freundespaar ... keinerlei restlos bequemes Hausen unterm Freundschaftsdach und doch immer wieder freie Rückkehr zu unbedenklicher Offenheit.*[82]

1910 weitet Cassirer den Vertrag, der sich bislang nur auf Barlachs Skulpturen bezog, auf dessen gesamtes Schaffen aus, von der Zeichnung bis zum Drama. Barlach ist es recht, und so schreibt er am 5. Juli 1910 an Reinhard Piper: *Cassirer hat offenbar den Wunsch mich nach Kräften zu fördern ... Jetzt hat er die beiden Sterngucker auf die Ausstellung des Sonderbunds in Düsseldorf geschickt. Auch das Porzellan will er haben, und daß er auch die Zeichnungen einschließt, ist eine Konsequenz, die ich mir gefallen lassen muß.*[83]

Er vergisst auch nicht hinzuzufügen, dass Cassirer schon rund fünftausend Mark für ihn ausgegeben habe, ohne bislang das

Geringste zu verkaufen. Sein »Gehalt« sei in diesem neuen Vertrag auch »beträchtlich« erhöht worden. 1923 werden 417 092 RM auf Barlachs Konto im Salon Cassirer stehen[84] – dann kommt die Inflation und schließlich Cassirers Tod. Der in Gelddingen anspruchslose Barlach wird über die Summe nie verfügen.

Auch andere Autoren fördert Paul Cassirer, so Heinrich Mann, dessen Gesamtwerk er zwischen 1910 und 1914 publiziert. Als Honorar erhält der Autor großzügige fünfundzwanzig Prozent des Ladenpreises von jedem verkauften Exemplar (mehr als das Doppelte der heute üblichen Autorenbeteiligung). Heinrich Mann erinnert sich: »Der Kunsthändler Paul Cassirer war mir gegenüber ein Kenner mehr als ein Kaufmann.«[85]

Und Oskar Kokoschka notiert: »Er war ein ganz großer Mann, der mir zum Beispiel einen Vertrag anbot, für den es wohl kaum eine Parallele in der Kunstgeschichte geben dürfte: ich brauchte überhaupt keine ›Ware‹ abzuliefern, aber die Bilder, die ich ihm gab, durften nicht unter meinem Niveau sein, das er kannte.«[86] Verblüfft wird er bald konstatieren: »Zum ersten Mal in meinem Leben verdiente ich Geld, Cassirer verstand den kommerziellen Wert meiner Bilder.«

Barlach bemerkt an Cassirer etwas, das er von Dostojewskis Figuren her kennt: das Doppelgängertum. So also auch bei diesem nicht ungefährlichen und doch interessantesten Gefährten, den sich Barlach vorstellen kann: *Sein eigener böser, auftrumpfender und beinstellender Bruder zu sein, war Paul Cassirers Schicksal.*

Cassirer verdient Geld mit Kunst, aber er hat darüber hinaus eine Mission: dem Neuen einen Weg zu bahnen! Dazu gehört 1911 auch Flaubert, von dem der »Pan« erstmals Auszüge aus seinem Jugendtagebuch auf Deutsch veröffentlicht. Der Berliner Polizeipräsident Traugott von Jagow verklagt die Zeitschrift daraufhin wegen Verbreitung von Pornographie – erst ein Skandal, dann eine unbezahlbare Reklame für Flaubert und den »Pan«.

Niemandem haben die modernen Künstler der Secession, erst die Impressionisten, dann die Expressionisten, so viel zu verdanken wie Paul Cassirer.

Auch Barlach, der im Jahr 1908 immerhin schon Ende dreißig ist, ein spröder Provinzmensch, der sich weder zu präsentieren noch zu verkaufen vermag, wird von Cassirer – trotz seines Sträubens – ins helle Licht der Öffentlichkeit gestoßen, ohne dass er dabei auf schnellen Profit rechnen kann. *Unmäßig* sei seine Risikobereitschaft gewesen, wenn er sich einmal zu etwas entschlossen habe, konstatiert Barlach. So habe er seine *erbärmlich frierenden plastischen Erstlinge* auf die Weide getrieben und wie nebenbei auch dem Dramatiker Barlach zur Geburt verholfen, obwohl es erst einmal nur darum ging, Lithographien von ihm zu präsentieren. *Als er mich aufforderte, ein lithographisches Werk für die Panpresse beizusteuern, erwähnte ich ein »Drama«, das man vielleicht als Gerüst zur Aufreihung von Motiven benutzen könne. Er zuckte weder mit der Wimper, noch zögerte er einen Augenblick mit der Antwort: Na ja, also zeichnen Sie.*[87]

So also erscheint 1912 bei Paul Cassirer Barlachs Dramenerstling »Der tote Tag«, reich ausgestattet und auf Bütten gedruckt, natürlich vollkommen unverkäuflich, wie es Barlach schon befürchtet hatte.

Keine Spur von Ärger darüber beim Verleger. *Cassirer, sonder Mitschuld an dem Drama, das er nicht gelesen, begann ein generöses Herumschenken in Stadt und Land, und der Textband, warm geworden im Nest, gab sich drein.*[88]

Mitte der 1920er Jahre, nachdem Barlach für »Die Sündflut« überraschend den Kleist-Preis erhalten hatte, verkaufen sich auch seine Stücke besser – »Der tote Tag« erreicht schließlich mehrere Auflagen –, sodass auch hier Paul Cassirer wieder einen richtigen Instinkt gezeigt hatte, als er begann, Barlachs schwer auf die Bühne zu bringende Stücke zu drucken.

Karl Scheffler vermutet, dass in Paul Cassirer, den Arthur Eloesser einen »Hundertäugigen« nennt, allzeit der verhinderte Künstler rumort.

Scheffler bezeichnet Cassirer als »von Natur aus hysterisch«, einen, der immer gegen irgendjemand wütete (auch gegen ihn, Scheffler, der sein Machtgebaren in der Neuen Secession kritisiert hatte). Aber der Kritiker erkennt auch das Großartige an, das mit

Gemeinheit widerstreitet: »Selbst aufs ärgste treulos, verzieh er nicht die geringste Treulosigkeit, die ihm widerfuhr. Ein egozentrischer Mensch, dessen Leidenschaft aber vieles einschloß. Er gehörte zu den verwegensten Vorurteilslosen der Zeit und anerkannte kein Gesetz als den nur halb beherrschten Trieb in seiner Brust.« Cassirer sei ein »unartiges, sehr begabtes Kind seiner Zeit« gewesen, ein »Mensch, der zu interessieren wusste«.

Unbeeindruckt ließ er niemanden, den er traf, auch Barlach nicht. Spürte er in seiner Gegenwart etwas, das einem faustischen Ringen ähnlich kommt?

1912 gibt Paul Cassirer die Porträtbüste seiner Frau Tilla Durieux bei Barlach in Auftrag. Ernst Barlach hat jene hässliche Schönheit, die eine Form von intensivem Ausdruck ist, an der Schauspielerin gefesselt.

Damit ist er nicht allein, Else Lasker-Schüler spricht von einer »giftigen Augenweide«[89] und Oskar Kokoschka malt ein Ölgemälde von ihr, für das er seltsamerweise ein Querformat wählt, sodass die Augen der Schauspielerin noch weiter entfernt voneinander zu liegen scheinen, als sie es in Wirklichkeit sind. Ein stereoskopischer Eindruck ihrer Persönlichkeit dominiert so.

Von Tilla Durieux schuf Barlach Porträtbüsten in vier Varianten. Die Schauspielerin erinnerte sich, dass sich zwischen Barlach und ihr bei diesen Sitzungen erst eine Verbindung herstellte, als sie begannen, sich gegenseitig Märchen zu erzählen: »Wir belebten jede Ecke mit Geistlein und sein Gesicht strahlte dann in kindlicher Güte.«[90]

Eine späte Annäherung Barlachs an Tilla Durieux, die nicht von Dauer sein wird, findet 1912 in Holland statt. Hier in Noordwijk hatte sich Paul Cassirer 1906 ein Haus in den Dünen bauen lassen. »Seine« Künstler sind immer eingeladen, zu ihm zu kommen – und schließlich kann sich auch Barlach der beharrlichen Bitte, ihn zu besuchen, nicht länger entziehen. Doch auch hier, erinnert sich Tilla Durieux, bleibt die Distanz zwischen ihnen, zum Leidwesen Cassirers, groß: »Wir schlichen äußerst höflich umeinander herum.« Doch dann, bei Sturm und Regen, die Cas-

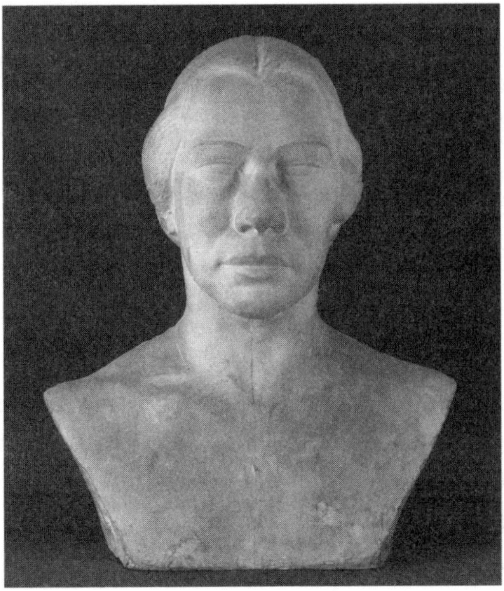

Tilla Durieux (1912)

sirer nicht am Strandspaziergang hindern, bleiben sie allein am Kaminfeuer zurück.

Die gequälte Konversation kommt plötzlich auf Hexen und Kobolde. Da hat auch Tilla Durieux einiges beizutragen, und auf einmal ist Barlach ganz bei der Sache. Das ist immerhin ein Thema, das ihn nie langweilt! Und so ziehen die Geister ihrer Geschichten durch die Stube, wie Tilla Durieux sich erinnert: »Steißbart führte sie an, Besenbein polterte dazwischen und legte sich sogar mit einigen Hexen an. Mein Kaktusriesenzwerg wurde in den Kreis mit aufgenommen, aber leider war für meine Feen nicht viel Platz. Wir einigten uns schließlich auf eine blonde Fee, die eventuell zu arge Kämpfe schlichten sollte.«[91]

Zu Paul Cassirers Überraschung ist bei seiner Rückkehr – dank des Hexenthemas – das Eis zwischen Tilla Durieux und Barlach gebrochen.

Betrachtet man die entstandenen Plastiken von Tilla Durieux, steht außer Zweifel, dass es mehr als eine Auftragsarbeit war. Barlach hatte in ihrem Gesicht schließlich etwas entdeckt, das ihn faszinierte – bis hin zum »Schwebenden Engel« im Güstrower Dom, in den gleich mehrere Gesichter einflossen.

Tilla Durieux' Antlitz bekommt bei Barlach etwas auf erhabene Weise Rundes, es wirkt ebenso weich wie stolz. Zu Piper sagt Barlach, sie sei bei ihm eine Frau geworden, in Wirklichkeit sei sie eine Dame. Mehr noch, muss man wohl konstatieren, dass der Frauenskeptiker Barlach hier im Weiblichen doch etwas von einem wenn schon nicht Göttlichen (das ist für ihn dem männlichen Schöpfergottvater vorbehalten), so doch Engelhaften entdeckt. Vielleicht erkennt er darin die Bestimmung der Frau: Bote zwischen Himmel und Erde zu sein.

KAPITEL III

Waldwege und Exerzierplätze: Güstrow

Glück ist nicht ohne Not, Erlösung nicht ohne Sünde. Die ewige Harmonie braucht ewige Dissonanz. Die Nacht ist die Seele des Tages, der Tag der Begründer der Nacht … Weil wir verloren sind, darum können wir gerettet werden.

Ernst Barlach, Der tote Tag

Der Kleinstadtbewohner. Vom »Berserker« als Archetyp

Bei seinen ersten Güstrower Aufenthalten überkommen Barlach sehr weltbürgerliche Vorstellungen. Etwa wenn er in der Villa Maria mit Blick auf die mecklenburgische Stadt notiert: *Die ganze Welt ist in schiefer Position, das Ausbalancieren darf aber nicht aufgegeben werden.*[1] Das ist doch fast schon eine sozialdemokratische Position, wenn auch so barock ausgedrückt, wie Barlach sein schriftstellerisches Werk angeht: kompromisslos den Umweg der Abkürzung vorziehend.

Gerechterweise muss man sagen, Güstrow ist nicht seine Entdeckung. Sein Bruder Nikolaus, der, von innerer Unruhe getrieben, dann bald schon mit seiner Frau Amanda nach Amerika auswandern wird, betreibt hier eine Zeit lang seine Geschäfte. Auch Luise Barlach wohnt bei Nikolaus in Güstrow. So lernt Barlach die kleine mecklenburgische Stadt mitsamt Schloss und Dom, Wald und Seen kennen und findet: Der Ort passt irgendwie zu ihm. Die Menschen hier scheinen etwas langsam und eigensinnig, aber durchaus beharrlich, wenn auch immer auf der Grenze zum Bornierten, mit dem alle Provinz kämpft. Aber immerhin, hier ist Platz, jedem auszuweichen, den man nicht treffen will. In die Rolle des Gesellschaftsmenschen und geistvollen Plauderers drängt ihn hier, wo man gern ausgiebig zusammen schweigt, niemand.

Als er 1909 sein Stipendium in der Villa Romana in Florenz antritt und soeben auch offiziell das Sorgerecht für seinen Sohn Klaus erhalten hat, erscheint Güstrow wie eine Vision von Heimat am Horizont. Ein Ort, in dem Klaus behütet aufwachsen könnte! Das ist der Plan, der in ihm reift, als er am 30. Dezember 1908 an Charitas Lindemann schreibt: *Hier in Güstrow habe ich einen kurzen Winterschlaf gehalten und finde, das Schlafen ist eine wunderbare Tätigkeit, aus der man klüger und besser hervorgeht.*[2] Es ist das erste Weihnachten, das er mit seinem zweijährigen Sohn zusammen verbringt. Er fühlt sich dabei wahrhaft wie ein Gott seinem ersten und einzigen Geschöpf gegenüber. Wie wundervoll, wenn die Tage unter dem Tannenbaum beginnen, mit Lebkuchen und nicht endenden Kinderfragen. Barlach bringt den häuslichen Vater-Sohn-Wonnezustand ausnahmsweise sehr bündig auf den Punkt: *knabbern und quasseln.*[3]

Ein Jahr später ist er aus Florenz zurück. Schon während seines Aufenthaltes dort spricht er davon, wie verfehlt er war. Lapidar vermeldet er am 27. November 1909 Charitas Lindemann, er sei über Venedig und Verona nach München zurückgekehrt. Kein weiteres Wort über beide Städte. Sie sagen ihm nichts. Statt dessen die Klage eines in die Welt hinaus Geschickten, der in der Fremde vom ersten Tag an nur eins will: zurück nach Hause.

Zurück ist er nun und notiert in Güstrow: *Ich kann gar nicht genug und nachdrücklich sagen, wie falsch für den »Italienreisenden« im allgemeinen das Weitreisen ist, wenn er seine Heimat nicht kennt. Wer sich einen Genuß in italienischen Städten vorlügt, der sollte sich prüfen, ob er dazu überhaupt reif ist. Es ist ein Unfug nach Italien zu reisen, glaube ich.* Statt dessen lobt er nun Güstrow, aber unter dieses Lob mischt sich ein merkwürdiger Unterton, es klingt etwas nach Ressentiment: *Güstrow kann sich sehr wohl neben eine toskanische Stadt stellen, meinem Rasseempfinden und -fühlen entsprechen der hiesige Dom und die Pfarrkirche etc. mehr als die Marmordome. Und gotische Holzfiguren sind einfach Offenbarungen für mich. Ja, es ist ein sehr übles Zeichen für unsere Kultur, daß alle Welt sich in Italien herumtreibt.*[4] »Rasseempfinden«, was für ein seltsames Wort aus dem Munde Ernst Barlachs. Wie kurios erscheint es angesichts der

Renaissancestadt Florenz, in der bekanntlich die römische Antike in allem Glanz wieder auferstehen sollte. Und Mussolini fühlte sich als Erbe der Renaissancefürsten, wenn nicht gleich als neuer Cäsar.

Also das ist nicht nach Barlachs »Rasseempfinden«. Er träumt von nordischer Gotik. Man sieht, was er hier »Rasse« nennt, das ist seine künstlerische Wurzel, die für ihn eben nicht in der vollendeten – und im Reichtum der Kaufmannsstadt auch sehr diesseitig gewordenen – Kunst der Renaissance liegt.

Wo also liegt die nordische Gotik Barlachs? Zuerst einmal scheint sie eine sehr persönliche Lesart Barlachs zu sein. Denn dieser »gotische Mensch« (eine nachträgliche Stilisierung), der in die Höhe zu Gott strebt wie der gotische Spitzbogen des 13. und 14. Jahrhunderts, ist doch etwas grundsätzlich anderes als die gebrochenen und unübersehbar erdhaften Figuren, an denen Barlach arbeitet.

Oder ist es einfach ein Zuviel an Sonne in der Toskana, das er nicht aushält? Vielleicht spürt er inmitten der Intensität des südlichen Lichts erstmals seinen Mangel an Farbe als einen Schmerz.

Um Italien lieben zu können, müsste er Maler sein. Aber er ist Zeichner, Grafiker und Bildhauer – alles Arbeiten im Hell-Dunkel-Kontrast, Abstufungen des Grau zwischen den Polen Schwarz und Weiß. Zu Jahresende 1909 relativiert er bereits seine heftigen Anti-Italien-Affekte, wie sie auf der Rückreise von ihm zu hören waren. Jetzt heißt es – und es klingt sehr viel zahmer –: *Italientoll war ich ja nie, aber ich freue mich doch sehr, ein kleines Stück davon nicht gar zu hastig kennengelernt zu haben. Es liegt die Sonne einer wunderbaren Gelassenheit über dem Lande, und es ist wohl gut zu wissen, daß es sowas gibt, wenn man auch nicht dahingehört.*[5]

Noch einmal nach Italien reisen wird er nicht. Doch auch Berlin ist ihm jetzt nur noch ein Transitraum, in dem er sich nicht länger als unbedingt nötig aufhält. Denn er wohnt nun ganz in Güstrow, mitsamt seiner Mutter und Klaus. Für immer soll es nicht sein, aber was heißt das schon.

Das erste Quartier der Dreigenerationenfamilie befindet sich in der Plauer Straße. Eine leer stehende Töpferwerkstatt in der

Nähe wird ihm zum ersten – wegen des schlechten Lichts – nicht gerade idealen Atelier. Im Winter lässt es sich gar nicht nutzen, da ist Barlach dann zusammen mit Klaus und der Mutter in der Wohnung, zeichnet und schreibt.

Und doch, trotz der widrigen Umstände entsteht hier eines seiner wichtigsten Werke, der »Berserker«, 1910 in Holz geschnitzt. In ihm sind viele der späteren Werke archetypisch angelegt. Wie sehr Barlach aus Widersprüchen gemacht ist, zeigt sich an einem Brief von Ende 1909, den er an Adolf Schinnerer schreibt. Güstrow und die Verhältnisse der deutschen Provinz erscheinen ihm ob ihrer Enge nun wohl doch etwas unheimlich: *Ich hatte neulich träumenderweise große Sehnsucht nach Italien, es ist doch wahr, man hat da Z e i t. Hier besorgt man sich alles schneller, aber bei dem vielen, was man braucht und tun muß, kommt man zu nichts. Ich habe noch nicht einmal den Holzblock für meine nächste Arbeit bekommen können.*[6] Und Florenz steigt jetzt als eine wehmütige Erinnerung in ihm auf, vor allem, wenn er es mit Berlin vergleicht, was unstatthaft ist, denn es sind *zwei unvergleichliche Dinge. Berlin ist eben entsetzlich.*[7]

Ein Ekstatiker! Ein Stürmer und Dränger, aber irgendwie auch blindwütig von einer ursprünglichen Kraft angetrieben. Einer, der zu Gewalttaten fähig ist, auch und zuerst gegen sich selbst. Ein Krieger in seinem Elementarzustand. Wütend und nicht ganz zurechnungsfähig, aber auch in einem herrlichen Rausch befangen, der ihn rücksichtslos gegen alles und jeden macht. Da schwingt einer sein – unsichtbares – Schwert, er ist gefährlich und will es auch sein. Ein Bürgerschreck!

Ein Zerstörer, ein Fanatiker gar? Vielleicht auch das, Joseph Goebbels, der – wie man sagt – einen der »Berserker« besaß, muss es so aufgefasst haben. Aber dessen Ausdruck, der aus seiner Tiefe erwächst, ist vielgestaltig. Mit beiden Beinen steht er wie angewurzelt auf dem Boden, der Oberkörper jedoch ist in einem Höchstmaß von Bewegung. Der Widerspruch aus Statik und Dynamik erzeugt des »Berserkers« Intensität.

Hier also steht ein Streiter für die eigene Selbstbefreiung! Und hat sie nicht etwas Ritualhaftes, diese Beugung des Oberkörpers,

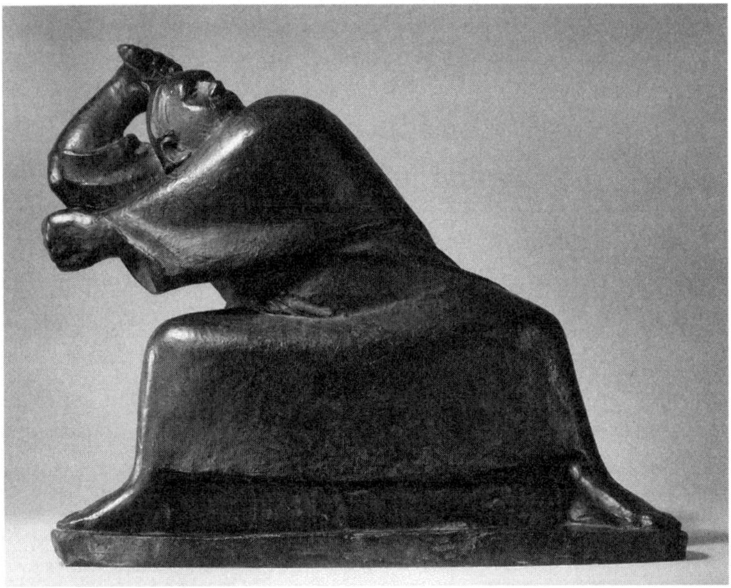

Der Berserker (1910)

wie zum Schlag ausholend? Wen will er treffen? Vielleicht den Strick, der ihn gefesselt hält, oder gleich den gordischen Knoten der Existenz? Der Berserker ist einer, der sich mit allen Mitteln, auch unerlaubten, zu entfesseln versucht. Dennoch, die Gewissheit hat der Betrachter, dieser Kampf ist nicht ohne Regeln. Der hier sein unsichtbares Schwert schwingt, wird nicht wahllos alle und jeden, die ihm entgegentreten, niedermetzeln. Der Berserker ist weder Amokläufer noch Terrorist, sondern einer, der sich aus der Mitte seines Körpers die Kraft zum Aufbegehren gegen eine falsche Form der Existenz holt. Ein Kampfkünstler, der die eigene Entfesselung zu kontrollieren vermag! Gegen wen jedoch wehrt er sich überhaupt?

Der Mann blickt, die Arme abwehrbereit gehalten, schräg nach oben. Was kommt von dort, Gott oder die Obrigkeit aller Zeiten, die uns zum Untertanen macht? Jedenfalls eine falsche, angemaßte Autorität, gegen die man aufbegehren muss. Aber dieses Aufbegehren ist nur eine elementare Möglichkeit, die in dem Mann steckt. Barlach wird immer wieder andere Ausdrucksweisen für jenes unglückliche Bewusstsein finden, das uns gefangen hält und das wir zu überwinden versuchen, indem wir uns selbst überwinden.

Der Schriftsteller Hans Carossa wird bei Max Dietzel (er fällt im Ersten Weltkrieg), dem Sohn eines Hopfenhändlers, die Werke Barlachs entdecken. Der junge Mann hatte beschlossen, sein Leben der Kunst zu widmen, und auch den »Berserker« in seiner Sammlung. Sofort bemerkt Carossa den doppelten Geist darin: »Frage ich mich aber heute, was mir an dem Kunstwerk nahe kam, so war es gewiss nicht jene große Zorngebärde an sich, sondern eher ihr Widerspruch zu dem Antlitz des Tobenden, das von Natur sanft, ja furchtsam war, ein Eindruck, den das weite mönchische Gewand verstärkte. Und so war es eigentlich ein Unsichtbares, das einen ergriff: die unmenschlich-feindselige Macht, welche fähig war, diesen stillen Menschen in solch tierischen Wahnsinn zu treiben.«[8]

Da sind auch der »Ekstatiker« von 1916 (ein alles andere als produktives Weltkriegsjahr für Barlach), ebenfalls in Holz gearbeitet, und die Holzplastik »Der Flüchtling« von 1920. Ein Voranstürmender. Aber läuft er wirklich davon, oder stemmt er sich – mit ungewissem Ausgang – gegen einen Sturm, der ihn davonblasen will? Und was birgt er in seinen Armen? Dieser Flüchtende ist jemand mit einer Mission, einem Auftrag, den vielleicht nur er selbst kennt. Sein Blick ist in die Ferne gerichtet. Trotz allem hat er eine Vision. Wir sehen in diesen Figuren den inneren Menschen im Widerstreit mit dem äußeren.

Barlach selbst kämpft täglich diesen Kampf. Plötzlich ist er ein Kleinweltbewohner geworden mit einer Mutter, die er selbst wunderlich (das ihre poetische Seite) und zänkisch (das ist ihre unangenehme) nennt, und einem dreijährigen Sohn. Er kämpft darum, im Kleinen das Große zu finden. Als geborener Mystiker weiß er um die Zusammenhänge. Und dennoch, es fällt ihm schwer, wie er Reinhard Piper anvertraut: *Ich bin rein verzweifelt, daß ich keine Ruhe zum Arbeiten haben darf und, was ich mache, nur zwischendurch, verstohlen, eilig, hastig, verbissen und wütend fertigbringe.*[9]

Da spricht der Berserker aus Barlach. Er, der oft zu viel trinkt und raucht, weiß, dass er arbeiten muss, um zu überleben, vor allem für Klaus. So ermahnt er sich in einem Brief an Reinhard Piper am 6. Mai 1910 zur Selbstzucht (auch das scheint eine Spielart des Berserkers, den er in sich trägt): *Der Junge entschlüpft mir ganz, und habe ich ihn schon der Mutter genommen, so muß ich für einen leidlichen Vater schon Sorge tragen. Dazu kommt, daß ich weiß, hier komme ich zu ganz regelmäßigen Stunden Arbeit, in Berlin dagegen nicht, und ich bin alt genug, um dem endlich auftretenden Drang nach einiger Beständigkeit äußerer Umstände nachgeben zu dürfen.*

Ein weiteres Motiv zeigt sich, das Barlach aus Florenz nach Güstrow mitbringt. »Sterndeuter I und II«, aus italienischem Nussbaum, tragen diesen anderen Zeitbegriff Italiens in sich, der Barlach einerseits fasziniert und andererseits Abwehrreflexe in ihm aufruft. Wieder blickt da jemand in den Himmel, aber ganz anders als der abwehrbereite Berserker (der 1910 bei der Berliner Secession ausgestellt wird), bei dem das Zugleich aus Furcht vor etwas auf ihn Herniederstürzendem und aggressiver Abwehrpose gegen diese bedrohliche Himmelsmacht frappiert. Nein, im meditativen »Sterndeuter«, den Barlach auch schon einmal umstandslos »Sterngucker« betitelt, blickt jemand aus purer Neugier in den Himmel. Er verfolgt weder Interessen noch Zwecke, jedenfalls keine naheliegenden. Vom Himmel drohen diesem harmlosen Beobachter keine gefährlichen Mächte (die Götter!), sondern es zeigt sich ein von unzähligen Lichtpunkten erleuchteter Nachthimmel als Attraktion – wie eine Einladung, sich träumend in ihm zu verlieren.

Am 11. April berichtet Barlach über beide »Sterngucker« dem Ehepaar Lindemann, das sich nach ihrer Größe erkundigt hatte: *Halbe Lebensgröße, der aufrechte 95 cm, der hockende 50 cm. Sie stehen gerade hier bei mir im Atelier, ich habe ihre Risse und andere Schäden ausgebessert, und sie gucken nachdenklich an die Decke.*[10]

Der »Sterndeuter II«, in Terrakotta gefertigt, sitzt da und brigt den Kopf ganz dem Himmel zugewandt. Vor Kinn und Mund hat er die Hände ineinandergelegt, aber da er den Kopf nicht aufstützt, hat diese Ruhehaltung dennoch etwas von ungeduldiger Erwartung. Der Mann ist ganz in Betrachtung versunken, verzückt von dem, was er schaut – das ist mehr als nur ein versonnen die Sterne Anblickender. Nein, dies hier ist jemand, der wie von einem Magneten angezogen wirkt, der nicht mehr Herr seiner selbst ist, nicht frei in der Betrachtung, sondern fasziniert von dem, was er sieht: ein Gefesselter. Der Sterngucker wirkt wie jemand, der nicht nur in den Himmel emporschaut, sondern sich von etwas Höherem erblickt weiß. Wovon genau, das bleibt sein Geheimnis.

Und dann folgt beim von ambivalenten Gefühlen beherrschten Italienheimkehrer des Jahreswechsels 1909/10 der Verweis auf einen, der nicht fehlen darf, der sein Doppelgänger ist, dem er ebenso bereitwillig folgt, wie er gegen ihn revoltiert, und der dennoch so etwas wie das Maß aller Dinge bleibt: Däubler! *Keiner von meinen Bekannten (außer Däubler, und der ist geborener Bohemien) lebt annähernd so unförmlich und stillos wie ich.*[11]

Ein weiteres Jahr später findet Barlach, der sich in seinem Romanfragment »Der gestohlene Mond« selbst einen *Mann mit einem Totengräbergesicht* nennt, sein neues Atelier: einen alten Pferdestall.

Weltekel und Selbstmörderphantasien in »Der arme Vetter«

Nein, die Elbe, die durch Hamburg und Dresden fließt, ist für Barlach kein Wasser, das beheimatet. Zu viel Existenzangst hat er an ihren Ufern erfahren. Die Jahre in Wedel waren für ihn, wie er meinte, verlorene Zeit. Darum auch spielt das Selbstmörderdrama »Der arme Vetter« in Wittenberge an der Elbe.

Die Ufer der Elbe sind nur zum Sterben gut, wenn man nicht auf der Seite der arrivierten Mehrheitsgesellschaft steht, wenn man ein Außenseiter ist, einer wie Hans Iver oder auch Ernst Barlach, in dem seine Wedeler Zeit hier ganz anders zum Ausdruck drängt als in dem humorigen »Seespeck«. Aber »Seespeck« bleibt vielleicht auch wegen seines nicht durchzuhaltenden Befriedungstons ein Fragment. Das sich tödlich zuspitzende Drama »Der arme Vetter« aber vollendet er.

Am 17. November 1911 schreibt Barlach aus Güstrow einen Brief an Adolf Schinnerer, der bemerkenswert ist, weil so viele verschiedene – und sich bei anderen Menschen eigentlich einander ausschließende – Dinge darin vermeldet werden. Zuerst der deprimierende Befund: *Ich habe das letzte Jahr eigentlich wenig produziert, aber viel geraucht.* Barlach steckt wieder in depressiven Zuständen fest, denn trotz der Achtungserfolge, die fast schon zum Berühmt-Werden geführt haben, ist seine finanzielle Situation prekär – und er muss Sohn Klaus und Mutter Luise ernähren.

Die zweite Nachricht ist, dass Paul Cassirer *sich in Besitz aller meiner wichtigen Arbeiten gesetzt hat.* Barlach ist unsicher, ob er richtig gehandelt hat, als er sich Cassirer mit all seinen Werken gegen ein monatliches Fixum verkaufte. Betreibt er hier vielleicht seinen eigenen Ausverkauf? Aber er weiß, er hatte keine Wahl – und solches Wissen belastet.

Nun ist Gelegenheit, über Kunst und Ruhm nachzudenken. Warum werden die einen berühmt und die anderen vergessen? Nach welchen obskuren Regeln wird der Erfolg in dieser Welt verteilt? Wie grundsätzlich das Nachdenken Barlachs über seine künstlerische Mission ist, die auch eine den Mann und seine Familie ernährende Profession sein will, erfährt Charitas Lindemann am 26. November 1911: *Merkwürdig, daß Leute, die viel Zeit für sich verbrauchen, immer mehr respektiert werden als solche, die sich Tage und Wochen abnehmen lassen.* Und da er gerade dabei ist, alle Ungerechtigkeiten, die das Leben an den Künstlern begeht, zusammenzuzählen, darf einer nicht fehlen: Däubler, Dichter des »Nordlichts«, sei *ein Unheimlicher und Heimatloser. Lesen tut ihn kein Mensch, bis auf einige, sein Werk von zwölf Jahren scheint schon begraben zu sein.*

Und trotz oder gerade wegen dieser trüben Aussichten folgt der Zusatz, er selber schreibe gerade an seinem zweiten Stück, gemeint ist »Der arme Vetter«. Was für ein elendes Geschäft, wo man die eigene Substanz zu verarbeiten gezwungen ist: *Wir Unmusikalischen setzen uns nieder und schreiben neue Dramen, schlachten unser Inneres – pardon – Eingeweide aus und stopfen poetische Würste. Mein jetziges spielt in Wittenbergen – Osterdrama.*[12]

Reinhard Piper in München bekommt es am 21. Dezember 1911 zu hören, die *chronische Krisis ist nun mal mein Schicksal.* Über das neue Stück könne er nur sagen, dieses habe ihn angekettet, und es *behandelt mich wie einen sibirischen Sträfling.* Mehr noch: *Es soll ein Monstrum werden und hat sich über alle Bedenken leichtfertig weggesetzt. Es ist ihm auch gleichgültig, ob es fertig wird.*

»Der arme Vetter« scheint eine kardinale Irritation, ein Berg, über den Barlach hinweg muss, denn es verhandelt sein Alter Ego Hans Iver. Das ist einer, der loszieht, sich angesichts des Ekels vor einer Welt, die ihn nicht als etwas Besonderes anerkennt, eine Kugel in den Leib zu jagen. Das hat sie nun von ihrer Ignoranz!

Er muss dieses Stück beenden. Hans Iver soll sterben, damit er, Ernst Barlach, leben kann. Er führt hier den entscheidenden Beweis, wie er rückblickend – nach der Uraufführung des Stücks in Hamburg – im Frühjahr 1919 an seinen Vetter Karl Barlach schreiben wird: *Du hast recht: ich habe das alles tödlich und schwer erlitten und habe mich durch Arbeit befreit, man braucht nicht zum Revolver zu greifen, sondern kann Vertrauen haben und hoffen.*[13]

Es ist ein heftiges Ostersonntagsstück, das Barlach da geschrieben hat: Im Stile von Goethes Osterspaziergang aus dem »Faust« hebt es an, um jedoch ganz anders zu enden. Siebenmark und Fräulein Isenbarn, ein bürgerliches Liebespaar (sie mit Abgründen, von denen er nichts weiß), treffen in der Heide den eiligen Hans Iver, der auf seinem letzten Gang ist: Er will und wird sich erschießen.

Siebenmark hält ihn an, um nach der genauen Uhrzeit zu fragen, und bekommt zur Antwort: *Ja, ja höchste Zeit!* Iver fragt dann doch zerstreut zurück, dies sei doch sicher der Weg nach Lüttenbargen? Nein, so bekommt er von den aufmerksamen Spaziergängern zur Antwort, die sich freuen, jemanden auf den rechten Weg zurückschicken zu können. Da gehe er genau in die falsche Richtung, er müsse umkehren!

Aber bei Iver richten sie nichts aus. *Alle Wege sind recht, man muß nur zugehen*, meint der und macht sich davon.

Im zweiten Abschnitt sieht man Iver mit einer geladenen Pistole im Unterholz verschwinden, im dritten findet sich das gesamte Dramenpersonal in der Wirtsstube von Lüttenbargen an der Elbe ein, um auf einen Dampfer zu warten, der anscheinend nicht kommt. Es ist eine Szenerie, wie sie George Bernard Shaw in »Haus Herzenstod« beschreiben wird: Menschen, die nicht in der Lage sind, das, was vor ihren Augen vor sich geht, zu begreifen. Siebenmark und Fräulein Isenbarn treffen ein und erfahren, dass der eilige Wanderer, den sie unterwegs trafen, auch da ist. Er liegt oben in einer Stube und hat sich wohl eine Kugel in den Leib geschossen, jedenfalls sei er blutüberströmt angekommen und liege nun vor Wut, dass er immer noch lebe, und vor Schmerzen stöhnend da.

Eintreten bei ihm will niemand – kein schöner Anblick, aber das geht einen ja auch alles nichts an, schon gar nicht am Ostersonntag. Der in der Wirtsstube versammelten Gesellschaft gelingt es dann auch vortrefflich zu ignorieren, dass da ein Mensch tödlich verwundet sein könnte. Hans Iver sammelt sich schließlich, wankt hinzu, raucht und redet mit, als wäre nichts geschehen. Dabei hat er nur noch eine kurze Frist.

Die Szenerie, die Barlach hier mit erbarmungsloser Strenge als dekadente empfindungslose Gesellschaft schildert, hat es in sich: ein Parcours aus Gemeinheit und Abgründigkeit. Der außergewöhnliche Mensch aber liegt dieser herz- und hirnlosen Bande ausgeliefert da: ein Opfer. Aber wofür eigentlich? Es scheint bloße Notwehr gegen den übermächtigen Ekel und die allgegenwärtige Sinnlosigkeit.

So unnachahmlich Barlachs Dialoge auch sind, man fragt natürlich nach Vorbildern. Die Szenerie scheint jener des Freitods Vincent van Goghs nachempfunden, nachdem er draußen im Feld auf sich geschossen hatte und schwer verwundet in die Pension der Wirtsleute Ravoux zurückkehrt. Er geht auf sein Zimmer, liegt dort noch zwei Tage unter erbärmlichen Schmerzen, raucht und empfängt Besuch, bis er schließlich qualvoll stirbt.

Niemand, auch nicht der feindliche Freund Doktor Gachet (in dessen Tochter sich der Maler unbotmäßigerweise verliebt hatte), unternimmt Schritte zu seiner Rettung, etwa den Versuch, ihm die Kugel aus dem Bauch zu schneiden. Julius Meier-Graefe hatte 1910 einen Bestseller über Vincent van Gogh geschrieben. Man darf davon ausgehen, dass Barlach die Geschichte vom grausam-läppischen Sterben des großen Malers kannte.

Es gibt noch ein weiteres verwandtes Sujet: »Die Leiden des jungen Werthers«, die Barlach in diesen Jahren, wie er bekennt, sechs oder sieben Mal gelesen hatte. Goethe ist ihm nah. So nah, dass er bereits 1899 Entwürfe in Ton für ein Denkmal des jungen Goethe fertigte, das in Straßburg stehen sollte. Daraus wurde dann nichts. Allerdings fragt man sich, wer ist für ihn denn die Lotte?

Es klingt wie eine unheimliche Prophezeiung der unglücklichen Liebesverstrickung mit Friedrich Schults Frau, die er – man muss es so sagen – kurz entschlossen rauben wollte. Die Kleinstadtzeichenlehrergattin ließ sich zwar auf eine Affäre mit Barlach ein, weigerte sich aber, ihr gesamtes bürgerliches Familienleben in Trümmer schlagen zu lassen.

Doch die Freundschaft mit Schult begann erst 1914, lange nachdem Barlach dies schrieb. Ein Muster für dieses unselige Gefühl, der überflüssige Dritte im Bunde zu sein, muss es in seinem Leben also bereits gegeben haben. Aber dies Gefühl geht über die Liebesverhinderungsmechanismen, die er immer wieder konstatieren wird, hinaus, bezieht sein gesamtes Leben und Werk mit ein.

An seinen Vetter Karl schreibt er am 10. Februar 1918 die höchst bedeutsamen Sätze: *Iver steht auf einem anderen Stern, gehört nicht hierher. Das Gefühl habe ich jahrelang mit mir getragen: M a n i s t h i e r ü b e r f l ü s s i g.*

Dieses Nicht-Vorkommen in dem, was man ist und was man schafft, das ist eine grundsätzliche Diskrepanz zwischen Künstler und Bürger. Letzterer will nur das bereits Anerkannte anerkennen, das bereits Erfolgreiche rühmen und sich bei repräsentativen Veranstaltungen in seiner Rolle als erfolgreiches Mitglied der Gesellschaft wohlfühlen. Kunst ist hier nur für den angenehmen Teil des Abends zuständig, wo man sich von all der Tagesgier wieder erholen kann. Barlach kennt diese besonders in der Kaufmannsstadt Hamburg ausgeprägte Mentalität, die schon Schopenhauer beklagte.

Der vor aller Augen leidende und sterbende Künstler, das könnte eine Passionsgeschichte sein. Aber mit diesem grausam-grausigen Personal langt es eben nur zur bürgerlichen Posse, in der nun einmal der, den man am wenigsten braucht, sterben muss. Das ist hier Hans Iver. Der Name bedeutet so viel wie Eifer – einer, der sich gegen sich selbst richtet, obwohl er die Gesellschaft meint.

Die unheilvolle Kraft der Vision, die im Stück liegt, wird sich immer weiter ins Absurde hinein steigern. Es scheinen fast so etwas wie sich selbst erfüllende Prophezeiungen zu sein. Der Abgesandte der bürgerlichen Wirklichkeit Siebenmark wird es seiner mystisch empfänglichen und sich darum auf unerklärliche Weise zu Hans Iver hingezogen fühlenden Begleiterin Fräulein Isenbarn ganz unverblümt ins Gesicht sagen, was er von dem halbtoten Menschen hält, der es nicht einmal schafft, sich auf anständige – also seine Mitwelt nicht behelligende Weise – totzuschießen, und nun in der Kammer über dem Gastraum liegt: *Sage mir – ist der Mensch da oben nicht eigentlich tot? Es war doch wohl sein Wille? Du dringst sonst immer aufs Geistige und machst ein solches Wesen aus diesem Zufalls-Dasein – ist dieser Rest noch ein Mensch? Was hat ein Lebender mit ihm zu schaffen; sein Leben kann ihm doch selbst nichts wert sein!*[14]

Die Geschichte von Hans Iver mit der Kugel im Leib, von dem man sich nicht vorstellen will, dass er tatsächlich daran sterben könnte, gilt als schwerer Stoff, als unleserliche Zumutung. Barlach wird darüber in einem langen, zwischen 22. und 28. April 1916, also mitten im Krieg, entstandenen Brief an Julius Cohen Auskunft geben. Da sind es noch drei Jahre bis zur Uraufführung des Stücks: *Seit Jahren habe ich ein Drama liegen, das »Der arme Vetter« betitelt ist, den Menschen als verarmtes und ins Elend geratenes Nebenglied aus besserem Hause ansieht (uneheliche, bastardhafte Beschaffenheit). Selbiges Stück beginnt mit einem Selbstmordversuch aus obigem Grunde, spielt, nebenbei in Wittenbergen an der Elbe. Es ist aber (ein) unleserliches Manuskript und wird es wohl bleiben.*[15]

Vor allem aber ging es in diesem Brief um Sigmund Freud und die Psychoanalyse. Cohen hatte anhand »Der tote Tag« den Zusammenhang von Sexualität und Sublimation darzustellen versucht – einen Bezug, den Barlach so nicht gelten lassen will, wobei er es verbal wie folgt auf die Spitze treibt: Zum Morden könne er sich bequemen, *nicht zum Inzest.*

Das Stück kreist um die Wunde, die Hans Iver sich zugefügt hat und an der er sterben wird. Aber man sieht doch gar nichts, vielleicht täuscht er alle anderen ja nur, will sich wichtig machen? Siebenmark mutmaßt dann auch wie folgt: *Glauben Sie, daß er wirklich verwundet ist? Ich glaube, er spielt sich auf, Größenwahn oder so was.* Wenn es wirklich so schlimm um ihn stünde, dann würde er hier doch nicht mitten unter ihnen im Gasthaus sitzen und sich in belanglose Gespräche verwickeln lassen, oder? So die Selbstbeschwichtigungsrhetorik der Anwesenden. Für Siebenmark und die Wirklichkeit, die er repräsentiert, ist die Sache klar, wenn er zu Iver sagt: *Wenn Sie nur ein wenig Vertrauen haben wollten, könnte ich Ihnen das ganze Totsein in einer Viertelstunde ausreden.*[16] Aber so klar ist die Sache eben nur für Siebenmark, nicht für Iver.

Alle Anwesenden wollen zuerst einmal die Wunde sehen, bevor sie sich auf Weiteres einlassen. Wenn es sie wirklich gibt, dann gehört der Mensch nicht ins Gast-, sondern ins Krankenhaus. Aber Iver wehrt vehement ab, seine Wunde ist seine Wunde – Genaueres weiß er schließlich auch nicht, nur, wohin sie führen wird, das weiß er: *Wenn Sie wüßten, was das heißt: Zeigen! Wer weiß, wie es aussieht – ich weiß es ja selbst nicht mal ... Nein, lassen Sie es – basta – Hände weg! Was wollen Sie, ich bin fast gesund, der Schuß sitzt miserabel, von Fieber denk ich, hab ich keine Spur und fast keine Schmerzen mehr – nur das Herz läuft wie besessen.*

Und wieder trifft ihn reflexartig der Verdacht, er übertreibe sein Leiden, nehme sich und seine unbedeutenden Angelegenheiten zu wichtig. Und schließlich spricht einer der Anwesenden mit Namen Engholm es aus: *Ich traue Ihnen nämlich zu, daß sie vor lauter Idealismus mit einer kleinen Sache großen Schaum schlagen. Tun Sie sich nicht sozusagen etwas dick mit Ihren Sachen?*[17]

Am Ende kriecht der sterbende Iver wie ein Tier ins Gebüsch am Ufer der Elbe und stirbt. Fräulein Isenbarn, die sich vom Toten auf spezielle Weise zugleich niedergedrückt und erhoben fühlt, erkennt in seinem Freitod ein Signal und besteht darauf – nachdem sie den toten Iver geküsst hat –, dass sich Siebenmark, den es immer danach gelüstet, sich mit ihr direkt neben der Leiche sexuell vereinigt. Für sie ein Ritual, aber für Siebenmark *alles hysterische Anwandlungen.* Er verlangt von ihr, sich zu entscheiden zwischen ihm, wie er in vollster Lebenskraft vor ihr steht, und dem Toten. Fräulein Siebenmark, laut Regieanweisung *mit Entzücken nickend,* gibt zur Antwort: *Ihn – ihn wähle ich.*[18]

Auffällig ist auch die Rattenmetapher, die Barlach genau wie Gerhart Hauptmann benutzt, um die verkommenen sozialen Verhältnisse zu benennen. Als eine der anwesenden Damen auf eine Ratte zeigt und ein *Ekelhaft* dazu ausruft, kontert Hans Iver: *Na, so ein Rattenleben ist als Musik keinen Ton schlechter als Ihres: sucht ihren Fraß und ihr Vergnügen.* Iver nimmt sodann auf existenzialistische Weise die Rede vom Ekel auf und fährt fort: *Aber denken Sie mal an die, die sich vor uns ekeln, wie Sie sich vor den Ratten –*[19]

Damit ist er beim Thema: seinem eigenen Selbst- und Weltekel. Es ist *Unzufriedenheit mit dem eigenen Ausmaß* – oder, um es mit Nietzsches »Also sprach Zarathustra« zu sagen: »Wenn es Götter gäbe, wie hielte ich's aus, kein Gott zu sein.« Dieses Entweder-alles-oder-Nichts ist es, was Iver zum Selbstmord treibt. Er weiß, er steht auf der falschen Seite des Lebens – und sieht keine Möglichkeit, wie er das ändern könnte.

Genau dieses Zitat von Nietzsche aus dem Kapitel »Auf den glücklichen Inseln« im »Zarathustra« ist es, das Barlach auch dem durch das Stück in seinem Selbstverständnis aufgestörten Vetter Karl zur Antwort gibt. Dieser mutmaßt vielleicht, er könne mit dem »armen Vetter« gemeint sein – dabei ist es genau umgekehrt: Iver, das Alter Ego Ernst Barlachs, ist der »arme Vetter«, dem das Leben keine Chance lässt. Barlach weiß um die Befürchtung des ohnehin verunsicherten Vetters, er könne in dem Stück vorgeführt werden, und bemüht sich, ihm zu sagen, dass er diese das eigene schöpferische Vermögen betreffende Unsicherheit teilt: *Du fühltest Dich in jenen Tagen als armer Vetter und bekundest damit ein mir sehr wohl bekanntes Unzufriedensein mit dem eigenen Ausmaß.*[20]

Eher könnte Barlach seinen Vetter Karl mit der Figur des Siebenmark gemeint haben, des saturierten Bürgers, der sich verständnisinnig gibt. Denn Karl Barlach, von Beruf Anwalt, versteht sich ebenfalls als Künstler, schreibt und malt, aber eben ohne jemals die Grenze des Gutbürgerlichen zu überschreiten. Sein autobiographischer Roman »Das Schweigen des Hans Brandt« blieb unveröffentlicht. Ernst Barlach wechselt mit ihm aus Anlass der 1919 in Hamburg stattfindenden Uraufführung von »Der arme Vetter« einige Briefe zu diesem Thema, in denen er ihm vorsichtig klarzumachen versucht, dass beides selten zusammengeht: der gute Ruf des angesehenen Bürgers und eine künstlerische Geltung über Kleinstadtgrenzen hinaus: *Natürlich bist Du im Recht, vom Kunstwerk Erbauung und Befreiung zu verlangen; daß ich das nicht erfülle, spricht gegen mich, und schließlich muß ich sagen: Es ist, wie es ist, ich könnte es auch heute nicht besser und anders machen.*[21]

Trotz aller Behutsamkeit in seiner Erörterung, was einen Künstler denn ausmache, die er auf sich bezieht, eigenes Versagen aussprechend, kommt er auf den für Karl Barlach unangenehmen Punkt, denn dieser beinhaltet eine Generalkritik an dessen Werk. Der Vetter habe die Brücken nicht hinter sich abgebrochen *und die Schiffe nicht verbrannt.*[22] Das aber sei der entscheidende Schritt vom Bürger zum Künstler.

Gibt es in »Der arme Vetter« denn gar keine Hoffnung? Das ist für Barlach eine Frage der Perspektive. Vielleicht ist das einzig Positive, das Barlach gelten lässt, das Negative, das sich selbst aufhebt. So schreibt er Vetter Karl, und es klingt unverhohlen nietzscheanisch: *Kinder, denkt daran, daß es so ist, wie es ist, trostlos mit uns aussieht, und rettet euch, wenigstens in der Idee, in ein würdigeres Dasein, da ihr euch ja nicht alle umbringen könnt!*[23]

Aber das Leben, auch das Ernst Barlachs, ist nun einmal aus lauter Widersprüchen gemacht. Kaum hat er diese markige antibürgerliche Rede an seinen Vetter abgeschickt, da kriecht er mit seinem eigenen Jammer bei Reinhard Piper in München unter: *Oh dies Bürgerleben, das einen Menschen zu tausend nichtswürdigen Kleinigkeiten verurteilt!*[24] Aber der Fluchtwege aus dieser Misere sind einige an der Zahl, auch jenseits der Kunst. Davon versäumt Barlach keinesfalls Reinhard Piper in seinem nächsten Brief zu unterrichten: *Ich bin Gartenbesitzer geworden und stehe des öfteren als Herr meiner Obstbäume hemdärmlig im kalten Wind, denn der Frühling will noch immer nicht kommen.*[25]

Der menschenferne Kunstfreund Albert Kollmann

> *Er kommt wie ein Überbescheidener und wirkt wie ein Kommandeur.*
>
> Ernst Barlach, Konto Kollmann

Am 4. September 1913 schreibt Barlach an Reinhard Piper über den Besuch eines Däubler einerseits ähnlichen und andererseits völlig unähnlichen Mannes, der sich einen legendären Ruf als Liebhaber und Händler von Kunst erworben hatte: *Herr Kollmann, Ihr Landsmann u verwandter Typ, von dem Ihnen Däubler und M-B. (Moeller van den Bruck, Anm. G.D.) erzählen könnten, war ebenfalls hier u ist ebenfalls porträtiert.* Er fügt angesichts der Resultate seiner Arbeit hinzu: *Er u Däubler auf einem Bord beisammen stehen sehen ist mir eine tägliche Freude.*[26]

Es entsteht unter anderem eine Terrakottamaske von Albert Kollmann, die, der Betrachter scheut hier unwillkürlich zurück, etwas von einer Totenmaske hat (tatsächlich wird Kollmann zwei Jahre später sterben). Sehr wenig Fleisch ist in diesem Gesicht, das in sich zusammengesunken wirkt, oder sollte man sagen: konzentriert auf das wenige, was den Mitsiebziger noch am Leben hält?

Kollmann ist zweifellos eine außergewöhnliche Persönlichkeit, die in keine bürgerliche Schublade passt. Doch während Däubler, von ausladender Körperlichkeit, gern und viel isst und sich dabei wie ein Prophet seiner selbst gebärdet, scheint Kollmann in seiner Erscheinung das direkte Gegenteil davon: dürr, menschenscheu und wortkarg. Ein hochgradig berührungsscheuer Mensch, der demütig nur gegenüber jenen war, die er als Künstler bewunderte, zu allen anderen jedoch (also fast allen anderen, mit denen er es zu tun hatte) voll ätzender Herablassung.

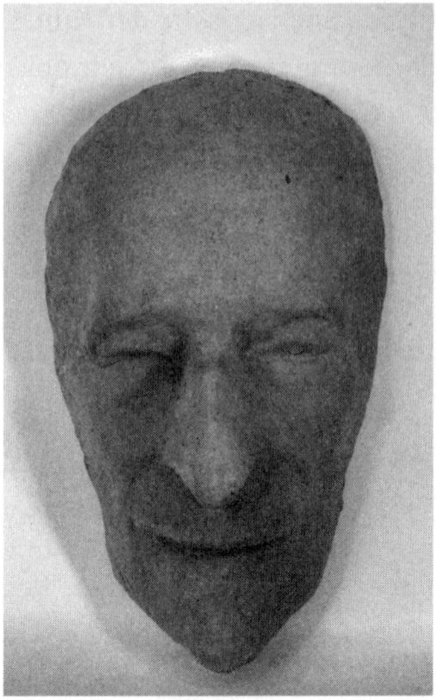

Albert Kollmann (1913)

Die Darstellung der schwierigen, weil tief in sich verschlossenen Persönlichkeit Kollmanns erfordert von Barlach, alle seine künstlerischen Fähigkeiten zu mobilisieren. Das betrifft neben denen des Bildhauers auch die des Schriftstellers. Damit ist auch das Problem der Doppelbegabung bei Barlach berührt. Paul Fechter hat angesichts dieser geschrieben: »Sein Ruhm erwuchs aus seinem Schaffen als Bildhauer; von mindestens der gleichen Bedeutsamkeit aber ist sein Wirken als Dramatiker sowie das Werk des Zeichners.« Und er fragte sich: »Wo lag der stärkste Akzent? In welche Richtung drängte die künstlerische Ausdrucksnotwendigkeit am intensivsten?«[27]

Am Beispiel von Barlachs Ringen um das Porträt Albert Kollmanns zeigt sich, dass man darauf keine einfache Antwort geben kann. Für Barlach sind Schreiben, Zeichnen und Bildhauern immer gleichrangige Ausdrucksformen. Wie Barlach sich die Kontur seines Gegenübers erarbeitet, sie bildnerisch neu schöpft, davon zeugen gleich vier plastische Versuche zu Albert Kollmann. Aber auch seine Skizzen unter dem Titel »Konto Kollmann« von 1914, die er dann 1921 als Beitrag für einen Sammelband mit Nachrufen auf Albert Kollmann noch einmal variiert und dabei – dem Anlass entsprechend – in eine neue Form bringt.

Der doppelte Ausdruck war gewollt und offenbar für ihn auch notwendig, um zum Wesentlichen vorzudringen. Dass er »Konto Kollmann« erst 1914 niederschrieb, als er dem Porträt bereits einen plastischen Ausdruck gegeben hatte, lässt vermuten, dass es sich dabei nicht um eine Vorarbeit handelte, sondern der Text für ihn gleichrangig neben der Plastik steht.

So zeigt sich auch hier wieder das faszinierende Zugleich von Schriftsteller und Bildhauer bei Barlach. Er modelliert ein und dasselbe in verschiedenen Stoffen, in der Niederschrift ebenso wie im Zusammenspiel von Augen und Händen beim Formen der Plastik. Das Ziel: einem Zugleich von äußerem Abbild und innerem Wesen des Porträtierten so nah wie möglich zu kommen, der Verschmelzung von verständiger Analyse und sinnlicher Anschauung.

Allzu häufig scheint Barlach Albert Kollmann nicht getroffen zu haben. Dieser besucht ihn 1913 in Güstrow, da sitzt er ihm dann einige Male Modell. Der Eindruck, den dieser ungewöhnlich verschlossene Mensch auf Barlach macht, geht tief.

Wer ist Albert Kollmann? Ein 1837 im mecklenburgischen Grüssow geborener Pastorensohn. Als der Familie das Gut Grüssow zufällt, das ein Erbteil seiner Mutter (einer geborenen von Flotow) ist, gibt der Vater seine Pastorenstelle auf und widmet sich ausschließlich den Gutsangelegenheiten. Albert Kollmann besucht derweil in Schwerin das Gymnasium und in Rostock die Handelsschule, gründet schließlich in Hamburg ein Geschäft, in dem er Erzeugnisse des elterlichen Gutes anbietet.

1863 verkauft der Vater das Gut an ein Mitglied der Flotow-Familie. Fortan ist man wohlhabend. Mit einundvierzig Jahren gibt Albert Kollmann seine Kommissionstätigkeit in Hamburg auf, um sich nun ganz den Dingen zu widmen, die ihn faszinieren: der Kunst und den Künstlern.

Auf einen festen Wohnsitz verzichtend, reist er ständig umher, immer wieder nach Italien und am allerliebsten nach Florenz. Er lebt für die Kunst, doch er selbst ist – zu seinem Leidwesen – kein

Künstler und auch kein studierter Kunstwissenschaftler, sondern ein begeisterter Dilettant im besten Sinne des Wortes.

Barlach erkennt in Kollmann einen verwandten Geist, den des Autodidakten, der aus ähnlichen Widersprüchen gemacht ist wie er selbst. Welch schroff distanzierter Menschenfreund!

Mit heimlichem Vergnügen beobachtet er Kollmann, der ihm ähnlich wie Däubler zum Studienobjekt für eine außerbürgerliche Existenz wird. Kollmann, der in Florenz – unter anderem mit Aby Warburg – zu den Mitgründern einer Vorläufereinrichtung des Kunsthistorischen Instituts gehört, fördert in den 1890er Jahren erst Max Liebermann, dann den im wilhelminischen Deutschland lange nicht anerkannten Edvard Munch, der ihn in mehreren Gemälden kühl präzise analysierte und zugleich in eine mystische Aura tauchte. Durch Kollmann kommt Munch in Verbindung zu Harry Graf Kessler sowie zu Bruno und Paul Cassirer.

Der Berührungsneurotiker Kollmann nimmt häufig an Séancen teil und hat Kontakt zum Parapsychologen Albert von Schrenck-Notzing. Theodor Däubler ist von dieser skurrilen Gestalt, die aus E.T.A. Hoffmanns Phantasiewelt entsprungen scheint, entzückt und notiert: »Ganz eigenartige Dinge ereigneten sich in seiner Anwesenheit, der Ruf seiner übersinnlichen Veranlagung musste aufkommen. Kausalketten, die wir nicht leicht mit dem Verstand verfolgen können, verschnürten sich da auf einmal in überraschender Art, sein Auftauchen oder plötzliches Nichtmehrdasein verblüfften geradezu.«

Barlachs Beobachtungsgabe findet in Kollmann eine Beute, aber keine leichte. An einem wie diesem wächst das eigene Ausdrucksvermögen. Als *abwehrend, aristokratisch, kellnerverachtend* beschreibt er ihn, sein Aufbäumen resultiere nicht aus *innerer Kraft, sondern gespornter Schwäche.* Seine Gestalt sei schmal, fast hager und hart, mitsamt einer schroffen Ausstrahlung. Diese Dürre der Figur resultiere aus dem Mangel an Esslust, mehr noch aus Ekel vor Fleisch. Dieses wird bekanntlich nicht nur auf Tellern serviert, sondern der ganze Mensch besteht aus – für Kollmann viel zu viel – Fleisch. Darum sein *Menschenekel,* oder wie Barlach konstatiert: *Er ist unerbittlich, unbarmherzig: Abwesenheit aller Weichheit ist wohl sein Hauptmanko, denn sein freundlichstes Lächeln hat etwas Schabendes, Abblätterndes.*[28]

Aber anziehend wirkt er dennoch, nicht mittels Freundlichkeit, sondern durch seine magnetische Ausstrahlung. Er habe *Überaugen* wie die Wölfe, schreibt Barlach. Er sieht mehr, als es anzusehen gibt. Ein hochnervöser Visionär, der sich selbst genug ist. Barlach fragt sich dann auch: *Ist sein Kopf ein Fuchskopf? Wenigstens hat er die Überlaufenheit, das ewige Aufmerken, Spannen, Wenden, Lauschen, Einstellen der Augen, Drehen des Lauschers, Verfolgen, Kombinieren, Verachten des Dummen und Groben. Er schnappt nach Leckerdingen (im Geiste). Sein Kram ist ihm die Welt. Spioniert geräuschlos.*[29]

Diesem passionierten Einzelgänger wird bei allzu großer menschlicher Nähe schnell übel. Darum: *Hände weg, Blicke seien nicht frech und vertraulich. Scham und Ekel hetzen alles Zudringen fort. Ungemütlichkeit ist die Schutzfarbe, die hier alles verleugnet.*

Als Barlach an seinen Kollmann-Plastiken arbeitet, ist dieser zur Stelle und entzieht sich zugleich wieder. Barlach, ebenfalls keiner, der es auf Verbrüderungen anlegt, gefällt das durchaus, doch das Porträtieren macht es nicht leichter. Beide Männer treffen sich bevorzugt am Güstrower Bahnhof, lesen Zeitung, trinken Kaffee. Das Ritual ist ebenso einfach wie bedeutsam, sie *schweigen und warten ab, wann der andere zu sprechen wünscht.*

Wie Kollmann seine Ausführungen beginnt, die immer um Kunst und Künstler kreisen, das beschreibt Barlach mit aller rücksichtslosen Präzision, die weit in die gespensterhafte Dimension vordringt, in der er Kollmann platziert: *Er will erzählen, setzt an, bricht ab – und schiebt den ganzen Plunder verächtlich, zitternd vor Empörung beiseite, seine Hände flattern um seine baufällige Ruine wie Fledermäuse.*[30]

Dieser Sonderling, dessen Kopf sowohl an einen Fuchs als auch an eine Kasperpuppe denken lässt, scheint immer beides: Egozentriker und ebenso selbstloser Helfer von Künstlern, an deren Mission er glaubt. Ein Händler mit Kunst ist er nicht, jedenfalls nicht in erster Linie, eher einer, der das Wertvolle erkennt und ihm seinen Platz einfordert, ab und zu tätigt er dann auch lukrative Verkäufe, die vor allem dem Künstler helfen sollen.

So wird Edvard Munch, der oft von schrecklichen Visionen getrieben und im Kampf mit seiner Alkoholsucht gefangen ist, sich in einem Brief an den norwegischen Kunsthistoriker Jens Thiees an Kollmann erinnern: »Kennst Du Albert Kollmann, den bekannten Kunstfreund und Mystiker aus Deutschland, dem ich in erster Linie meinen Erfolg verdanke?«

Für Barlach konnte der Kontakt mit Kollmann – anders als zu Däubler – nur ein distanzierter sein, man traf sich gelegentlich und tauschte auch einige Briefe aus, aber Kollmann verbarg sich immer hinter einer undurchdringlichen Maske, was Barlach herausforderte, sah er sich doch vor die Aufgabe gestellt, ein Porträt des Menschen zu schaffen, in dem dessen Innen und Außen auf eine Kollmann (und nur diesem) gemäße Weise zusammenfinden mussten. Offenbar ist Barlach dann aber mit den entstandenen plastischen Entwürfen zufrieden, denn er schreibt Albert Kollmann am 31. Dezember 1913: *Was mit den Büsten geschehen soll, ist mir noch unklar, nämlich in welchem Material, auch möchte ich sie gerne zusammen behalten und zusammen stellen, wie sie bei mir stehen. Ja, am liebsten gäbe ich sie überhaupt nicht weg, solche Freude habe ich daran.*[31]

Tilla Durieux erinnerte sich an Kollmann: »Ich kannte ihn nur flüchtig, aber musste lange und oft von Barlach darüber hören, ob es nicht doch Wesen gäbe, die nach ihrem Tod weiter erscheinen. So empfand er Kollmann.«[32]

Der Ausbruch des Ersten Weltkriegs wird für Albert Kollmann, den europäischen Flaneur, zum bitteren Schlusspunkt seiner beharrlichen Wanderung. Diese hatte ihn, immer auf der Suche nach neuer Kunst, der er zur Geltung verhelfen konnte, ruhelos unterwegs sein lassen. Nun aber scheint die Stunde von Rilkes Gedicht »Herbsttag« angebrochen, in dem es heißt: »Wer jetzt kein Haus hat, baut sich keines mehr.«

So auch Kollmann nicht, dieser so lange bedingungslos-solitäre Ermöglicher von Kunst, dem ein Gemälde, wenn es ihm gut schien, die Gesellschaft von Menschen nicht nur überflüssig, sondern schädlich sein ließ. Nun steht er von jedem Traum verlassen und zum ersten Mal wirklich einsam da. Die angebrochenen großen Kriegszeiten interessieren ihn nicht, sie ekeln ihn an. Wieder fühlt er sich von zu viel Fleisch bedrängt. 1915 stirbt der notorische Alleingeher Kollmann in einem Männerheim der Diakonie Neuendettelsau.

Kriegsausbruch Sommer 1914. Barlach und Paul Cassirer im Rausch

Die Nachricht vom Kriegsausbruch trifft Barlach in Güstrow. Er ist gerade im Garten, begutachtet die Ecke mit den selbst angebauten Kartoffeln, da beginnt die Kirchturmglocke zu läuten. Als er mit Klaus in die Stadt geht, um Luise Barlach, die aus Hamburg mit dem Zug anreist, vom Bahnhof abzuholen, sehen sie schon die Anschläge, in denen das Wort »Mobilmachung« sofort ins Auge sticht.

Der Zug aus Hamburg verspätet sich auf unbestimmte Zeit, Militärtransporte haben Vorrang. Dem Sohn gefällt das: *Klaus war sehr wohl einverstanden, daß alle Züge sich verspäteten, ihm war der Krieg eine Ausnahme und ein Glücksfall.* Im Vater steigt die *Kriegsstimmung wie Erlösung* auf. Ernst Barlach klingt in seinem seit Kriegsausbruch geführten Güstrower Tagebuch wie ein nationalistischer Leitartikler: *Die Menschen müssen an etwas Allgemeines, Großes denken und ihren persönlichen Kram hintansetzen.*[33]

Der Krieg als *Ausnahme und Glücksfall?* An dem Abend des 3. August 1914, als er zusammen mit Klaus seine Mutter vom Bahnhof abholen will, aber nur lauter Militärtransporte vorbeirollen und es *ein langes Warten wurde,* dringt die Nacht auf Barlach ein, und er nimmt sie mit allen Sinnen auf. Der Nachthimmel ist klüger als er und all die patriotischen Phrasen, die auch in seinem Kopf herumspuken: *Der Mond ging am dunstigen Himmel langsam auf, etwa halbvoll, und mir fiel ein, daß ich ihn einmal in derselben Phase, von Wolken gefleckt und gestreift, als wahrhaftigen Toten-*

schädel hatte deuten müssen.[34] Jetzt liegt ihm eine solch nekrophile Anmutung fern. Woran liegt das, am Mond oder an seiner eigenen Blickverneblung? Immerhin, Barlach bemerkt solche Wahrnehmungsverschiebungen, sie arbeiten in ihm.

Wenn Barlach in diesen ersten Monaten des Weltkriegs spricht, dann immer ideologisch hochgestimmt. Er wird sogar Teil der Kriegspropaganda, wie er am 10. Dezember 1914 vermerkt: *Übrigens bringt die »Kriegszeit« die Lithographie meines Berserkers als »heiliger Krieg«.*[35]

Nichts an dem Eintrag verrät, dass ihn dies stört, dabei ist das Wüten und Drängen des Berserkers doch keineswegs militärisch gemeint, zeigt vielmehr einen Menschen in der Revolte gegen jede Art von Fremdbestimmung, auch jener im Namen einer höheren Ordnung.

Ein rasend gewordener Prometheus? Doch die Pose des Racheengels passt nun einmal zum Kriegsausbruch von 1914. Joseph Goebbels wird später in den Auseinandersetzungen der NS-Kulturpolitik um Barlach und die »entartete Kunst« auch an den »Berserker« erinnern. Das sei doch großartig gewesen: der sich an der Welt rächende Deutsche!

Täglich notiert Barlach nun in sein Tagebuch zuerst die Lage an den Fronten. In den ersten Wochen und Monaten Siege über Siege, wenn auch keine kriegsentscheidenden. Er selbst, vierundvierzig Jahre alt, will dabei sein in der großen Stunde der Nation. Am 19. August 1914 vermeldet er: *Morgen soll sich unsereins, unausgebildeter Landsturm, zur Stammrolle anmelden.*[36]

Am 21. August ist Brüssel besetzt, nun soll es gegen die Russen gehen, und er ist immer noch bei Mutter und Sohn in Güstrow! *Ich denke alle paar Minuten mit immer neuem Zucken vor Freude: Himmeldonnerwetter, wie die drauflosschlagen!* Barlach schwelgt in großer Kriegsbegeisterung, besitzt aber keinerlei militärische Ausbildung. Also bleibt es vorerst bei den verbalen Angriffen. *Sollte ich aber doch noch eine Flinte in die Hand bekommen, doch noch marschieren und kämpfen dürfen, so würde es wie Ohrensausen in mir vor Freude klirren, ich würde mich grimmig freuen, und wollte Gott es ginge gegen die Engländer!*[37]

Sein Sendungsbewusstsein als Künstler ist nicht erloschen, doch gestört durchaus. Denn unmittelbar nach diesem Kriegsruf gegen die Engländer listet er auf, was denn von ihm bliebe, wenn für ihn jetzt plötzlich alles vorbei wäre: Sechsundzwanzig Holzskulpturen, die allerdings Paul Cassirer gehören. Zudem die Dramen »Der tote Tag« und »Der arme Vetter«, einige Arbeiten in Porzellan und hundert bis zweihundert Zeichnungen.

Ist das viel oder wenig für vierundvierzig Jahre? Also sitzt er wieder am Bahnhof, badet im Nachrichtenmeer der Zeitungen. Per »Extrablatt« kommen die eiligen Meldungen – Siegesmeldungen natürlich, Anzahl der Gefangenen, der erbeuteten Kanonen und Maschinengewehre.

Der Krieg macht aus kultivierten Menschen in kürzester Zeit grausame Kampfmaschinen. Jedoch an der Front, wo man dem Feind, Graben in Graben, Auge in Auge gegenüberliegt, erfährt man schnell, der im Graben gegenüber hat das gleiche jämmerliche Schicksal zu tragen wie man selbst. Ganz anders die Rhetorik der Etappe, in die auch Barlach in Güstrow verfällt. Am 22. Dezember schreibt er einige Zeilen in sein Güstrower Tagebuch, und was da zu lesen ist, klingt nicht weihnachtlich: *Der junge Döscher, der mir am Morgen, immer noch den Arm in der Schlinge, begegnete und mit dem ich zusammen die Armesünderstraße hinaufging, schien unzufrieden damit, daß man 270 Engländer gefangen hätte. Das müssen ganz frische Truppen gewesen sein, die das taten, sagte er – sonst murkst man sie ab – sie werden nicht mehr gefangen. Er sprach simpel und sachlich davon.*[38]

Der große Streit der Nationen ist das eine, aber Paris war Barlach selbst doch längere Zeit ein – wenn auch wenig geliebter – immerhin vertrauter Ort. Leben dort denn seine Feinde, die zu töten eine herrliche Großtat der Nation ist, ein Triumph für den Krieger? Barlach kann genau hinschauen, wenn er will, und ebenso Unangenehmes ausblenden, wenn er will.

Sein unklares Verhältnis zu Frankreich gärt in ihm. Sein Jahr in Paris war im Ganzen eine Tortur für ihn, er fühlte sich am falschen Platz in einem ihm schädlichen Milieu. Im Unterbewusstsein rebellierte Barlach offenbar schon damals dagegen. Nun aber, da die deutschen Armeen wieder gen Frankreich ziehen, erinnert er sich an die zurückgestaute Mordlust, die er die ganze Zeit mit sich getragen habe: *In Paris 1895 – in dem Atelier Alain-Chartier – träumte ich einst von Krieg. Ich sah ein Gemetzel, eigentlich nur den Stoß eines Bajonetts durch die Brust, und sah auf dem plötzlich erbleichenden und erstarrenden Gesicht des Getroffenen den ganzen Ekel des Lebens vor dem Tode, eine Verkrustung von Grauen. So tödlich lebendig gewissermaßen, daß ich's heute noch sehe.*[39]

Doch was hat diese flammende innere Traumwelt aus lauter Archetypen, aus Angst, Verheißung und Gewalt, mit der seelenlosen Kriegsmaschinerie zu tun, in der der Schmerz des Einzelnen gar nicht vorkommt? Es braucht Zeit, um das herauszufinden. Mancher, der sich in der kollektiven Euphorie zur Front meldet, hat diese Zeit der inneren Klärung nicht. Jeder Tag, jeder Monat, der Barlach vor der Realität des Krieges trennt, gibt ihm Zeit, die Dinge zu bedenken. Schon am 23. August 1914 notiert er, was ihm über die Prosa des Kriegsdienstes zu Ohren kommt: *Landsturm II scheint sein Futter nicht zu verdienen mit seinen wahrscheinlichen Taten.*[40]

Barlach muss warten, was aus ihm militärisch noch werden soll. In sein Tagebuch notiert er, er wolle sich zur Ausbildung als Krankenträger fürs Rote Kreuz melden, *und immer wieder schiebe ich's auf.* Mit seinem oft gerühmten Humor ist es in diesen Zeiten des Patriotismus nicht weit her. Erbittert sieht er, wie auch in Güstrow vaterländische Symbole »zweckentfremdet« werden: *Im Meinckeschen Laden stand vor kurzem noch ein Aschenbecher in Form eines Eisernen Kreuzes, über den ich der guten, dicken Frau ein Gezeter gemacht habe, aber im Papenbrookschen Fenster wimmelt diese Art Perversität. Wenn ich meinem Köter eine Hundehütte als Kathedrale baue, wenn ich meinen Nachttopf als Abendmahlskelch gestalte, wenn ich ein Kruzifixlein im Suppenlöffel eingraviere oder – – aber genug – es gibt Hindenburgtaschentücher, vielleicht auch Kaiserspucknäpfe!*[41]

Natürlich empört solch Kitsch den guten Geschmack, aber Barlach geht es eher um die hehren Symbole, die er nicht von jedem Dahergelaufenen entweiht wissen will. Das ungefähr ist auch die Gemütsverfassung derer, die bald nach dem verlorenen Krieg Barlachs monumentale Totenmale als Beleidigung der fürs Vaterland Gefallenen attackieren werden.

Im Sommer 1915 jedoch notiert der in seiner vaterländischen Ehre getroffene Barlach: *Ein Eisernes Kreuz erworben zu haben, bedeutet so etwas wie ein Zeugnis, sein kleines Nutz-Ich der Allgemeinheit geopfert, seinen Teil dem Ganzen anheimfallen gelassen zu haben, sein Leben riskiert zu haben ...*[42]

Meint er mit der Geschichte vom Eisernen Kreuz seinen Freund, Verleger und Galeristen Paul Cassirer? Dieser weilt bis kurz vor Kriegsausbruch bei seinen Kunsthändlerkollegen in Paris, während Auguste Renoir Tilla Durieux porträtiert. Trotz seiner frankophilen Neigungen ist Cassirer, der von nationalistischen Kreisen schon zu dieser Zeit als jüdischer Geldmacher denunziert wird, ein deutscher Patriot. Mit dreiundvierzig Jahren will er im August 1914 nur eins: schnell an die Front! Er leidet – wie Barlach – bereits am Herzen, aber erlernt nun in kürzester Zeit das Autofahren (bislang ließ er sich immer chauffieren) und meldet sich dann freiwillig als »Automobilführer« zum Kriegsdienst.

Cassirer wird in Ypern als Kurierfahrer zwischen Stab und Front eingesetzt und erhält im September 1915 wegen seines in den vordersten Reihen bewiesenen Mutes das Eiserne Kreuz.

Auch die Berliner Verlagstätigkeit stellt Cassirer auf Kriegspropaganda um. Bereits Ende August 1914 erscheint die erste Nummer von »Kriegszeit. Künstlerflugblätter« in seinem Verlag – und Barlach ist mit Eifer dabei, liefert insgesamt elf Lithographien. Anfangs erscheint die »Kriegszeit« wöchentlich, dann zweiwöchentlich. Auch Liebermann, Gaul, Slevogt und sogar Käthe Kollwitz beteiligen sich daran. Von Barlach sind hier etwa »Der Heilige Krieg« zu sehen – eine Art Berserker stürmt mit erhobenem Schwert auf den Betrachter zu. Hatte dieses Blatt noch zweifellos künstlerischen Wert, so erscheinen andere als reine Propagandamachwerke, so etwa »Sturmangriff«, veröffentlicht 1915 in der Nummer 32 der »Kriegszeit«. Hier sind zwei pickelhäubige Soldaten so dargestellt, wie die Kriegspropaganda sie sehen will:

entschlossen und Furcht einflößend voranstürmend. Das Blatt ist von einem unangenehm heldischen Beigeschmack.

Allerdings gibt es auch die Lithographie »Massengrab« (1915), die in der »Kriegszeit« ungedruckt blieb und nur in zehn Exemplaren abgezogen wurde. Wie übereinandergeschichtet, zwei Drittel des hochformatigen Bildraums einnehmend, sehen wir hier die Leichen, die der Krieg produziert. Nicht propagandatauglich, aber wie sich bei Barlach in der zweiten Jahreshälfte 1915 angesichts der massenhaften Opfer die Haltung zum Krieg ändert, so ist es auch bei Paul Cassirer, der Ende 1915 das Erscheinen der »Kriegszeit« einstellt.

Von 1916 an erscheint stattdessen »Der Bildermann«, geleitet von Leo Kestenberg, einem schwer sehbehinderten Pianisten (er ist Busoni-Schüler) und späterem sozialdemokratischen Kulturpolitiker. Seine mutige Vision besteht in der Synthese von Sozialismus und Musik. Auch Barlach ist in »Der Bildermann«, der sich humanistischen Werten verpflichtet fühlt, vertreten, vor allem zu religiösen Themen. Seine Lithographie »Dona nobis pacem« in der letzten Nummer von »Der Bildermann« (bereits Ende 1916 muss die Zeitschrift wieder eingestellt werden) wird legendär, trifft den sich verändernden Geist der Zeit.

Die gleiche Gestalt einer illuminierten Betenden, die auf einer Wolke schwebt und von Schwertern umdroht wird, findet sich 1921 im von Barlach gefertigten Holzrelief für die Kieler Nikolaikirche zum Andenken an die Gefallenen des Weltkriegs wieder. Die Kriegsbegeisterung im Lande ist weg, alle – bis auf die, die berufsmäßig mit dem Krieg Geld verdienen – warten auf den Frieden.

Paul Cassirer wird Anfang 1916 wegen seines kranken Herzens aus der Armee entlassen. Fortan widmet sich der Träger des Eisernen Kreuzes der Aufgabe, den Schrecken des Krieges publik zu machen. Nachdem Tilla Durieux im Februar 1917 im Salon Cassirer vor geladenen Gästen aus Leonhard Franks Antikriegsgeschichte »Der Kellner« gelesen hatte, setzt eine Pressekampagne wegen pazifistischer Umtriebe gegen ihn ein. Eine Hausdurchsuchung findet statt.[43] Besonders perfide: Der herzkranke Cassirer, Träger

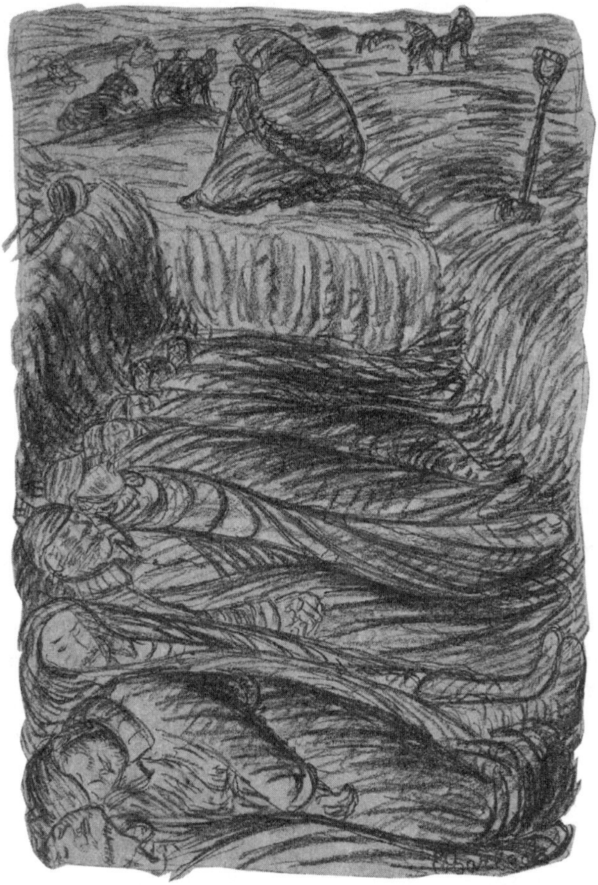

Massengrab (1915)

des Eisernen Kreuzes, der einst als kriegsdienstuntauglich befunden wurde, wird nun doch wieder eingezogen, nun jedoch als »Ungedienter«.

Für die rechtsgerichtete Presse ist Cassirer ein »jüdischer Drückeberger«. Diese Art von vorsätzlich demütigender Behandlung erträgt Cassirer nicht lange, ebensowenig das stundenlange Exerzieren. Er kommt ins Lazarett, verweigert jede Nahrung. Daraufhin soll er in eine Irrenanstalt eingewiesen werden, aber Tilla Durieux erreicht, dass er in ein Nervensanatorium im Grunewald gebracht wird. »Kaum entlassen, wurde Cassirer wegen Fluchtverdachts verhaftet und wieder ›als ungedienter Mann zur Ausbildung in eine Art Strafregiment‹ in Limmritz bei Küstrin geschickt.«[44]

Schließlich erscheint – buchstäblich in letzter Sekunde – Harry Graf Kessler als rettender Engel. Kessler hat vom Auswärtigen Amt den Auftrag erhalten, in der Schweiz dem im Ausland verbreiteten Bild von den deutschen »Hunnen« mit einer Art »Kulturpropaganda« entgegenzuwirken. Dafür fordert er nun Paul Cassirer als unentbehrlichen Mitarbeiter an. Gerettet!

Zwar soll die Mission in Bern nur drei Monate dauern, aber mit Hilfe von ärztlichen Attesten kann Cassirer Kesslers »Korrespondenzbüro« für das nutzen, für das es zu leben lohnt: Er organisiert Ausstellungen, Konzerte, Lesungen und Filmaufführungen in der Schweiz, die zeigen: Die deutsche Kultur ist mehr als das, was die Kriegspropaganda aus ihr gemacht hat.

Die permanente Verklärung des großen »Waffengangs« zeigt längst auch im Alltag Wirkung. Dort werden daraus immer mehr sinnlose Gewaltakte, wie Ernst Barlach in Güstrow erfährt. Ein Nachbarsjunge wirft Klaus einen faustgroßen Stein an den Kopf. Es geschieht am 29. August 1914, als Vater und Sohn einen Luftschacht im Hof ausbessern wollen. Klaus ist bereits in den Schacht geklettert, nur der Oberkörper schaut heraus: *Da warf der Kleine mit großen Steinen auf seinen Kopf. Wie nun Klaus schon schrie und an den Kopf faßte, glaubte er immer noch an Spaß und lachte. Ich hob aber Klaus auf und zog ihn zur Treppe, Ulli folgte und roch nun Lunte, und dabei überkam ihn auf einmal ein Grausen, und drohte mir wie irre unterm Weinen mit dem Finger.*[45]

Der Irrsinn im Großen fällt hinab ins Alltägliche. Verwirrt er auch die Köpfe der Kleinsten? Die stark blutende Wunde wird verbunden, zum Glück ist der Schädel nicht verletzt. Was ist nur in diesen Güstrower Jungen gefahren, der ein anderes Kind so unvermutet angreift? Wenn die Großen das martialische Totschlagen feiern, kann es dann, wenn man es im Kleinen nachspielt, verwerflich sein?

Reinhard Piper, ebenfalls Vater eines Sohnes namens Klaus, bekommt von dem Angriff auf Barlachs Klaus am selben Tag in einem Brief zu hören: *Klaus ist heute ein kindskopfgroßer Stein an den Kopf geworfen worden, er brüllte entsetzlich ... Er ist also nicht tot, und es scheint ganz gut zu verlaufen. Hoffentlich hat Ihr Klaus keine so heroischen Spielkameraden.* Einen heroischen Vater hat sein Klaus durchaus, und der lässt Piper im selben Brief wissen: *Gegen England meine Knochen zu riskieren wäre mir das liebste.* Und weiter über die herrliche Zeit, in der sie leben: *Das Erleben dieser ganzen Zeit seit dem 1. August kann ich nur einem großen Liebesabenteuer vergleichen, so erschüttert und entselbstet es mich. Es ist ein großes Glücksgefühl, außer sich zu sein, erlöst von sich. Und dies Größere ist etwas Wahres, keine bloße Idee. In den ersten Tagen konnte ich nicht schlafen in diesem Zustand vor Erweiterung.*

Barlach scheint wie im Rausch, und nicht einmal der schlimme Zwischenfall mit Klaus, der böse hätte enden können, kann ihn daraus erwecken. Nur ganz kurz leuchtet inmitten der Gefühlsverwirrung dieser ersten Kriegsmonate etwas anderes mit großer Klarheit auf: *Mein Beruf ist ja die Holzhauerei!*[46]

Ein klarer Moment, eine lichte Sekunde der Nüchternheit, dann, wenn es um seine Kunst geht. Däubler, der sich in Dresden und Berlin aufhält, gehört zu den wenigen, die den faulen Kriegsbegeisterungszauber nicht mitmachen, er wird »wegen Schwachsinns« vom Kriegsdienst freigestellt – ein echter Felix Krull.

Kriegsersatzdienst im Kinderhort

Nachdem Barlach den Gedanken aufgegeben hat, als männliche Rotkreuzschwester seinen Beitrag zum Krieg zu leisten (die Zahl der Bewerberinnen war viel größer als der Bedarf, da hatte man auf jemanden wie Ernst Barlach gerade noch gewartet), weist man ihm eine Aufgabe zu, die man dem passionierten alleinerziehenden Vater offenbar zutraut: als »vollverantwortlicher Helfer« im Güstrower Kinderhort. Die Väter sind an der Front, so die offizielle Devise, in der Heimat kümmern wir uns um ihre Kinder.

Am 20. Oktober 1914 notiert Barlach in seinem Tagebuch: *Im Saal toben wildgewordene Kinder, vom Halbdunkel eingeteufelt. Einige schreiben und rechnen und sind ganz in ihr Tun eingesponnen wie in ein Netz von Buchstaben und Zahlen, worein sich Lärm und Schall fängt, sie aber sitzen in der innersten geruhsamen Höhle. Einige strumpfstrickende und sichtlich vom Lärm abgestumpfte Helferinnen treiben sich im Wirbel um – und mir geht es nicht besser als ihnen, ich treibe Kleinhandwerk mit dem Einzelnen, aber den Schwall weiß ich mit meinen Künsten und meiner Stimme nicht zu übertönen. Brüllen heißt hier im Orkan ein Streichhölzchen anzünden.*

Das ist auch Krieg, der um die akustische Dominanz im Raum. Wollte Ernst Barlach diesen je führen? Aber hier im Güstrower Tivoli, so will er sich glauben machen, geht es auch um den Sieg Deutschlands. Das lässt er sich von den lärmenden Kindern gleich noch bestätigen: *Aber alle, wenn ich frage: »Wo is din Vadder?«, antworten: »In'n Kriech!« Alle sind Kriegersöhne, und ich bin nur so ein vom Gemeinschaftssinn beorderter Versuchskandidat zur Eindämmung der Verwahrlosung.*[47]

Dennoch bleibt auch Barlach vom herrschenden Wahnsinn nicht verschont. So wie jene, die ihm später seinen Mangel an Heroismus bei den Totenmalen vorwerfen, die er nach dem verlorenen Krieg als *Erinnerungszeichen* schaffen wird, klingt er hier selbst mitunter im Sommer 1914. Für ihn geht es nicht gegen die Engländer, sondern gegen die geballte Ansammlung Güstrower »Kriegerkinder«, ein Kindergarten, den er – das ist sein Beitrag zum Krieg – mit zu betreuen hat. Keine leichte Arbeit! Da lernt auch der Bildhauer das Warten auf Feierabend, wo er sich – wenig im Moment – um seine Kunst, vor allem aber um seinen Sohn Klaus kümmern kann, der in der Obhut seiner Mutter ist. Es klingt nach Stoßseufzer, wenn er notiert: *Bald nach fünf Uhr schicken wir diese mädchen- und jungenhaften Wölflein in ihre heimischen Höhlen.*[48]

Auch zu Hause geht es nicht mehr so zu wie vor dem Sommer. Denn es gibt Einquartierungen von Soldaten, die auf ihren Marschbefehl warten. Diese wollen versorgt sein, einen Schlafplatz und etwas zu essen haben, alles fürs Vaterland. Und was wird aus seiner

Bildhauerei? Sie soll warten, so gebietet ihr Barlach. Noch glaubt er sich dieses Opfer schuldig zu sein.

Arthur Moeller van den Bruck bekommt den Sachverhalt von Barlachs immer noch ungebrochenem Bestreben, als Landsturm II siegreich am Krieg teilzuhaben, am 11. November 1914 in Form einer rhetorischen Volte mitgeteilt: *Ich spiele hier jetzt eine ziemlich lächerliche Rolle als Schulmeister im Kinderhort, wo die Kinder der Krieger vor Verwahrlosung geschützt werden sollen, spielen und essen und ihre Schularbeiten machen. Die Notwendigkeit teilt einem nicht immer die genehmsten Ämter zu, aber so etwas muß ja auch sein; wenn man sich vorstellt, was die Soldaten für Beruhigung schöpfen müssen, wenn sie erfahren, daß es zu Haus nicht alles kopfüber geht, so kann man sagen, daß man indirekt schon manchen guten Schuß auf die Engländer getan hat.*[49]

Am 14. Dezember 1914 notiert Barlach euphorisch: *Denn heute wurden zum ersten Mal die aus dem Geburtsjahr 1870 aufgefordert, sich zur Stammrolle zu melden. Also! Endlich!*[50] Wie kann man so ein hitziges Geblüt ausnüchtern? Es zeigt sich ihm immer deutlicher, dass der Kinderhort vor allem eins ist: eine hohle Propagandaphrase. Barlach vermerkt es im Februar 1915 mit Ärger, der ihn jedoch nicht von seiner Kriegsbegeisterung abzubringen vermag. Es fehlt an Brot im Hort! Was tun? Barlach als Hortvorsteher sieht das Problem anderswo. Sollen die Kinder doch zu Hause ihr Brot essen, viel wichtiger sei ein gutes Mittagessen für sie. Aber woher soll das kommen? Ein Land, das Krieg führt und immer neue Kanonen baut, hat kein Geld gegen den Hunger der Soldatenkinder daheim? Das so auszusprechen, grenzte an Feindpropaganda.

Also passiert, was in solchen Situationen immer passiert: Ein offizieller Kriegsfunktionär wird geschickt, die Lage schönzureden. Barlach hört Dr. Heilmanns *Erbauungspredigt an die Kriegsfrauen*, die nichts anderes gewesen sei als ein *Droh- und Schmeichelvortrag, eine Mischung von Stimmenfang und Kriegsartikelverlesung.*

In Kriegszeiten sind sachliche Probleme nun mal Glaubensfragen. *So wurden die Frauen schlechthin benachrichtigt, daß sie Geld für das Brot, das sie von morgen an liefern müssen, ersetzt bekämen und mit dieser Erklärung für den Kinderhort die ganze Frage, ob oder ob nicht die ganze Brothäkelei überhaupt gut sei, ausgelöscht ... Sie nahmen alles hin, Drohung und Verheißung. Drohung, daß bei Nichtbefolgung die Kinder verwiesen werden müßten, und ließen sich die Lösungen einiger Schwierigkeiten, die mir falsch schienen, wie Schlingen über den Kopf werfen.*[51]

Erstmals mischt sich am Abend dieses Tages, der randvoll war mit Zynismus gegenüber den Wehrlosesten der Gesellschaft, den Kindern, ein grundsätzliches Unbehagen in Barlachs sonst so kriegsfromme Notate: *Die Luft – nicht nur die Güstrower heute – geht scharf und beißt. Es heult draußen und ich fühle beim Schreiben die Kälte von meinen Schultern kriechen.*

Im zivilen Güstrower Ersatzdienst, sehr nah bei Mutter und Sohn, hat Barlach reichlich Gelegenheit, über die menschliche Komödie nachzudenken, die nicht aufhört, bloß weil anderswo der Krieg tobt. Hier ist auch Krieg, aber Etappenkrieg – und der scheint mitunter noch absurder als der im Schützengraben.

Barlach führt zudem seinen ganz privaten Krieg. In Ermangelung einer Ehefrau ist es die Mutter, an der er sich reibt. Sie neigt zu heftigen Ausbrüchen und endlosen Litaneien. Vorwürfe, ritualisierte Selbstanklagen, beständige Unruhe, stumme Depression gehören zum Alltag.

Oft erträgt es Barlach fast nicht mehr. Trotzdem, es ist seine Mutter. Sie hatte unter dem plötzlichen Tod ihres Mannes schwer zu leiden und stand ganz allein mit vier Söhnen da. Ernst Barlach hat schon mit seinem einen Sohn Klaus reichlich zu kämpfen. Und war die Mutter in ihrer Ehe mit dem Vater nicht die Phantasiebegabtere, die, die sich mit dem bürgerlich traumlosen Tagwerk schwerer tat als der Vater? Und nun, mitten im aufwallenden Patriotismus der Kriegsbegeisterung, begreift seine Mutter die historische Stunde nicht! So meint jedenfalls Barlach. Sie sei doch ein bisschen dumm, eine Frau eben.

Nach langen Kinderhorttagen denkt er über das Dionysische nach, das selbst in diesen kleinen Mädchen und Jungen steckt, diese *Wut und Inbrunst,* die herauswollen, der Wille zur Übersteigerung. Auch in ihm steckt es, so diagnostiziert er, *wir wollen*

Alle außer uns sein, wir wollen Alle einander fressen und verschlingen und fressend verschlungen werden.[52]

Nur seine Mutter will das nicht, sie ist ganz und gar antidionysisch. Das ärgert Barlach. Die Wortwechsel über die durch Güstrow gehenden Truppentransporte, geführt mit Luise Barlach beim Abendbrot, notiert Barlach mit vibrierender Empörung: *»Sie gehen schweren Strapazen entgegen«, überlegte Mutter bei Tisch, und ich antwortete: »Sie gehen einem großen Erlebnis entgegen, das alles Bürgertum übertrifft, und das zu fühlen, hebt sie über sich.«*[53]

Barlach ist sich seiner Sache sicher, so sicher wie Menschen, die ihren Blick fest in die Ferne richten. Seine Mutter ist anders, sie sieht die jungen Männer, achtzehnjährige Halbkinder, die bei ihnen Quartier machen, bevor sie an die Front kommen. Für Barlach am 28. Januar wieder ein Anlass, den Defätismus der Mutter in seinem Güstrower Kriegstagebuch (als ein solches versteht er es tatsächlich) festzuhalten: *Meine Mutter hat einen Anfall von Opposition gegen den Krieg, Otfried Fuchs in Dresden, noch nicht achtzehnjährig, hat sein Fähnrichsexamen gemacht und rückt ins Feld. Sie sagt: »Die Väter sollen ihre Kinder beschützen, es steht schlecht um uns, daß die Kinder in den Krieg sollen. Mögen doch zuerst diese dicken Landstürmer heran!« Ich antworte: »Diese Dicken haben Familie, Otfried Fuchs ist solo.« Aber sie findet es doch nicht recht.*[54]

Seine Mutter hat eben einen eigenen Gott. Bei allen Spleens und Ängsten, die sie umtreiben, gelingt ihr eines nie: der großen Ideologie, die Opfer verlangt, zuzustimmen.

Wenn Barlach Weihnachten 1914 notiert: *Mutter ist krank und so hinkt der Haushalt auf allen Vieren,* dann steht das in einem größeren Zusammenhang.

Immer wieder fragt er sich: Was zählt seine Mutter eigentlich in seinem Leben? Sie kam, als er mit seinem soeben per Gerichtsbeschluss eroberten Sohn allein dastand, sie führte ihm den Haushalt, war Klaus eine Ersatzmutter – so dominant, wie Mütter nun einmal sind. Barlach träumt von seiner Mutter, mit der sich zu zanken keine Kunst ist. Dennoch: *Ich fühlte, daß ich sie sehr liebte und daß aller Verdruß nur Gerümpel und Verstaubung bedeute, das man fortstäuben und abräumen könne. Sieh, Barlach, so geht's! Aber diese verlassene Öde ist das alte Kinderleid in der Fremde, Heimweh nach der uranfänglichen Geborgenheit.*[55]

Das »Güstrower Tagebuch« dokumentiert auf insgesamt 350 Seiten Barlachs mühsame Wandlungen zwischen Kriegsausbruch 1914 und November 1917, da er das Tagebuch abbricht, vom begeisterten Kriegsbefürworter zum Skeptiker und schließlich zum entschiedenen Gegner des großen sinnlosen Völkerschlachtens. Es zeigt sich an den kleinen Dingen des Alltags. Notiert er am 10. Mai 1915 noch: *Die Kinderhort-Staubluft bekommt mir gut,*[56] so vermeldet er bereits am 24. Juli 1915: *Übrigens einer Einladung Dr. Heilmanns zur Kinderhortsitzung bin ich nicht gefolgt. Ich denke, wenn die Damen Güstrows der Sache nicht gewachsen sind, so müssen sie sie aufgeben und erklären: Die Hingabe zur Sache war nicht groß genug. Ich bin nach ¾ Jahren Mittuns nicht genug Kinderfräulein.*[57]

Vielleicht ist Barlach den Güstrower Damen nicht recht gewachsen? Er sucht keine Frau, er braucht für seine Arbeit keine (auch Klaus braucht keine Mutter, hat er doch eine Großmutter), aber irgendwie als Mann braucht er sie doch, das ist Instinkt, wie er wohl weiß, da kann man wenig machen. Dennoch kommt er sich selbst schon seltsam vor in solch wiederkehrender Konstellation: *Barlach mit 45 Jahren hinter einem Schulmädchen drein! Und mitten im Weltkriege! So donnern die Geschütze, aber die Lerchen – wie man bemerkt hat – singen darüber hin ihre Triller.*[58]

Überhaupt die Frauen, er mag sie, und er mag sie nicht – und hat doch fast schon alle Hoffnung verloren, eine zu finden, die anders ist als die anderen, *ein Hexlein,* jedoch auch wieder *keine Blockberghexe.* Das Dilemma ist nicht neu, aber für Barlach anscheinend nicht lösbar, weshalb er in sein »Güstrower Tagebuch« am 14. September 1915 resigniert schreibt: *Ich denke, ich werde keine Frau bekommen, keine, die mir recht ist, die weiblichen sind mir zu ungeistig und die geistigen zu unweiblich.*[59]

Dieses Dilemma und das andere, dass er nicht weiß, ob er in den Krieg muss (anfangs meint er noch, es handle sich ums Dürfen, nicht Müssen), bereiten ihm Unbehagen, er hat neben den Herz- nun auch häufig Magenschmerzen, die er mit Grog bekämpft wie die Herzkrämpfe mit Tabak.

Zu Hause warten Klaus und seine Mutter auf ihn, da ist es dann auch nicht leichter. Klaus ist ein schwächliches Vaterkind, das ihm ebenso Stolz wie Sorge, manchmal auch Ärger bereitet. Dieser Sohn war das größte Geschenk seines Lebens, das sagt er gern und oft. Doch am 9. Juni 1916 hebt sein Tagebucheintrag an: *Klaus bekam Schläge.* Seine alte Mutter kommt nicht mehr mit ihm zurecht. Ginge es nach ihr, käme der Junge außer Haus in Pension. Natürlich geht es nicht nach ihr. Dennoch: *Er ißt kaum, ist auch mein Tyrann mit seiner oft harten Widerhaarigkeit. Er gedeiht nicht, ist schmächtig, blaß, zur Weinerlichkeit bei jedem Anlaß aufgelegt, ein Piepling und Schlingel in eins. Das ist deine Kehrseite, lieber Klaus, wie tust du mir leid.*

Barlach trägt schwer daran, Vater und Mutter für seinen Herzenssohn zugleich sein müssen. Zu dürfen, denn er freut sich natürlich auch doppelt! Und das hat sehr direkt mit seiner Mission als Künstler zu tun: *Seit ich dich habe, habe ich Ansehen als Künstler – kann sein, ich brauche einen Dorn im Fleische. Liebhaben soll ja am Ende auch keinen Dank und Lust eintragen, und überhaupt, deine Erziehung ist in Wahrheit meine Erziehung.*[60]

Wie einst mit Däubler seine Backsteinbädertour, so unternimmt er jetzt mit Klaus sonntägliche Fahrten an die Ostsee. Warnemünde liegt schließlich auch an der Front, gewissermaßen. *Über der Mole fauchte Nebelatem und schob seine Eisigkeit wie beizendes Übelwollen heran. Wir froren, aber Klaus hatte keine Gnade, nicht mit sich, nicht mit mir, wir mußten, wie wir die zwei Torpedoboote hatten einfahren sehen, nun auch noch die Manöver des grauen Reichsdampfers abwarten, der sich beim Näherkommen mit einem zwinkernden Blitzsignal das Lotsenboot herangeboten und nun, nachdem diese menschliche Laus von Lotsen dem Walfisch über die graue Flanke gekrabbelt war, eine langwierige Dreharbeit auf derselben Stelle ausführte, bis er sich endlich mit dem Schnabel hafenwärts fand und wie auf Filzpantoffeln vorsichtig hereinschob.*[61]

Schließlich gelingt es dem Vater, den gemeinsamen Beobachterposten in ein Café zu verlegen, von wo aus sich beim Tee durch die Fenster der Fortgang des Schauspiels beobachten ließ. Doch nicht lange, denn es dämmert, und schon kommt der Wirt und zieht die Vorhänge fest zu. Vater und Sohn protestieren einmütig, aber werden auf die Verdunklungsvorschriften hingewiesen – *und so fanden wir beim Gang zum Bahnhof die ganze Wasserkante von Häusern verdunkelt.*[62] Denn hier verläuft die Seefront!

Dann hat sie der Güstrower Alltag wieder. Barlach wird der Kinderhort immer mehr zur Bürde. Gehört er denn auch zu diesen blauäugigen Rotkreuzschwestern, zumeist höhere Töchter, die ihrem bislang sinnlos-langweiligen Dasein die höhere Weihe geben wollen, indem sie sterbenden Soldaten die tröstende Hand auf die Stirn legen?

Die Prosa der Lazarette ist eine andere. Dieses alles durchtränkende Opferpathos beginnt ihn misstrauisch zu machen. Ernüchterung breitet sich aus – zuerst nur seinen Güstrower Kinderhortdienst betreffend. Warum können sich die Väter denn nicht selbst um ihre Kinder zu Hause kümmern, warum muss er hier den Ersatzvater für alle spielen, wo er doch selbst einen Sohn hat, der öfter krank als gesund ist?

Der in seiner Begeisterung für den schwierigen Sohn in nichts zu erschütternde Vater notiert: *So schön wie die Keuchhustennächte waren die Maserdämmerungsstunden ja nicht, aber doch ging es ganz artig an. Er wollte von Erfindungen wissen, und so dramatisierte ich die Werdegänge der Dampfmaschine, des Buchdrucks, des Pulvers, des Zeppelinfluges, des Porzellans, des Kompasses usw., so gut ich konnte. Das lullt ihn ein, das faßt ihn mit schmeichelnden Wattepfoten an seine empfänglichsten Stellen, da geht zusammen Menschenschicksal und Weltbewegung in einem Atem miteinander.*[63]

Auch das klingt sehr nach Selbsterziehung Barlachs im Spiegel des Sohnes. Doch in den ersten Kriegsmonaten ist Barlach noch viel zu kriegslüstern, um auf die nachdenkliche Stimme in sich zu hören. Er kann *Menschenschicksal und Weltbewegung* im Augenblick nicht anders als ein gegenseitiges Sich-Totschießen verfeindeter Völker denken. Der allgemeine Irrsinn lässt ihn taumeln.

Immer häufiger bringt der Postbote schwarz geränderte Briefe, in denen die Eltern oder Ehefrauen lesen, dass ihr Sohn oder Ehemann den Heldentod fürs Vaterland fand. Fast in jeder Familie gibt es nach einem Jahr Krieg bereits Tote, und nichts deutet auf ein baldiges Ende hin. Barlach sieht die von Schmerz erdrückten Mütter, er hört furchtbare Geschichten von der Front und beginnt von Herbst 1915 an den Krieg mit anderen Augen zu sehen. Am 1. Oktober notiert er angesichts der neu zum Kriegsdienst eingezogenen Jahrgänge, die sich in Güstrow zum Abtransport sammeln: *Welche Menge heiler Knochen und gesunder Beine, und wie wird's mit ihnen nach einigen Monaten sein?*[64]

Es sind nun andere Visionen, die ihn beherrschen. Der Krieg wird ihm immer mehr zum barocken Totentanz. Nachts dröhnen schwere Eisenbahntransporte durch Güstrow, und auch Barlach sieht, was andere nicht sehen, wie er am 2. Oktober schreibt: *Am dunklen Abend ging ich von Primer Burg auf dem Philippsweg heim, als das schwere Dröhnen eines finsteren Zuges, der mich überholte, meine verdroßne Abendeile aufhielt. Ich sah bald: Wie dunkle Särge, aber bekränzte, liefen die schwarzen Gehäuse auf Rädern, in so langer Folge, daß Platz genug schien, ganz Güstrows Einwohner einzusargen und ins Grab zu schicken ... die meisten Wagen glichen schwarzen Schicksalsfuhren, ein verborgener Abfuhrkondukt massenhaft eingepökelter Pestleichen spukte vorüber, schlecht u. unordentlich mit Buschgrün mehr verhöhnt als geschmückt.*[65]

Diese Sicht auf den Krieg als Ort des Schreckens und der Vernichtung, als Inbesitznahme der Welt durch die Unterwelt, ist neu für Barlach.

Als Musketier in Sonderburg

Im Grunde glaubt Barlach selbst nicht, dass er kriegsverwendungsfähig ist. Im Sommer 1914 will er vor allem eins: den Güstrowern an ihren Stammtischen zeigen, was für ein Kerl er trotz seiner vierundvierzig Jahre ist. Den Engländern, denen hätte er es ohnehin gern gezeigt, ganz ohne Skrupel, den Finger am Abzug eines Sturmgewehrs.

Im Herbst 1915 jedoch ändert sich sein Bild des Krieges. Er ist der Aufstand des Todes gegen das Leben. Trotzdem bleibt die Gefühlslage auch Ende 1915 eine paradoxe, denn Barlach will sich keinesfalls Pflichtvergessenheit oder Feigheit vorwerfen lassen. Aber die Begeisterung, die ihn im Sommer 1915 noch trug, ist nun endgültig vorbei, wie Arthur Moeller van den Bruck erfährt: *Ich bin wirklich zu alt oder vielmehr zu sehr Mensch der Stille, langsam zu sehr abgesondert von einem Dasein mit vielen zusammen, als daß ich's, ohne mich geschunden zu fühlen, durchhalten könnte.*

Da ist viel Skepsis im Spiel, auch sehr pragmatisch gewendet. Wird das Soldat-Sein zu seiner ausgeprägten Form des Individualismus passen? Massenunterkünfte, Strammstehen und Zu-Befehl-Schreien, Marschieren und Wachdienst – darin kann er wahrlich nichts Attraktives erkennen. Trotzdem ist er der Meinung, dass Deutschland den Krieg gegen Frankreich und England gewinnen muss. Eine merkwürdig billige Form von Romantik rumort – trotz aller apokalyptischen Visionen – weiterhin in ihm: *Ja, wenn es hieße: Flink ein bißchen schießen gelernt und nächste Woche marsch hinein und zugesehen, wie weit es reicht!*[66]

Er will vor allem eins: nicht verwechselt werden mit den *Plattfüßlern und Herzneurosenjungens,* auf die er mitschimpft, vielleicht lauter, als er es getan hätte, wenn er sich nicht heimlich zu ihnen zählen müsste. Sein Güstrower Dasein als »vollverantwortlicher Helfer« im Kinderhort ist nicht so ganz das, was er sich in seiner Kriegsbegeisterung ausmalte. Aber dass die Italiener zu so einem Verrat fähig sein konnten, einfach die Seiten im Krieg wechseln und nun bei Deutschlands Feinden stehen! Am 19. Mai 1915 notiert Barlach in sein Tagebuch: *Italien verbrüht sich im Heldenwahnsinn.*[67]

Italien, das ist wie dieser Däubler, denkt Barlach jetzt ergrimmt. Die haben immer die pathetischen Worte auf der Zunge, die Attitüden, aber wenn es hart auf hart kommt, überlegen sie sich die Sache schnell noch einmal. Däubler, der Nordlicht-Anbeter, der übersteigerte Ekstatiker des Nordens, dieser falsche Deutsche, wo steckt er denn jetzt? Barlach ist ergriffen von nationalem Zorn.

Doch vor allem denkt er daran, was seine nächste Plastik werden soll. Da liegt ein Auftrag in der Luft, und August Gaul arbeitet daran, dass er ihn erhält: eine Hindenburg-Büste! Endlich das große Porträt einer zeitgeschichtlichen Persönlichkeit! Das wäre besser als das, was er sonst zu tun hat, vor allem dieses merkwürdige Holzrelief für ein gehobenes Berliner Kaminzimmer, das er beenden muss.

Und dann geht alles ganz schnell, was auch damit zu tun hat, dass er plötzlich zu den Jahrgängen gehört, mit denen man die sich lichtenden Reihen an der Front aufzufüllen versucht. August Gaul erfährt am 9. Dezember 1915, wo er sich jetzt befindet: in Sonderburg zur Ausbildung als Musketier. Darüber ist Barlach nun nicht glücklich, denn gerade schien es sich in der Hindenburg-Sache zu bewegen. Offen gesteht er Moeller van den Bruck: *Denn dieses Abenteuer im Hauptquartier möchte ich gar zu gern gehabt haben.*[68]

Aber Hindenburg sagt kurz darauf ab, er will einen Bildhauer, der schon einmal »im Hauptquartier war«, also einen gedienten Militär, der ihn porträtieren soll. Also bleibt Barlach, für den das verbal so heftig beschworene In-den-Krieg-Ziehen plötzlich real zu werden scheint, nichts anderes übrig, als etwas verblüfft den Stand der Dinge zu konstatieren: *Es geht scharf her, ich glaube nicht, daß sie mich hier loslassen, es wird offenbar mit Hochdruck Militär geschaffen.*[69]

Nach zwei Wochen klingt er bereits überaus kleinlaut, spricht in der Verneinungsform über seinen Soldatenalltag. Er könne nicht sagen, dass er ihm schlecht bekomme. Doch nie hätte er gedacht, dass man so frieren und durchnässen könne, ohne krank zu werden. Noch ist er halbwegs gesund, bald aber wird sich das Rheuma in den Händen melden – und nicht nur das.

Schneller als Schießen hat er also gelernt, was die schlimmsten Feinde des Infanteristen sind: Nässe und Kälte. Vermutlich sollen sie alle, so sie denn kriegsverwendungsfähig sind, nach der Grundausbildung von acht bis zwölf Wochen sofort an die Front. Wie ein angehender Held kommt er sich nicht vor, auch nicht, als sie nach drei Wochen Ausbildung zum ersten Mal scharf geschossen haben.

Diese Ausbildung, muss Barlach erfahren, zielt auf das Brechen des Willens des Einzelnen. Sie sind hier, um Kanonenfutter zu werden, mehr nicht. Er schildert August Gaul den Ausbildungsalltag: *Man steht im Morgendunkel an seinem Gewehr stramm und fühlt die Kälte in den Fingern, Ohren usw. nagen. Zunächst kommen dann die Herren Feldwebel, die uns alten Leute, alle über 40, wie Lausbuben traktieren ... Gestern hatte ich den Fuß verstaucht, tat aber auf dem schlammigen Exerzierplatz den ganzen Dienst mit. Heute morgen trat ich mit an, weil es zum Schießen gehen sollte, aber wir mußten mit Gewehr über Schützengräben, die voll Wasser standen, springen, was mein Fuß nicht erlaubte. Ich kam also ins Wasser statt aufs Jenseits und hatte die Schaftstiefel bis oben voll. Half mir aber alles nichts, ich mußte mit zum Schießplatz, mußte schießen und den andern Dienst mitmachen und durfte mich dann erst nach Hause trollen.*[70]

Er ist alt genug, die Fassung zu wahren, sich in eine Art höheren – sarkastischen – Humor zu flüchten. Aber sein alter Freund und Förderer, der Tiermaler Gaul, ahnt, wie es um ihn steht – nicht gut, denn eigentlich ist er doch ein Bildhauer, der eine starke Mission in sich trägt. Jedoch: *Meine Arbeit in Güstrow ist wie ausgelöscht, die Vorstellung, daß ich eines Tages den Meißel wieder anfasse und an der Stelle, wo ich aufhörte, weiterarbeite – ist sonderbar und unwahrscheinlich, so bin ich gewöhnt, vom Feldwebel R. mit den andern als Bande, Blase, als überführter Tunichtgut, als Gesellschaft, die man »sich schämen muß zu kommandieren«, eingeschätzt zu werden.*[71]

Es ist bitter, eben noch fühlte er sich wie jemand, der fürs Vaterland ein großes Opfer (die Unterbrechung der Arbeit an seinem Werk) bringt, nun ist er selbst in den Augen eines Feldwebels ein Nichts, gleichsam bereits verscharrt und vergessen wie so viele andere vor und nach ihm. Dennoch will er unbedingt durchhalten.

Was aber ist die Bestimmung, die ihn als Musketier erwartet? Seine Ausbildungstruppe ist als Ersatz für das Infanterie-Regiment 85 vorgesehen. Noch ist nicht entschieden, wer von den Sonderburger Alten kriegs- und wer nur garnisonsverwendungsfähig ist. Garnison heißt Innendienst in der Kaserne. Also all die sinnlosen militärischen Rituale wie exerzieren, putzen, antreten, wieder exerzieren, putzen, antreten. Diese Aussicht bedrückt ihn noch mehr als ein Fronteinsatz. Und der Bildhauer, notiert er, werde derweil langsam zur Mumie.

August Gaul ist alarmiert. Der Krieg hat schon so viele Talente zerstört, nun auch noch Barlach? Er organisiert eine Bittschrift ans Kriegsministerium, auch Liebermann und Slevogt unterzeichnen. Darin wird Barlachs Bedeutung als Künstler für die Nation hervorgehoben, werden seine »im allerbesten Sinne deutschen Werke« gelobt und seine »zarte Gesundheit« angemerkt. So bitte man um eine Verwendung Barlachs, »die sein Leben und seine Gesundheit nicht gefährdet«.[72] Barlach, nach außen immer noch ganz Patriot und doch auch Künstler, der sich von seinem Werk getrennt sieht, schwankt zwischen Dankbarkeit für diese Petition und peinlichem Angerührtsein. Er selbst werde niemals um seine Entlassung bitten, man müsse eben durchhalten. *Wenn es ehrenvoll ist, durch die Stimme gewichtiger Leute erlöst zu werden, so ist es gut, sagen zu können: Ich selbst habe keinen Finger dabei gerührt.*[73]

Nichts wäre für ihn schlimmer, als wenn man ihn für einen feigen Drückeberger hielte. Noch zählen derartige Kategorien. Dennoch wäre er unendlich froh, wenn er diesem alltäglichen Drill entkommen könnte. Sein Fazit, das er Gaul übermittelt: *Sie haben freundschaftlich und fast mehr für mich gehandelt, Gott soll mich bewahren, daß ich es vergäße oder an Ihrem Tun herummäkelte. Ich wäre als Frontsoldat einer von vielen Mittelmäßigen gewesen, aber echte, richtige Strapazen hätte ich kaum überstanden. Etappensoldaten gibt es genug, davor würde ich mich ohne große Gewissensbisse drücken, die meisten wünschen sich nichts Besseres.*[74]

Doch noch ist nichts entschieden, das Ministerium lässt sich mit seiner Antwort Zeit. Derweil probt Barlach mit seiner Truppe den Gaskrieg, erfährt, dass jeder, der bei einem feindlichen Gasangriff weicht, sofort erschossen wird.

Er, der bislang das Privileg hatte, während der Sonderburger Ausbildung privat zu wohnen, auch seine Zigarren zu bekommen, ist nun in einem Lager in Lockstedt. Dort wohnt man in Baracken und schläft auf Strohsäcken. Es ist nass, schmutzig und kalt, das

Rheuma in seinen Händen macht ein Greifen fast unmöglich. Er fühlt sich an Dostojewski in seiner sibirischen Verbannung erinnert. Immerhin, einige militärische Grundkenntnisse besitzt Barlach nun. Da sie mit Beutegut-Gewehren üben, kennt er auch die Vor- und Nachteile der verschiedenen Fabrikate. Anfang Februar 1916 exerziert er mit einem englischen Karabiner, nachdem er das russische *ausstudiert* hatte und das deutsche Modell 88 leider abgeben musste: *Das deutsche ist bei weitem überlegen, beim russischen muß man reißen, um bloß den Schuß herauszukriegen, und das englische ist eine Art Jugendstilstück mit so vielen eisernen Ausbuchtungen, daß man immer in Gefahr ist, mit dem kleinen Finger hängenzubleiben.*[75]

Inzwischen hat Barlach erfahren, dass er nicht als »k«, also kriegsdiensttauglich, klassifiziert wurde, sondern als »g«, also garnisonsdiensttauglich. Einen Krüppelposten in der Armee aber will er nicht, die Langeweile des Kasernendienstes hält er ohnehin kaum aus. Er hat Wichtigeres zu tun, also bloß weg hier! Doch noch entlassen sie ihn nicht.

Sein Blick auf das Militärische hat sich in diesen Wochen gründlich verändert. Von der Pflicht, ein Opfer fürs Vaterland zu bringen, ist er angesichts der Szenerie, die er vor Augen hat, gründlich geheilt. Was für ein Unsinn, dieses Treiben der Vierzig- bis Fünfzigjährigen um ihn herum, diese *Auslese Fallstaffscher Soldaten – Motto: sie füllen eine Grube so gut wie andre.*[76]

Das, was er nun um sich herum spürt, ist bei diesen älteren Ersatzsoldaten, die ihre Familien zurückgelassen haben, um der Heimat ein Opfer zu bringen, das sie für ihre Pflicht ansahen, bloß noch *ein Seufzen nach Frieden in der Welt.*[77]

Noch immer ist die lange Steherei, genannt Befehlsausgabe, nicht vorbei. Barlach hat in diesen elf Wochen genug an Sinnlosigkeiten erlebt, er will endlich zurück nach Güstrow zu Sohn Klaus und seinem Atelier. Eines aber ist gewiss: *Vor Kälte habe ich Respekt gekriegt, damit ist nicht zu spaßen.*

Am 19. Februar 1916 erreicht ihn sein Entlassungsbescheid. Er scheide, wie er August Gaul schreibt, *ohne Bedauern – und ohne Bedenken.* Sein Ton ist anders geworden. Gegen das Pathos eines offiziell eingeforderten Dienstes am Vaterland setzt er nun offen seine Skepsis, die aus den Erfahrungen der vergangenen Wochen resultiert: *Unser Soldatentum war nur noch ein Spott, und wir, d. h. die zwischen 44 und 46, sollten nach und nach 600 000 (sechshunderttausend) junge Leute in der Armee- und Marineindustrie ersetzen, wofür Bereitwilligkeitserklärungen eingefordert wurden, ich verneinte.*[78]

Damit ist das Kapitel Kriegsdienst für Barlach abgeschlossen – oder auch nicht, denn er sieht das Militär, den Krieg und die angeschlossene Propagandamaschine nun mit sehr kaltem Blick. Er weiß, was Patriotismus ist. Was er hier erfahren hat, so weiß er nun auch, war keiner. Diese Einsicht wird seine künstlerische Arbeit von nun an grundlegend verändern. Reinhard Piper erfährt es aus dem letzten Brief, den Barlach aus Sonderburg schreibt: *Zu den Kriegsbildern wage ich nichts zu sagen. Ich glaube, wer den Krieg malen will, muß erst den Frost malen lernen. Soldaten müssen entsetzlich viel frieren, und frieren ist lähmend, und lähmen ist schlimmer als töten.* Was für ihn aus dieser Erkenntnis resultiert, sagt er auch: *Stillhalten und das Schwere stumm verarbeiten, das ist wohl der große Prozeß, den die Zeit mit den Menschen vornimmt, mit Siegern und Besiegten. Soldatengesichter? Sprechen tun die Augen, der Mund ist geschlossen, Widerspruch beim Empörendsten ist unmöglich ...*[79]

Wieder Zivilist. Der inwendig gewordene Krieg

Zurück in Güstrow, schreibt er Arthur Moeller van den Bruck am 3. März 1916 einen ersten Brief. Er kann sich noch nicht recht orientieren im Zivilleben, die *Bilder tanzen* ihm vor den Augen, *nehmen wir an, das Soldatenintermezzo hätte mich blöd gemacht.* Der Rheumatismus in beiden Armen ist so stark wie nie zuvor, und auch das Herz macht *Kapriolen.*

Es ist wohl doch mehr als bloß eine Herzneurose. Er sei ziemlich herunter, Garnison ist die Hölle, notiert er. Dennoch, diese

Art von Entronnensein nagt in ihm, sie hat in seinen Augen etwas Ehrenrühriges, er fühle sich *ein wenig, nicht wenig, fahnenflüchtig.*[80] Doch ein anderes Gefühl beherrscht ihn nun – und nicht nur ihn: *Wir warten Alle, als wärs auf ein seliges Ende, halb ungläubig, ob es nicht dafür ein Schreckensende wird – auf Frieden.*[81]

Am besten wäre es angesichts der ungewissen Situation – Barlach ist nur vorläufig zurückgestellt, erwartet ständig einen neuen Stellungsbefehl –, möglichst viel zu arbeiten. Doch Aufträge sind Mangelware. Das Holzrelief für das Kaminzimmer der Frau Mendelsohn bereitet ihm wenig Freude, so als ahnte er schon, dass dieses Unternehmen nicht gut ausgeht. Am 15. Juli wird Barlachs Kaminwand in die Berliner Alsenstraße 3 gebracht, eine überaus aufwendige Schnitzarbeit. Die Reaktion ist so, wie Barlach sie schon befürchtet hatte: *Madame war ungemütlich, ich schied kleinmütig …*[82]

Die Sache geht nicht gut aus. Am 19. November notiert Barlach: *Lotte von Mendelsohn mag meine Arbeit gar nicht.*[83] Auch er selbst findet sie nun misslungen, und da sie speziell für den Mendelsohn-Salon angefertigt wurde, ist eine andere Verwendung nicht in Sicht. Die Dame des Hauses jedenfalls lässt das ihr nicht genehme Relief gar nicht erst aufstellen. Es besteht aus drei Tafeln, die sich um den Kamin gruppieren sollten. Die mittlere Haupttafel, an der Barlach – unterbrochen durch seine Einberufung – monatelang gearbeitet hatte, zeigt drei Liebespaare. Die Tafel ist dreigeteilt durch die belaubten Äste eines Baumes, jedoch sind diese kein rankender Jugendstil wie in Barlachs Frühwerk, sondern sehr reduziert und schlicht im Wuchs. Das Ganze ist eine Allegorie auf das – harmonische – Zusammenleben von Mann und Frau zu verschiedenen Zeiten.

Nachdem das Relief – zu dem auch zwei Randplatten gehören, die Einzelfiguren zeigen – im Hause Mendelsohn keine Aufnahme findet, übernimmt sie Bruno Paul, der auch den Auftrag vermittelt hatte. Das Holzrelief wird 1920 in einer Ausstellung der Preußischen Akademie der Künste gezeigt und verbrennt im Zweiten Weltkrieg, ein Gipsmodell sowie ein Bronzeguss der Haupttafel haben sich jedoch erhalten.

Ende 1916 ist Barlach keineswegs sicher, nicht doch noch eingezogen zu werden. Jeder, der laufen und eine Waffe tragen kann, auch wenn er bei früheren Musterungen als nicht kriegsverwendungsfähig eingestuft wurde, wird nun an die Front geschickt: *Bei den letzten Musterungen hier ist alles angesetzt. An Infanterie ist unermeßlicher Bedarf. Meine Stiefel sind in Ordnung, es kann losgehen.*[84]

So klingt Galgenhumor, denn nichts fürchtet Barlach mehr, als noch einmal eingezogen zu werden. Die elf Wochen Ausbildung sind wie ein Virus, der sich langsam in ihm ausbreitet. In den nächsten zweieinhalb Jahren wird er immer in der – wachsenden – Angst leben, doch noch einmal Soldat werden zu müssen, und das, wo es Klaus, dem Vaterkind, schwerfällt, sich in der Schule, diesem Vorposten einer kalten und feindlichen Welt, anzupassen, er *blutarm und hysterisch*[85] ist und die alte – psychisch instabile – Mutter ohnehin ein schwankendes Blatt im Wind. Er kann jetzt nicht weg, das weiß er genau.

Seine Tage sind diktiert von den Mitteilungen über sein militärisches Schicksal. August Gaul erfährt am 27. August 1917, er sei bis zum 31. Oktober zurückgestellt, und Barlach fügt hinzu: *Der Gedanke an all diese Kleinigkeiten des Dienstes ist wirklich gräulich. Die eigentlichen Schicksalsschläge bedrohen mich ja weniger, und auch die Unannehmlichkeiten und Entbehrungen stehen mir nicht so vor wie diese gottverfluchten Details.*[86]

Wieder eine neue Frist, diesmal bis zum 30. Januar 1918, wie er Friedrich Düsel mitteilt. Man lässt Barlach, den von ganz oben protegierten, spüren, dass man ihn jederzeit holen kann. Und dann wieder eine neue Frist, diesmal bis zum 30. April 1918, wie er seinem Vetter Karl schreibt. Das zerrt an den Nerven, bedrückt seine Tage. Es kann jederzeit wieder losgehen. Ja, er lernt das Militär und den Krieg hassen in diesen beiden Jahren. Wie gleich nach seiner Entlassung im Februar 1916 ist von schlechtem Gewissen, eine Art Fahnenflüchtling zu sein, nun nicht mehr die Rede. Der Gedanke an das Soldatenleben flößt ihm bloß noch *Entsetzen* ein, und da er jedes Pathos immer nur gebrochen erträgt, fügt er hinzu: *ein bißchen.*[87]

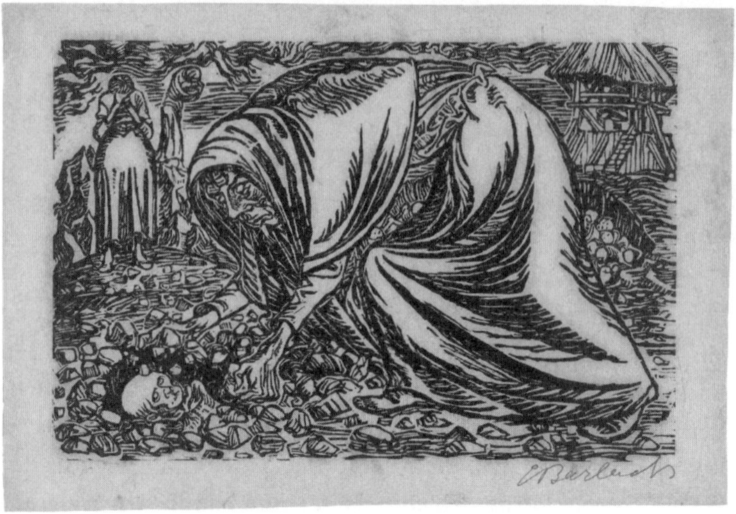

Kindertod (1919)

Der Alltag wird immer schwieriger. Die Kartoffelzuteilungen können nicht ausgeliefert werden, die gesamte Versorgung der Bevölkerung droht zusammenzubrechen. Am 23. Oktober 1916 kann man in seinem Tagebuch lesen: *Und wir – haben den Hunger, wie es scheint. Bekannt wird gemacht, daß der Kartoffelvorrat, der bis zum 18. Februar reichen sollte, bis zum 13. April reichen muß.*[88]

Am 26. November 1916 notiert Barlach: *Wir leben bei Grünfutter wie Karnickel, aber eifriges Kauen!* Barlach wartet nun mit großer innerer Anspannung, dass dieser Krieg endlich vorbei ist. Aber es dauert noch zwei lange, bedrückende Jahre. Er arbeitet weniger, als er sich vornimmt, trinkt viel Grog und Schwedenpunsch, raucht Unmengen und geht dann im kalten Herbstwind weite Wege. Es klingt wie eine unbeabsichtigte Auskunft über sein ureigenstes Wesen, wenn er schreibt: *Es war Nordwind, bitterkalt, dunkeldrohend, regnerisch und unheimlich. Und doch, ich gehöre auf die Landstraße, bin auf ihr heimisch.*[89]

Klaus ist immer noch häufig krank, er geht immer noch ungern zur Schule, lernt immer noch schlecht, ist zuverlässig der Letzte in seiner Klasse und bleibt sitzen. Barlach muss sich eingestehen, dass sein Sohn, der gern liest (gemeinsam freuen sie sich gerade an Frederick Marryats »Peter Simpel« als Abendlektüre), mit ihm weite Wege wandert und ausdauernd spielt, also durchaus phantasiebegabt ist, nicht schultauglich ist, jedenfalls nicht tauglich für diese Art Paukschule.

Da erweisen sich unerfreuliche Dinge dann doch als befreiend. Barlach ist in diesem Punkt ganz auf Seiten von Klaus: *Gott sei Dank, Adam Wolf, sein Zeichenlehrer, der ihnen »zum Dank für ihre Dummheit« so reichlich aufbrummte, ist eingezogen, und nun ist das Gespenst aus dem Haus gewichen.*[90]

Als es endlich vorbei ist, verloren zwar der Krieg, aber das spielt für Barlach jetzt gar keine Rolle mehr, schickt er am 2. November 1918 Vetter Karl die Verse von Li-Tai-Pe, der sie 600 vor Christus schrieb: »Drum sei verflucht der Krieg,/ Verflucht das Werk der Waffen,/ Es hat der Weise nichts/ Mit diesem Wahn zu schaffen.«[91]

Dabei sollte er noch im März 1918 seinen ersten großen Auftrag bekommen – einen Staatsauftrag! Da der Soldatenfriedhöfe immer mehr werden, brauchen diese einen würdigen Schmuck, der dem Anlass gerecht wird: Trauer ohne ein Eingeständnis von Schwäche. Das Kaiserreich will den Krieg schließlich immer noch gewinnen, und Barlach notiert, jetzt würden die deutschen Kanonen sogar schon Paris erreichen. Also ein Christus am Kreuz – jedoch in Metall. Jesus hart wie Kruppstahl?

Interessanterweise ist es das Kultusministerium und nicht das Kriegsministerium, das an ihn herantritt. Barlach ist froh über diesen Auftrag, der, wie er Vetter Karl mitteilt, *ziemlich gesichert* sei. August Gaul schreibt er: *Sie sehen also, wie wichtig es mir ist, diesen Auftrag zu bekommen, da ich so freudig ja sage.*[92] Nun kann er tatsächlich hoffen, dass ihn keine plötzliche Einberufung mehr trifft. *Aber die Ämter arbeiten langsam, ich soll, ich weiß nicht warum und wozu, mich vorher dem Kultusminister präsentieren, und warte seit mehreren Wochen auf den Wink, der nicht kommen will.*[93]

Mit dem Kruzifix, das er nun entwirft, beginnt er seine erste *hochoffizielle* Arbeit an einem Denkmal für die Gefallenen des Krieges. Gaul bekommt die Details zu hören: *⅔ Lebensgröße soll der Christus haben, 4000 M Honorar gibt's, zwei Monate Termin.*[94]

Seinem Vetter Karl berichtet er über den Fortgang der Arbeit am 6. Juni 1918: *Mein Christus liegt in Gips auf einem Brett, noch sollen seine Arme angeheftet werden ...*[95] Wenige Tage später stöhnt er sogar, er habe *bei dem Christus Blut geschwitzt.*[96]

Noch weiß er nicht, dass dies der erste Vorbote einer ganzen Reihe von Denk- und Mahnmalen sein wird. Noch ist es ein eher konventioneller Christus, ein leidender zwar, aber eben auch ein in strenge Form gefasster Sohn Gottes am Kreuz, den er entwirft. Kontrollierter Schmerz, der um altmeisterliche Fassung ringt.

Erste Entwürfe entstehen, dann ist das Kaiserreich Geschichte und niemand ist staatlicherseits mehr da, der ihm sein Kruzifix abnehmen könnte. Mehrere der Kreuze werden dennoch in Bronze gegossen, eines ist im Güstrower Dom zu sehen.

Lauter Arbeiten, die ins Leere gehen, erst das Kaminzimmer für Frau Mendelsohn und nun das Kruzifix. Die alten Verhältnisse lösen sich auf, und neue sind nicht in Sicht. Paul Cassirer bleibt Barlachs stärkster Garant dafür, dass die von ihm angestrebte Unabhängigkeit mehr sein wird als bloß ein Traum. Cassirer glaubt an Barlach, will nach »Der tote Tag« (schön geworden, aber vorerst ein Verkaufsflop, wie Barlach konstatiert) nun auch »Der arme Vetter« in einer Schmuckkassette mit Grafiken herausbringen. Barlach ist einerseits erfreut, andererseits ahnt er, wie das ausgehen wird. Aber Cassirer ist ein Mann mit eigenem Urteil, der das tut, was er für richtig hält. Barlach ist beeindruckt.

Das Kriegsende würde es ihm möglich machen, von Güstrow nach Berlin zurückzukehren. Will er das? Cassirer ist in Berlin, das wäre ein Grund. Aber der hauptstädtische Kunstbetrieb ist ihm zuwider. Wenn er hin muss, dann ungern, und wenn er zurückkehrt, ruft er regelmäßig aus: *Wie unerquicklich ist es immer in Berlin!*[97] Die Kleinstadt Güstrow bedrückt ihn, aber das großstädtische Berlin macht ihn verrückt. Gibt es nichts dazwischen?

Bereits im Sommer 1917 denkt er laut darüber nach, ob es nicht an der Zeit sei, die Weltkriegskatastrophe *innerlich* zu verarbeiten. *Das möchte einen schönen moralischen Brechdurchfall oder Verstopfung geben.*[98]

Im November 1917 geht Barlachs »Güstrower Tagebuch« die Luft aus. Barlach ist die Lust daran vergangen. Diesen Krieg hat Deutschland verloren, aber wer hat ihn gewonnen? Überall herrschen Chaos und Verzweiflung. Was bleibt anderes, als die Toten des Krieges zu begraben, ihrer zu gedenken? Aber an dieser Stelle bildet sich sofort eine neue Front. Für Deutschlands Ruhm und Ehre gefallene Helden? Nicht mit ihm, seine Totenklage wird anders sein, das weiß er bereits.

Zu den letzten Eintragungen im »Güstrower Tagebuch« gehört jene, die eine Rückkehr zur Tagesordnung bedeutet: *Ausstellung bei Cassirer, morgen spricht Däubler dort im Saal über den Dramatiker Barlach, und Friedrich Kayßler liest aus dem »Toten Tag«.*[99]

Aber vor allem friert er samt Mutter und Sohn in diesem Güstrower November 1917. Denn wegen *Kohlenbeschlagnahme* können sie die Wohnung nicht heizen. Der Krieg schickt seine Mangelboten bis nach Güstrow. Barlach braucht dringend ein paar neue Stiefel, aber so etwas gibt es längst nicht mehr, erst recht nicht für solche Zivilisten wie Barlach, die nicht noch in den letzten Kriegsmonaten fürs Vaterland sterben wollen. Er hat gerade »Der Idiot« gelesen, Moeller van den Bruck und Dmitri Mereschkowski lassen Dostojewski aus dem Russischen übersetzen und geben ihn in zweiundzwanzig Bänden bei Piper heraus. In diese Welt wird er nun eintauchen. Sie ist trostlos, aber das ist besser als all die lügenhaften Phrasen.

Die Ernüchterung lässt nicht nur klarer sehen, sie bereitet auch heftiges Unbehagen angesichts der faden Erregung, in die man sich zu Kriegsbeginn hatte versetzen lassen. Wodurch? Durch eine billige Maskerade, was man gleich am Anfang hätte erkennen müssen, aber es hatten allzu viele den hitzigen Rausch vorgezogen. Was von der falschen Verzückung blieb, ist das Leiden, das man sich entweder eingestehen oder ignorieren kann. Schon ist von Rache, Verrat und Vergeltung die Rede. Man stimmt sich patriotisch auf den nächsten faulen Zauber ein.

KAPITEL IV
Moses

Erste große Nachkriegsausstellung bei Cassirer in Berlin. Däubler über Barlach

Nun beginnt für Barlach wieder so etwas wie Normalität. Er beendet das Güstrower (Kriegs-)Tagebuch am 17. November 1917 mit dem Hinweis auf eine Ausstellung bei Paul Cassirer und Däublers Rede über seine Kunst. Däubler: ein massiges Alter Ego, der Südländer, der vom Norden träumt (und die Zeit des Weltkriegs in Deutschland zubringt). Barlach sucht Abstand zu ihm, diesem Scharlatan, der doch ein echter Dichter ist und in seinen Notizen beharrlich herumspukt, obwohl er sich selbst Däubler-Ausnüchterung verordnet hat. Däubler hält die Eröffnungsrede zur ersten Gesamtschau Barlachs bei Cassirer. Natürlich ist Barlach das unangenehm: ausgerechnet Däubler. Doch wüsste er keinen, der aus diesem obskuren Anlass besser sprechen könnte.

Der bestellte Redner greift mit seiner mächtigen Pranke zu, und er greift nicht ins Leere, wenn er am 3. Dezember 1917 im Kunstsalon Cassirer über Barlach sagt: »Er ist eine elementare Natur. Alles Herkömmliche, von der Schule Übernommene mußte erst abgeschüttelt werden, denn er lauerte auf das innere Drama ... Sein Wesen war voll von Explosionsmöglichkeiten: jedes innere Erlebnis wurde nunmehr sofort zu einer Gestalt. Ganz neue Holzskulpturen entstanden ... Es gab lange vor ihm keinen Dramatiker in der bildenden Kunst, und daher kommt es, daß er so unglaublich jung wirkt.«[1]

Barlach mag es jedoch gar nicht, wenn andere ihn interpretieren, und geschehe dies noch so treffend wie Däubler, dem er dennoch keinerlei Deutungshoheit über sich einzuräumen bereit ist: *Vor Däublers Kritiken und Ergründungen mich betreffend habe ich ziemlich viel Angst. Ich finde, er ist als Kritiker höchst unglücklich, er dichtet mit seinem Gegenstand nach Belieben und Stimmung, oder, wie*

Du sagst, er formt den anderen nach seinem Bilde. Das ist am 5. Dezember 1917 zu seinem Jugendfreund Friedrich Düsel gesprochen, Redakteur bei »Westermanns Monatsheften«. Düsel bestärkt Barlach gern in konventionellen Positionen, er, der einem Naturereignis in Sachen Kunst, wie es Däubler vorstellt – und etwas anders konditioniert natürlich auch Barlach selbst –, nicht ansatzweise gerecht werden kann.

Däubler hatte 1916 einen Essayband herausgegeben, in dem es um Futurismus und Expressionismus geht. »Der neue Standpunkt«, so der Titel, wird beschworen. Auch Barlach kommt darin vor. Der Text beginnt mit dem berühmt gewordenen Satz: »Barlach ist die Witterung des Kosmischen und der Schreck davor.«[2]

Das ist überaus treffend formuliert. Jedoch wenn Barlach es ohnehin schon nicht mag, interpretiert zu werden, dann schon gar nicht auf eine ihn derart in neuen Kunstströmungen verortende Weise: »Barlach dient die Skulptur, ein Seelisches zu beweisen. In die Welt hinauszutragen: er ist Expressionist.« Aber noch mehr stört ihn, dass sich Däubler obendrein einem anderen zuwendet, den er überhaupt nicht mag: Picasso. Am 22. Mai 1915 hatte er in sein Güstrower Tagebuch notiert, dass er nach der Lektüre von Däublers Picasso-Aufsatz sogleich einen Brief an diesen zu schreiben begonnen habe, in dem es darum ging, dass *ich den italienischen Rausch verstoße – an dem Picasso doch selbst sein Teil hat.* Denn aus Erkenntnisgrübeleien erwachse nun einmal keine Kunst.

Däubler ist ihm in den wesentlichen Dingen nicht einfach genug, das steht nun immer stärker zwischen ihnen. Für Barlach gilt das Bekenntnis, dass *ich für P. kein Auge habe.*[3] Aber da ist eine Hemmung: Den offenen Bruch mag Barlach bei allem Groll dann doch nicht vollziehen: *Aber ich wage den Brief nicht abzuschicken. Es ist zuviel Absage an Däubler darin.*[4]

Dabei hat Däubler über Picasso bedenkenswerte Dinge zu sagen, die für Barlach offenbar einen schweren Makel aufweisen: Sie klingen jenen Urteilen ähnlich, mit denen sich Däubler auch Barlach näherte: »Picasso selbst führt uns immer weiter seelenwärts. Wir empfinden uns durch ihn in neu erschlossenen Regionen ausgedrückter Musikalität. Geometrie wird Melodie. Keine Kunstoffenbarung im höchsten überwältigt uns, aber eine spielerische Seite unserer seelischen Einsamkeit entfaltet einige bis dahin noch nicht ausgedrückte plastische Möglichkeiten.«[5]

Auch Picasso ist für Däubler eine jener seltenen Doppelbegabungen, die sich ebenso im zeichnerisch-plastischen wie im literarischen Werk auszudrücken vermögen. Barlachs Verstimmung wächst angesichts dieser – ihm nicht schmeichelhaft klingenden – Analogien.

Die erste Barlach-Werkschau in Berlin wird in der Metropole durchaus beachtet. Dora Wentscher schreibt für »Die Schaubühne« am 10. Dezember 1917 über die Eröffnung. Allerdings steht für sie der Theatermann Friedrich Kayßler im Mittelpunkt des Abends. Däubler ebenso wie Barlach scheinen ihr eher merkwürdige, sogar zweifelhafte Subjekte, die in kein gängiges Muster passen. Aber all diese Zweifel werden beiseitegeschoben, als ihr Idol – wegen dessen Krankheit der Abend mehrfach verschoben werden musste – endlich die Bühne betritt: »Aber dann kam Kayßler, und der gefolterte Ausdruck in seinem leidensfähigen edlen Landsknechtsgesicht versprach Gutes. Und nach wenigen Minuten war es deutlich: Barlach ist auch als Dramatiker der Mann, die Abgründe menschlichen Leides, die er ermessen, in Formen, Wortbilder einer ihm eigentümlichen Kraft zu zwängen.«[6]

Däubler, der das Nordlicht verherrlicht, erkennt in Barlach dessen Propheten. Dieses nordische Licht müsse man erlauschen, denn die Augen sehen nicht weit genug im Nebel, der alles einhüllend ebenso gefangen nimmt wie vor der Bloßstellung im kalten Licht schützt.

Die »naive Ratlosigkeit«, die Däubler bei Barlach am Werke sieht, weiß auf einfache Weise von jenem Ursprung, aus dem alle Dinge kommen. Däubler hört die Worte des Sohnes aus »Der tote Tag«, die einem »Schrei nach dem Vater« gleichen: *Die Sonne schaute finster zur Seite, sie will mich nicht sehen.*

Da ahnt sich einer im Dunkel geboren, nicht von Träumen beschützt, sondern von Albträumen hervorgetrieben. Und gerade hierin erkennt Däubler »etwas Biblisches in Barlachs Wesen«, etwas, zu dem man sich tief herabbeugen muss, um es in ganzer Größe zu erfassen. Er berührt damit den Verwandlungspunkt, die Wunde bei Barlach, aus der es immer wieder blutet: seine Russlandreise, die ihn den Menschen anders sehen ließ. Die Bettler, die am Boden lagen, litten und lachten zugleich. Kann man das begreifen?

Däubler dreht unablässig jenes Legendenkarussell, dessen augenblickhafte Stillstellung nur der rasenden Kreisbewegung gelingt: »Als Barlach nach Warschau kam, betrat er zum ersten Mal den Nordosten. Bettler lagen überall zusammengekrümmt, kauernd in den Straßenecken. Damals stilisierte er Menschen beinah wie Schnecken. Auf einmal wurde ihm die Mystik des Bettlers kund: ein hilfloser Mensch, der unablässig einen anderen braucht, wie das Kind seine Mutter; jeder Vorübergehende soll Mutterschaft vertreten: der Bettler fleht zur Madonna. Es ist das bloß bei einem noch nicht ganz geborenen Menschentum möglich, denn sich beugen, dienen müssen und wollen, ist ein Zeichen von kindlicher Abhängigkeit von einer gebärenden Umwelt.«[7]

Barlach vernimmt diese – durchaus treffende – Art von Interpretation seines Lebens und Werkes mit wachsendem Missmut. Er zieht sich fortan noch weiter zurück, verteidigt das Geheimnis des Schöpferischen, das er in sich trägt. Das gipfelt in einem Brief vom 11. Juni 1922 an Arthur Moeller van den Bruck: *Was ist mit Däubler? Wenn ich ganz rücksichtslos sein soll, so muß ich sagen, mir graut vor ihm, ich fühle eine Entfremdung, die mich erschreckt, und wie mit ihm geht es mir mit anderen.*[8]

Moses, der Gesetzgeber. Kapp-Putsch in Güstrow und neue Beschwerlichkeiten

In Barlach liegt ein Prophet wach, der der Zeit gern machtvoll entgegenruft, was er von ihr hält. Seine Auffassung ist, dass sich Kunst und Wissenschaft nicht um die Staatsform zu kümmern brauchen, aber sehr wohl um die eigene Sprache. Das Wort verkörpert eine eigene Wirklichkeit. Wie sollte es sonst Neues schöpfen? Darum beginnt er nun mit einer Mosesstatue – in Eiche! Julius Cohen erfährt am 4. März 1919, man brauche jetzt einen, *der sein ›Du sollst‹ dem ganzen Volk wie zehn Faustschläge auf den Kopf schmettert.*[9]

Ruft Barlach hier nach einem Führer fürs Volk? Das so zu sehen – und einen wie Hitler dabei vor Augen zu haben – wäre billig. Nein, Barlach stellt eine Figur in massiver Autorität und Lebensgröße vor uns hin. Sie hält die Gesetzestafeln hoch, das, was unumstößlich für alle Zeiten gilt, egal welche politische Partei gerade für sich in Anspruch nimmt, alle gegenwärtigen und künftigen Probleme der Welt zu lösen. Deutschland hat den Krieg verloren, aber Selbstmitleid und ein daraus resultierender Hass auf die vermeintlich Schuldigen am gegenwärtigen Desaster sind bloß eine Verlängerung des gestrigen Übels ins Heute. Diese elende Selbstgerechtigkeit! Angebracht wären Trauer, Reue, Selbstbesinnung auf das Wesentliche: *Politisch glaube ich an einen Kommunismus hochwertiger Menschheit. Aber die Diktatur des Proletariats? Die Räterepubik? Überhaupt der Aberglaube von Glück und Gerechtigkeit, Prosperität und Zufriedenheit ist mir verdächtig. Des einen Uhlenglück wird immer das Nachtigallenunglück des anderen sein. Immerhin, ein bißchen mehr Brüderlichkeit könnte in die Welt kommen.*[10]

Wie soll es weitergehen, nicht nur in Deutschland, sondern in der Welt? Die Frage ist drängend, denn seine Brüder Nikolaus und Joseph leben in den USA, Hans in Russland, wo nun die Bolschewiki herrschen und ihn schon enteignet haben. Hans versucht zu fliehen, will nach Güstrow kommen. Barlach sieht mit Sorge, dass es um den Geist, der ihm bewahrenswert scheint, überall gleich schlecht bestellt ist. Kann man auf die Intellektuellen denn bauen?

Im Ersten Weltkrieg haben sie überwiegend versagt, und er selbst hat mit seiner anfänglichen Kriegsbegeisterung dazu beigetragen, das weiß er. Aber es bleibt die Frage, wie es weitergehen soll. *Natürlich gebe ich Verschulden zu, wir sollen und wollen büßen – aber warum soll mein Sohn Ludendorffs oder Bethmann Hollwegs Versagen büßen?*[11]

Also stellt er Moses vor uns hin, in all seiner Strenge. Aus ihm spricht göttliches Gesetz. Moses steht steil aufgerichtet, die Gesetzestafeln sind Teil der Figur, sie verschmelzen mit ihr. Dieser Moses macht sich nicht gemein mit dem Niedrigen, mit den Kalkülen und Interessen. Er beugt sich unübersehbar nach hinten und hält die Gesetzestafeln so, dass sich der Himmel in ihnen spiegeln kann. Was er verkörpert, das ist nicht verhandelbar. In diesem Moses zeigt sich – auch für Barlach selbst – etwas Neues, wie er Reinhard Piper am 14. April 1919 mitteilt: *Ich habe diese Tage einen ordentlichen Klotz Holz fertiggehauen. »Moses« – ich bilde mir ein, ich bin damit ein Stück über mein Bisheriges hinaus.*[12]

Holz erweist sich immer häufiger als das Material, aus dem seine Plastiken entstehen, zumindest in einem ersten Schritt. Dass dann Gips- und Bronzeabgüsse folgen, ist etwas dem eigentlichen Schöpfungsprozess Nachgeordnetes. Die erste Schöpfung erfolgt jedenfalls zumeist in Holz, aus dem Barlach seine Figuren herausschneidet, als wären sie bereits vollendet darin eingeschlossen worden.

In Holz arbeite ich seit 1907,[13] so teilt er Wilhelm Radenberg am 8. August 1911 mit. Holz ist für ihn ein Himmel und Erde verbindender Stoff. In ihm stecken Sonne und Licht, aber auch erdtiefe Feuchtigkeit. All das macht es zum idealen Material, aus dem sich etwas herausschneiden lässt, das lebt und zugleich diesem unmittelbaren Leben wieder um eine Winzigkeit entrückt wirkt. Wolfgang Schöne hat bei der Eröffnung der Gedächtnisausstellung zum zehnten Todestag Ernst Barlachs im Oktober/November 1948 in der Hamburger Galerie Rudolf Hoffmann dazu Erhellendes gesagt. Im Holz sei der »Gegensatz von Leib und Seele« aufgehoben. Darum sieht er in der »Elastizität« und »Splitterhaftigkeit« des Holzes wesentliche Eigenschaften, die Barlach zum Holzschnitzer machen.

Das Splitterhafte, so Schöne, drücke sich nicht etwa »in der Aufsplitterung der Gesamtform aus, sondern darin, daß manche Bildwerke wie Holzsplitter wirken (Beispiele: Der Ekstatiker 1916, Tanzendes Weib 1920); nach der Seite des Ausdrucks hin ist es als ein Element des Grotesken zu bezeichnen, das in Barlachs Kunst eine dämonische Rolle spielt.«[14]

Aber der Bildhaueralltag hat immer zwei Seiten: das Werk und das Überleben seines Schöpfers. Reinhard Piper weiß dann auch zu berichten, dass Barlach von Paul Cassirer für den Moses 10 000 Mark verlangte, nicht wenig, aber Cassirer fand es für eine solche lebensgroße Figur in Eiche dennoch zu wenig »und überwies noch weitere 5000 Mark«.[15] Solche Kunsthändler braucht das Land!

Im Winter 1918/19 erlebt Barlach die Zeit zwischen Kaiserreich und Weimarer Republik nicht als Neuanfang, sondern als etwas überaus Unsauberes, Unehrliches, aus dem nichts wirklich Neues werden kann. Dabei will man ihn in Berlin dabeihaben, ihn zu Fragen der Neuordnung von Kunst und Kultur im Lande hören. Aber er will keine Reden halten, nicht zum Funktionär werden. Seine Arbeit ist ihm das Medium, durch das er mit der Welt verkehrt. Entsprechend unwillig reagiert er: *Meine Prophezeiung trifft zu: Nach dem Krieg wird's erst ungemütlich. Ich komme nur zwischendurch wie ein Dieb zur Arbeit. Greulich.*[16]

Von seinem Bruder Hans im revolutionären Russland erhält er am 2. November 1918 Nachricht. Er sei in Charkow und beaufsichtige die Zentralheizung der Kommandantur. Er hoffe, Charkow Anfang Dezember verlassen zu können. Oder fürchtet er es? Barlach kann nicht recht aufschließen, wie es gemeint ist. Seinem Jugendfreund Düsel teilt er mit, sein Bruder komme aus Russland und bringe auch Olga mit, eine Russin, von der Barlach keine hohe Meinung hat. Jedenfalls erwarte seine Mutter nun die *nette Aussicht auf Besuch einer Schwiegertochter, die dick, dumm, faul und gefräßig ist.*[17] Es dauert dann doch länger, denn sein Bruder und dessen Frau geraten auf der Reise durch Bürgerkriegsland in bolschewistische Gefangenschaft, aus der sie *fluchtartig und knapp mit dem Leben* entkommen. Sie quartieren sich im Kurhotel am Inselsee ein. Barlachs Befund vom 15. Februar 1919 lautet galgenhumorig, er lebe wie ein *Schachbauer, den ein Dutzend närrischer Spieler von einem Feld aufs andre jagen.*[18]

Wie soll sich der Künstler im Schatten der Weltkriegsniederlage verhalten? Die russische Revolution feiern, ihr auch in

Deutschland zum Sieg verhelfen wollen? Barlach bleibt skeptisch, gerade noch ist sein Bruder Hans mit dem Leben davon- und aus Sowjetrussland herausgekommen: *Man versichert mir, daß die russische Intelligenz nunmehr ausgerottet ist und prophezeit der deutschen dasselbe Schicksal innerhalb 1–2 Jahren.*[19]

Das Jahr 1920 beginnt mit Bedrückungen. *Der Klaus ist wieder mal krank, aber das ist ja das Gewöhnliche bei ihm.*[20] Nicht ungewöhnlich ist auch der labile Zustand seiner fünfundsiebzigjährigen Mutter. Im Jahr zuvor war eine Hilfe ins Haus gekommen, Albertine Heidebruch, die Barlach schon vor dem Ersten Weltkrieg bei dem befreundeten Ehepaar Lindemann kennengelernt hatte und mit der er seither im Briefwechsel stand.

Sah er in der jüngeren Frau mehr als bloß eine Hilfe im Haushalt? Barlach macht sich jedenfalls reichlich Gedanken über sie, und das will bei ihm etwas heißen: über eine Frau! *Was, als wir uns plötzlich am Bahnhof bei ihrer Ankunft sahen, was empfanden Sie wohl? Ich empfand einen Stoß, ein Leiden: so also hat es Ihnen mitgespielt. Sie selbst wissen es nicht mal, und zu Ihrem Glück. Aber natürlich, das Telefonamt muß etwas verderben, innen außen, oder vielmehr, etwas am Gestaltwerden hindern, und so rettest Du mir einen Teil von Dir ins Freie.*[21]

Ob seine Mutter eifersüchtig auf die neue Frau im Haus war oder ob es aus dem Unfrieden kam, in dem sie mit sich selbst lebte und der sich auf alle um sie herum übertrug, bleibt ungewiss. Jedenfalls verlässt Albertine Heidebruch das Haus wieder. Als Grund nennt Barlach ein *Zerwürfnis mit meiner Mutter* und fügt in einem Brief an Reinhard Piper hinzu, er könne daran nichts ändern, wolle er seine Mutter nicht ins Irrenhaus stecken.

Als Albertine Heidebruch 1928 stirbt, erhält Barlach alle Briefe, die er an sie schrieb, zurück und verbrennt sie – mit zahlreichen anderen – 1934 in einem großem Autodafé.

Nun also steckt der Haushalt wieder im tiefsten Chaos. Seine Mutter allein kann ihn nicht mehr führen, sie bedarf selbst der Pflege, und Klaus ist die meiste Zeit krank. Hinzu kommt die Knappheit an allem, an Lebensmitteln ohnehin, aber auch an

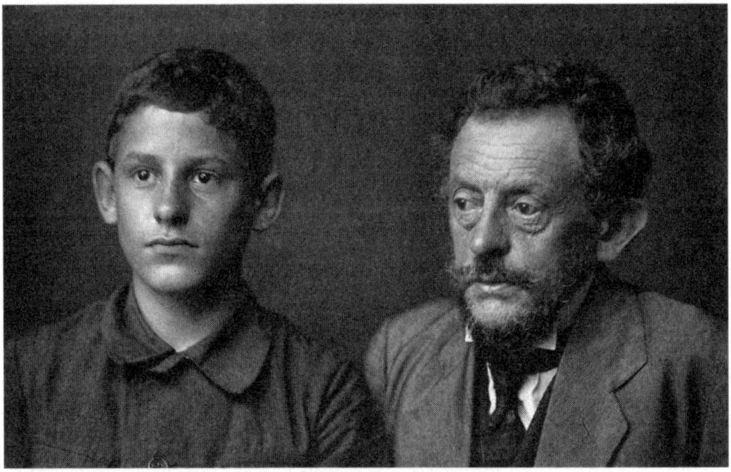

Ernst Barlach mit seinem Sohn Klaus (1922)

Heizmaterial, an Gas und Strom. Nie weiß man, ob das Licht angeht, wenn man den Schalter drückt, oder ob wieder einmal Stromsperre herrscht.

Das Jahr hat erst begonnen, aber das Resümee Barlachs vom 1. März klingt bereits niederschmetternd: *Dieser Winter war einer des äußersten Mißvergnügens. Der Erfolg für mich ist traurig. Ich will nicht von Zusammenbruch reden, einmal weil es theatralisch wirkt, dann weil ich die Hoffnung auf ein neues Leben nicht verloren gebe, aber im Augenblick ist mein Zustand der eines Zusammengebrochenen.*[22]

Nicht nur das Familiäre wendet sich für Barlach zum Unguten, auch die politische Lage im Land. Der Kapp-Putsch macht sich sogar im kleinen Güstrow bemerkbar. Gerade als Barlach dabei ist, an der Plastik von Albert Kollmann *zu polieren,* beginnt draußen das Schießen, wie er Reinhard Piper am 2. April 1920 vermeldet: *Es ist bös hergegangen im Lande Mecklenburg und bei uns vielleicht schlimmer als anderswo, es hat geknallt und das Pflaster des Markts war rot von Blut. Ein sonderbares Gefühl, sich von Feldgrauen, stahlhelmbewehrten Soldaten feindlich behandelt zu sehen! Eine Probe Bürgerkrieg und schwer auf die Nerven fallender Beweis von Zerbröckelung des Volks.*[23]

Neun friedlich für die Republik demonstrierende Güstrower werden von den einmarschierenden Kolonialtruppen des Generals Lettow-Vorbeck erschossen und zweiundzwanzig schwer verletzt. Welch ein Massaker vor der eigenen Haustür!

Tod der Mutter

Reinhard Piper ist in dieser Zeit der engste Vertraute Barlachs und erfährt daher auch keine zwei Wochen später, dass diesen seine häuslichen Zustände lähmen. Ein Hilferuf, doch was tun? Am 9. Mai 1920 heißt es: *Ich komme kaum ernstlich zur Arbeit, lebe mit meiner schwerleidenden Mutter in größter Eingezogenheit und Stille. Es soll nicht geklagt sein, man gewöhnt sich an Gefängnisluft, und ich hatte ja schon immer Talente zu Einsiedelei und zur Verlorenheit.*[24]

Noch immer bestimmt der Zustand seiner Mutter den Alltag. Es wird schlimmer, geradezu – für alle Beteiligten – unerträglich. Am 27. Juli schreibt er Julius Cohen: *Meine Mutter ist in dem Zustand, von dem man sagt, daß er nicht leben und nicht sterben bedeutet. Sie war vor langen Jahren auf Anordnung meines Vaters, eines Arztes, ein Jahr in der Irrenanstalt, jetzt leidet sie im Alter von 75 Jahren zugleich an körperlicher Schwäche, die zeitweise zu völliger Hilflosigkeit gesteigert ist, und zugleich an nervösen Störungen. Ich zähle auf: Angstzustände, Beklemmungen mit Herzbeschwerden, quälende Anwandlungen aller Art, besonders rührseliger, lamentabler Art, Unbefriedigung, Sucht nach Wechsel von Medikament zu Medikament, Schlaflosigkeit, Fehlen jeglicher Unterscheidung von Richtigem und Falschen, Wesentlichem und Nebensächlichem.*[25]

Barlach ist ratlos. Anfang Juli schildert er Lotte Lucht, die der Mutter eine Kur empfohlen hatte, die Situation. Einige Zeit war Luise Barlach in einem Krankenhaus gewesen, hatte es dort aber nicht ausgehalten und war eigenmächtig nach Hause gekommen. Nun treibt sie die gleiche Unruhe wieder fort. Eine größere Anstalt eignet sich nicht für die Mutter, ein kleines Sanatorium schon eher. Vor allem, darauf besteht der Sohn, muss sich die Mutter selbst entschließen, keinesfalls wird er sie, wie es der Vater getan hatte, einweisen lassen. Rostock-Gehlsdorf schließt er aus, der Ruf der Irrenanstalt eile diesem Ort voraus. Bad Kleinen bei Schwerin bietet sich an. Dahin will Luise Barlach. Aber für den Sohn kann das nur eine vorübergehende Beherbergung bedeuten. Am besten wäre, eine Freundin in Schwerin, die ausgebildete Krankenschwester ist, nähme die Mutter zu sich.

Am 6. August 1920 teilt Ernst Barlach seinem Vetter Karl aus Bad Kleinen mit: *Lieber Vetter, am 2. Aug. ist meine Mutter auf Anraten ihres Arztes nach hier gebracht, gestern nun durch Unglück oder in einem Anfall von Verzagtheit zu Tode gekommen; genug, sie wurde aus dem Schweriner See geborgen.*[26] Offiziell ist nicht von Selbstmord die Rede, das Amtsgericht Wismar *schob die Frage nach Selbstmord beiseite, da keinerlei Gründe ihn wahrscheinlicher machten als einen Unglücksfall.* Die Ärzte der Anstalt jedoch gehen von einer Selbsttötung aus, denn Luise Barlach sei bei einem Spaziergang mit einer Gruppe von Patienten zurückgeblieben und verschwunden. Später habe man sie im See treibend tot aufgefunden. Sie habe sich von einem Steg in Wasser gestürzt.

Barlach ahnt, dass seine Mutter freiwillig aus dem Leben geschieden ist, oft genug hatte sie davon gesprochen. Arthur Moeller van den Bruck erfährt am 23. August: *Die lange Krankheit, nein: monatelanges Sterben meiner Mutter, zuletzt die (setzen Sie ein trauriges Wort hin) – Umstände ihres endlichen Todes, die man doch, so sehr man sie beklagen muß, als Erlösung bringend aus unerträglichen Zuständen ansehen muß, haben mich selbst einigermaßen zugerichtet.*[27]

Friedrich Düsel gesteht er, er müsse endlich von der *Selbstquälerei* ablassen, aber das lasse sich leichter sagen als tun. Die Vorstellungen der Qualen an den letzten ihrer Tage – nur drei waren es in der Anstalt in Bad Kleinen – lassen ihn nicht los. Denn er weiß, seine Mutter war ein phantasiebegabtes Wesen, auch wenn sie keinerlei Halt mehr in sich fand: *Ihre Empfänglichkeit nach jeder Seite war nicht abgestumpft, sondern im Gegenteil schrecklich geschärft.*[28]

Der Sohn wird ein schlichtes Holzdenkmal für ihr Grab schnitzen. Er fühlt sich auf merkwürdige Weise ebenso befreit wie verlassen. Ihr Ende war *ein tüchtiger Stoß für mich,* vertraut er

Reinhard Piper an. Es habe für ihn manchen Augenblick gegeben, wo er sich *Versäumnis und Schuld* vorwerfen musste: *Eine so hilflose alte Frau, wenn auch auf ihr entschiedenes Verlangen, ihr eigensinniges Betreiben in ein solches Geldschneide-Geschäft von Heilanstalt zu verstoßen war grausam ...*[29]

An Friedrich Düsel wird er am 28. Dezember 1920 über die zwiespältigen Gefühle schreiben, die ihn seit dem Tod der Mutter beherrschen: *Im ersten Augenblick der Vergegenwärtigung ihres Todes und ihres gewollten Fortgehens empfand ich freilich eine Art Befreiung, ich fühlte: es ist gut, denn es ist ihre Entscheidung, sie hat die gewünschte Erlösung sich selbst bereitet.*

Sein Bruder Joseph bekundet, dass, wenn der Schritt der Mutter freiwillig gewesen sei, er dafür nur Hochachtung empfinden könne.

Und doch, Barlach weiß zu gut um die langen Kämpfe der Mutter auf dem Weg zu diesem Entschluss, der letztlich doch eine Kapitulation vor dem Weiter-Leben war, eine sich selbst auslöschende Verzweiflungstat: *Die Gegenwart ihrer schweren Kämpfe in langen Nächten und trostlosen Tagen, ihr Bild als eines Menschen, dem nicht zu helfen war, der sich aus der Gemeinschaft der anderen im Leben wie durch ein Todesurteil ausgestoßen fühlte, der dennoch um Hilfe bangte und sie von den nächsten hoffte, die in ihrem Gefühl, nicht helfen zu können, es bei Vertröstungen und erlogener Zuversicht bewenden lassen mußten, wird mir bleiben.*[30]

Es sei Klaus gewesen, der Vierzehnjährige, der seiner Großmutter die letzte große Freude ihres Lebens bereitete, notiert Barlach. Als sich Luise Barlach, kurz vor ihrer Abfahrt nach Bad Kleinen, noch einige Minuten aufs Sofa legte, brachte er ihr seine Kaninchen zum Abschied; dann auf dem Bahnhof, nach der Abfahrt des Zuges, lief er über die ganze Länge des Bahnsteigs barfüßig neben dem Zug her, ihr heftig winkend. Es klingt in Barlachs Brief an Düsel so, als wünschte er, er selbst wäre in diesem Moment zu solcherart unkomplizierten Gefühlsäußerung fähig gewesen.

Erst acht Jahre später wird er Reinhard Piper berichten, welch skurrilen Anblick ihre Heimkehr geboten habe, da die den Sarg zur

Beerdigung nach Güstrow bringende Kutsche ein einfacher Leiterwagen gewesen sei. *Der Kutscher stieg auf und lehnte sich mit seinem breiten, dicken Rücken so recht behaglich an den Sarg und steckte sich eine Zigarre in sein rotes Gesicht. Da dachte ich: »Wenn meine Mutter das mit ansehen könnte, die würde noch im Sarge darüber lachen!«*[31]

Wohin soll er sich nun wenden? Zurück nach Berlin oder ganz woanders hin, wie es ihm seine lebenslang von Unruhe getriebene, von Ort zu Ort, Wohnung zu Wohnung ziehende Mutter vorgemacht hat? Nein, das ist nicht seine Art: *Meine Natur neigt zum Chinesentum, ich hänge am Alten, und mich werden nur zwingende Umstände von hier vertreiben.*[32]

»Ein hiesiger junger Herr Schult«

Immerhin ist etwas Neues und durchaus Erfreuliches hinzugekommen, die Bekanntschaft mit dem jungen Friedrich Schult, einem Güstrower Zeichenlehrer, der sich ihm eng anzuschließen beginnt, was in Barlach – wie Däubler kein Typ für Verbrüderungen! – durchaus ambivalente Gefühle weckt.

Friedrich Schult, der nicht nur Unterricht erteilt, sondern auch in eigener Regie schreibt und malt, besitzt ein gutes Urteil. Er ist fünfundzwanzig Jahre alt, neunzehn Jahre jünger als Ernst Barlach. In dessen »Güstrower Tagebuch« taucht Schult erstmals im Herbst 1914 auf. Meist in der Form: Der junge Herr Schult liegt auf dem Sofa, und der nicht mehr junge Herr Barlach holt ihn zu einem gemeinsamen Spaziergang ab.

Durch den Kinderhort ist Barlach in Güstrow schnell zu einer bekannten Person, wenn auch nicht gerade zur Persönlichkeit geworden. Es ist ungewöhnlich, dass der notorische Alleingeher, der sich Zweisamkeit eigentlich nur als Vater-Sohn-Beziehung vorstellen kann, nun mit einem jungen Mann spazieren geht, und zwar regelmäßig. Friedrich Schult ist weder provinziell noch vom Virus des Kunstbetriebs infiziert, das mag Barlach an ihm.

Als die 1914er Kriegshysterie die Güstrower Heimatfront in Aufregung versetzt, kleidet Schult das in eine Anekdote, die

Barlach dann in seinem Tagebuch festhält: *Sein Schwiegervater ist Förster und bekam den telefonischen Bescheid, ein verdächtiges, offenbar bombenführendes Fuhrwerk aufzuheben. Dazu wurden alle alten Knochen im Dorfe aufgeboten, die bejahten Forstarbeiter auf die stöckrigen Beine gebracht. Und dem Feind wurde der Weg abgeschnitten, und es war ein Bauer, der seine Bienenkörbe von der Heide heimführte oder hinfuhr, die er mit einem Laken zugedeckt hatte.*[33]

Auch wenn Barlach und Schult in diesem 1914er Herbst ebenso in patriotischer Stimmung sind, ihren Sinn für die absurde Pointe, ihren allen bedeutungsvoll daherkommenden Ernst durchdringenden Humor haben sie sich dennoch erhalten. Im Dezember 1914 muss auch Schult zur Musterung. Barlach notiert, *natürlich war er untauglich.* Darüber sei er *ein wenig mißmutig gewesen.*[34]

Wie missmutig wäre Schult erst gewesen, wenn er in Barlachs Tagebuch dieses den Mann bloßstellende Wort *natürlich* entdeckt hätte. So also gehen sie nun regelmäßig spazieren, und Barlach studiert den merkwürdigen jungen Mann, der klein ist und nicht sehr männlich wirkt. Gefühligkeit unter Männern ist allerdings Barlachs Sache nicht. Schult beschreibt er in einem Tagebuchnotat vom 7. November 1914 so: *Nun sieht er immer ein ganz klein wenig kopfhängerisch drein, wenn man boshaft wäre, würde man sagen, er lässt die Ohren hängen.*[35]

Von der Front werden deutsche Erfolge vermeldet, und Schult sei – trotz notorisch hängender Ohren – in *gehobener Stimmung* gewesen. *Vorgestern Nacht hatten drei Zeppeline über England Bomben geworfen. Man möchte sagen: Großer Gott wie gut! England in der Mache, England wird der Nerv der Vorderzähne gefühlt.*[36]

Barlach, der bekanntlich sofort mit dem Gewehr in der Hand gegen die Engländer ziehen würde, wenn man ihn denn ließe, zeigt bei solchen Gelegenheiten, dass er sich dennoch den kalten Blick bewahrt hat: *Gewiß, wir sind alle »gehobener Stimmung«. Aber ich weiß damit nichts anzufangen. Es ist ein Rausch, und die Rauschzustände sind mir verdächtig, ich sorge lieber für eine erhöhte Nüchternheit, für Fassung und klare Augen.*[37]

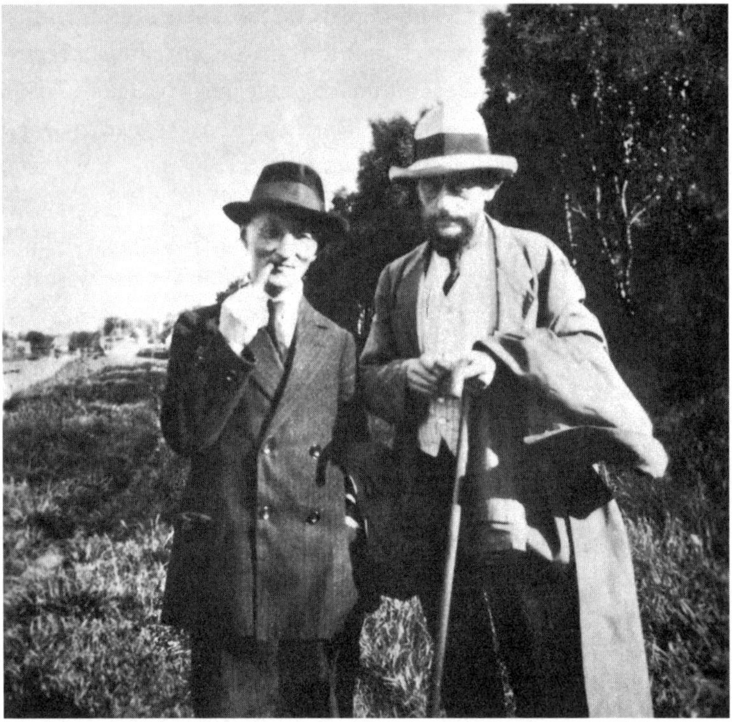

Ernst Barlach (rechts) und Friedrich Schult (1920)

Für einen geistigen Bund mit Herrn Schult ist Barlach also nur unter Vorbehalt bereit: Distanz! Am 5. Dezember 1914 notiert er: *Mit Herrn Schult im Waldhaus, und Herr Schult tastete mit mozarthafter Zärtlichkeit dem Klavier auf und ab über die aufgedeckten Empfänglichkeiten seiner Klaviatur.*

Barlach, der in sich den Berserker trägt, der mit dem Stein oder mindestens dem Holz kämpft, dem er eine Gestalt entreißt, ist befremdet: *Herr Schult aber zog mit seinem Glas Grog zu mir vor den Stuhl und schilderte die Schauer seiner musikalischen Rückenmarksbahnen. Er kam mir zu nahe, und ich merkte wieder mal, daß mich als Älteren selbst bei Mozart-Beethoven-Kienzlschen Entflammungen keine Bruderbrünstigkeit und blühendes Blutgemisch anmuten.*[38]

Anfang 1915 leiht er sich von Schult einen Rembrandt-Bildband. Seltsamerweise ist es nicht das dominante Dunkel der

Bilder, das ein Funken Licht zaghaft zu durchleuchten beginnt, das Barlach dabei imponiert, sondern im Gegenteil: *die Lebenssonne* strahlt ihm aus diesen Bildern entgegen, etwa aus »Saskia mit Hut«. *Und nun das Leben, das Rembrandtleben, ist mächtig, rauh und traurig. Aber weil es immer mächtig ist, ist es immer schön – nein, nicht lustig, nicht fröhlich, aber schön!*

Diese Grundkoordinate wird für Barlach richtungsweisend.

So also gehen sie in den kommenden Jahren, meist sonnabends, gemeinsam spazieren. Ein Foto vom August 1919 zeigt sie bei einer solchen gemeinsamen Wanderung. Barlach mit Stock, in seiner etwas rustikalen Landkleidung, den Hut tief ins Gesicht gezogen und reserviert in die Kamera schauend, neben ihm Friedrich Schult, eine Spur zu elegant gekleidet so mitten in der Natur, eher zu lässig eine Pfeife in der Hand haltend und mit einem smarten Lächeln in die Kamera blickend. Das ideale Paar? Wenn man es als ein durch Gegensätze bestehendes definiert, dann durchaus.

Sogar Reinhard Piper, den Verlegerfreund aus München (mit mecklenburgischen Wurzeln), will er unbedingt mit dem jungen Freund bekannt machen und bereitet brieflich am 24. Februar 1919 die dann tatsächlich erfolgte Begegnung vor: *Ein hiesiger junger Herr Schult ist aus alter Bauernzucht und hat den Inbegriff seines Geschlechts aus Jahrhunderten filtriert in sich bewahrt – er weiß, wie es hergegangen ist und hat's als Kind mit eigenen Augen mitangesehen. Vielleicht würde es Sie, wenn Sie herkommen, als ebenfalls Mecklenburger interessieren, diesen letzten Mohikaner, an dem kein falscher Ton ist, in neuzeitlicher Gestalt kennen zu lernen.*[39]

Doch über seiner Freundschaft zu Schult (die einzige, die er in Güstrow vorsichtig pflegt) werden bald dunkle Wolken aufziehen. Dabei schien ihre Verbindung auf Dauer angelegt zu sein. Aber dann kommt alles ganz anders. Der wenige Jahre zuvor sich noch für die Nüchternheit und gegen den Rausch aussprechende Barlach gerät 1921 in einen unvermuteten Vollrausch. Er verliebt sich in Elisabeth, die Frau von Friedrich Schult. Sie erwidert sein Werben, und kurzzeitig haben sie eine heftige Affäre. Bereits 1920 hatte Barlach neben einer Tonmaske des jungenhaften, fast körperlos-intellektuell wirkenden Friedrich Schult ein kleines Holzmedaillon für Elisabeth geschnitzt, das als Anhänger für eine Kette um den Hals zu tragen war. Darauf eine schlanke mädchenhafte Gestalt, die den Kopf in die Arme stützt und den Betrachter erwartungsvoll anblickt. Schult hätte angesichts solch offensichtlicher Werbung um seine Frau gewarnt sein sollen. Aber was dann passierte, das konnte er sich nicht vorstellen.

In dieser Zeit des Liebesrausches entsteht auch die »Kußgruppe«, die nur aus zwei heftig aneinanderdrängenden Körpern besteht. Und weitere Bilder gibt es von dieser merkwürdigen, von Barlach in einer Form offensichtlicher geistiger Konfusion aus sinnlicher Übererregtheit vorangetriebenen Beziehung.

Er malt die zwei Varianten dieser ihn überfallenden Liebe: einmal romantisch verklärt, als »Sitzendes Liebespaar«, und das andere Mal, die Kehrseite der Medaille, als »Schweinsköpfiges Liebespaar«. Beide Werke sind von 1921, Letzteres als Dokument der Ernüchterung. Es war ein dionysischer Rausch, der den kühlen Norddeutschen in Würgegriff genommen hat. Er weiß, wie töricht er sich verhält, und kann doch nicht anders. Denn aus der Affäre, auf die sich Schults Frau einließ, soll eine Ehe werden. So jedenfalls beschließt es Barlach offenbar im Alleingang, den man auch einen unkontrollierten Affekt nennen kann.

Unvorstellbar, aber wahr: Barlach will die Frau seines Freundes Friedrich Schult heiraten! Sie soll ihren Mann verlassen und ganz und für immer zu ihm kommen. Die plötzlich ernüchterte Frau ist entsetzt, lehnt das ab. Barlach drängt und bedrängt sie; er will dies Weib unbedingt erobern! Aber es misslingt. *Die mecklenburgische Seele hat sich mir von einer fatalen Seite gezeigt.*[40]

Barlach gibt der Inkonsequenz der Frau die Schuld. Ihn so vorzuführen, wenn es ihr gar nicht ernst war!

Die Geschichte macht in Güstrow die Runde, ein Skandal, der sein Ansehen nicht hebt.

Was hier passiert ist, das will er ausgerechnet einer anderen Frau, zu der er ein eher schwieriges Verhältnis hat, Tilla Durieux, beichten. Sein Brief vom 10. September 1921 dekretiert: *Die Frau ist schrecklich rätselhaft.* Und so schildert er die makabre Szene, die sich im Garten Friedrich Schults abgespielt hat: *Dann brockte ich ihr die ganze Schwere meines Zustands in 3 Worten ein; und darüber entsetzte sie sich, weinte und – nach 2 Tagen fanden wir uns zu dreien im dunklen Garten. Hier in Gegenwart ihres Mannes erklärte ich, sie mitsamt ihren Kindern heiraten zu wollen. Sie ging fort und lief hin und her, endlich gab sie eben die Kinder als Hindernis an ...*[41]

Weitere zwei Tage später erscheint Friedrich Schult bei ihm, verkündet, er könne seine Frau und Kinder nicht haben, da er eine gute Ehe führe und seine Familie nicht aufgeben werde. Das Gefühl seiner Frau für ihn sei vollkommen harmlos gewesen, Barlach habe sich da in etwas hineingesteigert. Dieser sieht das nicht so harmlos: Er sei verliebt gewesen und nun schnöde abgewiesen worden. Welch eine Schmach! Mit anderen Worten: Das Opfer in dieser Geschichte sei er. Tilla Durieux erfährt: *Ich komme mir etwas dumm vor.*[42]

Das ist noch milde ausgedrückt angesichts des seelischen Ausnahmezustands, in den er sich hineinmanövriert hat. Luise Barlach ist gestorben, Fräulein Heidebruch, die Haushälterin, die er begehrte, war die letzte Schlacht, die die Mutter aus Eifersucht schlug – erfolgreich, wie sich jetzt zeigt, das Fräulein Heidebruch bleibt auf Distanz, da helfen auch gemeinsame Spaziergänge nichts mehr. Er erringt nicht nur keine Geliebte, erst recht keine Ehefrau im Fräulein Heidebruch, sondern verliert auch die Haushaltshilfe endgültig. Die neue, Fräulein Doege, ist nicht sein Fall, wie er seinem Bruder Hans gesteht: *Sie ist musterhaft ordentlich und aufs beste besorgt um uns, aber was ist gegen den inneren Widerstand zu machen?*[43]

Das Schlimmste an diesem Jahr 1921 aber ist, dass er nicht nur keine Ehefrau erobert, sondern einen Freund verliert. Bruder Hans erfährt am 13. September: *Es hat hier schwere Geschichten abgesetzt, Aufregungen schlimmsten Kalibers gegeben. Die Frau hält zu ihrem Mann, das ist natürlich, die zwei Kinder kann man nicht ohne Gewaltsamkeit und Grausamkeit entvatern oder entmuttern. Schlimm ist, daß mein Zustand gegen sie, die Frau, von ihr sozusagen gebilligt und willkommen geheißen war, solange er nichts anders als Spaß und*

Spiel sein wollte. Daß ich dabei fast umgekommen bin oder verrückt geworden, lag ganz außer Berechnung oder Vermuten. Das Erstaunen war groß wie ein Donnerschlag, als ich Ernst machte.[44]

Die gemeinsamen Spaziergänge mit Friedrich Schult sind für immer vorbei, und Barlach sitzt, nun gänzlich einsam, in seinem Atelier. Zum Glück hat er aus Kiel den Auftrag bekommen, ein Ehrenmal für die Gefallenen des Weltkriegs zu schaffen. Also hat er einen guten Grund, auswärts zu weilen. Aus Kiel schreibt er am 7. November 1921 zerknirscht an Reinhard Piper: *Lieber Herr Piper, ich schreibe Ihnen aus einer sonderbaren Lage, die ich dazu nicht ganz aufhellen kann. Aus Güstrow bin ich sozusagen fluchtartig weggegangen und denke nur vorübergehend wieder hin zu kommen. Es geschah, weil ich verhängnisvoll verfangen in einer unmöglichen Situation war (cherchez la femme), und Kiel war ein willkommener Ausweg, da ich hier eine Arbeit für eine Kirche machen kann. So bin ich nach einem Sommer voll der schwersten Aufregungen und aus einem Zustand wirklicher Zersetzung seit etwa 5 Wochen in verhältnismäßiger Ruhe.*[45]

Soll er Güstrow nun für immer verlassen? *Am liebsten verkröche ich mich auf Jahre in irgendeinem Loch und machte mein körperliches Dasein völlig anonym.*[46]

Am 11. November erfährt Vetter Karl: *Mir geht's miserabel, ich bin ganz ausgepumpt. Wenn ich an Güstrow denke, wird mir flau, und wenn ich ans Fortgehen denke, noch flauer.*[47] Für ihn scheint klar, nach diesem Skandal kann er in der Kleinstadt Güstrow nicht bleiben!

Berlin? Die geschäftige Großstadt lockt ihn nicht gerade. Und doch bleibt ihm eine Gewissheit, die dieses Jahr 1921 prägt, wie er am 22. Dezember seinem Bruder Hans anvertraut: *Hier fühle ich mich nun gar nicht mehr wohl. Eine Heimat, die keine mehr ist.*[48]

Da ergibt sich auf überraschende Weise eine günstige Gelegenheit. Aber wie das so ist mit den Gelegenheiten, der Anlass ist ein trauriger. Sein alter Freund, der Tiermaler August Gaul, der ihn nach Kräften förderte, ihn nach seiner Rückkehr aus Russland mit Paul Cassirer bekannt machte und dem vor allem er seine – vielleicht lebensrettende – Entlassung aus der Armee zu verdanken hat, ist im Oktober 1921 gestorben. Schon längere Zeit war er herzkrank, und Barlach besuchte ihn regelmäßig. An Reinhard Piper schreibt er: *Zum Skelett abgemagert, saß er, als ich ihn zuletzt sah, zwischen seinen großen Arbeiten. Ich denke, der Gorilla ist seine beste Arbeit. Eine Gestalt wie durch Brandung aus dem Fels gewaschen, voll Schönheit, Düsterkeit und Melancholie.*[49]

Nun ist Gaul tot, und Barlach, nach Kiel geflüchtet, wo er ein großes Atelier für den Ehrenmalauftrag zur Verfügung gestellt bekommen hat, muss sich überlegen, wohin er sich nach der Schult-Affäre wenden soll. Dauerhaft zurück nach Güstrow? Undenkbar. Noch vor Gauls Tod erreicht ihn im September ein Angebot, von dem er seinem Vetter Karl am 25. September berichtet. Die Akademie stelle ihm eine Honorarprofessur und ein Atelier in Potsdam in Aussicht: *Schließlich habe ich nichts zu tun, als Atelierräume im Park von Sanssouci zu beziehen, keinerlei Lehrpflicht, kein Gehalt. Ich bin fest entschlossen zuzusagen, denn hier muß ich fort, und wo findet man eine so beschaffene Situation?*[50] Die Professur kommt nicht zustande.

Aber dann werden ihm Gauls Haus und Atelier in Berlin angeboten. Leo Kestenberg, der Mann der Sozialdemokraten für die Kulturpolitik in der Weimarer Republik, kennt und schätzt Barlach, möchte ihn gern in die Hauptstadt holen. Doch es gibt einen Einspruch des zuständigen Wohnungsamtes. Vetter Karl erinnert sich: »Zwei Ministerien geraten darüber in einen hitzigen Briefwechsel. Ernst sitzt derweil auf seinen Koffern. Beschwichtigende Briefe treffen hin und wieder ein. Er wartet, wartet mit Zwiespalt im Herzen.«[51]

Inzwischen stürzt sich Barlach in Kiel in die Arbeit für das Ehrenmal in der Nikolaikirche. Drei Monate arbeitet er in einer ausgeräumten Turnhalle daran.

Im Zweiten Weltkrieg wird das Kieler Ehrenmal in einer Bombennacht verbrennen. Eine ebenso schöne wie schlichte Arbeit, die nichts von Barlachs innerem Ausnahmezustand verrät. Er greift hier zurück auf seine Lithographie von 1916 »Dona Nobis Pacem«, die er für den »Bildermann« anfertigte. Sie birgt bereits alle Elemente der Skulptur, wirkt wie eine Vorzeichnung: Betende auf einer Wolke, lichtumgleißt, von Schwertern bedroht.

Diese Skulptur wirkt heute jedoch eher wie eine Vorstufe der dann von Barlach geschaffenen Ehrenmale für die Gefallenen des Weltkriegs. Die einfache Übertragung einer Lithographie in ein Relief funktioniert offenbar nicht, muss er hier erfahren. Das Resultat ist in sich so wenig geschlossen, so inkonsequent, wie Barlach sich fühlt in dieser Zeit: zwischen zwei Zeiten, zwei Ausdrucksformen in einem unerfreulichen Zwischenzustand gefangen.

Eine neue, ebenso einfache wie bezwingende Form fürs Monumentale hat er noch nicht gefunden. Der heute nur noch über Fotografien der Holztafel herstellbare Eindruck des Kieler Ehrenmals ist ein durch und durch konventioneller. Eiche, so jedenfalls hat Barlach bei der Schnitzarbeit erfahren, ist als Material ein überaus harter Gegner. Unter der Figur, die an die christliche Ikonographie der Schmerzensmutter angelehnt ist, befindet sich in Antiqua-Versalien die plattdeutsche Inschrift: »MIN HART BLÖTT VÖR GRAM / AWERS DU GIFST MI KRAFT/1914–1918«. (Mein Herz blutet vor Gram, aber du gibst mir Kraft.)

Aus Kiel zurück in Güstrow, ruft Barlach erregt: *Was habe ich mit Berlin zu tun!* Doch er ist auf der Flucht. Alles, wirklich alles scheint im Moment besser als Güstrow, sogar das verhasste Berlin! Am 4. März 1922 teilt er Reinhard Piper mit, er habe auf Zusicherungen hin, die er aus Berlin in der Umzugsfrage bekam, den Packer bestellt, *und seitdem steht mein Atelier voll von Kisten und liegt voll losem Stroh.*[52]

Er wartet mitsamt seinen gepackten Sachen volle vier Monate, dann trifft er eine Entscheidung: *Lieber Herr Piper, nein, ich gehe nicht nach Berlin, ich bleibe nun freiwillig hier, nachdem die Möglichkeit in Berlin einzuziehen endlich, endlich, nachdem ich mürbe und kleingemahlen vom Warten und Sitzen geworden – doch noch eintrat. Ich wußte, daß ich mich durch diesen Verzicht für Jahre zur Einsamkeit verpflichtete, denn mit Schult und mir ist's aus.*[53]

Das unmöglich gewordene Verhältnis zu Schult, so notiert er, liege wie ein schwerer Schatten auf seiner Einsamkeit, die ihn nun in Güstrow umfangen hält. Aber er bejaht sie, lebt zusammen mit jenen Gespenstern, mit denen er seit jeher einen freundschaftlichen Umgang pflegte und über die er bereits sein Pariser Gespensterromanfragment, dann »Der tote Tag« schrieb.

Dieses fortwährende Wechseln zwischen Natürlichem und Übernatürlichem wird fortan seine künstlerische Heimat sein – und vor allem seine als göttergleich empfundene Vaterschaft, die ihm Halt im fragil gewordenen Alltag gibt.

Sechs Jahre lang werden Ernst Barlach und Friedrich Schult, jeder für sich, im kleinen Güstrow ihrer Wege gehen, darauf bedacht, sich ja nicht zu begegnen. Dann endlich gibt es wieder vorsichtig-distanzierte Kontakte, doch nun zumeist per Brief. Persönlich gehen sich die beiden Männer weiterhin aus dem Weg.

Schult bewundert den Künstler, aber wozu der Mann imstande ist, hat er erfahren – und verzeiht es ihm nicht.

Grabmale. Erste Arbeiten zum Totengedenken

Grabmale hat Barlach bereits einige geschaffen, aber nun ist der Anlass erstmals ein sehr persönlicher. Eine Herzensangelegenheit. Luise Schenck, eine Cousine von Barlachs Mutter, lebte in Altona bei Hamburg mit zwei Schwestern zusammen, allesamt unverheiratet. Barlach erwähnt sie zum ersten Mal 1890, mit zwanzig Jahren, in einem Brief an seinen Jugendfreund Friedrich Düsel. Er stellt sie ihm als *schriftstellernde Dame* vor, Verfasserin einer Reihe von Werken, deren bekanntestes die »Losen Blätter aus Brasilien« seien (sie lebte dort einige Jahre als Sprachlehrerin für Deutsch). Über diese »Losen Blätter« schrieb der seinerzeit namhafte Gustav Freytag, die Autorin verfüge über die *ungewöhnliche Begabung, die Menschen und ihre landschaftliche Umgebung vorzuführen.* Zuweilen erreiche die Erzählung *die Genauigkeit eines kunstvoll behandelten Lichtbildes.*[54]

Nur leider hat Luise Schenck mit ihren Büchern so gar keinen Erfolg. Das schmerzt den jungen Ernst Barlach, der den in Sachen Literaturbetrieb bereits beschlagenen Friedrich Düsel um verlegerischen Rat bittet. Ihm gefällt, was Mutters Cousine schreibt, unbeirrt von Erfolg oder Misserfolg. Überhaupt, die drei Schwestern imponieren ihm, weil sie ihren eigenen Weg gegangen sind: *Die Schule des Lebens hat sie stark mitgenommen, sie haben sich ihre Existenz hart erkämpft; erst ging die eine, dann die zweite als Erzieherin nach Brasilien – jetzt geht es ihnen gut, und Luise findet Muße zu künstlerischen Arbeiten.*[55]

In gewisser Hinsicht ist Luise Schenck für Barlach das Vorbild eines Künstlertums, das sich um Erfolg beim Publikum so gar nicht schert. Im Dezember 1918 stirbt sie, und Barlach schreibt – achtundzwanzig Jahre nach dem ersten Brief in Sachen Luise Schenck – an Friedrich Düsel, er sei zu ihrer Einäscherung in Hamburg gewesen und solle ihr nun einen Grabstein setzen. Bei der Trauerfeier trifft er erstmals wieder den Bildhauer Carl Garbers, mit dem er einst in Dresden und Paris seine Anfängerzeit verbrachte. Nun ist Garbers ein saturierter Mensch geworden. Er reist mit Frau und Kindern, hat zwar kein Atelier, aber unterrichtet dennoch – das ist einträglicher. Das Ganze mache, so Barlach, *einen Harmonie-übersättigten Eindruck.*[56]

Am schlimmsten an der Trauerfeier für Luise Schenck aber sei etwas anderes gewesen, und darüber kommt Barlach nur schwer hinweg: *Luise Schenck mußte eine himmelschreiende Leichenrede über sich ergehen lassen, w i r mußten sie anhören. Was soll es heißen, wenn von einem gut und gern 80jährigen Fräulein gesagt wird, daß sie leider keinen Mann bekommen hat! Das geht mir zu weit!*[57]

Umso mehr ist es Barlach ein Bedürfnis, etwas für das Andenken der verehrten Luise Schenck zu tun. Er gestaltet ihr Grabmal – ein aufgeschlagenes Buch aus Stein. Dieses Grabmal Barlachs wurde erst 1964 auf dem Diebsteich-Friedhof in Hamburg-Altona wiederentdeckt.

Von der schlichten und doch auch symbolträchtigen Arbeit berichtet Barlach am 26. Juni 1919 Oda Rösler in einem Brief. Sie hatte Barlach um ein Grabmal für ihren verstorbenen Mann gebeten. Seine Antwort zeigt, wie weit die Überlegungen aus Anlass der Grabplatte für Luise Schenck bereits gehen. Er warnt Oda Rösler vor einem *Rattenschwanz von Konsequenzen.* Vor allem müsse man die Grabstelle genau kennen, dann die Ausführung des Grabmals beaufsichtigen, auch persönlich die Aufstellung leiten. In Bezug auf Material, Kostenberechnung und Termineinhaltung herrsche ständig Unsicherheit. Sein Fazit: *Die Nebensachen überwiegen die Wesentlichkeit um ein Vielfaches.* Barlach ist skeptisch, gerade weil er, wie er schreibt, in jüngster Zeit so viel Schmerz empfunden und dargestellt habe. Es widerspreche seinem Empfinden, eine *Komposition zu konstruieren, die dem trauernden Andenken Röslers geweiht wäre.* Statt dessen plädiert er für die völlige Schmucklosigkeit des Grabes, dessen einfache Selbstverständlichkeit so das letztes Zeugnis eines Menschen sein würde, gegen alle Irrtümer des Lebens.

Was er hier konstatiert, das ist ein Bekenntnis, das all seinen kommenden Grabmälern zugrunde liegen wird. Er formuliert es, was bei ihm selten geschieht, als einen Rat: *Lassen Sie die Grabstelle durch einen unpolierten Granit decken, machen Sie kein Kunstgrab, sondern lassen Sie als zugrunde liegende Empfindung Schwere, Einfachheit und Abwesenheit jedes Hinweises auf Kunst und Lebensstellung des Toten walten. Sein Denkmal hat sich der Verstorbene selbst errichtet, sein Grab sei das eines Mannes von Ernst und Würde, der auf Lob und Wertung nie gerechnet hat, dessen Leben in sich den Maßstab, das Verhältnis der Größe hatte.*[58]

Die eigene Klage, so Barlach, solle niemand hören, es gehe nicht darum, eine *Komödie des Schmerzes* aufzuführen. Und er betont: *Ich spreche vom Grab-, nicht von einem Denk-Mal.*[59] Ein Grab werde nicht mit Rücksicht auf die Umwelt angelegt, diese habe zurückzutreten und zu schweigen. Die höchste Äußerung des Gefühls, wie er sie sich auch bei der *nicht unbedeutende(n) Schriftstellerin* Luise Schenck gestattet habe, münde in *Stein und einfache Linie.*

Klar wird, dass er eine figürliche Darstellung bei dem Grab für nicht angemessen hält, auch will er keinen wie auch immer gearteten »Auftrag« von Oda Rösler übernehmen. Diese hier vertretene Position hat auch etwas mit seiner krisenhaften Verfassung zu tun: *Ich suche mich auf meiner Bahn aufrechtzuerhalten, ich fühle mich innerhalb meines Gebietes schwer erschüttert und ringe mit allen*

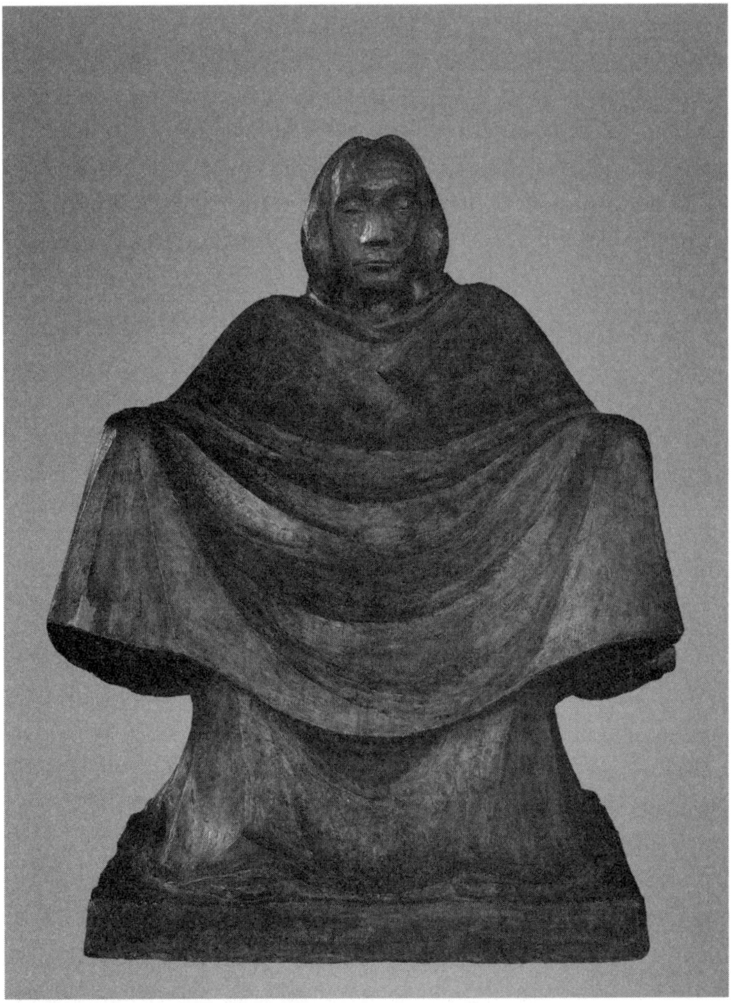

Mutter Erde (1920)

Kräften gegen die Lähmung durch die allgemeine Depression. Mit Dingen, die ich nicht fallenlassen darf, wenn ich mich nicht selbst aufgeben will, bin ich weit im Rückstand.[60]

Mit anderen Worten: Was gehen ihn die Gräber anderer Leute an! Oda Rösler beherzigt den Rat Barlachs und entscheidet sich für eine einfache Granitplatte ohne jeden Schmuck, nur mit einem schlichten Namenszug versehen.

Barlach steckt in einer Depression. Er fühlt sich der Welt nicht gewachsen. Wie kurz ist die Zeit des Lichts im Norden, das er so dringend für seine Arbeit (mehr noch aber zum Leben!) benötigt. Und wenn er dann an einem Winternachmittag zu Hause in Güstrow sitzt und sich zwischen Bronze, Stein und Holz für seine Plastiken entscheiden muss (während des Krieges war an Bronze überhaupt nicht zu denken), dann stellt sich schließlich doch nur eine ganz profane Frage: *Haben wir Strom? Und allzuoft haben wir keinen, dann heißt es mit Kerzen, Diebslaternchen und Spritbrennern (wenn es mal wieder eine Flasche Brennsprit gibt) wirtschaften.*[61]

Das ist der Alltag im Nachkriegsjahr 1919, in dem sein Sohn Klaus natürlich eins nicht versäumt: die große Grippe, die durchs Land zieht.

Der Tod der Mutter zerstört die lang eingeübte, wenn auch immer fragile Balance im Leben Ernst Barlachs. Die Mutter war ihm wichtig, trotz aller Beschwerlichkeiten, die aus der psychischen Labilität von Luise Barlach erwuchsen. Wenn es darauf ankam, dann zeigte sie unerwartet große Stärke. Den Söhnen führte sie reihum den Haushalt, dem Enkel Klaus wurde sie zum Mutterersatz.

Für Ernst Barlach war die Sohn-Mutter-Beziehung ebenso eng wie seine Vater-Sohn-Beziehung zu Klaus. Und nun ist die Mutter nicht mehr da, noch dazu unter Bedingungen gestorben, die Barlach belasten. Hätte er ihren Freitod nicht verhindern können? 1920 entsteht nach einer Kohlezeichnung die Lithographie »Frau Sorge«. Darauf ist eine alte, gebrechliche Frau zu sehen, die sich, vornübergebeugt und mühsam auf zwei Stöcke gestützt, beharrlich voranbewegt. Ihr Blick ist nach vorn gerichtet, sehr konzentriert und entschlossen, so gut es geht der eigenen Hinfälligkeit zu trotzen. So kannte Barlach seine Mutter: ein Pflichtmensch durch und durch. Hinzu kam ihre Phantasie (mit einer Seite hin zu Labilität), die dem Künstler das Erbteil ist, das er ihr verdankt.

In diesem Bewusstsein entwirft er 1921 das Grabmal für seine Mutter: ein schlichtes Kreuz für den Friedhof in Güstrow. Eine Stele, eher noch ein Holzpfosten, nach oben breiter werdend. Über der Mitte des in seiner Form nur angedeuteten Kreuzes ein Relief, das den bärtigen Gottvater zeigt, mit weit ausgebreiteten Armen. Eine waagerecht schwebende schmale Frauenfigur zwischen seinen Armen nimmt den Kreuzanklang der äußeren Gestalt auf. Ein ebenso schlicht wie eindringlich gearbeitetes Grabmal.

Am 1. Juni 1921 hatte er Reinhard Piper über das Grabkreuz für seine Mutter geschrieben: *Es kommt noch eine kleine Schnitzerei dazu, und dann war es das Letzte, was mir für meine Mutter zu tun übrigblieb. Das Grab ist mir ein greulicher Ort, will ich gestehen, alle mühsam zusammen geklaubte Philosophie fällt mir manchmal (nicht bloß beim »Grabe«) wie ein Kartenhaus ein, und das bohrende »Warum?« und »Wozu?« fällt von frischem ohne Maulkorb und mit höllisch blanken Zähnen über mich her.*[62]

KAPITEL V

Bolls Welt

Der Löwe ist los! »Die echten Sedemunds«

Am 17. Juni 1917 äußert sich Barlach in seinem »Güstrower Tagebuch« zum ersten Mal über »Die echten Sedemunds«: *Mir fällt ein Drama ein, das auf dem bewußten Rummelplatz in Steglitz spielen könnte: Begräbnis, Kirchhofsmusik, Schützenfestgeknalle, Karussell, russische Schaukel, Tierbudengebrüll, alles durcheinander. Stimmung vom Jüngsten Tage, Motto: Gott, der diesen Wirrwarr erregt (Lebenssymbol), wie muß er leiden! … Das Glück, die Harmonie wird krampfhaft, wüst, verzweifelt gesucht und Enttäuschung, Not, Leid geerntet. Was im Einzelnen durcheinander drängt und treibt, bedeutet des Ganzen Unbehagen –!*[1]

Vier Jahre später liegt das Drama bei Paul Cassirer gedruckt vor, es braucht *keine Handreichungen mehr, es mag sich allein durchschlagen,* schreibt Barlach am 1. März 1920 an Reinhard Piper.

Am 22. Februar 1921 erfährt Piper vom Besuch des Regisseurs Leopold Jessner in Güstrow, der »Die echten Sedemunds« am Staatstheater Berlin inszeniert. Barlach ist von Jessner irritiert, schwankt zwischen Anziehung und Abstoßung: *Für mich ist das alles in allem eine kuriose Sache, zuerst wollte ich mich über eine Störung beklagen, dann aber gab es doch einen recht anregenden Tag. Es ist entschieden abenteuerlich, einem Menschen gegenüberzusitzen, der die innerlichen Phasen so intensiv durchlebt, die man an sich selbst durchgeprobt hat.*[2]

Jessner ist ein starker Regisseur mit Willen zum antinaturalistisch Formalen: Stilisierung und Symbol stehen wie Losungen über diesem merkwürdig chaotischen Bilderbogen, der eigentlich immer nur den Ruf durchspielt: Der Löwe ist los!

Es ist ein alter Jahrmarktslöwe, der gestorben ist. Der anarchistisch gestimmte Grude will den faulen Kleinstadtfrieden in die Luft sprengen und verbreitet das Gerücht vom ausgebrochenen

Löwen. Ein aufschlussreicher Ausnahmezustand unter den braven Bürgern ist die Folge, so, wie es Grude vorhergesehen hat, der zum Löwenwärter Franchi sagte: *Ja, bester Franchi, wir haben alle einen unhörbar brüllenden Löwen hinterm Rücken. Das ist doch das Beste an uns, daß uns jemand mit Majestät fangen und fressen will – daß wirs verdienen – wie?*[3]

Entwürfe zum Bühnenbild will Jessner von Barlach ausdrücklich nicht. Er arbeitet mit Geometrie und Licht, bloß keine bunte Jahrmarktskulisse! In diesem Punkt ist Barlach denn doch ein Traditionalist, jedoch einer, der um seine Grenzen weiß. Jugendfreund Friedrich Düsel erfährt am 13. März 1921: *Um kein Mißverständnis aufkommen zu lassen, will ich besonders aussprechen, daß die mir vorgelegten Situationen für meine Vorstellungsart völlig neu sind und daß ich durch sie zunächst frappiert bin. Sie sind Projekte eines meisterlichen Stilwillens und sozusagen Zwangspässe für die Empfänglichkeit des Zuschauers.* Er habe sich mit Jessner aufs Beste unterhalten, gespürt, dass da jemand mit einem hohen künstlerischen Anspruch arbeite, aber hinterher sei er doch von einer seltsamen Ahnung beschlichen worden, *daß zwei Dinge zusammengebracht werden, die nicht zusammenstimmen. Ein gelegentlicher Bummelschnack, der sogar sehr oft unterläuft zwischen streng stilisierten Wänden? Ich kann irren und denke gar nicht daran, Jeßner in die Arme zu fallen, ich versteh' ja wirklich nichts vom Theater!*[4]

Barlach hat es also mit einem ernsthaften Interpreten zu tun, der mehr versucht, als bloß Stückauslegung zu betreiben, der selbst ein starkes symbolkräftiges Bild für die Bühne schaffen will. Da Barlach Jessner persönlich getroffen hat und von seinen ernsthaften Ambitionen überzeugt ist, wird er seiner absurden Theaterabsenz dieses eine Mal doch untreu, wie Friedrich Schult am 2. April 1921 erfährt: Die *gestrige Aufführung verlief mit großem Beifall, die Kritik ist ganz ablehnend, ich muß mir das Stück doch einmal ansehen.*[5]

Tatsächlich geht Barlach dieses eine Mal ins Theater, sich sein eigenes Stück anzusehen. Er wird es nie wieder tun. Den Bericht dieser Unternehmung bekommt Reinhard Piper am 19. April: *Ich war bei der zweiten Aufführung und sah ein Stück von Herrn Jeßner, aber nicht von mir ... Filmtempo und Expression, damit will ich nichts zu tun haben. Der Schützenplatz war menschleer, das Grabmal war eine weiße Wand, groß wie ein Pharaonengrab, die »große gegenwärtige Menge« eben keine »Menge«, die Kapelle keine Kapelle, der Kirchhof ein Regisseurkniff und der Grundton des Hauptsächlichen Geschrei und Monumental- und Stilbums.*[6]

Wenn man diese avantgardistische Inszenierung doch heute noch einmal sehen könnte! Sie zieht Barlach – gegen seinen Willen – auf die Seite der Theatererneuerer gegen die Traditionalisten, die bloß bebildern, statt selbst Bilder zu schöpfen. Der Streit ist groß, aber neben neuen Feinden gewinnt Barlach auch neue Freunde. Doch das ist ihm egal. Der ganze Theaterbetrieb geht ihm auf die Nerven. Friedrich Düsel, der auch eine Besprechung für »Westermanns Monatshefte« schreibt (und darin Jessner anklagen wird), erfährt von Barlach, als bloßer Zuschauer wäre er vielleicht der stärkste Pfeifer gewesen.

Immerhin, das Publikum ist gespalten, auf einmal ist Barlach mit Jessner in Berlin zum Anlass eines Theaterskandals geworden, er ist umstritten. Barlach spürt das natürlich, aber will diese Art Wirkung nicht an sich heranlassen: *Und zum Schluß, mehr als dies Gelingen oder Versagen meiner Arbeit mich berührte, empfand ich das Erlebnis der Gegenwart einer vielköpfigen, teils gegen, teils für mich erhitzten Menge.*[7]

Friedrich Schult gegenüber wird er die Szenerie um seinen Theaterbesuch detailliert schildern. In Berlin anwesend, um zu signieren, wurde er dann *wider meinen Willen in die Aufführung geschleppt. Der Logenschließer wollte mich nicht anerkennen. Schließlich mußte er sich wohl oder übel dazu verstehen, mich auf den vorgesehenen Platz zu führen. Ich war bei der gänzlich verfehlten Stilisierung, die den breiten Atem meines Stücks platterdings verstellte, in einer schrecklichen Lage. Als Jeßner mich fragte, wie mir das Ganze denn gefallen habe, da mußte ich ihm antworten: »Was ich gesehen habe, hat nichts mehr mit mir zu tun!«*[8]

Von Aufführung versteht Barlach tatsächlich nichts. Was für ein braves Jahrmarktsstück wäre es geworden, wenn diese schrille

Apokalypsevision so inszeniert worden wäre, wie es sich die konservative Kritik vorstellt? Barlach kann nicht über seinen Schatten springen, er kann höchst vitale Totentänze schreiben, aber als Theatergänger wider Willen erweist er sich als provinziell. Ausdrücklich gibt er den drögen Einwendungen von Julius Bab gegen Jessner recht, der gegen den »ekstatischen Marionettentakt der Regie« geurteilt hatte: »Die wirklichen Qualitäten dieser bedeutenden Dichtung dürften ... doch in einer mehr naturhaften Inszenierung ganz anders zur Geltung kommen.«[9]

Siegfried Jacobsohn wird Stück und Inszenierung am 7. April 1921 in der »Weltbühne« in den Kontext stellen, in den es gehört: »Aber darf man das Publikum von gestern, das Publikum des Naturalismus, das keinen anderen Maßstab als die Lebensähnlichkeit hat, und das Publikum von heute, das überhaupt noch keinen Maßstab hat, weil dem neuen Drama bis jetzt der Erfüller fehlt – darf man dieses Publikum ob seiner Unzulänglichkeit schmähen?«[10]

Barlach steht, ohne dass er es sofort bemerkt, im Zentrum einer neuen Dramatik, in einem noch ungewissen Übergang zu neuen Ausdrucksformen, der den tradierten Theaterbegriff sprengt. Davon profitieren dann auch die Berliner Neuinszenierungen von »Der tote Tag« und »Der arme Vetter«, die Barlach plötzlich zu einem nicht nur ernst genommenen, sondern auch viel inszenierten Dramatiker machen.

Die Aufführungen von »Der arme Vetter« und »Der tote Tag«

Am 20. März 1919 steht die Premiere von »Der arme Vetter« bevor, an den Hamburger Kammerspielen inszeniert von Erich Ziegel. Das Stück, nach »Der tote Tag« entstanden, kommt vor diesem zur Uraufführung, aber auch für »Der tote Tag« gibt es nun einen Uraufführungstermin: im November in Leipzig.

Aber zuerst »Der arme Vetter«. Es geht in »Der arme Vetter« um die Grenzen des eigenen Ich als Grenzen der Welt, in der man lebt. Es ist ein Selbstmörderstück, in dem Barlach die Möglichkeit durchspielt, sich aus dieser Welt, die er wenig mag, auf brutale Weise zu verabschieden. Ja, wenn er nicht Vater wäre! Schon am 27. September 1916 hatte er Karl mitgeteilt: *Ich möchte Dir z. B. mein bewußtes Drama nicht schicken, weil ich fürchte, Du möchtest damit gar nichts anzufangen wissen.*[11]

Nun also die Hamburger Uraufführung, an der er, wie er Vetter Karl schreibt, nicht teilnehmen wird. Er formuliert hier vor seinem Debüt als Dramatiker auf großer Bühne bereits jene Position, die er dann auch – bis auf eine Ausnahme – bei seinen anderen Stücken beibehalten wird: *Ich finde bei solchen Gelegenheiten den Verfasser enorm überflüssig. Und selbst die beste Aufführung gibt mehr Theater, als sich mit dem Gedachten und nun einmal im Innersten Empfundenen verträgt.*[12]

Das Ergebnis ist achtbar, Barlach wird trotz gespaltener Reaktion, ob das Drama und seine Inszenierung nun gelungen seien oder nicht, als ungewöhnlicher Autor bemerkt. In der »Frankfurter Zeitung« etwa urteilt Arthur Sakheim am 28. März 1919: »Ein starker Aufwühler und tiefgreifender Forderer ist dieser Ernst Barlach, und die ›hohen Herren‹ Jean Paul, Amadeus Hoffmann, Dostojewski, Hamsun brauchen sich dieses ›armen Vetters‹ nicht zu schämen.«[13]

Nach der Premiere spricht Barlach – Misanthrop, der er ist – von einer *Arme-Vetter-Misere*. Nach Lektüre der Kritiken ist er über den großen Ernst verwundert, mit dem man das Gesehene debattiert, wie Vetter Karl erfährt: *Ich muß sagen, ein bißchen erstaunt bin ich, daß man die Vorgänge nicht gelassener hinnimmt, das Werk scheint schwerer belastet, als ich mir träumen ließ; mir ist es ganz natürlich ergangen, als ein selbstverständlicher Ablauf erschienen, was vielen und auch Dir niederdrückend und gewaltsam vorkommt.*[14]

Dabei sind die Reaktionen vor allem positiv, und zwar nicht unbedingt die Qualität des Stückes betreffend, aber die des Autors. Man ist überzeugt, dass hier jemand mit einer ganz eigenen Stimme spricht, dem es lohnt zuzuhören. »Baumstarke Üppigkeit« bescheinigt der Kritiker der »Frankfurter Zeitung« Barlach, etwas, das für ihn ein »großes Hoffen, ein Stück Erfüllung«[15] ist.

Die Aufführung spalte des Publikum, es habe »das Werk nicht gerade mit betulicher Zustimmung« verhätschelt, so ist zu lesen. Immerhin, für den Anfang nicht schlecht.

Ein ähnlicher Eindruck stellt sich im November desselben Jahres bei Publikum und Kritik ein, als »Der tote Tag« zur Uraufführung am Schauspiel Leipzig kommt. Die »Leipziger Neuesten Nachrichten« vermelden am 24. November: »Das Publikum verharrte auch nach dem letzten Bild in tiefstem Schweigen. War es Achtung?«[16]

Es scheint nicht sicher, ob die beiden ersten Stücke von Barlach, die ernst und schwer sind, wie man ihnen bescheinigt, vom Publikum aus Respekt oder Gleichgültigkeit so zurückhaltend aufgenommen werden. Erreicht diese mythisch-dunkle Dimension der Texte das Publikum überhaupt? Gewiss scheint nur, einem Theater, das man derart aus der Distanz anschaut und das so wenig Emotionen auslöst, fehlt offenbar etwas Entscheidendes. Aber liegt das am Stück oder an der Regie? Darüber scheint man sich auf allen Seiten im Unklaren zu sein. Auch der bereits fast fünfzigjährige Debütant, der bis dahin nicht durch besondere Nähe zum Theater aufgefallen war, weiß es nicht. Jedenfalls gibt es in den folgenden vier Jahren keine Versuche, die beiden Stücke nochmals aufzuführen, und fast scheint es so, als sei Barlach auf der Bühne eine schnell vergessene Eintagsfliege.

Das ändert sich erst 1923. Da machen sich gleich zwei Berliner Theater daran, »Der tote Tag« und »Der arme Vetter« – fast gleichzeitig – aufzuführen. »Der arme Vetter« kommt am 23. Mai am Staatstheater heraus, inszeniert von Jürgen Fehling, »Der tote Tag« am 24. Mai im Neuen Volkstheater unter der Regie von Paul Günther. Mit Recht kann man hier von einer konzertierten Barlach-Aktion sprechen, es ist in Kritiken auch von der Berliner »Barlach-Woche« die Rede, und tatsächlich ist die gesamte tonangebende hauptstädtische Theaterkritik anwesend und wird mit ihren Pro- und Contra-Stimmen den Nimbus Barlachs als merkwürdigem, geradezu unmöglichem Theaterautor noch weiter vergrößern.

Der Autor ist bei beiden Premieren nicht anwesend. Er weiß: Aufführung ist eine andere Sache als Schreiben.

Die Doppelpremiere von »Der tote Tag« und »Der arme Vetter« trifft Barlach in einem schlechten Zustand. Seit Monaten, notiert er, fühle er *einen niederdrückenden Kräfteverfall, empfand einen gewissermaßen ohnmächtigen Zustand.* Er plant sogar ernsthaft, mit Paul Cassirer zusammen sein Testament aufzusetzen, schließlich muss er für die Zukunft seines Sohnes sorgen. Nein, für jegliche Art von Kunstbetrieb fehlt es ihm gänzlich an überschüssiger Energie.

Vetter Karl, der ihm, was seine Dramen betrifft, am nächsten steht, berichtet er über die beiden nicht gesehenen Vorstellungen, also das, was darüber zu hören und zu lesen war: *Nach Zeugnissen verläßlicher Leute waren beide Abende von starker Wirkung, wenn auch die Presse natürlich völlig zwiespältig ist. Ein großer Fortschritt zu meinen Gunsten ist jedenfalls gemacht; vor zwei Jahren gab es eine fast einhellige Ablehnung und teilweise Verhöhnung der »Sedemunds«.*[17] Dieses Mal sei durch die Inszenierungen wohl der richtige Ton getroffen worden, so Barlach sichtlich erleichtert, denn, so vermeldet er nun: *Ich kann zum Theater wieder mehr Vertrauen fassen.*

Zu »Der tote Tag« schreibt Monty Jacobs in der »Vossischen Zeitung«: »Nur ein einsiedlerischer Geist wie Ernst Barlach freilich kann das Wort so unbekümmert laufen und brausen lassen.«[18] Von Emil Faktor ist im »Berliner Börsen-Courier« zu lesen: »Der Dichter Barlach bleibt in seinem verschwenderischen Reichtum ein Phänomen. Die Dramen besitzen einen hohen dokumentarischen Wert für die Wechselbeziehungen von Bild und Wort. In ihnen leuchtet ein Phantast, lächelt eine Philosophennatur.«[19]

Im »Berliner Lokal-Anzeiger« berichtet Ludwig Sternaux über »Der tote Tag« dagegen, er habe nach dem vierten Akt ein »unbezwingbares Verlangen nach frischer Luft« verspürt und sei hinausgegangen. So viel »tiefsinniges Geschwätz!«, notiert er genervt. Barlach solle »anscheinend mit Gewalt Mode werden«, ist zu lesen, wobei er hinzufügt: »Oder ist er's schon?«[20]

Julius Hart ist in »Der Tag« schließlich der Meinung, Barlachs Texte gehörten nicht auf die Bühne: »Es sind Buch- und Lesedramen, die er im Grunde schreibt. Im stillen Kämmerlein für sich muß man sie – studieren.« Derzeit liege, so Hart, die Kunst bei Barlach in den Geburtswehen: »Aber noch sind es nur Totgeburten, die unter Schreien und Krämpfen mit Geburtszangen herausgerissen werden.«[21] Das ist über einen Dreiundfünfzigjährigen wie über einen grünen Jungen gesagt.

Carl von Ossietzky klingt viel freundlicher, eben weil er sich auch mehr erhofft von einer Veränderung des Theaters. Und beginnt das nicht mit neuen Stücken? Mit Erstaunen konstatiert Barlach, dass die linken Blätter wohlwollender auf ihn reagieren als die rechten. Dabei hält er sich jederzeit fern von politischen Stellungnahmen. Aber Barlach erscheint auf der Bühne nun einmal als Erneuerer des Theaters, einer, der keiner Strömung angehört (auch der expressionistischen nicht, zu der ihn viele zählen), ein Anwalt von Konvention und Tradition steckt nicht in ihm.

Es klingt tatsächlich wie ein von aller bürgerlichen Blässe befreiter »Gespenster«-Ibsen, wenn Ossietzky den Stückinhalt in einem Satz zusammenfasst: »Dieser ›Tote Tag‹ ist eine Tragödie der egoistischen Mutterliebe, jener verweichlichten Liebe, die den Sohn von der Welt abschließt, für ein eigenes Leben unfähig macht und im entscheidenden Augenblick, in herzlose Grausamkeit umschlagend, mit brutaler Faust seine Träume zerstört.« Aber was er da sah, war eben mehr als dieser thesenartige Satz in Szene gesetzt, es war ein Genregrenzen sprengendes chaotisch-wildes Brodeln, ein böses Märchen über das halb gewollte, halb verweigerte Mannwerden des ewigen Kindes, das im Künstler steckt. Oder wie es Ossietzky formuliert: »Das mag unbehauen sein, technisch unzulänglich ... aber die Blutserneuerung des Theaters hat immer so angefangen.«[22]

Ähnlich parteinehmend sind auch die Kritiken zu »Der arme Vetter«. Dieser Abend am Staatlichen Schauspielhaus unter der Regie von Jürgen Fehling verlangt vom Publikum vor allem Geduld. Denn Fehling streicht in dem langen und labyrinthischen Text aus lauter Hochachtung vor dem Autor nicht einen Satz. Der Abend dauert in all seiner hochbedeutsamen Symbolik über vier Stunden.

Aber er kommt dennoch an, auf solche Herausforderungen wartet man in Berlin. Darüber schreiben sie nun alle, von Kurt Pinthus über Herbert Ihering, Paul Fechter bis zu Siegfried Jacobsohn. Der Berliner Oberkritiker Alfred Kerr scheint die beiden Barlach-Abende am 23. und 24. Mai 1923 geschwänzt zu haben, aber was er von diesem neuen Autor hält, hat er ja auch schon zwei Jahre zuvor aus Anlass der Berliner Premiere von »Die echten Sedemunds« geschrieben, in der für ihn typischen apodiktischen Art: »Jessner, nicht Barlach schrieb letztens das Werk. Etwa so, wie der geniale Koch aus einem Lederstück ein Schnitzel mit Garnierung und holden Tunken macht. Barlach gab das Leder, Jessner die Kochkunst.«[23] Diesmal also geben Pinthus und Ihering den Ton an. Hart verzeiht den Abfall vom Naturalismus nicht, schreibt vom »echten und rechten Chaoskind« Barlach, der wie ein »umgekehrter Prometheus«[24] inmitten der selbst produzierten Trümmerwelt sitze. Paul Fechter, der sich lebenslang um Barlach bemühen und wie dieser von Alfred Döblin mit Hass verfolgt wird, verweist auf ein von anderen Rezipienten weniger beachtetes Problem: »Die Diskussion des alten Themas vom Eros und vom Sexus ist wohl der innerste Sinn des Dramas.«[25]

Siegfried Jacobsohn notiert in der »Weltbühne« einen die künstlerische Widerspruchsexistenz Barlachs auf den Punkt bringenden Satz: »Ernst Barlachs Dramatik bezeugt ihn in hohem Maße als Bildhauer.« Und weiter: »Sein Platz ist bei den genialen Träumern von der zerfließenden Form, nicht bei den taghellen Talenten der festen Faust. Er geht nicht logisch vor, baut nicht architektonisch auf, sondert nicht wachen Sinnes aus, was etwa aufhält, und verteilt nicht bewusst Akzente. Er schleudert seine Gesichte aus sich heraus, schwelgt in ihnen, kümmert sich nicht um ihren Zusammenhang untereinander, belässt sie in ihrer ebenso wunderlichen wie wunderbaren mystischen Sphäre und – ist dabei doch ein Realist ersten Ranges, nämlich einer, der mit einem Griff die Vielfarbigkeit des Daseins packt, seine Vielfarbigkeit abmalt, seine Vielstimmigkeit hört, anschlägt und tönend macht.«[26]

Schwere Jahre. Arbeit als Heimatersatz

Im Mai 1922, Barlach hat seine Koffer und Kisten gerade wieder ausgepackt und sich entschlossen, in dem ihm fremd gewordenen Güstrow zu bleiben, da kommt die Nachricht aus Berlin, dass der Streit um August Gauls Haus und Atelier jetzt beendet sei und er kommen könne. Die Lösung klingt sehr sozialdemokratisch, also sehr ungewiss. Barlach ist froh, dass er in Berlin bereits deutlich abgesagt hat, denn die vorgeschlagene Konstruktion für eine Berlin-Existenz verstärkt seine unguten Gefühle nur noch weiter: *Nach meinem Verzicht bekam ich die Nachricht, daß ich nun einziehen könne, Frau Gaul will das Haus pro forma beziehen, leben aber auf dem Lande im Lauenburgischen und nur wenige Tage im Monat in ihrem Haus in der Luciusstraße wohnen. Das wäre so ein Musterbeispiel von unsicherer Position für mich, sobald sie das Landleben satt hat, wird sie wieder einziehen wollen ...*[27]

Also ausharren in Güstrow und arbeiten – ohne Ablenkung durch irgendwelche Geselligkeit. Friedrich Düsel gegenüber bezeichnet sich Barlach als *irrenhausreif*, das vergangene Jahr, so lesen wir in einem Brief vom 18. Mai 1922, sei ein *einziges Furioso* gewesen, *und es ist ein Wunder, daß ich mit heiler Haut davon gekommen bin.*[28]

Sein Bruder Hans, der Heizungsbauer, der mit knapper Not samt seiner Frau Olga aus dem postrevolutionären Russland entkommen konnte, sitzt in Berlin ohne Einkommen und ohne feste Wohnung. Barlach hilft, wo er kann, gibt Geld.

Reinhard Piper teilt er mit, worauf er sich einlässt, wenn er nun doch dauerhaft in Güstrow bleibt: *Ich wußte, daß ich mich durch diesen Verzicht für Jahre zur Einsamkeit verpflichtete ...*[29]

Was ihm hier als Heimat bleibt, woran er sich – neben der Arbeit – klammert, das ist die Landschaft, mit der er sich eins fühlt. Im Grunde weiß er, dass es für ihn vorteilhaft wäre, er würde die Gelegenheit nutzen, noch einmal in Berlin neu anzufangen. Die Wahrheit ist, er fühlt sich zu alt und zu krank dafür: *Nach Berlin gehe ich im letzten Grunde nur darum nicht, weil ich der Kompliziertheit des Lebens nicht gewachsen bin, eine Schwäche, will ich*

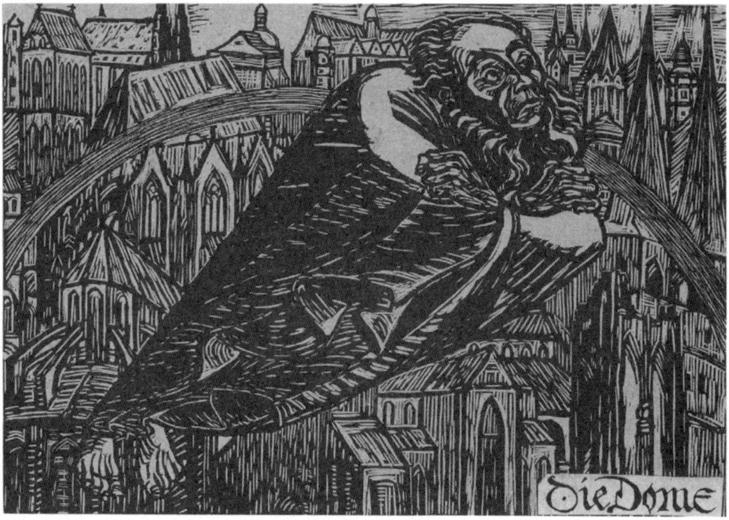

Die Dome (1920)

zugeben, die mir schlecht ansteht, die aber einem Zwang, einer Not entspricht.[30]

Gartenarbeit ist eine Form, die innere Balance wiederherzustellen, lange einsame Wanderungen die andere. Vetter Karl bekommt am 31. Juli 1922 die Auskunft: *Im übrigen heißt es jetzt, viel Geld verdienen und sein Haus in Ordnung halten. Für Romantik ist schlechte Zeit, und Halbheiten und Ungeklärtheiten dürfen sich nicht allzu mausig machen.*[31]

Seine Zuflucht heißt nun Arbeit: *Nichtarbeit hat mit Erholung nichts zu tun, Nichtarbeit ist das große Unglück. Unsereins erholt sich nicht und braucht keine Erholung außer dem Gelingen, mein Sanatorium ist mein Atelier.*[32] Doch das sagt sich so einfach, das sind harsche Selbstermunterungen, nur ja mitzuspielen bei allem, was er sich abverlangt. Lange jedenfalls hält er dieses Prinzip *mein Sanatorium ist mein Atelier* nicht durch. Seinem Bruder Hans gesteht er am 10. März 1923: *Vielleicht habe ich die Nerven bei abendlicher Arbeit zu sehr gezwickt, kurz, ich hatte böse Schwindelanfälle, konnte oder wagte kaum, auf die Straße zu gehen, mußte aber doch ein Modell formen, und das gab mir den Rest, so daß ich mich einige Tage hinter den Ofen setzte. Dazu Herzbeschwerden.*[33]

Schließlich geht er doch zum Arzt, gesteht, dass er trotz angeratenen Verzichts Pfeife rauche, und bekommt die Diagnose: Nikotinvergiftung. Aber es ist wohl nicht nur das. Er weiß, er trinkt zu viel und, schlimmer noch, er nimmt alle möglichen Tabletten.

Einige Monate zuvor hatte er noch wegen des ihm von Reinhard Piper besorgen Schlafmittels geschwärmt: *Sedobrom ist ein schönes Mittel, es wiegt unversehens in Schlaf und gibt heiteres Erwachen, ich bin Ihnen sehr dankbar.* Es klang auf unheimliche Weise euphorisch, nach hinausgeschobenem bösen Erwachen. Bereits der nächste Satz in diesem Brief vom 14. August 1922 offenbart, auf welch fragilem Grund sich Barlach bewegt: *Indessen habe ich schon wieder Fieber, sonst würde ich mich wohl zu einem Brief entschließen. Habe die neue Figur fast fertig, Sie sehen, daß ich noch arbeiten kann, wenn es sonst zureicht.*[34]

Nein, es reicht nicht zu, er lebt von der Substanz. Dazu kommen die Sorgen um Sohn Klaus, sechzehn Jahre alt und ein miserabler Schüler, so schlecht, dass nur noch Privatunterricht bleibt. Der Sohn hat keinen Ehrgeiz, scheint nichts werden zu wollen, das Leben als Sohn genügt ihm. Der Vater sieht es mit wachsender Unruhe. Hinzu kommt die Sorge um seine zwei Jahre jüngeren Zwillingsbrüder Joseph und Nikolaus in Amerika. Seinem Bruder Hans berichtet er am 18. Januar 1921: *Von Niko habe ich aus seiner neuen Stellung in Florida bisher nur eine Mitteilung. Natürlich gefällt es ihm da gar nicht, indes scheint er ziemlich gut zu verdienen und wird sich wohl besinnen, ehe er wieder zum Wanderstabe greift. Joseph, schreibt Niko, wohnt in New York in einer Dachstube und hilft sich äußerst kümmerlich.*[35]

Der Traum, vom Tellerwäscher zum Millionär zu werden, erfüllt sich für beide nicht, sie verdingen sich seit Längerem auf verschiedensten Gebieten, wie Barlach Reinhard Piper berichtet. Seine Brüder in Amerika müssten *ums nackte Leben* kämpfen. *Der eine ist Autofahrer in Florida, der andere, fern von Weib und Kindern, hat zum Glück einen Nachtposten als Heizer in New York erwischt.*[36]

Die familiären Wurzeln lösen sich, ein Gefühl, das Barlach starkes Unbehagen bereitet, wie er Reinhard Piper im selben Brief gesteht: *In der Heimat die weitere Familie verkrümelt sich, wenn nicht zum Glück in Gräber, doch ins Unbekannte, Dunkle, ins Vergessenwerden.*

Im Dezember 1922 schreibt er Vetter Karl über die Zwillinge, Nikolaus sei im Moment in *subalterner Stellung* der einzige Verdiener, Joseph schreibe radikale politische Texte, die er nicht lesen mag. Dass er seine Pamphlete nicht mehr zu erhalten wünsche, hat Barlach seinem Bruder auch selbst mitgeteilt. Fazit: *Man wächst auseinander.* Joseph, von dem er daraufhin nichts mehr hört, macht ihm zunehmend Sorgen. Es gehört viel dazu, wenn Barlach, der kein Hedonist, sondern ein allem Alltagskomfort gegenüber gleichgültiger Mensch ist, der sich selbst mit seinem Arbeitsethos regelmäßig überanstrengt, am 10. März 1923 über Joseph urteilt: *Sein freudloses, entbehrungsreiches Leben, eine systematische Askese, indem er sich jede bescheidene Behaglichkeit förmlich mißgönnt und dabei jeden Tag in sekundenmäßig ausgenutzte Teilungen zerlegt, muß ja an sich einen Menschen, der keine Maschinerie ist, umbringen. Es liegt in seinem Wesen eine Düsterkeit und verbitterte, vernunftwidrige Zielstrebigkeit, die immer ins Leere läuft.*[37]

Er ahnt nicht, dass der Bruder, als er diese Zeilen schreibt, bereits tot ist. Eine Woche nach diesem Brief an Karl muss er ihm die Nachricht überbringen, dass Joseph am 14. Februar gestorben ist. *Früh in falsche Bahnen, man kann sagen, gezwungen, war sein Leben aus innerer Unbefriedigung unheilbar vergiftet.*[38]

Als Erstgeborener fühlt sich Ernst Barlach für seine drei Brüder, von denen nun der erste überraschend gestorben ist, verantwortlich. Er vertritt hier die Vaterstelle. Umso mehr bedrückt es ihn, dass er den fern in den Vereinigten Staaten lebenden Zwillingen nicht zu helfen vermochte. Joseph und Nikolaus, die beiden hätten unverhältnismäßig die Last am frühen Tod des Vaters zu tragen gehabt, ohne Chance auf eine höhere Bildung (die aus Kostengründen Ernst, dem Ältesten, vorbehalten blieb) mussten sie früh ins Berufsleben, ohne Zeit für innere Reife zu haben, sich über eigene Lebensziele klar zu werden.

Barlach fühlt sich an diesem Desaster zweier unsteter Existenzen unbewusst mitschuldig. Und sein Vetter Karl wird sich an die Zwillinge erinnern, »die einige Jahre lang regelmäßig ihre Sommerferien hindurch bei uns durchgefüttert wurden«. Das klingt herablassend den armen Verwandten gegenüber. Und tatsächlich scheint es eine andere Welt, wenn er notiert: »Eine härtere Luft wehte mich an aus dem, was sie von ihrem Leben zu Hause erzählten.«

Besonders angezogen gefühlt habe er sich, der fünf Jahre Jüngere, von Joseph, während Niko »schon damals Züge von Schwermut und Phantastik erkennen ließ«. Manchmal sei auch noch der ältere Bruder Hans hinzugekommen, der als nicht sonderlich begabt galt, weil er ein schlechter Schüler war. Man trieb ihn darum besonders hart zur Arbeit an. »Alle drei waren erfindungsreiche Techniker, die schon in unseren Spielen ihre Geschicklichkeit bewiesen. Daß man eine ›gehende Wassermühle‹ bauen könne, lernte ich von ihnen mit Staunen.«

Ernst hat das Glück gehabt, so erkennt er erst als Erwachsener in ganzem Ausmaß, dass er beim Tod des Vaters schon vierzehn Jahre alt war und damit dem Machtgebaren der Vormünder nicht mehr ganz so ungeschützt ausgeliefert.

Nur mühsam gewöhnt er sich in seinem Güstrower Haushalt nun an das ungeliebte Fräulein Doege. Die Haushälterin ist nicht der Typ Frau, der er irgendwelche Avancen machen würde, und das festigt auf sachlicher Basis ihre häusliche Gemeinschaft.

Nikolaus schickt ihm aus Amerika einen Pelz von Joseph zur Erinnerung, *ein recht ansehnliches Kleidungsstück,* wie Barlach ratlos konstatiert. Diesen zum tatsächlich gelebten Elend Josephs so überdeutlich im Widerspruch stehenden Pelzmantel empfiehlt er umgehend seinem Bruder Hans in Berlin: *Einer von uns beiden muß ihn als Erbstück empfangen, nun ist die Sache, daß Du ja eher zum Pelztragen kommst als ich, der ich das Luftsäulenwesen im Winter gewohnt bin und nichts weiter entbehre.*[39]

Er arbeitet geradezu verbissen weiter in seiner Güstrower Einsamkeit, jedoch: *Verkauft wird nichts, und ich weiß nicht recht, ob das Geld, das ich brauche, noch vollkommen meins ist oder doch, ob ich nicht hart an der Grenze bin, wo ich von Cassirer leben muß. Frl. Doege ist der Ansicht, daß ich ein reicher Mann bin. Sie irrt, aber sie hat es sich einreden lassen oder sich eingeredet.*[40]

Er selbst komme sich vor wie Buridans Esel zwischen zwei Heubündeln. Bleiben oder gehen, das Thema ist immer noch nicht vom Tisch, wird es für ihn nie sein. Das Problem wird immer drängender, denn der Tod seines Bruders Joseph macht ihm deutlich, dass Zeit Frist ist. Doch er fühlt, wie seine Wurzeln nach und nach ausgerissen werden: *Hier passe ich nicht her, und anderswo anzufangen hab ich kein Vertrauen. Ich habe zuweilen das Gefühl, daß meine Bahn zu Ende gelaufen ist, ich sehe kein rechtes Ziel mehr.*[41]

Trauer und Klage spiegeln sich in seinen neu entstehenden Skulpturen wie »Weinende Frau« oder »Das Grauen«, beide von 1923. Letztere, eine aus Lindenholz geschnitzte Figur, kniend, die Hände verzweifelt an den Kopf gelegt, wurde 1926 von den Chemnitzer Kunstsammlungen für 10 000 RM angekauft, 1937 von den NS-Behörden als »entartete Kunst« eingestuft und aus dem Bestand »ausgeschieden« (so der Katalogvermerk). In der Folge wurde sie für 1186,50 RM an die Kunsthandlung Gerstenberger abgegeben und erstmals wieder 1950 auf der Biennale in Venedig öffentlich gezeigt.

Zwei Jahre nach Joseph folgt Nikolaus seinem Zwillingsbruder in den Tod, zweiundfünfzig Jahre alt. Seit 1910 hatte er ohne Unterbrechung in den USA gelebt. Bereits zuvor war er, nachdem er seine Gärtnerlehre beendet hatte und als Gutsinspektor in Friedrichroda lebte, für sieben Jahre Farmer in Amerika gewesen (die »Hungerfarm«, von der Barlach berichtet), 1906 und 1907 lebte er bei seinem Bruder Hans in Russland, wohin er zusammen mit Ernst Barlach gereist war. Nach seiner Rückkehr nach Deutschland versuchte sich Nikolaus in einem Handel mit Landmaschinen, doch stets ohne rechten Erfolg.

Nun war er, vermutlich infolge von Rheumatismus, *seinem alten Leiden, erkrankt und ist nach schwerem Kampf an Herzschwäche gestorben,* so Barlach am 7. April 1925 an Vetter Karl. Er fügt hinzu: *Von diesem Vetter wirst Du sicher das unklarste Bild haben, seine*

Tüchtigkeit war die Frische und Lebenszuversicht eines Draufgängers; überlegen, zäh ringen, lavieren war seine Sache nicht …[42]

Fremd und rätselhaft blieb ihm der Charakter der Zwillinge, anders als zu seinem Bruder Hans oder dem Vetter Karl wollte sich zu Joseph und Nikolaus keine wirkliche Nähe herstellen. Doch der Verlust schmerzt darum nicht weniger. So wird Ernst Barlach erneut auf die Themen Tod und Schmerz, Vergänglichkeit und Vergeblichkeit, die Eitelkeit menschlicher Pläne angesichts des unvorhersehbaren Schicksals gestoßen. Sehr grundsätzlich klingt, was er nun schreibt: *Ich kann es mir nicht abringen, das Enden des Lebens zu beklagen, die Lobpreiser des menschlichen Daseins mögen ehrlich sein, in den allermeisten Fällen haben sie eben guten Grund und erwarten die Beistimmung auch derer, die des Grundes entraten.*[43]

Hier ist nicht die Rede davon, dass er den Tod von Nikolaus nicht ebenso beklagt wie zuvor den von Joseph, es geht darüber hinaus: *Das Ende des Lebens* erscheint als grundsächliche Frage an das Leben, auch das eigene.

Im Jahr 1926 werden einige der eindringlichsten Werke Barlachs entstehen, darunter »Das Wiedersehen«, in Nussbaum geschnitzt sowie in Gips und Bronze gegossen.

Das Mecklenburgische Landesmuseum erwirbt bei Paul Cassirer »Das Wiedersehen« für 12 000 RM. 1937 wird es beschlagnahmt. Hermann F. Reemtsma kann es durch privaten Ankauf retten. 1946 wird es erstmals nach dem Krieg wieder in Celle in der Ausstellung »Befreite Kunst« und dann 1950 auf der Biennale in Venedig gezeigt.

»Das Wiedersehen« stellt zwei eng aufeinander bezogene Gestalten dar: Jesus und Thomas, der als »ungläubiger Thomas« überliefert wurde und nun, alt und gebrochen, zu Jesus zurückkehrt. Aber Jesus, das hat Friedrich Schult in seinem Kommentar zum Werkverzeichnis Barlachs sehr deutlich gemacht, schließt Thomas nicht einfach in die Arme, er bleibt reserviert. Bemerkenswert die ins Innere verlagerte Spannung dieser Zweiergruppe. Jesus dreht den Kopf leicht zur Seite, »in halber Abwehr den

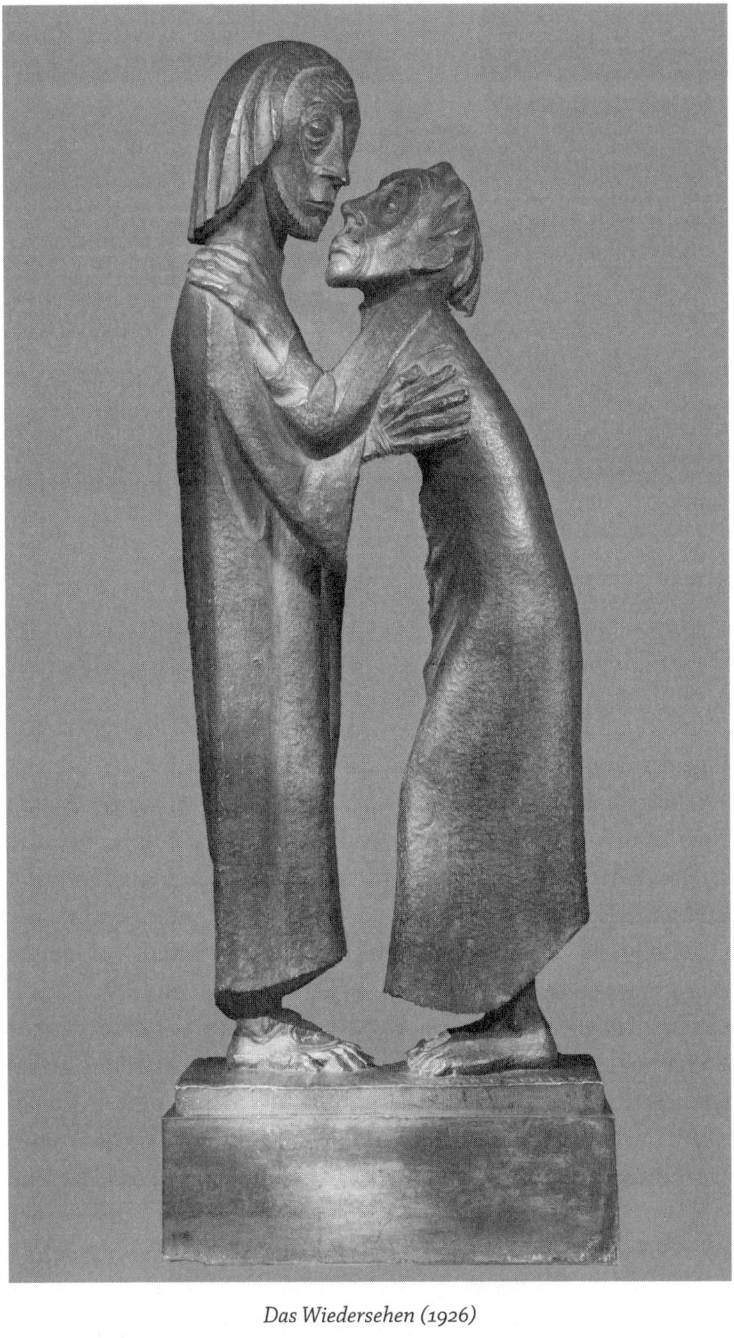

Das Wiedersehen (1926)

andrängenden Thomas mit beiden Händen stützend, der in vorgebeugter Haltung und erkennend zurückgebogenem Kopfe die Hände auf die Schultern legt«.[44]

Es ist hier also keineswegs eine Heimkehr des verlorenes Sohnes in Szene gesetzt. Wir haben teil an dem Moment, da Jesus als Sohn Gottes nun auch in den Augen des abtrünnig gewesenen Thomas in seinem Rang anerkannt wird. Jesus als Schmerzensmann, verkannt und verleugnet von seinen Nächsten, lässt die neuerliche Annäherung des Thomas zu, jedoch ohne das Moment der Fremdheit zwischen ihnen ganz aufheben zu wollen.

Er ist der Messias, er trägt den göttlichen wie den menschlichen Geist in sich, und an Thomas ist es, das anzuerkennen. Jesus hält den gebeugten Mann, aber er hält ihn, um dessen wankelmütigen Charakter wissend, auch auf Distanz. Er hebt ihn nicht auf, das ist nicht seine Sache, aber er gibt dem sich an ihn Drängenden, der zu stürzen droht, einen ersten Halt.

»Der Findling«

Eigentlich soll Barlach für Paul Cassirer Holzschnitte zu Goethes »Walpurgisnacht« schneiden. Doch während er Anfang des Jahres 1920 erste Vorarbeiten dazu beginnt, rumort es in ihm. Wenn er an die Ausführung denke, sei ihm *zum Speien zu Mute,*[45] erfährt Reinhard Piper am 1. März.

Ein großer Ekel vor dieser Welt hat ihn ergriffen. Auf langen Wanderungen durch die Wälder beginnt er über ein neues Stück nachzudenken, das von dieser Logik des Fressens und Gefressen-Werdens handelt: »Der Findling«. Es wird Barlachs rigorosestes Drama, teils von fäkalem Barock, teils Märchen für Erwachsene, teils Puppenspiel, teils existenzialistisches Unstück. Nietzsches Motiv »Gott ist tot« wird dabei zum Anwendungsfall erklärt: Die Welt erscheint hier als ein großer sinnloser Misthaufen, wer aber kann ihr zurückgeben, was zerstört wurde – Gott oder Mensch?

Dieses Buch wird für Barlach, wie er selbst gesteht, zu einer Art stellvertretendem Selbstmord, den real nicht zu begehen ihm alle Kraft abfordert. Der Kampf mit den destruktiven Anwandlungen, die ihn nach dem Tod der Mutter und der fatalen Affäre mit der Ehefrau von Friedrich Schult bedrängen, kann nur in aller Drastik geführt werden, und für ebendiese inneren seelischen Kämpfe benötigt Barlach die Dramenform.

1936 wird er den »Findling« gerade wegen seiner apokalyptischen Drohung das *liebste meiner Stücke*[46] nennen. Von anderen Stücken hätte er längst vergessen, was drin stünde, vom »Findling« keineswegs: Es ist dieses schmutzige, verunstaltete Kind, das er in die Welt gesetzt hat. *Ein Borstenbart hat's an der Backe, sein Haar ist mit ausgeschwitztem Horn verklebt. Wie Klumpen Kot stechen seine Gedärme aus dem Leib, fingerlanges Gewürm frißt an der faltigen Haut, sein Rücken ist ein Gerümpel von gebrochenen Knochenstücken.*[47]

Im Ganzen ein *frischgeformtes Grundübel.*

Die Szenerie wirkt wie ein verlängerter »Toter Tag« und ein verkürzter »Blauer Boll«. Auf halbem Weg zwischen beiden scheint dieser Wortexzess angesiedelt. Goethes »Walpurgisnacht« spukt umher, vor allem in jenem Teil von Kasper und dem Teufel, eine Stelle, die Barlach sehr mochte und die er auch bei einer Rundfunklesung (die auf einer Schallplatte mit anderen Tondokumenten erhalten ist) vortrug. Es hat etwas von gehobenem Puppentheater.

Das Angebot des Teufels, ihm zu folgen, klingt so: *Hilf mir, Kasper, mit deiner Seele! Nach tausend Jahren steigt sie aus dem Höllenkern, schuldloser als sie war, und wird ein heller Stern.* Die Antwort Kaspers lautet: *Was? Tausend Jahre eingeteufelt, geschweift, gehörnt, geschändet und geschwefelt?* Dies Angebot des Teufels ist, wie nicht anders zu erwarten, faul.

Die elend-grausame, verrohte materielle Welt, ist sie noch zu retten? *Die Zeit rennt wütend wie eine hungrige Wölfin.* Der rote Kaiser, der ein anderes Prinzip als das der Menschenfresser verkörperte, ist vom Steinklopfer bereits erschlagen worden und kocht als Ekelsuppe. Das missgestaltete Kind? Der Chor der Nihilisten ruft: *Ein Versehen von tausend Vätern,/ Eine Pfuscherei von tausend*

Müttern,/ Ein Spucknapf voll von faulem Speck und Dreck,/ Ertränkt das Elendskind. Pfingsten heißt eine der Gegenstimmen, die doch langsam verstummt: *Erstickt seine Erbärmlichkeit in Euch selber/ …/ Dann ist das Versehen von tausend Vätern/ Und die Pfuscherei von tausend Müttern vergessen.*

Das klingt dann bereits sehr nach dem blauen Boll, der sich selbst neu zur Welt bringt. Am Ende des kryptischen Stücks, das insgesamt wohl nur drei Mal auf die Bühne gebracht wurde, haben wir teil an einem Mysterium. Das missgestaltete, hässliche Kind ist ein leuchtend schönes geworden (vielleicht wurde es nur gegen ein schönes ausgetauscht?). Oder ist dies eines der Trugbilder des Teufels, der auch den sterbenden Faust verführte und nun im »Findling« als Gegenspieler Kaspers aus dem Puppenspiel vorkommt? Hier zeigt sich, wie sich Barlach auf langen Umwegen an Goethes »Faust«, dessen »Walpurgisnacht« ihm in Form eines Holzschnittzyklus als Auftrag im Nacken sitzt, heranarbeitet.

Es scheint eine grausam unbehauste Welt im »Findling« zu sein, eine Ordnung (welche, wird nicht gesagt) ist zusammengebrochen, Menschen ziehen hungrig und zerlumpt umher. Sie sind auf der Flucht vor unlebbaren Zuständen, aber scheinen ohne Ziel. Ein Steinhauer hat sich neben dem Weg postiert, eine Drohung von Macht und Gewalt. Er wird sich von diesem Gesindel, wie er es sieht, nichts von dem wegnehmen lassen, was ihm gehört. In der ersten Szenenanweisung hieß es bereits: *Der Steinhauer arbeitet neben dem sargähnlich gestreckten Haufen kleingeschlagener Steine, ein Topf steht über dem Feuer. Ein Mann und eine Frau in verwahrlostem Zustande, müde gewandert und schmutzig, bleiben bei dem Schirm stehen. Die Frau trägt ein in Tücher gebündeltes Kind.*

Diese Menschen sind – das wird gleich in den ersten Sätzen deutlich, die gesprochen werden – äußerlich wie innerlich verwahrlost. Der Mann sagt zu oder eher gegen seine Frau: *Warum setzt du das krätzige Kind ins grindige Leben?* Die Frau kontert nicht weniger aggressiv: *Von mir die Krätze, von dir die krummen Knochen!*

Pfingsten kommt doch noch einmal zu Wort, die Fata Morgana einer Verwandlung des Monstrums in pure Schönheit zu kommentieren: *Das letzte Wort am allerletzten Ort,/ Ertränkt ist das*

Elendskind in uns selber./ Unser aller Greul und Knäul von Offenbarung ... Dann aber hat Pfingsten doch nicht das letzte Wort. Der mörderische Steinklopfer ist zur Stelle, »legt ihm die breite Hand auf den Mund« (so die Szenenanweisung) und murmelt: *Kasperseele, Kasperseele!*

Kein anderes Stück hat wohl so eine Ventilfunktion für Barlach wie »Der Findling«. Als es am 8. April 1928 am Neuen Schauspielhaus Königsberg zur Uraufführung kommt, hat Ludwig Goldstein, wie er in der »Frankfurter Zeitung« schreibt, »das unklarste, dunkelste der fünf bekannten Barlach-Dramen« gesehen. Er urteilt: »Der Durchschnittsmensch weiß wenig damit anzufangen; einige höhere Geister glauben zwar jedes Rätsel gelöst zu haben, nur fallen die Lösungen leider verschieden aus – gemäß dem Goetheschen Wort: Legt ihr's nicht aus, so legt es unter.«[48]

Kleist-Preis für »Die Sündflut«

Zu aller Überraschung erhält Ernst Barlach den Kleist-Preis 1924. Alleinjuror Fritz Strich begründet seine Entscheidung auf ungewöhnliche Weise. Er beginnt mit einer Entschuldigung. Der Prämierte gehöre »im wörtlichen Sinne nicht mehr zu den Jungen, um Durchsetzung und Existenz Ringenden«. Der Juror habe unter den Jungen »niemanden finden können, von dem wir das Werk erhoffen könnten, auf das wir alle warten«.[49]

Diese etwas unglückliche Einführung in eine Preisrede wird Alfred Kerr sich in seinem brutalen Verriss des Stückes, für das Barlach den Preis erhält, nicht entgehen lassen. Es heißt »Die Sündflut« und hat tatsächlich einige Schwächen. Kerr in lustvoller Bosheit: »Dass dieses Werk einen Preis bekam, weil andere Werke noch weniger einen verdienten, erhellt die Sachlage.«[50]

Barlach, der seine Stücke nicht schreibt, um mit ihnen den großen Auftritt zu haben, sondern sich mit dramatischer Wut seelisch in jenes Gleichgewicht zu bringen, das es ihm erlaubt, auch auf anderem Felde wieder schöpferisch zu sein, kann es Herbert Ihering gegenüber (auch eine Berliner Theaterkritikgröße, aber eine mit Verständnis für Barlach ebenso wie für Brecht) am 6. April 1925 gelassenen Tons so formulieren: *Kerrs Proklamierung meines Dilettantismus ist mir in die Finger geraten. Recht hat ja jeder, der irgend etwas (womöglich ohne Partei- und Klickenvoreingenommenheit) aufrichtig so und so sieht und fühlt, und Kerr glaube ich aufs Wort, daß ihn das alles tödlich langweilt, was mir wertvoll ist.*

Er vermisst bei Kerr die Fähigkeit, das eigene Ich für einen Augenblick vergessen zu können. Hingabe an anderes! Mit anderen Worten: *nicht altgewordene Kindhaftigkeit,* die sich zuerst beglücken lässt und nicht kritisiert. Letzteres geschehe dann fast gegen den eigenen Willen. Allerdings: *Diese Kindergutgläubigkeit sitzt mit einem schäbigen Rest auch in Kerr, meistens ein wenig rotznäsig.*[51] Was Barlach hier in einigen Nebenbemerkungen formuliert, ersetzt ganze Abhandlungen in Sachen Kritik.

Seinem Bruder Hans gegenüber klingt er dann doch genervt angesichts der Besprechungen von »Die Sündflut«, die – wohl auch infolge des Kleist-Preises – gleich an mehreren Orten gespielt wird: *Aus vielen Besprechungen anderer Aufführungen sehe ich, daß es nicht leicht ist, zu erkennen, daß ein leibliches und äußeres Untergehen ein inneres Triumphieren sein kann und daß der Gesegnete und Gerettete nicht der Größte zu sein braucht. Doch genug, ich mag von der Binsenweisheit, daß Gut und Böse eben Begriffe sind, die sich wandeln können, nichts mehr sagen.*[52]

Aber zitieren wir noch einmal Fritz Strich in seiner Kleist-Preis-Begründung, in der er schließlich doch noch zu den Vorzügen des Autors Barlach kommt: »Ich kenne niemanden, der so wie er aus eigener, innerer Notwendigkeit zum tragischen Dichter dieser Zeit wurde, in welchem sie sich, von Zufall und Willkür erlöst, so wesensgleich, so ewig spiegelt.«[53]

Worum also geht es in Barlachs fünftem Drama? Um die Schöpfungsgeschichte, die Theodizee, die Frage also, wie kommt das Böse in die Welt, wenn es nur einen allmächtig-guten Gott gibt? Nun lässt sich diese Frage so beantworten, dass man von zwei Göttern ausgeht: Dem großen Gott steht sozusagen ein kleiner gegenüber, der Demiurg, auch er ein Weltenschöpfer, aber dem großen gegenüber nicht gleichberechtigt.

Barlach, der seinem religiösen Temperament nach ein Mystiker ist, der die Geistunmittelbarkeit vertritt, bringt mittels Unio mystica selbst formulierte Gegensätze am Ende wieder in eine Einheit. Religionsphilosophisch gesprochen: Die Gnosis mit ihren zwei göttlichen Prinzipien ist für Barlach nur eine Durchgangsstufe.

So muss man diese Schöpfungsgeschichte wohl lesen. Neben dem Dulder Noah, der alles, was ihm an Widrigkeiten zustößt, als Werk Gottes demütig hinnimmt und nie revoltiert, stellt Barlach Calan in die Szenerie. Wohl nicht zufällig ähnelt sein Name dem von Shakespeares Caliban aus dem »Sturm«. Das verkörperte Böse, das zur emanzipatorischen Handlung drängt: ein Vorläufer des Mephisto, mehr noch: Er ist vielleicht auch ein Prometheus, ein Empörertyp.

Calan fordert Gott mit einem Menschenopfer heraus: Er lässt einem junge Hirten beide Hände abschlagen. Wo bleibe Gottes Antwort darauf, so höhnt der Frevler.

Aber Gott wandelt längst unter ihnen, bei Barlach natürlich in Gestalt eines Bettlers. Was er sieht, das führt zu einem Entschluss, der gravierend scheint: Er will die Schöpfung rückgängig machen, sie war ein Fehler, was nichts anderes heißt, als mittels einer Sintflut alles Leben auf der Erde zu vernichten, ausgenommen den treuen Knecht Noah, der einen diskreten göttlichen Hinweis bekommen hat, sich ein Haus in der Höhe zu bauen, wo kein Wasser hinkommt.

Es ist von Anhängern und Gegnern des Stücks immer wieder ins Feld geführt worden, dass hier keine Personen handeln, sondern Symbole die Szenerie beherrschen – zur Freude der einen, zum Ärger der anderen. Richtig ist, dass Barlachs Sprache in seinen vorherigen Stücken (und erst recht im nachfolgenden, dem »Blauen Boll«), sehr viel vitaler und einfallsreicher wirkt. Normalerweise kämpft er mit einem Übermaß an Phantasie, hier, an die biblische Vorlage gefesselt, kommt Barlachs Sprache tatsächlich behäbig daher, geradezu bieder.

Originell wirken dagegen die im Chor sprechenden Engel, die im ersten Teil auf Gott in Gestalt eines Reisenden treffen. Im zweiten Teil ist es der Bettler, der zwischen den nihilistischen Engeln geht. Der Befund ist niederschmetternd.

2. Engel: *Dein Ebenbild ist zu einer Fratze geworden.*

1. Engel: *Deine Welt ist in Wahnsinn verfallen.*

Hier wird klar, dass Barlach, 1923 ohnehin auf einem Tiefpunkt seiner Güstrow-Existenz, keine bloße Nacherzählung der biblischen Schöpfungsgeschichte im Sinn hat. Mit Calan schafft er das Prinzip Tat, das gerade als Weltkrieg, als großes sinnloses Menschenopfer hinter ihnen liegt. Welcher Gott ist damit gemeint? Ein guter wohl kaum.

Barlach hofft auf die Stuttgarter Aufführung am 27. September 1924 unter Wolfgang Hoffmann-Harnisch, auf den er zuvor nach Kräften versucht in seinem Sinn einzuwirken. Er erteilt gute Ratschläge en masse, die fast nach Nötigung klingen, entwirft Bühne und Kostüme, schreibt ellenlange Interpretationen des eigenen Stücks, was er sonst strikt ablehnt. Aber hier soll nicht wieder alles schiefgehen wie bei seinen bisherigen Aufführungen, die, zumindest in Barlachs Augen, Misserfolge waren.

Also bekommt der Regisseur das von seinem Autor, was er am wenigsten braucht: Inszenierungsratschläge bedrängender Art. So in einem Brief vom 7. September 1924 an Wolfgang Hoffmann-Harnisch: *Die Engel sind gleiche Kategorie, ihre Herrlichkeit ist übersteigerte Menschlichkeit, vielleicht sind die von mir entworfenen Flügel anstatt der Arme unmöglich, aber sie fallen doch dadurch aus der Umgebung heraus und werden durch sie beweiskräftig.*[54]

Ihering reist nach Stuttgart und befindet: »Barlach trägt ab, was die Zeit aufgeschichtet hat.«[55] Im Ganzen nennt die Kritik die Stuttgarter Uraufführung einen »matten Erfolg«. Das biblische Sujet ist doch ein arg enges Korsett, um Grundsatzfragen der Gegenwart zu verhandeln. Barlach gesteht, dieses Stück sehr schnell, im Februar und März 1923, geschrieben zu haben, als er *krank hinter dem Ofen saß*. Am 4. Juni desselben Jahres erfährt Reinhard Piper: *Dieses ist nun noch weit böser als der Findling geworden, was für ein Verhängnis, da mir doch so bitter ernst um Einfachheit und Selbstverständlichkeit zu tun ist!*[56]

Der Kampf zweier Prinzipien (die doch Teil einer höheren Einheit sind), verkörpert durch Noah und Calan, wird für Barlach notwendig absurd. Insofern, obwohl es diesen Begriff zur Entstehungszeit der »Sündflut« noch nicht gab, schreibt Barlach hier ein Werk des Existenzialismus, in dem Symbole mit anderen Symbolen streiten.

Am 5. April 1925 steht die eigentliche Aufführung von »Die Sündflut« an. Jürgen Fehling inszeniert am Staatstheater Berlin im Bühnenbild von Rochus Gliese. Hierher blickt nun alles, was zu urteilen hat in Sachen Theater, zumal Heinrich George den Noah spielt, Alexander Granach ist der Aussätzige. Das ist die erste Liga im deutschen Theater dieser Jahre.

Barlach fürchtet sich vor dieser Aufführung, die er gewiss niemals anschauen wird. Schon die Bühnenbilder des großartigen Rochus Gliese machen ihn krank. Da ist Barlach dann völlig blind. Er klagt, wieso müsse man seine Stücke immer auf fast leerer Bühne im Halbdunkel spielen, die Schauspieler in Sack und Asche? Barlach möchte es lieber volksschauspielhaft bunt haben.

Ist das letzte Bild, da Calan und der Aussätzige aneinandergefesselt liegen und die Ratten Calan die Augen ausfressen, nicht eine Art Darmhöhle, in dem das da spielt? Barlach gesteht seinem Vetter Karl: *Ich fange an, den Theaterbetrieb zu fürchten.*[57]

Der Schluss von »Die Sündflut« ist eine eindrucksvolle Dramatisierung der Unio mystica, das Stärkste, was dieses Stück zu bieten hat. Calan: *Als die Ratten meine Augen aus den Höhlen rissen, Noah, bin ich sehend geworden. Ich ertrage den Anblick Gottes, ich sehe.* Und weiter auf dem Wege der Einswerdung mit Gott: *Er ist ich geworden und ich Er – Er mit meiner Niedrigkeit, ich mit seiner Herrlichkeit – ein einziges Eins.* Und dann hört man auch schon die Flut sich heranwälzen. Ein großer Schluss? Zumindest ein starkes Symbol.

Ihering sieht die Aufführung und ist sehr kritisch. Er findet, dass Fehling alle Voraussetzungen für das Drama schuf, um es dann nicht zu spielen. *Die Gestalten wuchsen nicht empor. Sie verkleinerten sich.* Er findet, dass sich Fehling in dieser Arbeit verlor, was bedeutet, dass er den Text nicht auf Distanz hielt. Auch die Schauspieler missfallen ihm: »Von George, Steinrück über Granach zu Witte – dasselbe heisere Organ, dieselbe mangelnde Sprachtechnik, dasselbe Verwischen der Akzente. Barlach ist nicht mit schauspielerischer Routine zu spielen. Er muss schlicht und simpel gesprochen werden. Aber Heinrich George als Noah keuchte die Einfalt, sprach fast immer im verschleierten Falsett, atmete zu laut … Selbst der lapidare Satz: ›Es war wie eine Posaune und die alte Zeit fiel um‹, wurde nicht klar gesprochen, weil Veit Harlan als Japhet auch hier charakterisierte.«[58]

Aber Iherings am 5. April 1925 im »Berliner Börsen-Courier« erschienene Besprechung von Fehlings Inszenierung offenbart noch etwas anderes: einen heftigen Streit der Kritik um Barlach, der für Ihering das Thema Kritik selbst in den Fokus rückt: »Es gehörte Mut und Bekenntnis zu dieser Aufführung. Die Rache des Feuilletons blieb nicht aus. Die Verfallserscheinungen des Theaters sind die Verfallserscheinungen der Kritik.«

Am Kleist-Preisträger Barlach also arbeiten sie sich alle ab, die meisten mit Missgunst. Allen voran natürlich Alfred Kerr, der sich nur an einer Aufführung wirklich begeistern kann: seiner eigenen. Seine Sentenzen sind ätzend: »Ohne Phrasen geredet: es ist reiner Dilettantismus. Wenn diese maßlose Langweiligkeit ein Symbol enthält, so muß es noch drin sein, denn herausgekommen ist es nicht … Weil Barlach die Dinge ›ernst nimmt‹ – muß man ihn darum ernst nehmen? … Barlach (der als modern gilt) hat kein Weltgefühl als das billige der Zerrissenheit; als das einer gewissen bellenden Skurrilität mit Groteske. Getu … Lieber rückständiger Barlach! Die Aufgabe heute heißt nicht, sich mit Gott auseinanderzusetzen. Sondern es ist keine Aufgabe mehr, sich mit Gott auseinanderzusetzen … Barlach zählt zu den Immerweiterdichtern. Ohne Widerstand, aber nicht wachsend … Ein gefangenes Bild starken Lebens ist besser als dilettantisch verfehlte Metaphysik.«[59]

Klar wird, Kerr hat sich über alle Maßen geärgert, so sehr, dass er diesen Autor gern in lauter *blutige Fetzen* zerlegt. Geht es nur um das Stück, oder steckt mehr dahinter? Ist da jemand ohne des Großkritikers Zutun, gar gegen dessen Willen mit dem Kleist-Preis gekrönt worden?

Andere Kritiker wie Julius Bab verteidigen Barlach: »Hier ist ein großer Dichter, keiner, der uns in pathetischen Formeln fertige Erlösungstheorien anbietet, aber einer, in dessen Sprachgeist das leidenschaftliche Suchen und Ringen der Gegenwart vollkommensten Ausdruck findet.«

Doch Bab verschweigt auch die Schwächen der »Sündflut« nicht, wenn er einräumt: »Ein unbedingter Meister der szenischen Form ist Barlach aber noch nicht, er breitet sein Thema unersättlich in Variationen aus und weiß nicht, daß sie in all ihrem Reichtum ermüden müssen, weil die Wirkung der Szene nicht auf ein vergleichendes Nebeneinander, sondern auf ein rastlos sich steigerndes Nacheinander angewiesen ist.«[60]

Paul Fechter will gerade dem Gottsucher und Symbolbildner gerecht werden: »Barlach ist nicht nur ein Mensch, der denkt, er ist viel mehr einer, der bildet. Er möchte seine letzten Gedanken über die letzten Dinge der Welt aussprechen und kann nicht hindern, daß sie zugleich sich der Dinge und des Menschen als Sinnbilder und Symbole bemächtigen, die nur seinen Worten und ihrem ausgesprochenen Sinn nicht immer klar und eindeutig entsprechen.«

Aber auch für Fechter ist »Die Sündflut« kein wirklich gelungenes Stück: »Barlach hat Stärkeres, Einheitlicheres und Klareres geschrieben; auch hinter diesem Werk werden die Züge eines Menschen sichtbar, der rein für sich und aus sich seinen Weg zu seinem letzten Sinn sucht.«[61]

Barlach steht mit »Die Sündflut« an einem wichtigen Punkt geistiger Neuorientierung nach dem Ersten Weltkrieg. Zum Leitmotiv wird dabei der Satz: *Es war wie eine Posaune und die alte Zeit fiel um.* Wie man sich dem Untergang der alten Zeit, des Vorkriegseuropa also, als geistiger Aufgabe stellt, darum geht es. Diese Frage besitzt eben auch eine religiöse Dimension, wie der Theologe Paul Tillich in »Die sozialistische Entscheidung« schreibt.

Wir schöpfen aus dem Ursprungsmythos, aber entscheidend dafür, dass dabei keine reaktionäre Romantik herauskommt, sondern ein Mythos, der gefangen nimmt und befreit zuleich, ist für Tillich die Brechung des Ursprungsmythos. Der Bruch entsteht durch die Entscheidung, die der Einzelne treffen muss: »Für den Menschen kommt es auf mehr an als auf bloße Entfaltung dessen, was schon ist ... Das Wozu ist nicht eingeschlossen in die Grenzen des Woher.«[62] Oder anders gesagt – und das trifft nicht nur den Nerv der »Sündflut«, sondern Barlachs Schaffen überhaupt: Wenn ums Gottesbild gestritten wird, geht es immer auch – vielleicht sogar zuallererst – ums Bild vom Menschen.

Die Auffassung Paul Tillichs vom Ursprung entspricht jener Ernst Barlachs auf frappierende Weise. Bei dem protestantischen Theologen lesen wir: »Erst wenn durch die Erfahrung von der unbedingten Forderung das Bewusstsein von der Ursprungsbindung gelöst ist, enthüllt sich ihm die Zweideutigkeit des Ursprungs.«[63]

»Der blaue Boll« als Selbstschöpfer

Von der »Zweideutigkeit des Ursprungs« handelt auch Barlachs nächstes Stück, das sein erfolgreichstes werden wird: »Der blaue Boll«. 1926 kommt es in Stuttgart zur Uraufführung. Wie wird aus dem Sollen ein Wollen, aus dem Sein ein Werden? So könnte man die Quintessenz des Stückes zusammenfassen, aber das wäre dieser von spukhafter Kleinstadtrealität und Sprachwitz überbordenden Komödie gegenüber nicht ganz angemessen.

Das Werk ist eben darum große Dichtung, weil es nicht nur eine Komödie ist, sondern ebenso eine Tragödie, hohe Kunst mit den Mitteln der Alltagssprache einer mecklenburgischen Ackerbürgerstadt – so, wie man eben in Güstrow, vielleicht auch in Bützow oder Tessin die wichtigen Dinge des Lebens verhandelt.

Ursprünglich wollte Barlach das Stück »Baal« nennen, die Wiedergeburt des dionysischen Gottes im kleinstädtischen Milieu. Damit war ihm Brecht zuvorgekommen.

Aber Boll passt auch besser zu Barlach, der einen an Wohlleben und Alkohol blau im Gesicht gewordenen dicken, schwer atmenden Mann zeigt. Der bestens situierte Gutsbesitzer Kurt Boll, immer kurz vor dem Schlagfluss stehend, kommt mit seiner Frau Martha in die Kleinstadt, um einzukaufen. Es ist ein Tag im Leben Bolls, der diesen von Grund auf verändert, ohne dass man auf den ersten Blick weiß, warum und wodurch die Forderung des Anders-Werdens ihn erreicht.

Herbert Ihering hat in seiner Kritik der erfolgreichen Fehling-Inszenierung am Berliner Staatstheater vom 8. Dezember 1930 sofort erkannt, worum es hier geht: »Das Schlachtfeld ist der Dichter selbst. Ernst Barlach ist der Schauplatz des Dramas.« Es ist eine Frage der Atmosphäre: Die Luft weht hier nicht, sie steht, wie die Zeit auch. Es wabert der Nebel durch die engen Gassen: »Die Luft hat's in sich: daß die Menschen einer norddeutschen Kleinstadt träge, feist und unbeweglich in ihren Lüften hocken. Nebel um sie. Nebel in ihnen. Gutsbesitzer Boll, Otto Prunkhorst, der Bürgermeister. Die Luft holt's her: es gespenstert, im Nebel fangen die Leute an zu spintisieren; die fleischlich Zufriedenen, die satt Behaglichen werden beunruhigt ... Die Konturen der Spießer schwellen an im Nebel. Kleinbürger und Gutsbesitzer erscheinen wie mythische Heroen und schlagen in verschwimmender, treibender Luft Vernichtungskämpfe mit sich selbst.«[64] So Herbert Ihering über »Der blaue Boll«.

Barlach selbst spricht wenig über die Entstehung dieses Stücks. Das scheint eine bewusste Entscheidung zu sein, gerade nachdem er sich über »Die Sündflut« so ausgiebig geäußert hatte und die Reaktionen darauf überaus harsch waren. Also, bloß nicht sich selbst interpretieren und seine Kritiker damit aufmunitionieren: *Denn ich muß vorausschicken: je älter ich werde, um so weniger weiß ich von mir selber, immer mehr wird mir Arbeit und Produktion zum Geschehen trotz meiner. Ich habe lange verzichtet, über meine Tätigkeit Formulierungen zu versuchen, und weiß nur immer besser, daß ich nichts weiß.*

Das ist auch Bolls – welche Offenbarung trifft ihn da bloß! – an diesem Tag neu gewonnene Erkenntnis: Das, was ist, muss erst noch werden! Er selbst sieht sich dabei als einen Sokrates, der die Dinge so unfertig anschaut, wie sie sind. Was ist schon alles Wissen wert, wenn man es mit einer einfachen Frage als Unwissen überführen kann? Also bekennt euch doch gleich dazu, dass ihr nichts wisst! Barlach jedenfalls ist in diesem Jahr 1926 so weit, daraus kein Geheimnis mehr zu machen: *Ich arbeite eigentlich ahnungslos und muß unmittelbar hinzufügen: Ich scheue mich, diese Art von Ahnungslosigkeit zu stören.*[65]

Dennoch, es ist ihm etwas gelungen, was den vorherigen Stücken fehlte: eine genaue Beobachtung der mecklenburgischen Kleinstädter, ihrer Art des Auftretens und Sprechens, ebenso der spukhaften Atmosphäre, in die sich die Szenerie mitten am Tag verwandelt.

Reinhard Piper erfährt am 18. Oktober 1926: *Wie gut, daß der blaue Boll Ihnen lebendig ist, wenn Sie wieder herkommen und wir mal zum Wein bei Grotefend sind, zeige ich Ihnen den blauen Gutsbesitzer, dem ich das Stück auf den fetten Leib geschrieben habe.*[66]

Das ist die Spannweite bei Bolls so alltäglicher und doch immer mysteriöser werdenden Wanderung durch die ihm vertraute Stadt: Blau leuchtet es ihm vor Augen wie das Sehnsuchtssymbol der Blauen Blume in Novalis' »Heinrich von Ofterdingen«, die hier achtlos weggeworfen im Dreck liegt. Aber auch ganz profan lässt sich das Blau anschauen: Asthmatisch blau vom allzu vielen Essen und Trinken keucht Boll durch die Gassen der Stadt, die, so klein sie scheint, für den Gutsbesitzer vom Lande doch die einzige Metropole ist, die er kennt.

Der Katalysator dieses neuen Sehens hat einen Namen: Grete. Das ist eine psychisch gestörte Mutter von drei Kindern und Frau des Schweinehirten aus Parum. Ihr ekelt vor all dem Fleisch um sie herum, darum lässt sie ihre Kinder hungern und will von Boll, dem sie selbst im Vorbeigehen einen »fleischlichen« Blick zugeworfen hat, dass er ihr Gift besorgt, damit sie ihre Kinder endgültig von allem Fleisch erlösen kann. Dann will sie ihm auch mit ihrem eigenen Fleisch gefällig sein.

So widersprüchlich kann nur jemand reden, der noch elender als alle anderen scheint und zugleich durch dieses Elend geadelt wird. Ein Zauber geht von Grete aus, wenn auch ein fauler. In Bolls Augen ist sie eine Hexe. Aber noch bevor Boll Grete begegnet, ist etwas mit ihm passiert. Es muss an der Luft liegen, dass er plötzlich so andere Gedanken denkt, aus seiner alten Haut heraus will, dass das ganze Fleisch an ihm wie Ballast hängt. Und nun soll er gut Freund *ausgerechnet mit seinem Feind, dem verkehrten Leben,* werden? Dem Bürgermeister, der auf dem Weg zur morgendlichen Ratssitzung ist, kommt der Gutsbesitzer Boll jedenfalls bereits sehr merkwürdig vor. Wie der plötzlich daherredet! *Boll hat Boll beim Kragen, vor ihm nichts als Magerkeit seiner guten Aussichten, vor ihm alles, ausgenommen das Gute, das Willkommene, das Freundliche – nichts als Teufelskram – mag er zusehen, wie er damit fertig wird!*[67]

Dass er nun dem Bürgermeister eine Zigarre der Marke »Sargnagel« anbietet, hat die Kritik moniert, zu Recht als allzu deutliche Anspielung abgelehnt. Boll also in all der merkwürdigen Luft, die ihn heute umgibt, sieht Grete Grüntal vorbeigehen, die ihm »dreist« ins Gesicht sieht. Er folgt ihr erst mit den Augen, die Zigarre Marke »Sargnagel« im Mund hat er schon fast vergessen, dann geht er ihr hinterher. Und da ihr Mann, der Schweinehirt Grüntal aus Parum, sie bereits sucht, schiebt er sie in die Tür zum Kirchturm. In der Höhe über dem Markt setzt sich die seltsame Begegnung fort. Ungewöhnlich ist die sprachliche Gestalt, die Barlach den Dialogen gibt – man hat häufig Else Lasker-Schülers »Die Wupper« zum Vergleich herangezogen.

Rolf Winkelgrund, der am Deutschen Theater Berlin 1985 »Der blaue Boll« (und danach auch »Die echten Sedemunds«) inszenierte mit einem furiosen Kurt Böwe als Boll, wird sich erinnern, dass er erst, als er sich im Mecklenburgischen mit Hilfe ortsansässiger Handwerker ein Ferienhaus baute, verstand, dass Barlachs Dialoge den Sprechgestus der mecklenburgischen Kleinstädter präzise einfingen. Fehlings »Blauer Boll« kam auf respektable 28 Vorstellungen, Winkelgrunds am Deutschen Theater, im expressiv Räume verengenden Bühnenbild von Eberhard Keienburg, sogar auf 82!

Und dann entspinnt sich der Dialog im Kirchendach.

Grete: *Sind Sie wer?*

Boll: *Niemand – nie Jemand gewesen – Keiner!*

Grete: *Ob Sie wer sind und haben hier zu sagen?*

Boll besorgt Grete nicht nur kein Gift, er sorgt sich auch um sie, zumal Elias, der Teufel in einer ominösen Herberge, und der ebenfalls ominöse Herrgott auftauchen. Da hilft dem Selbsthelfer Boll nur eins, im *Bedarfsfalle,* dem *Fall der Fälle,* selbst einzugreifen. Und siehe, es geht dabei nicht nur um Grete, sondern auch um ihn: *Grete in den Klauen des Teufels – und ich soll abfahren? Grete, die nicht weiß, was sie tut, Grete, für die ich Vormund bin, Grete, die die Hütten in Brand stecken will, in denen ihre Kinderseelen wohnen, Grete, der ich versprochen habe, dabei zu helfen, anstatt ihr zum Gegenteil beizustehen?*

Martha Boll, die nicht viel begreift, aber das immerhin, dass *Boll muß*, schickt ihren Mann in die Höhle des Teufels, Grete zu retten. Die nächtliche Szene im Gasthaus des Teufels, in der auch die drei toten Kinder als Gespenster auftreten, ist gewiss eine Schwachstelle im Stück. Zu Bolls fortgesetzter Wandlung reichte der Schlagfluss seines Vetters Otto Prunkhorst völlig aus. Prunkhorst, ebenfalls Gutsbesitzer, ist Bolls Alter Ego. Er wartet mit seiner Frau den ganzen Tag im Gasthaus »Zur goldenen Kugel« auf das Ehepaar Boll, mit dem sie zum Essen verabredet sind und zu dem Boll lange nicht erscheint.

Otto Prunkhorst isst, trinkt und lehnt jede Wandlung entschieden ab. Dafür kann er am Abend nicht mehr sprechen, sich nicht mehr bewegen, zittert bloß noch. Sein offenbarer Schlagfluss ist der letzte Anstoß für Boll, sich auf eine Reise ins Ungewisse zu machen – sein Inneres. *Boll kanns nicht lassen und bringt Boll zur Welt, man wird schon sehen, Bolls Geburt und turmhohe Veränderung steht vor der Tür. Jeder ist sich selbst der Nächste bei seiner Entfaltung und muß wissen, wie er's schafft.*

Fehlings Inszenierung von »Der blaue Boll« 1930 am Berliner Staatstheater wird ein Triumph. Vor allem ist es der neue Ton, die ebenso seltsame wie suggestive Sprache des Stücks, die Kurt

Pinthus in seiner Kritik feiert: »Der abseitigste Künstler unserer Zeit fand mit diesem Stück voll heimlicher Heiterkeit und viel unheimlicher Düsternis nach dem vierten Bild fast den rasenden Erfolg eines Reißers.«

Das liegt auch an Heinrich George als blauem Boll, fortan Inbegriff dieser erhaben-täppischen Figur: »Mit schwerem Atem, schwerem Blut stapft schwer Heinrich George durch das Stück, noch den chevaleresken Biedermannshumor aus dem genießerischen Dasein in Gesicht und Stimme, und doch innerlich schon ganz in überlegener Entferntheit von all den wackeren Kreaturen ringsum, magisch hingezogen zu den Gestalten, in denen er Unheimliches, Nichtgekanntes spürt.«[68]

Barlach selbst bringt die Richtung seines Schreibens in »Der blaue Boll« in einem Brief an Wolf-Dieter Zimmermann vom 18. Oktober 1932, als schon die dunklen Wolken völkischer Verurteilung drohend auf ihm lasten, folgendermaßen auf den Punkt: *Zum Werden verhilft einzig Bereitsein – in ehrlicher Unerschrockenheit und mit dem Willen, keinerlei Dogmatik über sich Gewalt zu lassen. Manchmal scheint mir innerste Erfahrung das Aufgehen des Persönlichen im »Überpersönlichen« (was ist das aber nun?) als Erlösung und Lösung aller menschlichen Kreatur zu weisen. Ich bin dann sicher, daß der Teil und das Ganze in eins fallen.*[69]

Lästige Familienbande und lästige Berühmtheit

Der Tod der Zwillinge Joseph und Nikolaus bringt dem Ältesten den einzigen noch lebenden Bruder Hans näher. Dieser wohnt nun in Berlin und hat dort mit seinen Visionen von einer Heizungstechnologie der Zukunft, um die er in Vorträgen wirbt, immer mehr Erfolg. Er publiziert auch zu diesem Thema, ist ein anerkannter Fachmann geworden.

Aber Hans lebt nicht allein, er hat eine Frau aus Russland mitgebracht, Olga, mit der er schwere Zeiten in den Bürgerkriegswirren durchlebte. Sie pflegte ihn als Krankenschwester, als er an Typhus darniederlag. In Charkow hatte er Olga geheiratet, brachte sie nach Güstrow mit, wo Ernst Barlach das Ehepaar versorgte, da die beiden buchstäblich nichts als ihr nacktes Leben gerettet hatten. Von Olga bekommt er sofort den denkbar schlechtesten Eindruck. Dumm, faul und gefräßig findet er sie. Aber es soll in den kommenden Jahren noch weitaus schlimmer werden.

Derweilen hat sich Barlach resigniert, aber wie es scheint endgültig entschieden, in Güstrow zu bleiben. Seine Gesundheit ist labil, vor den langen kalten und dunklen Wintern fürchtet er sich von Jahr zu Jahr mehr. Gegen die Schwindelanfälle hat er Jod verordnet bekommen, doch mit dem Rauchen aufzuhören, daran denkt er nicht.

Er leidet auch an der herrschenden Atmosphäre im Land, dieser »Monotonisierung der Zeit«, von der Stefan Zweig spricht. Am 13. März 1925 schreibt er resigniert an Adolf Schinnerer: *Die Zeit will keine Außer- und Überpersönlichkeit, sondern grade ausgerechnet menschliche Dokumente, Interessantheit und womöglich Sensation.* Er fühlt sich fremd, nicht dazugehörig, fragt: *Und steht man nicht ganz sinnlos in dieser Zeit, in die man nicht hineingehört, gegen die man immer in Opposition ist?*[70]

Mit seiner wachsenden Berühmtheit, vor allem nach der Auszeichnung mit dem Kleist-Preis, hat sich ein merkwürdiger und Barlach sehr unangenehmer Effekt eingestellt: Junge Künstler, die in ihm ein Vorbild sehen, kommen aus Berlin und wollen, dass er ihr Meister wird. Aber solche vielleicht zu einem Stefan George passenden Attitüden sind ihm ganz und gar fremd. Er will allein und zurückgezogen leben, um ungestört arbeiten zu können.

Barlach glaubt nicht an Schülerschaft, bereits das Ansinnen ist ihm zuwider, und entsprechend reagiert er auf die ungebetenen Besucher, wie er seinem Bruder Hans gesteht: *Eine ganze Horde von jungen »Malern« hatte sich hierher gezogen und beabsichtigten, mich zum Existenzgrunde zu erwählen. Ich wurde derart belästigt, im Hause und im Atelier, daß ich sogar draußen, im Felde, im Bahnhof nicht mehr ungestört war. Schließlich ward ich saugrob und schloß mich bei der Arbeit ein.*

Es klingt neurotisch, aber passt zu Barlach, dass er seine Zurückgezogenheit als Basis schöpferischen Tuns so energisch verteidigt. Nein, er stellt nicht wie Hermann Hesse ein Schild auf mit dem Hinweis »Bitte keine Besuche«, aber auch er schottet sich ab, reagiert feindselig darauf, wenn ihn jemand unaufgefordert anspricht. Güstrow, konstatiert er resigniert, sei kein Ruhewinkel mehr, man komme zu Bekanntschaften, ohne zu wissen, wie. *Wenn ich ausgehe, so geschieht es sehr oft auf Schleichwegen, deren ich im Laufe der Zeit ja Gott sei Dank viele gefunden habe.*[71]

Was er nicht schreibt, ist, dass sich unter den lästigen jungen Leuten auch das Malerehepaar Marga und Bernhard A. Böhmer befindet, die sich ihm schon sehr bald angenehm (Marga) und nützlich, ja unentbehrlich (Bernhard A.) zu machen verstehen und in Barlachs letztem Lebensjahrzehnt seine entscheidenden Bezugspersonen werden – beide Böhmers, jeder für sich! Denn das Ehepaar trennt sich, als klar wird, dass Barlach an Marga, der »Hexe«, ein starkes erotisches Interesse entwickelt. Jede Partei nimmt Barlach fortan für eigene Zwecke in Beschlag, schirmt ihn nach außen ab – das ist die eine Seite. Die andere: Beide Böhmers unterstützen ihn, am Ende schützen sie ihn sogar.

Im Jahr 1925, nach dem Tod des Bruders Nikolaus, wendet sich Barlach verstärkt Hans zu, den er, nach der Flucht aus Russland, bereits jahrelang finanziell unterstützt hatte. Da er sich Sorgen um dessen ausgesprochen labile Gesundheit macht, schafft er in einem Brief an Hans vom 22. März erst einmal Klarheit in wichtigen Dingen: *Ich habe also nun, was ich längst tun wollte, die verschiedenen Schuldverschreibungen von Dir vernichtet; es handelt sich um Summen, die man gar nicht in die richtigen Werte dieser oder späterer Zeit umrechnen kann, die also höchstens Streit und Kopfzerbrechen verursachen. Ich erkläre ein für allemal, daß Du mir nichts schuldig bist in der Art, in der man Geldforderungen geltend machen kann.*[72]

Aber da ist ja auch noch Olga, Hans' dominante und überaus hysterische Frau. Es wird zunehmend handgreiflich zwischen den Eheleuten, und es ist nicht Hans, der seine Frau schlägt, aber wenn er nicht bald zurückschlägt oder sie fluchtartig verlässt, dann wird es böse für ihn enden, da ist sich Ernst Barlach sicher. Und das will er nicht zulassen.

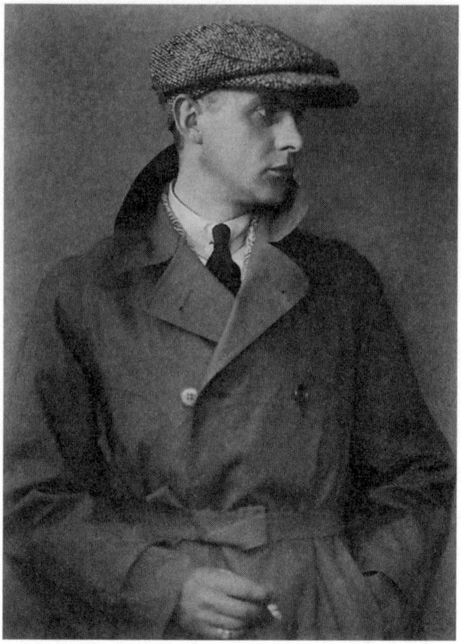

Bernhard A. Böhmer (1920er Jahre)

Also versucht er als Erstes Hans Luft zum Atmen zu verschaffen, bezahlt Olga aufwendige Urlaube und Kuren in Warnemünde. Er gibt ihr viel Geld, fährt selber nach Warnemünde, versucht das unberechenbare Weib in ruhigere Bahnen zu lenken. Vergeblich.

Im Juni 1925 – da er *förmlich auf dem letzten Loch pfeife und nur mit einem Aufgebot von ausgepumpter Energie arbeiten kann* – überlegt er, wohin er zur dringend notwendigen Erholung reisen könnte. Aber da ist Olga, die nun auch ihn zur Raserei treibt, wie er Vetter Karl gegenüber in einem aggressiven Jammerton klagt, wie er für Barlach gar nicht typisch ist: *Aber ich wette, es geht wie vorigen Sommer, den mir die Olga verdorben, die sich anschickt, die ganze Familie zu verderben. Auch dieses Jahr biete ich ihr eine Erholungsreise an, um Hans für ein paar Wochen zu entlasten. Der Umstand wird zur Staatsaffaire, und ich, Hans, jedermann, der erreichbar, wird in Atem gehalten. Du sagst natürlich: seid streng und behandelt sie nach Gebühr, aber Du hast leicht reden, Du kennst sie nicht. Sie ist*

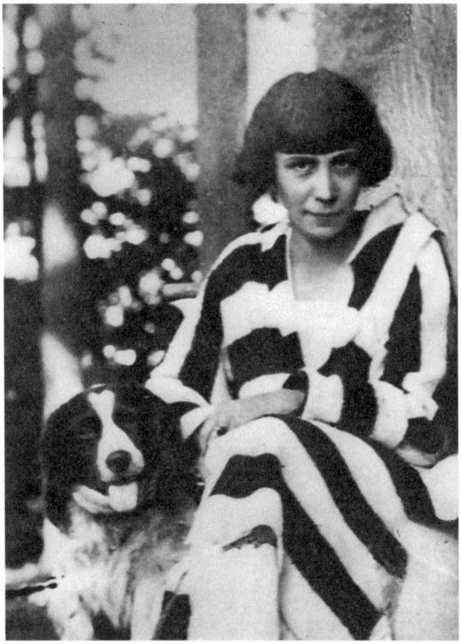

Marga Böhmer (1920er Jahre)

uns allen weit über, würde auch Dich zermalmen, wenn Du in ihren Kreis gelangtest, wovor Dich alle guten Geister bewahren mögen. Ihre Anfälle sind jetzt von fürchterlicher Elementarität, Hans muß mit ihr kämpfen und ihr das Beil aus der Hand ringen.

Bleibt also die drängende Frage, was in einem solchen Fall zu tun ist. Vetter Karl kommt hier auch immer als Anwalt, der er vor allem ist – Schriftstellerei und Malerei sind seine Sonntagsbetätigungen – ins Spiel. Eine Anstalt wäre möglich, aber keine Dauerlösung, das hat Barlach an seiner Mutter erfahren. Scheidung wäre die beste Lösung, aber sie ist Russin, und die Ehe wurde in Charkow geschlossen.

Da Scheidung in Deutschland zu dieser Zeit nur nach dem Schuldprinzip möglich ist, türmen sich die juristischen Schwierigkeiten. *Zum Scheidenlassen gehören Dinge, die nicht zu beschaffen sind, sie müssen doch weiter zusammen leben während des Gangs der Prozedur. Sodann: die Frau ist die einnehmendste Person, wenn sie*

Anlaß findet, es zu scheinen. Niemand glaubt dem Manne; denkt doch: die arme Frau, die so viel mit dem Kerl durchgemacht, nun will er sie los sein.

Also, was kann man tun? *Ich wälze fortwährend Projekte: von Totschlagen, was das beste wäre, kann nicht gut die Rede sein – vorläufig soll sie nach Warnemünde, und obgleich ich ihr habe sagen lassen, daß ich reisen würde, und ihr Geld angewiesen habe, sehe ich voraus, daß ich (eben um sie ein paar Wochen am Ort festzuhalten) ihr den Sommer opfern muß.*[73]

Ernst Barlach drängt seinen Bruder zur Scheidung. Die Situation ist zu unwürdig für ihn geworden. Jedoch, wie er Vetter Karl am 1. Juni 1928 mitteilt: Die Scheidungsklage ist in erster Instanz abgewiesen worden. Olga, so scheint es, hat einen besseren Anwalt als der sanfte Hans, der sich weder in seiner Ehe energisch zu wehren weiß noch diese zu beenden vermag.

Vetter Karl bekommt den Fall, den Barlach *ein bißchen als Familienangelegenheit* betrachtet, wie folgt dargestellt: Hans habe Olga, nach Einreichen der Klage, auf dem Bahnhof mit einem Kuss begrüßt und außerdem ein Foto von ihr auf dem Schreibtisch stehen. Beides wertet das Gericht als »Verzeihen« der gegen sie aufgeführten Beschwerden. Dabei, so Barlach, plötzlich in den Niederungen eines Scheidungsverfahrens gefangen, habe Hans das ihm von Olga aufgenötigte Bild mit dem Gesicht nach unten liegen lassen, und die Sache mit dem Küssen sei wie folgt abgelaufen: Sie sei auf dem Bahnhof angekommen und habe ihn angeherrscht: »Küss mich!« Um einen Skandal zu vermeiden, sei er der Aufforderung notgedrungen nachgekommen.

Ach, wie ihn diese ganze Kleinlichkeit des Alltagsstreits anödet! Aber er fühlt sich für den Bruder verantwortlich, für Hans, der sich dieser Frau gegenüber offenbar selbst nicht zu helfen vermag. Also ist Karl gefordert: *Die Zeit für ein zweites Verfahren verstreicht, mit anständigen Formen ist offenbar nichts zu bewirken, alles kommt, wie mir scheint, darauf an, daß der Anwalt kein Mensch, sondern ein Biest ist, wie er derartig und ausreichend gerissen meinem Bruder nicht bekannt ist.*[74]

Aber Hans ist zu radikalen Schritten nicht fähig, er lässt sich zu »Zugeständnissen« überreden, von einer Trennung auf Zeit ist die Rede. Barlach warnt seinen Bruder, dass dies eine Falle sei, er handle *gewiß unter einem von Listen, Ränken und Maßlosigkeit aller Art gespeisten Druck*. Er bietet dem Bruder an, ihn bei sich aufzunehmen, bis er sein *kühles Urteil bei ruhiger Ungeschorenheit* zurückgewonnen habe.

Mahnendes Fazit: *Ohne Selbstrettung ist kein segensreiches Tun nach dem inneren Gesetz möglich.*[75]

Irgendwie wird die Sache, mehr schlecht als recht, geregelt, doch dauerhaft, das hatte Barlach befürchtet, wird er Olga nicht los. Vetter Karl erfährt am 15. September, er habe mit Hans und dessen schwankend-unentschlossener Natur einiges durchgemacht. Dieser habe alles fahren lassen, *wohnt in einer neuen Wohnung wieder mit Olga, freilich, indem er ihr jede Unart mit Handgreiflichkeit eintränkt, gewillt nach wie vor, die Ehe zu lösen, aber für den Augenblick außerstande, diese Sorte Kampf neben den anderen dieser Kategorie von Lebensformen aufrechtzuerhalten.*[76]

Ein sich prügelndes Ehepaar, das nicht miteinander, aber offenbar auch nicht ohne einander leben kann! Solcherart Geschichte einer Abhängigkeit ist Barlach tief unangenehm.

Auch Karl Barlach wird in seinen Erinnerungen auf Hans und Olga eingehen, die Frau ein »anspruchsvolles, wohl hysterisches, ihren Mann beherrschendes und verzehrendes Herrenweib« nennen. Bei der Scheidung habe er Hans mit juristischem Rat geholfen. Jedoch: »Frei ward er damit nicht von ihr. Aber er heiratete bald eine andere Frau, mit der es ihm nicht viel besser erging.«[77]

Hans hatte eine neue »nicht minder strenge Herrin« gefunden. Und immer sei Ernst der Brunnen gewesen, in dem »die Klagen versenkt wurden«.

Sosehr Olga und Hans, auch Karl in Barlachs Briefen Mitte der 1920er Jahre präsent sind, über etwas anderes schweigt er ungewohnt ausdauernd: seine Beziehung zu Marga Böhmer. Hatte ihn die Affäre um Friedrich Schults Frau, die er für sich erobern wollte, derart vorsichtig gemacht?

KAPITEL VI

Von Frauen und Hexen. Liebe verjüngt?

Walpurgisnacht. Mit Goethe in die magische Welt der Hexen

Am 27. Dezember 1922 erfährt Reinhard Piper: *Ich schneide fleißig an der »Walpurgisnacht«, habe das zwölfte Blatt fertig, 20 etwa sollen es werden.*[1] Er finde nun jedoch auch, dass er *genug Nachtstücke gemacht habe.*

Ist die »Walpurgisnacht« denn ein solches Nachtstück? Einerseits ja, sie zeigt mit orgiastischer Wucht, wie Faust, von Mephisto verführt, in die nächtliche Welt der Triebe eintaucht, um die taghelle Vernunft zu vergessen. Aber andererseits entdeckt Faust eine ihm bislang unbekannte Dimension, sie leuchtet – in aller destruktiven Gefährlichkeit – in ihm auf. Natur, Traum, Magie! Zum ersten Mal kommt für Barlach das Sexuelle als Motiv so dominant ins Spiel.

»Hexenreise« zeigt zwei Hexen, eine nackt im Korb sitzend, die andere in eine Art Mantel gehüllt: Inbegriff der unaufhaltsam vorantreibenden, auszehrenden Gier. Oder »Hexenritt«: Hier fahren vor bewaldeter Brockenlandschaft mehrere Hexen herab, triebgesteuerte Fabelwesen, Geister der Nacht – und für Barlach doch eben auch: Inbegriff des Weibes.

Immer wieder wird sich Barlach in seinen Zeichnungen wie in den Grafiken mit Themen von Goethe befassen, wie »Prometheus«, »Der Zauberlehrling« oder »Erlkönig«. Dies ist Teil eines Editionsprojektes im Paul Cassirer Verlag zu Goethes »Ausgewählte Gedichte«, an dem verschiedene Künstler, darunter auch Max Liebermann, beteiligt sind. Barlach fertigt einunddreißig Lithographien für diese Reihe. Auffällig dabei ist seine Freude am Chaos, etwa beim nächtlichen Ritt im »Erlkönig«. Den absurden Bildwitz auf die Spitze zu treiben – dieses Unternehmen ist auch im »Zauberlehrling« zu besichtigen, etwa in der Begegnung des wie ein Torero gekleideten Zauberlehrlings mit einem gespensterhaften Besen.

Oder auch die Szenerie in »Die wandelnde Glocke«. Da verfolgt eine Glocke in Gestalt eines dicken Pfarrers, dessen Beine wie Klöppel aus dem glockenförmigen Rock ragen, quer über eine Feldlandschaft einen sich angstvoll umblickenden Knaben, der mit erhobenen Armen davonläuft. Eine an E.T.A. Hoffmann erinnernde Szenerie, aber dieser Vergleich ist wohl nicht in Goethes Sinn.

Hier zeigt sich Barlach als abgründig-humorvoller Interpret von Dichtung (was anderes meint als bloße Bebilderung, also Illustration), der sich mit Vorliebe in Goethes Zauberlandschaft bewegt, in all dem Unterholz an seltsamen Begebenheiten, Spuk und Magie.

Ganz anders sein Umgang mit Schiller, zu dessen »Ode an die Freude« 1927 eine Serie von neun Holzschnitten entsteht. Um der Welt der klaren Ideen gerecht zu werden, bemüht sich Barlach ebenso um bildnerisch-lichte Klarheit.

Alles folgt einem göttlichen Plan, der frei ist von Chaos und Anarchie. Es treten keine Kobolde, Gnome und Zauberer auf, sondern Gottvater als Sternenrichter selbst beschließt allmächtig-hoheitsvoll diesen Zyklus. Sein Haupt ist illuminiert, seine Glorie universell.

Unschwer zu erkennen: In Goethes fabelreicher Welt fühlt sich Barlach mehr zu Hause als in Schillers hell strahlendem Ideenhimmel. Am 1. Februar 1923 erhält Reinhard Piper von Barlach die Mitteilung, dass er dieser Tage die Probedrucke der »Walpurgisnacht« nach Berlin schicke. Doch nicht das ist die Mitteilung, um die es ihm geht. Dem Freund in München vertraut er an: *Man übergibt seine Arbeit der ausführenden Gewalt niemals ohne einen leisen Frostschauer, vergleichbar dem Lampenfieber der Schauspieler. Man weiß ja nie, was man gemacht hat, und so gibt man dieses Stück seines Wesens auf die Gefahr hin, daß es sich als kretinhaft und verwachsen erweist.*[2]

In der »Walpurgisnacht« ist auch »Die Hexe Baubo« – auf einem Schwein reitend – vertreten, ebenso »Die Schneckenhexe« oder »Die Trödelhexe« – sämtlich Spielformen des Orgiastischen zwischen machtvollem Traum und andrängendem Alptraum.

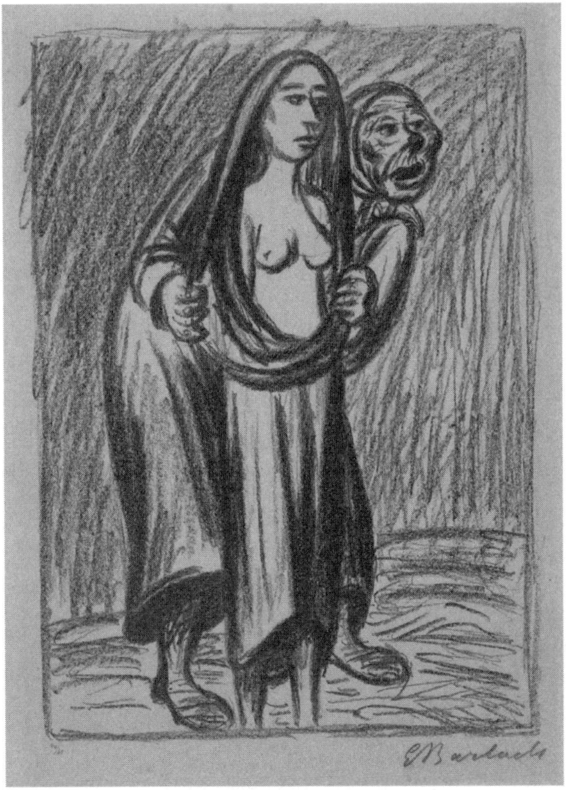

Die Kupplerin (1924)

Ein Schattenreich der Lüste, das Mephisto hier dem nach Erkenntnis strebenden Faust anempfiehlt, wohl wissend, dass man diese Welten nicht einfach so erkunden kann. Wer den schützenden Abstand nicht einhält, der wird verschluckt, taucht nie wieder auf. In Barlachs Zeichnungen und Grafiken findet sich häufig jenes Element des Grotesken, über das schon Wilhelm Michel 1911 in dem bei Reinhard Piper erschienenen Band »Das Teuflische und Groteske in der Kunst« schrieb, Barlach sei »einer derjenigen Künstler, denen das Groteske nicht ein beliebiges, willkürlich benutztes und dann wieder beiseite gestelltes Ausdrucksmittel ist, sondern mit dessen Wesen dies Ausdrucksmittel eng und notwendig verwachsen ist – dem es Schicksal ist«.[3]

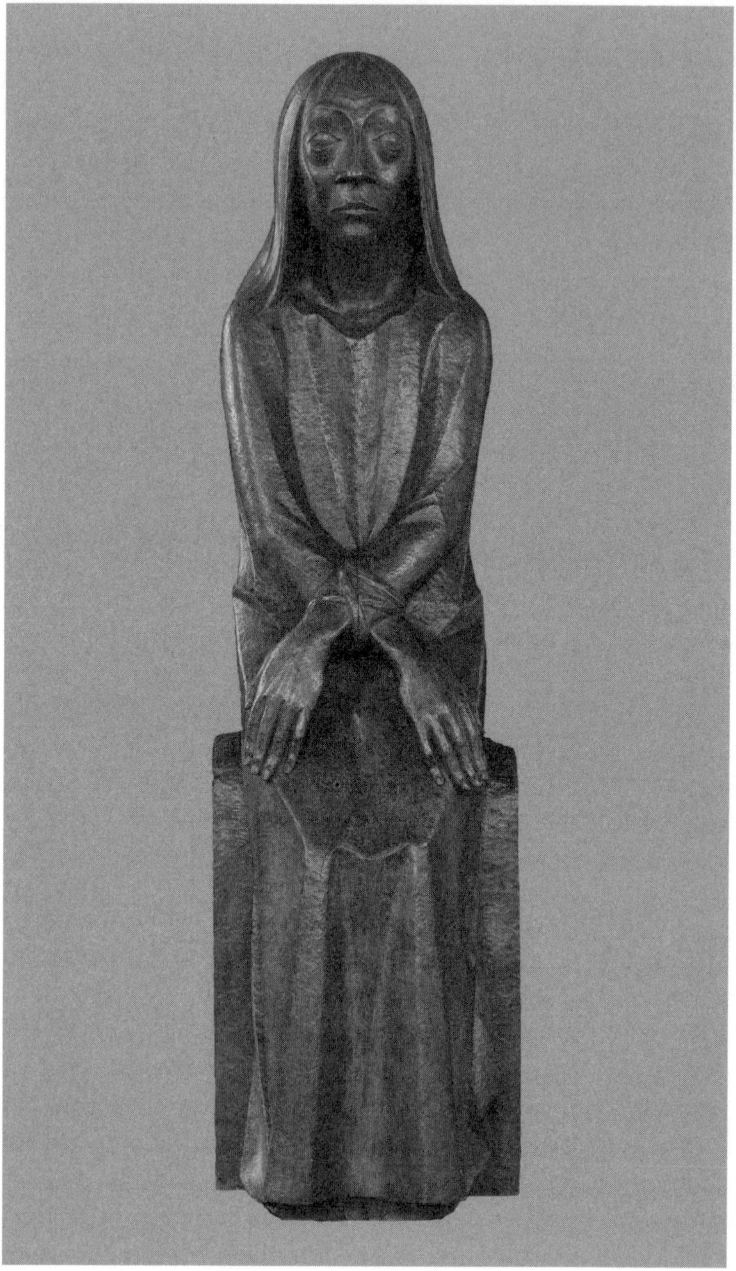

Die gefesselte Hexe (1926)

Teuflisch wird hier als jenes negative Prinzip verstanden, das eine Leerstelle markiert, die das negative Prinzip dadurch besetzt, dass es die sichtbare Wirklichkeit durchstreicht und durch eine unsichtbare Welt des Möglichen ersetzt – diese als Freiraum der Phantasie, nicht nur des Einzelnen, sondern weltgeschichtlich als Reservoir an Mythen und Legenden verstanden. Lust und Schrecken, Verführung und Hässlichkeit finden darin auf eine verblüffend selbstverständliche Weise zusammen. Michel bildet von Barlach die Zeichnung »Drei Hexen« ab, archetypische, schemenhafte Gestalten, die wie Gespenster aus einem Meer von Strichen dem Betrachter entgegenwachsen. Da sind dann Eros und Tod auf eine Weise verbunden, die mit dem Element des Schockierens ebenso spielt wie mit seiner lustvollen Überwindung.

In jedem sinnlich betörenden Körper wächst bereits ein Skelett dem Tod entgegen. Die entfesselte Lust – Region der Hexen – mündet in einen Totentanz. Die Kohlezeichnung »Der wandernde Tod« zeigt diese Furie der Vernichtung voranstürmen wie einen seine Magersucht auf die Spitze treibenden Ausdauerathleten, der kein Gramm Fleisch mehr an sich hat. Barlach mit Sinn für den Humor der Abgründe stattet den eiligen Wanderer zudem mit einer Pfeife aus, die dem Totenschädel etwas von postumer Gier verleiht.

Für Barlach gehören Hexen und Furien zu den bevorzugten Bildfiguren. Hexen sind ihm lieb. Wie andere mit Faust in jedem Weibe Helena sehen, erblickt Barlach in ihm eine Hexe. Oder ist Helena gerade der Inbegriff des Hexenhaften, der permanenten Verführung ohne jede Erfüllung? Als Widmung schreibt er einer Leserin in ihr Exemplar der »Walpurgisnacht«:

So wie nun mal die Hexen sind:
Sie streichen durch den Abendwind,
Sie steuern heillos durch die Zeit
Zu Hexentum und Hexenheit
Und fragen nicht, ob Glück, ob Leid.
(Der Bürger aber früh und spät
Bedenkt die Eventualität.)

Schlägt man den Bogen zurück zu den »Haushexen«, die in Barlachs ersten Prosaversuchen zu finden sind und überaus harmlose Geister zu sein scheinen, zeigt sich, dass auch Barlachs Bild von den Hexen komplexer, vor allem aber tragischer geworden ist – etwa die »Gefesselte Hexe« sowohl in Gips als auch in Lindenholz von 1926. Die Haare der noch jungen Frau fallen offen über die Schultern, sie sitzt auf einem Block, die Hände gekreuzt im Schoß, von Fesseln zusammengehalten. Ihr Los spiegelt sich im Gesicht, aus dem jede Hoffnung, jede menschliche Regung überhaupt gewichen scheint und nur noch stumme Ergebung bleibt in das zu erwartende Schicksal: der Scheiterhaufen. Dies hier, so sehen wir, ist eine sinnlos Geopferte für fremde Machtbeweise.

Das Motiv der Hexe als einer aus der Gesellschaft Ausgestoßenen, einer Verketzerten und Geschundenen, beschäftigt Barlach auf grundsätzliche Weise. Wer sind die Zeugen einer Wahrheit, um die der eigene Ausdruckswille unablässig kreist? Es sind immer die Außenseiter, die anders auf die Gesellschaft der Saturierten blicken lassen, die die Schatten von Sieg, Ruhm und Erfolg einer herrschenden Zeit offenlegen. Die Hexen – darin den Bettlern und Betern gleich – bergen auch ein von Tageslogiken nicht zerstörbares Geheimwissen, da ist sich Barlach sicher.

Eine Frau, die ihm wie die glückliche Inkarnation einer Hexe erscheint, tritt dann 1925 in sein Leben: Marga Böhmer.

Paul Cassirers Tod

Erstaunlicherweise ist es vor allem Cassirers Gesellschaft, die Barlach eine andere soziale Welt vor Augen führt, mit der er bislang wenig Kontakt hatte. Paul Cassirer und Tilla Durieux, auch Leo Kestenberg, setzen sich für die Arbeiterbildung ein. Cassirer, der Rosa Luxemburg im Gefängnis finanziell unterstützt hatte und auch ihre »Briefe aus dem Gefängnis« publiziert, fühlt sich 1919 als Kommunist, hofft auf eine siegreiche deutsche Revolution. Er ist Mitglied der USPD und steht Kestenberg politisch nahe, dem in der Weimarer Republik so wichtigen sozialdemokratischen

Kulturpolitiker, bis dieser von den Nationalsozialisten in die Emigration gezwungen wird.

Auch Tilla Durieux verbringt nun ihre Wochenenden immer häufiger in der Hasenheide, einem Vorort von Berlin, um in Arbeiterbildungsvereinen mit Rezitationsprogrammen aufzutreten. Doch nach der Niederschlagung der Münchner Räterepublik – Tilla Durieux unterstützt offen Ernst Toller, der die Truppen der Räterepublik befehligt – verliert sie ihr Engagement am Münchner Hoftheater.

Ganz andere Sorgen nehmen Cassirer in Beschlag: Sein an Depressionen leidender Sohn Peter erschießt sich im Februar 1919 im Berliner Tiergarten. Ein Prozess um die Rechtmäßigkeit des Verkaufs französischer Bilder, bei dem es um mehrere Millionen Reichsmark geht, droht ihn zu ruinieren. All das belastet und zerrüttet Cassirer, Wutausbrüche häufen sich, nicht selten gefolgt von Herzanfällen.

Die Ehe von Paul Cassirer und Tilla Durieux war nie harmonisch, aber so unharmonisch wie jetzt will Tilla Durieux nicht weiterleben. Das soziale Engagement im Übergang des Kaiserreichs zur Weimarer Republik hatte sie eine Zeit lang wieder enger aneinander gebunden, doch diese Gemeinsamkeit verliert sich nun.

Ernst Barlach meidet die sozialen Themen in ihrer Eindeutigkeit, sein Weg ist ein anderer. Er wendet sich den Ursprungsfragen menschlicher Existenz zu. Die Wahrheit, die er mit seinen Arbeiten sucht, ist die über den Menschen in seiner kreatürlichen Not.

Wie er das widersprüchliche Wesen Paul Cassirers durchdringt! Die Komplexität dieses Charakters vermag er mit großer Sicherheit in Worte zu fassen: *Ich bin gewiß, daß ein Dorn an meinem Wesen in Cassirers Gemüt allzeit geeitert hat, aber der Spieler Cassirer hatte doch wohl ein wenig Bedarf nach der Verstocktheit in Abseitigkeit, Menschenflucht und Ruhe im Herrn der Herrlichkeit, der da preislich und pomadig waltet und seiner Kinder keines verkümmern lässt.*

Und jetzt wirft sich Barlach mit all seiner Wortkraft hinein in den dionysischen Strudel, in dem Cassirer herumgeschleudert wurde und dabei doch allzeit jemand blieb, der die Dinge nach eigenem Willen herumzuschleudern beliebte.

Die Beziehung zwischen Tilla Durieux und dem unsteten Paul Cassirer, der häufig Affären hat, geht in den 1920er Jahren immer mehr ihrem Ende entgegen. Obwohl sie zu seinen Eskapaden schweigt, hilft das nicht: »Es war ersichtlich, daß ihn meine Gegenwart nervös machte und sich diese Nervosität zu Haßausbrüchen steigerte. Immer hatte ich trotz allem gehofft, ihm helfen zu können, aber nun sah ich, daß meine Anwesenheit für ihn einfach nur schädlich war.« Sie teilt ihm mit, dass sie sich scheiden lassen will. Es folgt ein regelrechter Rosenkrieg. »Er schickte mir Gegenstände, von denen er wußte, daß ich sie liebte, zerbrochen zu. Er verbreitete die wüstesten Geschichten über mich, die jeder Wahrheit spotteten und die mir natürlich gleich hinterbracht wurden.«[4] Alle Gemälde, die er ihr einmal geschenkt hatte, verlangt er zurück.

Und dann der schlimme Tag, an dem die Scheidungsdokumente unterzeichnet werden sollen. Tilla Durieux hat die Szenerie so beschrieben: »Wir saßen alle um den Tisch, plötzlich, vor der Unterzeichnung, erhob sich Paul, murmelte eine Entschuldigung und verließ das Zimmer. Gleich darauf fiel ein Schuß im Nebenzimmer. Der Schuß, abgegeben an einer verhältnismäßig harmlosen Stelle, war an einer Rippe entlang geglitten und in die Wirbelsäule gegangen.«

Cassirer empfängt seine Noch-Ehefrau, die ins Zimmer stürzt, am Boden liegend mit den Worten: »Nun bleibst Du aber bei mir!!«[5]

Einen Tag liegt er dann noch – unter wahnsinnigen Schmerzen – im Krankenhaus, bis er stirbt.

Nun also ist der Renaissancemensch, als der er vielen erschien, tot. Das Verlags- und Kunsthandelsimperium Paul Cassirer steht verwaist da, schlimmer noch: Barlach hat einen seiner wenigen Freunde verloren, einen, den er gerade wegen seines schwierigen Charakters geliebt hatte.

Das Projekt einer Autobiographie verabredete Barlach noch mit Paul Cassirer, im Jahr nach dessen Tod schreibt er in »Ein selbsterzähltes Leben« über ihn: *Der Spieler Cassirer, der Händler, der Herr über ein Heer von Parolegläubigen, der Sturmbock im Gewühl und Austrag der Meinungen, der erfolgreichste Perlenfischer und schlaueste Einfädler und Anstifter bei der Heimführung von Überschüssen, der Preisgelder und Bewahrer seines Selbst in großem Format, war zugleich der böse Bruder des Künstlers Cassirer und des so leicht zu beglückenden, sich selbst selig preisenden großes Kindes Cassirer, der den bösen Bubenstreichen so arg zugetan war und dionysisch zu brausen begehrte.*[6]

Karl Scheffler spricht von einer »Inszenierung der Tat«,[7] der Eulenspiegel, der doch »fortgesetzt bluffte«, hatte sich tatsächlich eine tödliche Wunde zugefügt. Versehentlich, oder war es doch der Todestrieb, der ihn – vielleicht nur einen unkontrollierten Augenblick lang – beherrscht hatte?

Tilla Durieux, die dadurch, dass Paul Cassirer die von ihr geforderte Scheidung durch einen – am Ende doch tödlichen – Schuss auf sich sabotiert hatte, seine rechtmäßige Witwe wurde, zitiert in ihren Erinnerungen ausführlich Barlachs Charakterisierung Paul Cassirers, der sie beipflichtet. Die Rede vom guten und vom bösen Bruder, der sich Cassirer selbst gewesen, setzt sie dabei fort.

Der Anblick der von Georg Kolbe abgenommenen Totenmaske zeige ihr den einen von beiden: »Die geschwungenen Bogen der Augenbrauen, in denen die geschlossenen Augen wie Vögel nisten, führen zu einer graden Nase, deren Nüstern stark und kräftig sind, als ob sie das Leben einsaugen wollten. Der Mund mit den vollen sinnlichen Lippen ist schmerzlich verzogen, über das breite Antlitz ist eine unendliche Traurigkeit gebreitet. Der gute Bruder.« Den anderen, der Cassirer auch sein konnte, zeige eine zu Lebzeiten entstandene Büste, ebenfalls von Kolbe: »Aus ihr spricht Ratlosigkeit, die Augen forschen unruhig, und um die Lippen liegt ein grausamer Zug. Der böse Bruder.«[8]

Einen Tag nach dem Tod von Paul Cassirer, am 8. Januar 1926, schreibt Reinhard Piper an Barlach. Er erinnert sich daran, dass ihm dieser anvertraut hatte, alle Abmachungen mit Cassirer bestünden nur in mündlicher Form, nichts sei schriftlich fixiert.

Der Münchner Verlegerfreund ist alarmiert. Er weiß, Barlachs Existenz steht auf dem Spiel. Vielleicht hofft er auch, nun endlich selbst als Barlachs Verleger zum Zuge zu kommen? Sein Rat an Barlach lautet, sich umgehend anwaltlich beraten zu lassen und seine Rechte zu sichern. Seiner Meinung nach seien Absprachen, auch mündliche, die mit der Person Paul Cassirer getroffen – und lange praktiziert – wurden, auch über dessen Tod hinaus für die Firma gültig. Doch seine Mahnung klingt ernst: »Man darf diese Sachen, wie ich leider manchmal früher getan habe, nicht vernachlässigen. Aus Unklarheiten können später sehr unangenehme Folgen erwachsen, auch wenn auf beiden Seiten der beste Wille besteht ... Ich würde einfach um Abrechnung bitten und um Angabe, welche Zeichnungen jetzt noch da sind und zu welchen Preisen diese angesetzt sind.«[9]

Barlach trifft der Tod Paul Cassirers hart. Auch die Tatsache, dass man einen Tag nach dessen Tod bereits über Geschäfte sprechen soll, bedrückt ihn. Aber tatsächlich, er muss es Reinhard Piper bestätigen, er finde nicht heraus, *inwiefern durch schriftlichen Vertrag meine Rechte gesichert werden.*[10]

Er ist Mitte fünfzig, den Verkauf hat bislang Paul Cassirer für ihn geregelt. Und wie soll es nun weitergehen? Steht er wieder am Anfang? Er kennt sich schlicht nicht aus in der Welt der Händler, er weiß nicht einmal, was Cassirer für ihn zu welchem Preis verkauft hat. Doch schlimmer ist der Verlust dieses so vital-widersprüchlichen Menschen, der seine Brücke zur Welt war. Die ist nun zerstört, jemand, der ihn ersetzen könnte, nicht in Sicht. Barlach trauert. Was passiert ist, macht ihn ratlos, auch wütend, wie er Reinhard Piper schreibt: ... *was sich da im Verkehr mit den verschiedenen Beteiligten enthüllt, ist unbegreiflich, fürchterlich und undurchschaubar – 2 Menschen, die nicht ohne einander sein konnten und doch miteinander nicht leben konnten. Vielleicht verstehe ich von dem Allen mehr als sie Alle – ich empfand von vornherein (1907!) stärker u stärker eine Unwirklichkeit des scheinbar gut Bestehenden.*[11]

Nach dem Tod von Paul Cassirer kühlt das Verhältnis Barlachs zu Tilla Durieux ab. Obwohl er weiß, wie schwierig sein Freund auch als Ehemann gewesen war, wie er Affäre auf Affäre hatte, tief in seinem Innern kann er Tilla Durieux wohl nicht verzeihen, dass sich Paul Cassirer ihretwegen erschossen hat.

Barlach ahnt, dass Paul Cassirer, der wie kein Zweiter an seiner Kunst interessiert war, sie auch uneigennützig zu fördern bereit war, von niemandem zu ersetzen sein wird. Ein Jahr später ist diese Ahnung Gewissheit geworden, wie Reinhard Piper am 27. Dezember 1927 erfährt: *Nicht, daß ich mich über die Firma und den Verlag Cassirer, mit dem ich noch verbunden bin, beklage, aber Cassirer ist unersetzlich. Man kann Cassirers guten Willen fühlen und nicht bloß markieren, aber der Blick ist verlöscht, den er auf mich und meine Arbeit wandte. Zudem wendet sich die Zeit mit Grausen ab von solchen Problemen wie plastische Form oder dramatischer Ausdruck, wir langweilen unsere Mitmenschen ... so wird mir Cassirers Nichtsein zu Gemüte geführt, die Zeit zurückgewünscht, wo ich nach Gefallen arbeiten konnte und die fertige Arbeit über kurz oder lang ihren Liebhaber fand.*[12]

Suche nach neuen Aufträgen und Einnahmen

Paul Cassirers Tod bedeutet für Barlach auch das Ende seiner finanziellen Sicherheit. Was wird nun aus dem monatlichen Fixum, was aus den Verkaufsausstellungen, die Cassirer für ihn veranstaltete? Barlach weiß, nie wieder wird sich künftig jemand so energisch wie Cassirer um die Popularisierung seines Werkes kümmern.

An seinen Vetter Karl schreibt er am 15. Januar 1926, Tilla Durieux habe mit den Verlags- und Galeriegeschäften nichts zu tun, das laufe völlig getrennt von ihr. Immerhin solle im Februar nun die erste Ausstellung nach Cassirers Tod stattfinden, mit etwa dreißig seiner Arbeiten. Dennoch klingt es besorgt, wenn er hinzufügt: *Irgendwo muß ich ausstellen können, meine Bücher und Grafik verlegen lassen ...*[13]

Cassirer ist durch niemanden zu ersetzen, auch wenn der Verlag Barlach in Person von Cassirers Nachfolger Walter Feilchenfeldt versichert, nichts werde sich für ihn ändern. Aber was ist solch eine Versicherung ohne das Charisma Cassirers denn wert? Barlach sieht sich mitten in eine *Sündflut von teils grausigen, teils rätselhaften Eindrücken* geraten.

Der Umgang mit Tilla Durieux bereitet ihm Unbehagen. Gewiss, er sieht ihre *unschuldige Schuld*, aber der letzte Anstoß dafür, dass Cassirer die Waffe auf sich richtete, war sie. Nun sucht sie bei Barlach Trost und Beistand. Dieser antwortet betont freundlich, dennoch klingt eine Distanzerklärung mit, wenn er schreibt: *Sehen Sie, Frau Tilla – Pauls Tod! Aus ihm spricht ein Pathos, dem nichts gewachsen ist, man muß hören und wird immer wieder dahingerafft – es verpflichtet uns und zwingt uns zum Schweigen. Dann kommt etwas Anderes: Paul selbst ist nun stillgeworden, er, der sprechen konnte wie kein anderer, ist für immer verstummt. Es ist eine unerhörte Leere entstanden, und in diese Leere und Lautlosigkeit hinein gibt es für uns nur ein einziges Einstimmen aus Pietät – wiederum ein großes Schweigen.*[14]

Tatsächlich geht der Verkauf von Kleinplastiken und Grafiken, so wie es Barlach befürchtet hatte, im Jahr 1926 zurück. Andere Wirkungsfelder, weiß Barlach, müssen erschlossen werden. Er hofft auf große Aufträge, nimmt auch am Wettbewerb um ein Beethoven-Denkmal teil. Der Magistrat von Berlin hatte im April 1926 eine Reihe von Bildhauern aufgefordert, bis Oktober desselben Jahres Entwürfe dafür einzureichen. Bereits zu Beethovens hundertstem Todestag im März 1927 soll es vor der Volksbühne am Bülowplatz aufgestellt werden. Ein typischer Berliner Schnellschuss!

Barlach entwirft sofort ein merkwürdig-eindringliches Monument: ein massiger Kopf auf einer Rundsäule, auf der mehrere archetypische Figuren abgebildet werden (die sich später auf dem Fries der Lauschenden wiederfinden). Einem der bestellten Juroren, dem Redakteur des »Berliner Tageblatts«, Walter Zadek, übermittelt Barlach am 22. August 1926: *Meiner Art zu arbeiten widerstreitet ein Tempo, das zum Oktober ausgereifte Entwürfe fördern muß, und dem Wunsch zum Glockenschlag fertig zu werden, häkelt sich die Frage an, warum dieser herrlichen Aufgabe gerade im August und September mein äußerstes Können entsprechen muß.*[15]

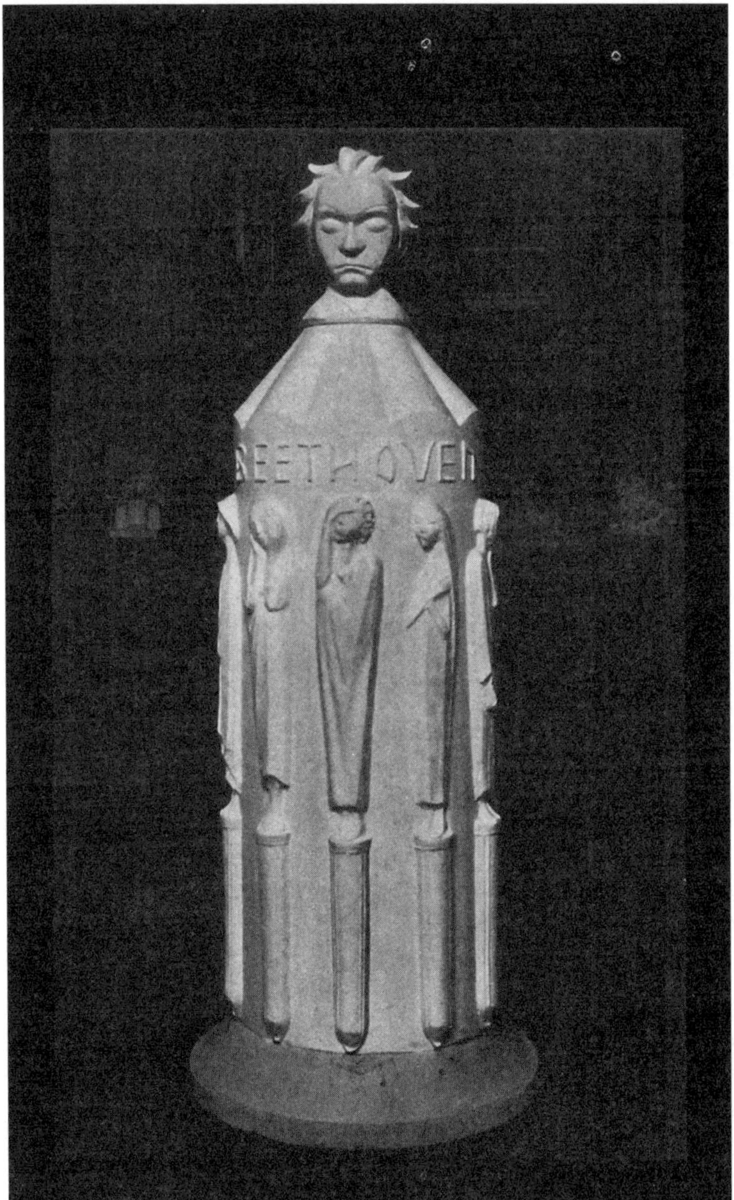

Entwurf eines Beethoven-Denkmals
(1926)

Doch dann ist Barlach – er hat es nötig – lieber doch pünktlich mit seinem Entwurf zur Stelle. Am 18. Oktober vermeldet er Reinhard Piper nach München: *Lieber Herr Piper, soeben werde ich benachrichtigt, daß ich bei der Beethoven-Konkurrenz in Berlin mit sämtlichen anderen hereingefallen bin, kein Entwurf wird zu Ausführung empfohlen.*[16]

Darin liegt die Tücke solcher auf den ersten Blick lukrativen Großaufträge. Die meisten Entwürfe landen in der Ablage irgendwelcher Bürokraten, die mal kurzzeitig der Einfall überkommt, meist zu einem anstehenden Jubiläum, etwas Kunstvolles zu präsentieren. Wettbewerbe, die sich den Anschein des Demokratischen geben, sind zu solchen Anlässen immer beliebt. Das Risiko ist für die Initiatoren gering: Man handelt schließlich, sich selbst in den Vordergrund schiebend, mit fremder Kreativität.

Solche Investitionen von Zeit und Kraft – mit ungewissem Ausgang – kann sich Barlach eigentlich gar nicht leisten. Er ist als bedeutender Künstler längst anerkannt und findet sich nun als Nummer mit vielen anderen im Lostopf wieder. Wie demütigend.

Die finanzielle Lage Barlachs ist ernst. Sein Sparguthaben beträgt Ende 1927 nur 132,20 Mark, ein Jahr später sind es genau zehn Pfennige mehr. Das erinnert an Gottfried Benns »Summa Summarum«, der 1926 in der »Weltbühne« die Rechnung aufmacht, wie viel er in den letzten knapp zwanzig Jahren mit seiner Dichtung verdient habe: neunhundertfünfundsiebzig Mark, das sind pro Monat vier Mark und fünfzig Pfennige!

Immerhin ist Barlach für Künftiges gewappnet: Er zieht aus seinem Pferdestallatelier um in ein größeres und sehr viel helleres, eine ehemalige Autowerkstatt in der Walkmühlenstraße 21. Bruder Hans, der Heizungsfachmann, erhält dazu von Barlach Ende Oktober 1926 Post mit der Beschreibung der neuen Räumlichkeit, mit vielen Fenstern und einem Oberlicht: *Der Hauptraum ist 7,50 x 10 m groß, am höchsten Ende 5, am entgegengesetzten 3,20 hoch, und die Frage wirft sich auf, wie soll man heizen, die ich nicht lösen möchte, ohne Dich zu Rate zu ziehen.*[17]

Hier gibt es auch eine Motorwinde, mit der sich große und schwere Gewichte bewegen lassen. Ein Fingerzeig?

Marga Böhmer als Zuflucht

Zu den jungen Bewunderern, die zu Barlach als angesagter Berühmtheit nach Güstrow pilgern, gehört also auch das Ehepaar Marga und Bernhard A. Böhmer. Und Barlach sieht sich in der merkwürdigen Lage, Vetter Karl am 15. September 1928 über »meine Böhmer« zu schreiben, die ihm viel beschwerliche Arbeit abnehmen und die er dieses und jenes besorgen lässt. Es klingt für Barlach ungewohnt gutsherrlich.

Neues gibt es auch zu vermelden: *Frau Böhmer und ich leben einig miteinander und sind ruhig in einer schönen Gegenseitigkeit.* Das ist eine gute Nachricht. Barlach empfindet nun jene Heilung der Seele, die er so dringend gesucht hatte. Sein Körper jedoch befindet sich in schlechtem Zustand. Er weiß sehr gut, dass er sich an der Grenze zur Pflegebedürftigkeit befindet. Umso erleichterter klingt es nun: *Ich fühle, daß in mir eine Lücke geschlossen wird, daß mein Leben runder und völliger geworden ist.*[18]

Vetter Karl wird später anhand der erhaltenen Briefe den Zeitpunkt zu bestimmen versuchen, an dem Barlach die Verbindung zu Marga Böhmer einging, ohne diejenige zu Bernhard A. Böhmer jedoch aufzukündigen – im Gegenteil, beide werden auf fast kafkaeske Weise zu dauerhaften Begleitern, ohne die er bald keinen Schritt mehr unternehmen kann. Karl mutmaßt über den Zeitpunkt der Beziehungsaufnahme anhand von Mitteilungen aus dem Sommer 1926: »Diese Briefe besagen bzw. verschweigen wesentliche Vorgänge im persönlichen Leben Ernsts. Offenbar hat sich in dieser Zeit die Bindung an Frau Marga Böhmer vollzogen.«[19]

In dem Brief Barlachs an Vetter Karl vom 24. Mai 1926 ist auf kryptische Weise die Rede von einem Mann und einer Frau, die sich scheiden lassen wollen. Er bittet den Vetter um juristischen Rat, ohne die Anonymität der Betreffenden zu lüften. *Also: Ein Ehepaar will sich scheiden lassen. S i e hat sich seit fast zwei Jahren versagt, e r hat, was er nicht leugnet, rücksichtslos mit vielen Frauen verkehrt. Sie wünschen beide baldige Scheidung. Keine Kinder.*[20]

Warum interessiert Barlach sich so für die Scheidung anderer Leute, dass er dazu sogar Rat bei seinem Vetter einholt? Es betrifft ihn sehr direkt, was aus dem Ehepaar Böhmer wird. Barlach hat offenbar einen sicheren Sinn für heikle erotische Beziehungen. In Marga Böhmer verliebt er sich, will mit ihr zusammen leben. Doch andererseits: Die ihm eifrig angebotenen Dienste ihres Mannes Bernhard A. Böhmer, der ein Dandy und Geschäftsmann skrupelloser Art ist, kann er – gesundheitlich so schwer angeschlagen – nicht mehr missen.

Bernhard A. Böhmer, der einst als malendes Wunderkind galt, hilft im Atelier bei den schweren Vorarbeiten der monumentalen Totenmale für Kiel und Magdeburg. Auch wenn Barlach verliebt ist, er wird darum doch nicht blind für die Merkwürdigkeiten, die dieses seltsame Paar umgeben. Nach der vollzogenen Scheidung bleiben die Böhmers immer ein Team, das sich in Sachen Barlach einig ist.

Was sind das für Leute, woher kommen sie überhaupt, fragen sich die Güstrower. Kennengelernt haben sich die 1887 in Stolberg im Harz geborene Margarethe Graeber und der fünf Jahre jüngere Bernhard A. Böhmer an der Kunstgewerbeschule in Bielefeld. 1917 heiraten sie. Einige Jahre leben sie in Krefeld, betreiben ein Atelier. Marga spezialisiert sich auf Tierplastiken.

Wegen der Besetzung des Ruhrgebiets ziehen sie 1923 nach Mecklenburg, leben – vermutlich angezogen vom Ruf der einstigen Künstlerkolonie – in Schwaan. Sie wohnen nicht irgendwo – das zeigt bereits Böhmers sicheren Sinn für Auftrittseffekte –, sondern in der »Warnow-Villa«, die sich der expressionistische Maler Alfred Heinsohn, der dort bis 1914 lebte, bauen ließ. Die »Villa« erinnert in ihrer Exzentrik ein wenig an ein Hexenhaus. Sie kann noch heute an der Bahnstrecke nach Rostock für Augenblicke ins Auge gefasst werden. Bernhard A. Böhmer betreibt dort einen Kunsthandel. Nach gut einem Jahr zieht das Ehepaar nach Güstrow um.

In Güstrow wohnen sie in einem schönen alten Haus am Heidberg. Sind sie, wie so viele junge Künstler in diesen Jahren, nur wegen Barlach gekommen, der durch den Kleist-Preis plötzlich berühmt geworden ist? Barlach lässt niemanden an sich heran, müssen auch sie erfahren. Aber er hat nun einmal eine Schwäche: sein unerfüllt gebliebenes erotisches Interesse an Frauen. Nach dem Desaster mit Friedrich Schults Frau einige Jahre zuvor hat Barlach sich auch in dieser Hinsicht weit zurückgezogen. In einer Kleinstadt wie Güstrow vergisst man Vorgefallenes nicht.

Nun erobert ihn Marga, die siebzehn Jahre Jüngere, die hexenhaft Anziehende! Barlach ist fasziniert von ihr und seltsamerweise scheint ihr Noch-Ehemann gar nichts gegen die sich anbahnende Beziehung zu haben. Er hängt sich ebenfalls an Barlach, macht sich schnell unentbehrlich.

In Güstrow fragt man sich: Wieso lässt sich die junge Frau von ihrem – da ist sich die Damenwelt Güstrows einig – so attraktiv wie ein Filmstar daherkommenden jungen Mann scheiden, um mit einem kranken ältlichen Mann zusammenzuleben? Alles aus Leidenschaft? Es gibt nicht verstummende Gerüchte, das Ehepaar habe von Anfang den Plan gehabt, gemeinsam den berühmten Barlach an sich zu binden – sie auf die eine Weise, er auf die andere.

Friedrich Schult, späterer Nachlassverwalter, wird in Marga Böhmer nie eine Partnerin bei der Sichtung und Bewahrung sowie der Edition des Nachlasses sehen, nur eine unerwünschte Konkurrentin. Die Abneigung ist gegenseitig, noch mehr die zwischen Barlachs Sohn Klaus und Marga. Klaus hegt sogar Hassgefühle gegen die Frau, die ihm – so die Perspektive als einziges Kind – den Vater wegnehmen will.

Schult wird kurz vor seinem Tod in »Letzte Aufzeichnungen« über seine Beziehung zu Barlach notieren: »In den zwanziger Jahren lebten wir mehr oder weniger einsam nebeneinander her. Er wurde von dem Ehepaar Böhmer wie ein Augapfel gehütet.«[21] Das ist für diesen jederzeit distinguierten Menschen schon das Höchstmaß an verbaler Drastik, zu der er fähig war.

Erstaunlich freundlich in der mehrheitlich Marga Böhmer ablehnenden Barlach-Familie wird sich Karl Barlach 1960 in »Mein Vetter Ernst Barlach« über dessen Beziehung zu Marga Böhmer äußern. Er nimmt Barlach beim Wort, der geschrieben hatte, er fühle sich als ständiger Gast im Heidberg *gut versorgt und liege den ganzen Tag in der Sonne.*[22]

Karl Barlach fährt fort: »Was ihr Ernst innerlich gewesen ist und blieb bis an sein Ende, ist darin ausgesprochen und bezeugt, daß sie die inneren Werte als Frau und verstehende Künstlerin zu geben hatte, deren er bedurfte. Daß sie ihm nach außen die Geborgenheit, so gut es in ihren Kräften stand, behütete, daß sie seiner zunehmenden körperlichen Schwäche die treue Pflegerin war, ja, wo seine Kräfte nicht reichen wollten, ihm am Werke half – so die gewaltigen Holzmassen bei der Herausarbeitung der Figuren des Magdeburger Males bis auf die Feinarbeit zurechthieb –, vervollständigt das Bild dieser Gemeinschaft. Daß sie dies alles tat unter taktvoller Zurückhaltung ihrer Person und Verzicht auf die äußere Stellung als Gattin, erhöht den Wert ihrer Opfer.«[23]

Warum aber haben Barlach und sie nie geheiratet? Mit Rücksicht auf Klaus, der Marga Böhmer (das Ehepaar Böhmer überhaupt) vehement ablehnte? Oder war es eher Rücksicht auf Marga in der Zeit nach 1933, als die Nationalsozialisten immer unverhohlener gegen Barlach Stimmung machten? Wollte er sie nicht zur Ehefrau eines Produzenten von »entarteter Kunst« machen?

Da lebten sie bereits sieben Jahre zusammen! Rechnete Barlach nicht mit seinem Ableben in nicht allzu weiter Ferne? Doch, damit rechnete er immer. Aber vielleicht waren ihm Zweifel gekommen angesichts der obskuren Rolle des permanent präsenten Bernhard A. Böhmer, ob er »den Böhmers« seinen Nachlass anvertrauen sollte. Bernhard A. Böhmer hat er schonungslos hellsichtig in seinem unvollendeten Roman »Der gestohlene Mond«, der autobiographische Züge trägt, porträtiert.

Fast täglich waren sie zusammen. Bernhard A. Böhmer kam meist bereits zum Frühstück zu Marga und Barlach. Er gab die Tagesordnung aus. Nein, in Händen des glatt-geschäftigen »Wahl«, wie er Böhmer im Roman nennt, wollte »Wau« (Barlach selbst) sein künstlerisches Erbe wohl nicht sehen, zumal Barlach nicht verborgen bleibt, dass Marga und Bernhard A. Böhmer auch nach über einem Jahrzehnt seines Zusammenlebens mit Marga immer noch »die Böhmers« waren.

Beide Böhmers umschmeicheln ihn als »Meister«. Aber Barlach ist nicht Stefan George, Kreisbildung liegt ihm nicht. Vor allem ist es Margas Sinn für die Realität unsichtbarer Dinge, ihr »magisches« Talent, das ihn für sie einnimmt. Man kann das Esoterik oder Okkultismus nennen – Besucher waren in späteren Jahren oft befremdet, dass sie den toten Barlach um Mitternacht zu sehen pflegte. Doch diese Eigenart traf sich mit Barlachs Sinn für das Dämonische menschlicher Existenz. Er glaubte an Hexen und sah in Marga eine Abgesandte aus der Familie der guten Hexen. Da erkannten sich zwei sofort.

Erst 1928 lüftet Barlach das Schweigen, so lange hütet er das Geheimnis der neu gewonnenen Zweisamkeit. In seiner Wohnung in der Schweriner Straße 22 hält er sich nur noch selten auf. Hier hatte er seit 1912 im Erdgeschoss – da noch zusammen mit seiner Mutter und Klaus – gewohnt, in einer kleinbürgerlichen Wohnung, deren Einrichtung er ganz dem Geschmack der Mutter überließ. Ihn interessierte das wenig. Nun aber hält er sich fast ständig in Margas Haus am Heidberg auf. Für eine Kleinstadt wie Güstrow wahrlich bacchantische Zustände!

Folgerichtig gibt es einen Skandal in Güstrow, der Barlach an die Schult-Affäre denken lässt. Vielleicht spricht er nun auch deshalb offen darüber, denn das Geheimnis seiner Beziehung ist keines mehr, wie Vetter Karl am 1. Juni 1928 erfährt: *Im Heidberg ist Krach, der Nachbar zwischen uns und dem Hexenhaus hat gesagt, er hätte als Nachbarschaft rechts ein Hurenhaus und links einen Puff, was in Rücksicht auf Frau Böhmer und Frau Schippmann unmöglich ohne Folgen bleiben kann.*[24]

Aber letztlich schert ihn nicht, was die Leute sagen, er fühlt sich – zum ersten Mal in seinem Leben – in Zweisamkeit geborgen und glücklich.

Am 27. November 1928 reist Bernhard A. Böhmer nach Kiel zur Aufstellung des »Geistkämpfers«, *mehr mit diplomatischer als technischer Mission,*[25] wie Barlach seinem Bruder Hans ironisch mitteilt. Die Geschäfte, um die Böhmer sich nun kümmert, beginnen zu laufen.

Am Heidberg, in Marga Böhmers Haus, fühlt Barlach sich inzwischen zu Hause, wie er am 28. Dezember 1928 seinem Bruder Hans schreibt, trotz *Verdüsterungen des Tages* lasse *daheim im Heidberg sich das alles herrlich überstehen, man denkt aber an die anderen, die ohne Haus, Heim und Schutz preisgegeben sind.*[26]

Dazu zählt nun auch sein Sohn Klaus, zweiundzwanzig Jahre alt, der die Vaterwelt nicht mehr versteht. Er wohnt, wenn er zu Besuch kommt, in der alten Wohnung in der Schweriner Straße 22 und wird von der strengen Haushälterin Fräulein Doege »betreut«, mehr schlecht als recht, denn Klaus rebelliert, schließt sich ein, will den Vater nicht sehen, von dem er sich verraten fühlt, und erst recht nicht dessen neue Freundin, von der er noch ganz andere Dinge denkt.

Barlach als Liebesbriefschreiber auf Zeit

Immer wieder ist darüber gerätselt worden, wie diese nach außen so merkwürdig erscheinende Allianz zwischen Barlach und Marga Böhmer wohl zustande kam, da sich Barlach gegenüber jungen Künstlern, die seine Nähe suchten, doch sonst so abweisend verhielt. Der von Inge Tessenow 2012 herausgegebene – und umgehend vergriffene – Briefwechsel gibt Antworten.

Der erste und einzige ausführliche Brief Marga Böhmers datiert auf den 31. Dezember 1925 und ist Neujahrs- und Geburtstagsbrief in einem. Bei diesem Brief beschleicht einen allerdings das Gefühl, er könnte dem Zweck gedient haben, Barlach irgendwie für sie zu interessieren. So etwas gelingt bekanntlich am besten, indem man Gefühlsverwirrung stiftet. Barlach fühlt sich alt und krank (er wird sechsundfünfzig Jahre alt), da kann ihn das Interesse einer jungen und schönen Frau schon aus der Fassung bringen. Er liest, was sie ihm schreibt: »Ich habe lange überlegt, ob wir Ihnen nochmals solch kl. Erfrischungskistchen fertigmachen dürften ins Atelier. Mein Mann sagte: ›aber natürlich‹ u. ich hoffe, daß Sie es nun nicht als Belästigung empfinden – dann wäre der Zweck ja verfehlt. Doch nein, sie kennen uns, wissen, daß es uns ein großes Bedürfnis, Sie irgendwie zu erfreuen. Wüßte man nur recht wie! Wäre gerne persönlich zu Ihnen gekommen um Ihnen die farbfrohen Nelken mit lieben u. treuen Wünschen in die Hände zu drücken. Sie wissen, wie ich mich bezwingen muß, das nicht zu tun – da mein Mann auch fern, muß ich den alten Forstarbeiter schicken.«[27]

Am Ende des Briefes versichert sie ihm, dass da etwas in ihr Inneres gedrungen sei und dort eine »Revolution« mache: »Und sollte ich noch ein Jahr verloren beten, Gott bittend, mir diese Leidenschaft, die ja mein ganzes Fühlen, Denken und Wollen in ihre Dienste stellt und beherrscht, wieder aus dem Herzen zu nehmen – so muß ich mich am Ende damit trösten, daß besser Kraft diese Leiden verursacht, als ein Leben ohne Kraft, ohne Inhalt.« Das scheint trotz verklausulierter Rhetorik ein direktes Angebot an Barlach, sich ihm und seiner künstlerischen Sendung, aber auch ihm als Mann ganz in Dienst zu stellen.

Wie genau dann ihr Verhältnis zustande kam, wissen wir nicht. Barlach behandelte die Anfangszeit ihrer Beziehung als Geheimnis. Deutlich wird an den Briefen aus dem Frühjahr des kommenden Jahres, dass sich ihr Verhältnis immer noch im Rahmen eines freundschaftlichen Umgangs bewegt. Doch trotz des formellen Tons in Barlachs Brief vom 22. März 1926, der mit *Sehr geehrte Frau Böhmer* anhebt, ist dessen Interesse bereits geweckt. Er fühle eine *unüberwindliche Sehnsucht, mit Ihnen vertraulich zu sprechen,* und wagt sich nun aus der Deckung, wenn er schreibt: *Ich würde Sie so gerne sehen und mich überzeugen, was Sie machen ...*[28]

So bricht sich Barlachs Leidenschaft Bahn. Ein weiterer Brief beginnt bereits mit *Liebe Marga*. Er teilt ihr darin mit, er denke bei sich, *es ist ja erst der Anfang unseres Vertrautseins, ich hätte fast geschrieben: Getrautseins*. Schließlich folgt ein Brief ohne genaues Datum, aber mit Angabe der Uhrzeit – 2 Uhr nachts –, der mit *Liebe* anhebt. Da also steht seine Leidenschaft in hellen Flammen, er ist blindlings verliebt in Marga. Der nächste Brief spiegelt bereits tolldreiste Liebesübermut. Überschrieben ist er mit

Li

Lie

Liebe

und enthält nur eine Botschaft: *Ich habe herrlich geschlafen und leide an nichts als an Sehnsucht (S e h n s u c h t), Sehnsucht aus allen Gründen, die Sehnsucht schaffen.*[29]

Barlach verjüngt sich sichtlich immer mehr in den Briefen an seine nun offen so angesprochene Geliebte: *Hör mal zu: und sei gnädig und gütig, wenn Schicksal und die günstige Gnade Deiner Güte mir noch eine Nacht in dem Tempelchen von Bett gönnen, dann wollen wir ein Schlückchen oder zwei von Sekt als Schlaftrunk trinken. Ja? Ja? Ja? Sag* schon ja![30]

Den Sommer über ist Barlach damit befasst, seinen Rausch in Worte zu fassen, die auch so klingen, wie er sich fühlt: vor Glück taumelnd als junger Liebesgott. Das Jahr 1926 sieht ihn im Liebesrausch! Aus dem Café Borwin im Güstrower Hotel Erbgroßherzog heraus wird er zum Produzenten von Liebeserklärungen, von denen jede neue die vorhergehende noch zu übertrumpfen sucht.

Marga hat nun auch einen Kosenamen, *Jeter* lautet der, und auch er bekommt von Marga einen, *Dege.*

Wer hat hier wen erobert? Das ist die Frage. Verbal ist es jedenfalls Barlach, der seine Liebesbegeisterung immer wieder in höchsten Tönen herausruft: *Ich sitze im Borwin, neben mir ein Herr, der Kreuzworträtsel löst. Ich möchte meine Hände hochheben und dafür danken, daß Du lebst und daß wir uns kennen. Für mich bist Du weder Rätsel noch Problem. Wie Du bist, daß Du bist, so ist Alles gut, so gut, daß ich dankbar sein muß.*[31]

Im November 1926 unternimmt Barlach zusammen mit Klaus eine Reise an die Ostsee. Doch im Herzen ist Marga Böhmer immer dabei, wie Klaus sehr wohl mit Unwillen bemerkt: *Klaus fragt: schreibst Du an Frau Böhmer? Ich sage: Augenblikilich ja.*[32] Was soll der zwanzigjährige Sohn da noch angesichts seines bis zur Albernheit verliebten Vaters sagen?

Derartige Liebesbeteuerungen wie jene brieflich vom 18. November 1926 im Hafenhotel von Saßnitz notierten sind für Barlach selbst eine Novität, die ihn immer aufs Neue verwundert: *Ich mußte diese Tage immer, aber auch immer an Dich denken, ich fühle es tiefer und herzlicher als zu Zeiten in Deiner Nähe, was Du für ein Unermeßliches für mich bist, es war immer etwas in mir lebendig mich zu mahnen: vergiß nicht, denk daran, weißt du wohl, was du Dein nennen darfst?*[33] Am 27. November, immer noch im Hafenhotel von Saßnitz, wiederholt er, sie sei ihm *so kostbar, daß ich keine Ausdrücke dafür suchen mag.* Er spricht von *Schicksalsgemeinschaft.* Sein Liebesbekenntnis gipfelt in dem Satz: *Wenn ich sage, ich sehne mich nach Dir, so ist das zu wenig gesagt.*[34]

Doch im selben Brief, schon im nächsten Satz, kippt die Stimmung: *Wunderbar sind diese Novembersonnentage, aber sie bekommen mir nicht. Streng genommen fühlte ich mich in meinem ganzen Leben noch nicht so elend wie diese Woche.*[35]

Wie soll man das verstehen?

Er wandert zusammen mit seinem geliebten Sohn Klaus an der Ostsee, in Gedanken bei der geliebten Marga Böhmer, und mittendrin überfällt ihn die Depression?

Marga Böhmer erfährt hier erstmals etwas von der Unberechenbarkeit der Künstlerseele, die trotz Liebeseuphorie nicht aufhört, mit dem Zwiespalt menschlicher Existenz zu ringen – zu leben auf den Tod hin.

Das Elend weicht nun nicht mehr von seiner Seite. Der Sommer 1926 war eine kurze Phase der Liebesekstase gewesen, der nun ein langer Absturz folgt. Im Juni 1927 weilt er in Bad Kissingen zur Kur. Während er an Marga einen Brief schreibt, raucht er Zigaretten. Marga versteht das, sie selbst raucht Pfeife. Aber der ärztliche Befund, den Barlach bekommen hat, stimmt alles andere als optimistisch. Zigaretten sind für ihn eigentlich tabu: *Dürfen darf ich's rauchen garnicht, und der Doktor hat auch nicht gar viel gesagt – den Klappenfehler fand er auch, die Nerven wären miserabel, die Leber geschwollen, fragte immer wieder, ob ich nicht doch Syphilis gehabt hätte.*[36]

Da Barlach bei Marga Böhmer wohnt, schreibt er ihr nur Briefe (von ihr sind kaum welche im Briefwechsel abgedruckt), wenn er unterwegs ist. Immer häufiger berichtet er nun von

Dingen, die sich vor seinen Augen abspielen – für ihn ist alles Schauspiel –, aber immer hat er, wenn auch knappe, zärtlich-poetische Worte für sie, etwa wenn er am 4. Juli 1927 seinen Brief an sie schließt: *Ich herz Dich sanft im Bett meiner Seele.*[37]

Mehr Raum nehmen nun Widrigkeiten im Dasein des Kissinger Kurgastes ein: der Ärger mit zu lauten Zimmernachbarn etwa oder die Bitte an Marga, endlich aufzuhören, ihm Obst zu schicken: *Ich kann nicht so viel Früchte essen, weil ich so viel Sprudel trinken muß und weil ich so viel Früchte aß während ich so viel Sprudel trinken mußte, hatte ich Durchfall. Darum trank ich gestern Abend keinen Sprudel, sondern Rotwein, werde mich aber mit den Früchten von nun an ein bißchen vorsehen.*[38]

Immerhin hat Barlach in all seinem so stark schwankenden Befinden seinen Humor wiedergefunden, der böse Blick hält ihn aufrecht. Aber die Berichte, die er an Marga schickt, werden sichtlich kürzer, passen nun häufig auf eine Postkarte.

Der hitzige Sommer von Barlachs großer Liebe ist vorbei, die ihn selbst erstaunenden Liebesschwüre hören zwar nicht ganz auf, aber sie sind nun meist in einen Satz gefasst, der dann oft mit einer Pointe schließt. Offenbar gelingt es Barlach am besten, mit der Dauerkrise, die sein Leben nun einmal ist, zu leben, wenn er das Gefühl hat, dieser mit einem originellen Einfall begegnet zu sein, so etwa am 17. Juli 1927 in einer knappen Ansichtskartenmitteilung aus Münnerstadt an Marga Böhmer. Sie lautet: *Heute große Ziegenschau des Ziegenzuchtvereins, Bockversteigerung, s. w. 16. Juli Münnerstadt. Ich ging beinah hin, trau mich allein nicht zu den Viechern und Böcken.*[39]

Auch wenn seine Gemütslage, die zu kontrollieren ihm schwerfällt, sich nun jeder Liebesekstase enthält, seine liebevolle Zuwendung hat nicht aufgehört, sie klingt mittlerweile nur wieder mehr nach ihm, lakonisch-witzig, aber keineswegs kalt, so wie der Briefschluss vom 14. Oktober 1927 an seine Pfeife rauchende Lebensgefährtin: *Aber wie wirst Du wieder husten! Armer Hustenreich! Ich grüß und küß ihn und will gern für Dich weiterhusten.*[40]

Wenn das nicht wahre Liebe ist!

KAPITEL VII

Zwischen Diesseits und Jenseits: die Totenmale

Der schwebende Engel

Ein Glücksfall scheint für Barlach in diesem mit dunklen Schatten so schwer beladenen Jahr 1926 die bevorstehende Siebenhundertjahrfeier des Güstrower Doms zu sein. Der Kirchengemeinderat beschließt, zu diesem Jubiläum etwas Symbolkräftiges initiieren zu wollen. Vielleicht neben der Friedenseiche auf dem Vorplatz zum Gedenken an die Gefallenen des Ersten Weltkriegs? Der Vorschlag findet einhellig Zustimmung. Doch man hat fast gar kein Geld für ein solches Projekt. Was tun? Am einfachsten und preisgünstigsten wäre ein Findling mit einer schlichten Inschrift gleich neben dem Dombau.

Es heißt, Barlach sei zufällig auf einem Spaziergang vorbeigekommen und habe die Kirchengemeinderäte ihren Plan am Ort der Ausführung beraten hören. Er tritt hinzu und sagt, dass er davon dringend abrate. Man könne nicht vor ein Bauwerk wie dem Dom einfach einen Naturstein stellen, das habe keine Form! Was er denn vorschlage? Er werde sich einmal Gedanken machen, antwortet Barlach – und geht sofort an die Arbeit.

Das klingt sehr nach Legende. Viel wahrscheinlicher ist, dass der junge und gebildete Güstrower Pfarrer Johannes Schwartzkopff den Bildhauer in der Sache konsultiert hat. Schwartzkopff sitzt freitags oft im Restaurant des Güstrower Bahnhofs, um an seiner Sonntagspredigt zu arbeiten.

Auch Barlach, dem die Kleinstadt suspekt bleibt, zieht es häufig zum Bahnhof. Dort sitzt er dann, liest die überregionalen Zeitungen, trinkt Kaffee und schaut den Fernzügen nach, von denen die meisten nicht in Güstrow halten. Allein schon die Verbindung nach Berlin oder Hamburg vor Augen zu haben gibt ihm ein Gefühl von Freiheit: Er könnte jederzeit fort von hier, er will es bloß nicht. Jetzt noch nicht.

Hier im Bahnhofsrestaurant trifft er auch Schwartzkopff. Er unterhält sich gern mit dem jungen Pfarrer, der so viel aufgeschlossener und interessierter ist als die meisten der mecklenburgischen Dickschädel, mit denen es Barlach – selbst ein holsteinischer Dickschädel, aber einer mit Sinn fürs Schwebende! – hier zu tun bekommt.

Barlach ist bereit, sich der Sache des Domjubiläums anzunehmen, aber nicht vor, sondern in der Kirche soll jene Plastik, die er schaffen wird, aufgestellt werden! Auf ein Honorar verzichtet er vorab, er wird Güstrow diese Skulptur schenken, nur für Material-, Gießerei- und Aufstellungskosten soll die Kirchengemeinde aufkommen. Klingt das nicht verlockend? Für Schwartzkopff durchaus, das hatte er sich gewünscht! Die Schweriner Kirchenbürokratie jedoch ist misstrauisch. Wenn ein solch berühmter Künstler extra etwas für Mecklenburg fertigt, dann ist der Ärger vorprogrammiert. Unwahrscheinlich, dass ihnen das Ergebnis gefallen wird!

Tom Crepon hat in »Leben und Leiden Ernst Barlachs« die unerquicklichen und letztlich unwürdigen, ja niederträchtigen Machenschaften gegen Barlach anhand der Dokumente des Landeskirchenarchivs in Schwerin rekonstruiert. Was sich im Jahr 1926 im Briefverkehr zwischen den verschiedenen Instanzen abspielt, die – noch – hinter vorgehaltener Hand betriebene Diffamierung Barlachs, wird nach dem Machtantritt der Nationalsozialisten kulminieren, als diese den »Schwebenden Engel« zu einem Stück »entarteter Kunst« erklären. Es ist dasselbe Personal, das zehn Jahre später – ganz offen – die Zerstörung des »Schwebenden« im Güstrower Dom betreiben wird.

Die Landeskirchenleitung hört sich zunächst einmal an, was der Schweriner Museumsleiter Professor Josephi zu dem aus Güstrow herangetragenen Projekt zu sagen hat. Dieser gibt sich ganz und gar begeistert: »Ein Monumentalwerk Barlachs an der Güstrower Domkirche könnte unter Umständen Güstrow zu einer Berühmtheit in ganz Deutschland, ja bei dessen Weltruf zu einer Berühmtheit weit über Deutschlands Grenzen hinaus machen.«[1]

Das klingt in den Ohren aller beteiligten Entscheidungsträger überaus verlockend. Aber dann passiert, was passieren musste. Der Landesbischof liest im Urlaub in Süddeutschland etwas über Barlach, das ihm missfällt: Der Mann ist umstritten! Sofort warnt er den Landessuperintendenten vor Barlach, man müsse Vorsicht walten lassen, kontrollieren, was er überhaupt im Dom vorhabe.

Die Kirchenbürokratie ist verunsichert, niemand außer dem Güstrower Pfarrer Schwartzkopff will die Verantwortung für eine Skulptur von Ernst Barlach im Dom und die damit verbundenen Folgen übernehmen. Bei diesen Künstlern weiß man schließlich nie! Also wird ein Ausschuss gegründet, Gremienentscheidungen sind immer gut: Bei Erfolg hat man selbst den Hauptteil daran, bei Misserfolg war man quasi gar nicht beteiligt. Ein Gutachten des Rostocker Kunstprofessors Leo Bruhn lässt die versammelte Opportunistenrunde jedoch aufatmen. Darin heißt es: »Nur Unkenntnis oder Böswilligkeit kann seinen bildhauerischen Arbeiten … Dilettantismus nachsagen.«[2]

Das hatten sie doch schon vorher gewusst! Derart akademisch rückversichert bekundet das Gremium nun volles Vertrauen in den Bildhauer Ernst Barlach. Die Kosten der Plastik werden sich auf etwa fünftausend Reichsmark belaufen. Die eine Hälfte wird über die Kollekte, die andere über den Verkauf einiger kircheneigener Antiquitäten aufgebracht.

Was das nun für eine Skulptur ist, will nicht nur die Kirchengemeinde von Barlach wissen. Aber der hält sich bedeckt, verlässt fluchtartig das Atelier, sobald sich Abgesandte der Gemeinde ankündigen, die sich über den Fortgang der Arbeit erkundigen wollen.

Den Gedanken eines Friedensboten hatte Barlach von Anfang an. Und was ist solch ein Bote in der Kirche anderes als ein Engel? Einer, der zwischen Himmel und Erde verkehrt, die Verbindung zwischen den verschiedenen Sphären aufrechterhält – ein Stück Ewigkeit, wie es mitten in der vergehenden Zeit aufscheint.

Der »Schwebende« ist ein Motiv, das sich bei Barlach bereits in einer Kohlezeichnung von 1912 zeigt. Das Überraschende dabei:

Der Engel steigt weder vom Himmel herab noch zu diesem hinauf. Er hält einen genau definierten Abstand zur Erde auf seiner Flugbahn, befindet sich in Horizontallage, umschwebt unsere Köpfe im Tiefflug. Eigentlich ist er mitten unter uns, nur dass seine Beine den Boden nicht berühren.

Das ist das Credo des Mystikers Barlach: Ein winziger, aber unüberwindbarer Abstand trennt den schwebenden Engel von uns, die wir uns immer nur in kurzen Sprüngen vom Boden lösen können, um dann mit umso größerer Wucht auf diesen zurückzufallen.

Am 7. März 1927 teilt Barlach dem Güstrower Stadtrat Willy Hahn mit, dass das Modell für die Figur im Dom fertig sei. Dann erhält Vetter Karl die Nachricht: *Ich konnte Dir melden, daß das Modell meiner Figur unterwegs ist oder schon in Berlin. Es hat allerlei böse Zwischenfälle gegeben, und als es endlich glücklich abgeformt war, fühlte ich mich nicht wenig erleichtert.*[3] Hermann Noack in Berlin-Friedenau gießt den »Schwebenden« in Bronze.

Schwierig wird es sein, das weiß Barlach, den optimalen Platz im Kirchenschiff zu finden, einen Platz, an dem dieser am besten zur Wirkung kommt. Das ist vor allem eine Frage der Beleuchtung, die man erst dann genau justieren kann, wenn der Engel bereits an seiner langen schwarzen Eisenkette schwebt.

Am 7. Mai 1927 benachrichtigt Barlach Johannes Schwartzkopff, dass sich die *Bronze als Eilfracht* auf dem Weg von Berlin nach Güstrow befindet. Und Vetter Karl bekommt am 4. Juni die Botschaft: *Mein Bronzeengel hängt unter dem Domgewölbe und tut es so bewegungslos, als täte er's schon hundert Jahre.*[4]

Einen schönen Nebeneffekt hat dieser schwebende Engel: die Wiederannäherung an Friedrich Schult, der gleich mehrfach darüber schreibt, zum ersten Mal im Sommer 1927 in den »Mecklenburgischen Monatsheften«. Da heißt es: »Es ist ein Denkmal, das anders als alle manchenorts errichteten in einem stärkeren und reinern Sinn heroisch wie menschlich ist, Gestalt aus einer größeren und strengern Welt, worin wir mit dem Leben und dem Tode sichtbar eingeschlossen sind; beschworene Gestalt, schwebend

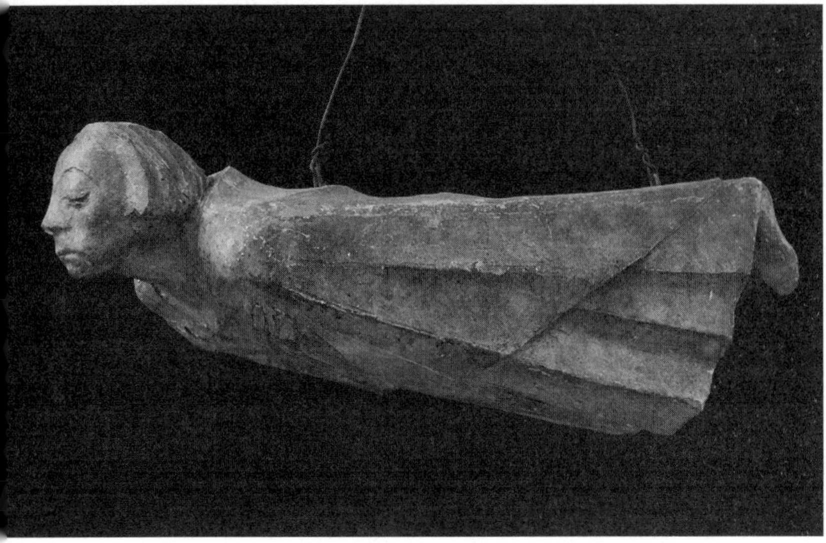

Der schwebende Engel (1927)

und leidbeladen, ruhend aufgehangen über dem betränten Antlitz unserer Herzen und unserer Zeit.«[5]

Das klingt, gemessen an der späteren, eher nüchternen Diktion seiner Texte, erstaunlich pathetisch. Aber die Aura stiller Entrücktheit, die dieser schwebende Engel verströmt, hat wohl auch ihn überwältigt. Dabei ist es doch kein Bote des Jenseits, der herniederschwebt, es ist ein Mittler zwischen Diesseits und Jenseits, mit dem Gesicht eines Engels, das nur das eines Menschen sein kann, wenn es den Zweck echten Totengedenkens erfüllen will.

Schult setzt sich kontinuierlich weiter mit dem »Schwebenden Engel« auseinander – das beeindruckt Barlach so, dass er auf eine briefliche Frage von Karl von Seeger zu dem Werk am 6. Februar 1929 zuerst mit dem Auszug aus einem Aufsatz von Friedrich Schult antwortet: »Die drohende Figur, in strenger und unbewegter Waage schwebend, gekettet an den Schlußstein des Gewölbes, ruht ungeheuer in sich selbst, geschlossenen Auges, kreuzweis und dicht die Hände an die Brust gezogen, aus einer höheren Welt beschworene Gestalt und über tausendfachem Opfer als ein trauerndes und sichtbares Zeichen aufgehangen.«

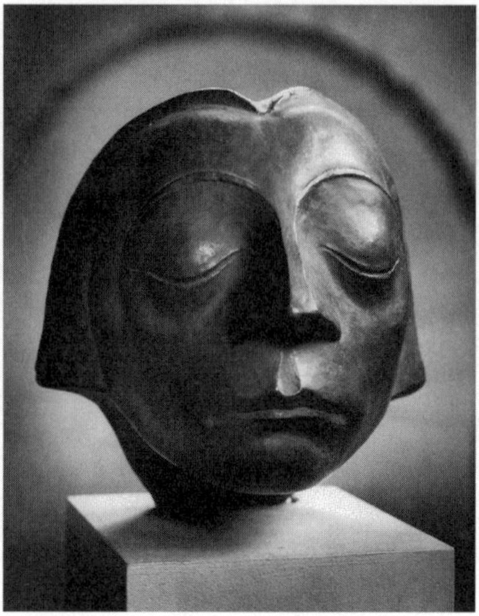

Kopf des schwebenden Engels (1927)

Vom »betränten Antlitz unserer Herzen« ist in diesem ein Jahr später entstandenen Text nicht mehr die Rede, es geht eben nicht um eine Apotheose, es ist keine Verklärung der Opfer, eher ein – Däubler'sches – Dunkellicht, das sich auf die Sinnlosigkeit des Geschehenen legt, ihm keine höhere Weihe verleiht, aber den Tod des Einzelnen mit einer anderen Dimension verbindet: der der Gnade, in der ihre Seelen nun aufgehoben sind. Das Symbol für diese Gnade, die nicht über Sinn und Unsinn, Wert und Unwert richtet, ist der schwebende Engel.

Nicht um die Transzendenz des Engels geht es, sondern eher darum, dass er in seiner erdnahen Umlaufbahn das Leid auf sich nimmt, das der Weltkrieg bei Siegern wie Besiegten hervorgerufen hat. Es geht um den stummen Schrei der Unerlösten, der im Gesicht des Engels, das an Käthe Kollwitz erinnert, die im Krieg ihren Sohn verlor, eine gültige Form findet.

Barlach, der sich nicht gern selbst interpretiert, fühlt sich in diesem Fall von Schult zu einem Kommentar angeregt, der im Brief an Karl von Seeger nachzulesen ist. Er habe im »Schwebenden Engel« einen bestimmenden Ausdruck gesucht: den der

Erstarrtheit in vollkommener Entrücktheit, gewissermaßen die Kristallisierung der Vorstellung von ewiger Dauer. Es sei ihm um die glaubhafte Darstellung einer *Abgewandtheit aus der Gegenwart hin in die Zeit des unerhörten Geschehens* gegangen, letztlich um eins: *Es galt mir, eine schwer ruhende Unbeweglichkeit als Ausdruck nie versiegenden Grams, hängend, weil der irdischen Bedingtheit entrückt, in den Brennpunkt einer ziemlich kleinen und nur zur Dämmerung erhellten Seitenkapelle des Doms zu bannen.*[6]

Die Ehrenmale in Kiel und Magdeburg. Barlach als »artfremder Künstler«

Trotz der harmonischen Zweisamkeit mit Marga Böhmer, der gut dotierten Aufträge für die Monumentaldenkmäler in Kiel und Magdeburg, die ein neuer künstlerischer Impuls durchdringt, geht es Barlach nicht gut, wie er Reinhard Piper am 23. August 1928 gesteht: *Es war ein böses Jahr, das 1927 und das 1928, ich bin fast ein alter Mann …*[7]

Er hat viel gearbeitet, große Projekte warten auf ihn, aber nach dem Güstrower Domengel, der Anfang Juni 1927 endlich an seinem Platz hängt, droht das Herz zu streiken. Marga Böhmer drängt auf eine sofortige Kur in Bad Kissingen. Dort wohnt er in der Villa Flora.

Die Verhandlungen mit Kiel wegen eines Ehrenmals ziehen sich hin, da ist es gut, dass er mit Böhmers zwei Mitarbeiter hat, die sich um lästige Alltagsdinge kümmern. Die Freuden der Leiblichkeit sind Barlach nicht mehr vergönnt, wie er am 19. Juni 1927 – bereits aus Bad Kissingen – an Bruder Hans schreibt. Die Aufgabe, nur für die Gesundheit zu leben, sei enorm: *Welche Überwindung, nur ans Leibliche zu denken! Sollte der Leib bloß Maschine sein?*[8] Und vier Tage später heißt es in einem Brief an Rudolf Wallfried, er sei ja immer herzkrank gewesen, *jetzt fast arbeitsunfähig.* Trotzdem kann er nicht einfach so Kurgast sein hier in Bad Kissingen. Er will nun endlich die Autobiographie schreiben, die er noch mit Paul Cassirer verabredet hatte. Sie ist mit sechzig Seiten knapp geraten, vielleicht weil auch die Kur mit vier Wochen knapp geraten ist. In dieser Zeit taucht er jedoch tief ein in die Welt seiner Kindheit und Jugend.

Die Aufzeichnungen reichen von der Lebensgeschichte seiner Eltern bis zu seiner Russlandreise 1906, da war er sechsunddreißig Jahre alt und begann endlich, der zu werden, der er nun geworden ist. »Ein selbsterzähltes Leben«, 1928 erschienen, gehört zu den schönsten autobiographischen Texten in deutscher Sprache. Es zeigt, wie sehr Barlach auch sprachlich ein plastisches Vermögen besitzt. Das Geschriebene steht wie dreidimensional im Raum, in der Zeit und in der eigenen Erinnerung, die im Ich schläft und nun vom Autor auf eine zauberische Weise für den Leser erweckt wird. Und siehe, ihre bezwingende Form fasziniert!

Es ist eine Selbsterforschung geworden, die nicht über sich oder andere Gericht hält, sondern sich an den merkwürdigen Phänomenen erfreut, die das Leben für den parat hält, der sie zu erkennen vermag. Bruder Hans bekommt es so gesagt: *Alles ist vergangen, alles dahin. Als Optimist sagt man wohl: Alles verwandelt und zu anderer Gestalt geworden. Ergo: Wir haben ein Recht, uns zu wandeln.*[9]

Nach seiner Rückkehr aus Bad Kissingen stürzen all die ihn strapazierenden Verhandlungen über das Kieler und Magdeburger Ehrenmal wieder auf ihn ein, die Aufführungsnachfragen zu seinen Stücken, dazu die nicht aufhörenden Sorgen um Klaus, der ebenfalls unter Herzbeschwerden zu leiden beginnt und vorerst keiner praktischen Arbeit nachgehen soll.

Im Oktober 1927 meldet Barlach ihn in der Odenwaldschule an (mit einundzwanzig Jahren!), nicht ohne dabei zu stöhnen: *Ich gebe meinen Sohn hin und bin in schwerstem Zweifel, ob ich es verantworten könne.*[10] Zu Weihnachten 1927 kommt Klaus nicht nach Güstrow, er verbringt Feiertage und Ferien nun häufiger bei Pipers in München als bei seinem Vater und dessen neuer Freundin.

Mit den Staatsaufträgen ist es eine strapaziöse Sache, muss Barlach erfahren. Es geht nie so voran, wie es vorangehen sollte, wenn die Bürokratie mitmischt, bekommt Reinhard Piper am 27. Dezem-

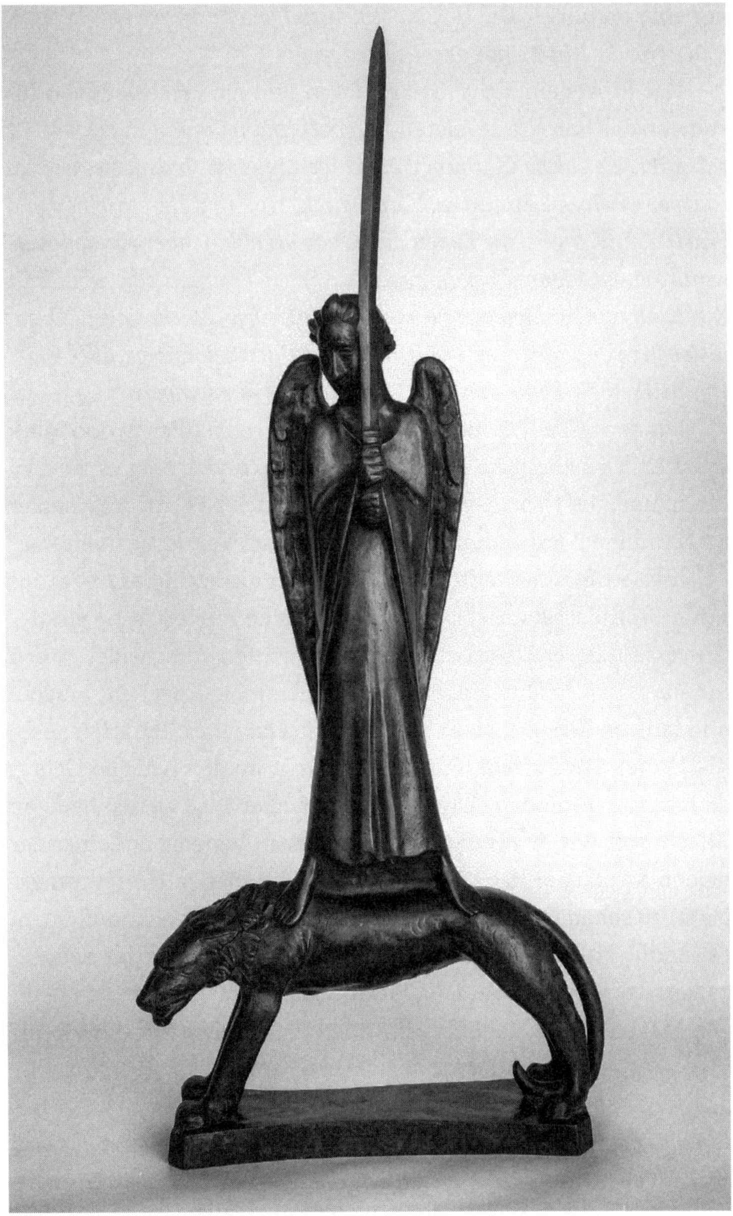

Der Geistkämpfer (1928)

ber 1927 zu hören: *Die Holzplastiken stehen und warten im Winkel, und dann die Misere mit den »Aufträgen«!*

Das Prozedere, das sich Behörden und die verschiedenen Instanzen der Bürokratie leisten, *ist eine brandteure Angelegenheit für Künstler, die solche Ordnungen bezahlen müssen, indem sie, wie ich 1927, ihre Zeit mit Projekten, Vorarbeiten, Hin- und Herschreiben und Warten hinbringen, ihr Leben dabei bar bezahlen, aber für den Aufwand keinen Pfennig bekommen. Der Staat Preußen oder die Stadt Kiel zahlt nur für Lieferung – was sind Entwürfe, Zeichnungen, Organisierung von Plänen, mit Hoffnung auf Entscheidung gefüllte Zeit? Das merken die Leute gar nicht, daß sie einen aushungern.*[11]

Für den »Geistkämpfer« in Kiel wird er schließlich 23 000 Mark erhalten. Das klingt im ersten Moment nach viel, aber es ist dem offenkundigen Nicht-Geschäftsmann Barlach zu glauben, wenn er im Nachhinein konstatiert: »Ich habe nur mit Verlust gearbeitet.«[12]

Immerhin, die Stadt Kiel hat Barlach die Wahl des Ortes für seine Großplastik überlassen. Er wählt eine Pfeilernische vor der Universitätskirche. Nach mehreren Entwürfen entscheidet er sich für einen Reiter, aber einen sehr speziellen. Ein Engel mit Flügeln und langem Schwert steht auf dem Rücken eines Raubtiers, eine Art Untier, ein Dämon. Das hat Anklänge an den heiligen Georg, den drachentötenden Glaubensstreiter, aber auch an den heiligen Theodorus, wie er auf dem Markusplatz in Venedig auf einer der beiden Säulen vor der Lagune (dem traditionellen Hinrichtungsplatz) zu sehen ist. Dieser triumphiert mit seiner Lanze auf einem Krokodil. Theodorus war vor dem heiligen Markus der Schutzpatron der Republik Venedig, bis die Stadtväter sich für den heiligen Markus entschieden, nicht zuletzt weil sie einen Löwen als Stadtwappen passender fanden als ein Reptil.

Auch Barlachs Raubtier, das er nur *das Tier* nannte, hat etwas von einem Fabelwesen. Und in den Engel mit ernst-strengem Gesicht, so Barlach, seien ihm diesmal die Züge von Sohn Klaus hineingeraten. Es ist eine strenge, Stille gebietende Plastik, deren Mysterium nicht ganz aufzuklären ist. Der Dualismus von Geist und Barbarei, Vernunft und Trieb wird von dem Engel – und nur von diesem – in jenes Ebenmaß gebracht, in dem Humanität allein lebbar scheint. Der Engel, so ist bemerkt worden, lastet nicht auf dem Untier, er scheint, ganz Geist geworden, über ihm zu schweben und ihm gerade so den Platz zu seinen Füßen zuzuweisen. Ein Monument der Selbstüberwindung, der Triumph des Geistes über die niederen Triebe.

Pfarrer Johannes Schwartzkopff, der bereits die Entstehung des »Schwebenden Engels« für den Güstrower Dom maßgeblich initiiert hatte, ein Bewunderer Barlachs und später Mitglied der Bekennenden Kirche (was ihm in der NS-Zeit Verfolgung und Haft einbrachte), wird 1929 über den Geistkämpfer schreiben: »Die Raubtiernatur, die nur der niederen Gier folgt, die hassen und zerstören muß, hat in der Gewissensstimme, dem Geisteshelden, dem Gottesboten ihren Herrn gefunden. Die untere Hälfte seines Antlitzes ist fast zu weich, zu kindlich, er kommt aus reinen Welten. Über der ganzen edlen Gestalt liegt Ruhe und Sicherheit. Nur der Blick der Augen, die starken Brauen und die Stirnfalten darüber lassen den Ernst seiner Aufgabe erkennen ... Dem Tier wird kein Aufbäumen helfen, der Stärkere ist über ihm, beide sind sich darüber klar. Erst wenn der Engel weicht, wird Chaos, Auflösung eintreten.«[13]

Gut, dass Barlach sein neues Atelier hat, sonst könnte er das über fünf Meter hohe Modell gar nicht aufstellen. Zentnerweise wird Gips gebraucht. Hinzu kommt, dass die schlanke Gestalt, die in einer ebenso schlanken Nische der Universitätskirche stehen soll, ein starkes horizontales Gegengewicht braucht, massive meterhohe Grundplatten, an denen sich Bernhard Böhmer abarbeitet. Der so körperlos wirkende Engel mit dem Schwert wiegt im Gipsmodell bereits vierhundert Kilogramm! Dann wird das Modell nach Berlin transportiert, um in Bronze gegossen zu werden. Es ist jene helle Gelbbronze, von der Schwartzkopff schreibt, sie erhalte bereits in kurzer Zeit »durch die Witterung eine natürliche Patina«.

Lasst die Bestie unter den Füßen des Geistes ja nie wieder los, so mahnt der »Geistkämpfer«. Dieser Engel, auf dem Untier balancierend, der Kämpfer für den Geist, der kein rächender sein will, sondern einer des Friedens, kommt nicht als Sieger (wie der heilige Georg) daher, denn er verfügt über jene strenge Autorität, wie sie nur jener Geist besitzt, der über alle Partei-Interessen hinausgeht. Dieser Geist kommt von weit her aus der Gotik, aber weist ebenso weit hinaus in eine erst noch zu befriedende Zukunft.

Der strenge Engel des Geistes ist von fragiler, geradezu poetisch-zarter Gestalt. In schlichtem Hemd mit nicht sehr weit auseinanderstehenden Füßen thront er auf dem Raubtier: welch Sinnbild der gefährdeten Zivilisation! Er klammert sich eher haltsuchend an sein Schwert, als dass er es drohend dem Feind entgegenhält. Aus dieser Verinnerlichungsgeste bezieht der »Geistkämpfer« seine Wirkung: eine Stille gebietende Geistgegenwart.

Der »Geistkämpfer« polarisiert in Kiel sofort: Einzelne fühlen sich von ihm angesprochen, von Ideologie getriebene Gruppierungen jedoch wüten gegen die Zumutung dieser mythologischen Figur. Barlach sieht sich genötigt, selbst nach Kiel zu fahren, den »Geistkämpfer« zu erklären und gegen seine Feinde (deren sind viele) zu verteidigen. Seinem Bruder Hans schreibt er am 22. Januar 1929: *Ich mußte endlich nach Kiel, um nach dem Rechten zu sehen. Die Aufnahme der Gruppe ist, wie die des Engels im Dom, frostig und ablehnend. Man hatte zwei Tage zuvor sogar das Schwert abgebogen in der Nacht, alle Rechtsparteien ziehen gegen mich vom Leder. Jede Art Dummheit wird laut und mit Behagen austrompetet. Schlimmer ist die Hetze gegen mich von seiten der vaterländischen Vereine, speziell Stahlhelm hier.*

Dies ist der Auftakt eines Kampfes um die Erinnerungskultur nach dem verlorenen Weltkrieg. Barlach mit seinen Ehrenmalen steht mitten im Zentrum. Erich Maria Remarque wird das mit seinem Roman »Im Westen nichts Neues« ebenso zu spüren bekommen: Diese zwanziger Jahre der Weimarer Republik sind eine Zwischenkriegszeit. Pazifismus, Trauer und Einkehr, gar ein Eingestehen der Sinnlosigkeit von Millionen Toten sind nicht nur nicht gewollt, sie werden Gegenstand von Hasskampagnen übelster Art. Barlach muss erkennen, es gibt Kreise in der Gesellschaft, die arbeiten auf den nächsten Krieg hin, die wollen die große Revanche.

Die Verhandlungen mit Malchin wegen eines Ehrenmals sind gestoppt, nationalistische Kreise behaupten, Barlach sei Jude und unterstütze die Kommunisten – das Übliche eben. An Vetter Karl schreibt er am 16. Februar 1929 über die Malchiner Intrige gegen das geplante Ehrenmal: *Zum Überdruß erlosch bei der Abstimmung das Licht, »so daß die Zählung schwierig wurde«, und so kam ich um zwei Stimmen zu kurz.*[14]

Barlach weiß, es handelt sich hier nicht um Zufälle, Missverständnisse oder künstlerische Konkurrenzen. Es geht vielmehr darum, dass er der immer stärker werdenden Kriegspartei in Deutschland mit ihrem auf Revanche zielenden Kriegerkult, wie er sich exemplarisch im Tannenberg-Denkmal zeigt, ein Dorn im Auge ist: ein Defätist, den es aus dem Wege zu räumen gilt. In all der Wut, mit der Barlach dagegen anschreibt, klingt sein kämpferischer Wille mit. Hier erweist er sich selbst als jener Geistkämpfer – ein Künstler, der seine Mission ernst nimmt: *Jeder Hund, der beißt, sich derart hündisch beträgt, riskiert einen Steinwurf, aber diese Herren operieren anonym ... Ich fahnde nach Beweisen »schwarz auf weiß« und werde gegen meine Neigung genötigt sein, vorzugehen mit Klagen, denn der Stahlhelm ist zahlreich, also quantitativ übermächtig, und seine Hetze greift polypenartig weit im Lande herum. Die Direktiven geschehen vertraulich, niemand will's gewesen sein.*[15]

Es ist die Stunde der Denunzianten, die mit patriotischen Phrasen Lügen verbreiten. Was soll man dagegen tun, denn – so notiert Barlach – *der Denunziant pfeift seine Signale aus dem Loch unreinlicher Verborgenheit.*[16]

Er bittet in einem Brief vom 2. Februar 1929 nun auch wieder Friedrich Schult um Mithilfe, denn wenn er sich gegen die Denunziationen wehren will, muss er wissen, auf wen sie zurückgehen. Sein Vorsatz: *Ich bin auf der Suche und drauf und dran, den Mist der dafür empfänglichen Presse zu übergeben.*[17]

Glücklicherweise ist der Auftrag für das Magdeburger Ehrenmal erteilt, er arbeitet bereits daran. Er weiß, dass diese Figurengruppe zur größten künstlerischen, physischen und logistischen Herausforderung seines bisherigen Bildhauerlebens werden wird.

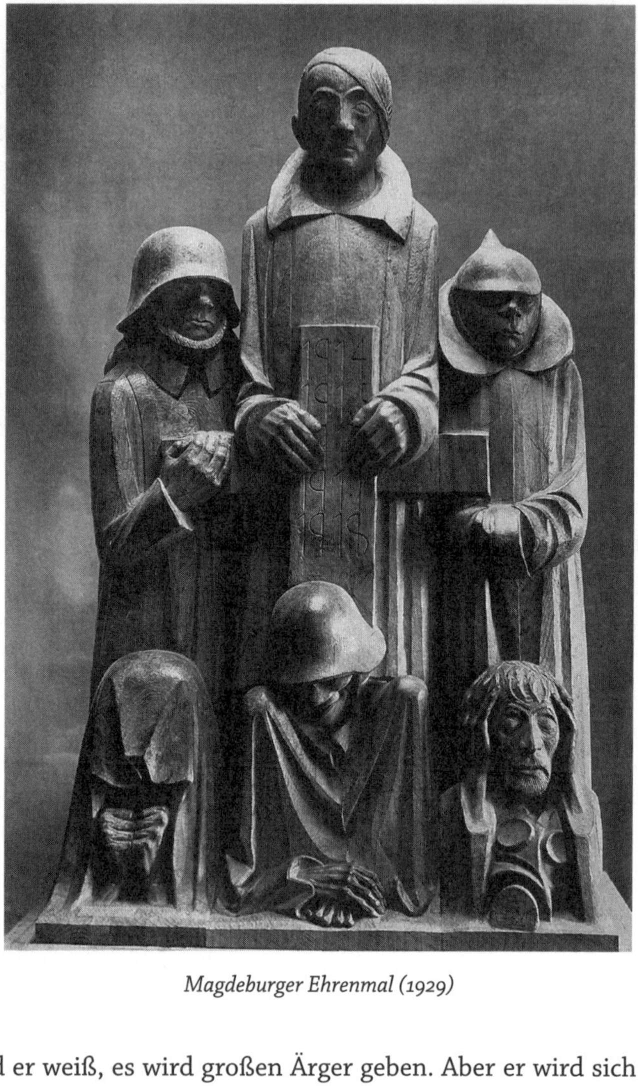

Magdeburger Ehrenmal (1929)

Und er weiß, es wird großen Ärger geben. Aber er wird sich vor diesen Ideologen von Stahlhelm und Luisenbund nicht kleinmachen. Sollen sie schreien, sollen sie aus ihren Verstecken kommen. Was er als wahr erkannt hat, davon wird das Magdeburger Ehrenmal künden, nur dann hat es einen Sinn: Es wird zeugen vom sinnlosen Massensterben im Weltkrieg, in dem es keine Helden, nur Überlebende gab, und die haben an ihren sichtbaren wie unsichtbaren Wunden zu tragen.

Drei riesige Eichenstämme sind das Material, aus dem die Figurengruppe für Magdeburg erstehen soll, wovon Barlach am 18. Juni 1929 Vetter Karl unterrichtet: *Mörderische Holzblöcke kann ich sagen. Der eine wog zwischen 18 bis 20 Zentner, wir haben ihn aber mittlerweile erleichtert, er mag immerhin noch 12 besitzen. Jeder Tag endet bei dem Ziel der vollen Verausgabung, und so wird es vier bis fünf Monate weitergehen.*[18]

Bernhard und auch Marga Böhmer sägen und hauen die schweren Stücke heraus, Barlach wartet so lange, notiert: *Meine Zeit wird noch kommen, wenn das dicke Holz weg ist und der Rest nach haarscharfem dünnen Stahl schreit.*[19] Nun hat er zwar keine Schüler an ihnen, aber zwei unabkömmliche Gehilfen. Barlach arbeitet jetzt tatsächlich wie einer der mittelalterlichen Meister in seiner Werkstatt. Die Produktivität steigt. Bereits die Übertragung der Vorlage vom Gipsmodell auf die Holzstämme erfolgt dank Böhmer mittels einer Punktiermaschine. Aber auch bei den zweieinhalb Meter hohen Eichenholzblöcken hat er hilfreiche Ideen.

Warum mühsam mit der Hand das tun, wofür es Maschinen gibt? Barlach am 2. Juni 1929 an seinen Bruder Hans über die eifrigen Gehilfen im Atelier: *Das Mittelstück der Arbeit wird jetzt ausgehöhlt. Wir haben von van Tongel einen elektrischen Bohrapparat geliehen, damit geht's voran, sonst wäre es in eine wüste Hackerei ausgelaufen, für solche Auswege ist ja der sonst bedenkliche Böhmer der geeignete Mann ... Das zweite Stück ist auch schon in Arbeit, Frau Böhmer hat sich dabeigemacht wie schon beim ersten und bringt ihre ganze Zähigkeit zur Anwendung, so daß ich sie von Überarbeitung nur abhalten kann, indem ich meine Finger unter ihren Meißel lege.*[20]

Die Realisierung des Magdeburger Ehrenmals sei *bisher über die Erwarten gut gegangen,* vermeldet Barlach seinem Bruder Hans am 7. Juli 1929, sodass sie zwar jeden Abend todmüde ins Bett fallen, sich am nächsten Morgen jedoch wieder frisch ans Werk machen. Bei zwei so einsatzwilligen Mitarbeitern nimmt sich Barlach die Zeit, einen Auftrag für Braunschweig vor Ort zu sondieren.

Ein Wilhelm-Raabe-Denkmal, das die Stadt Braunschweig plant, würde ihm gefallen! Aber angesichts der desaströsen Umstände der Nichtvergabe des Auftrags eines Beethoven-Denkmals am Berliner Bülowplatz ist er vorsichtig geworden. Überhaupt sei er ein *Feind von Konkurrenz-Veranstaltungen,* wie er den Verantwortlichen für die Denkmalausschreibung zu verstehen gibt, er habe *ein instinktives Mißtrauen gegen eine Gemeinschaft von Juroren, deren Tätigkeit bei bestem Willen allzuoft zum Notbehelf und Kompromiß gelangt.*

Die Sache mit dem Beethoven-Denkmal, auf dessen Entwürfen er dann sitzen blieb – und deren »Überresten« der berühmte »Fries der Lauschenden« entspringt –, soll sich nicht wiederholen, das stellt er schon einmal klar: *Die Beethoven-Denkmal-Konkurrenz 1926, bestritten von gleichfalls ausgewählten Leuten, ergab ein negatives Resultat. Die höchst ungenügend entschädigten Verfasser wurden als der Aufgabe nicht gewachsen bezeichnet – es fragt sich, ob das Gleiche bei Entscheidung über die zu liefernden Entwürfe fürs Raabe-Denkmal geschehen kann.*[21]

Einen Künstler, der Forderungen stellt, mögen die Kulturbürokraten schon einmal gar nicht. Die Sache zerschlägt sich. Schade um Wilhelm Raabe!

Im November 1929 erfolgt eine Probeaufstellung des Ehrenmals im Magdeburger Dom. Die überlebensgroße Gruppe von sechs Soldaten, in zwei Reihen um ein Friedhofskreuz gruppiert, ist vom Preußischen Kultusministerium in Auftrag gegeben worden. Wie wird die Magdeburger Domgemeinde dieses Ehrenmal aufnehmen? Denkbar schlecht, denn der Domprediger Martin ist ein führendes Mitglied des Stahlhelmbundes, in dem die soldatische Ehre der Frontkämpfer (unbesiegt im Felde, verraten von Juden in der Etappe!) mit aller Militanz hochgehalten wird.

Die drei Figuren der unteren Reihe sind bereits Herabgesunkene. In der Mitte ein skelettierter Soldat, dem der Helm nach vorn über den Schädel herabgleitet. Die übereinandergelegten Hände sind die eines Knochenmannes: Dies ist der Tod persönlich. Rechts daneben in der unteren Reihe eine Figur, die die Hände vor Entsetzen an den Kopf gelegt hat, vor die herabgefallene Gasmaske. Links eine Figur, die als »Trauernde« bereits in Barlachs Werk vorhanden war: Sie hat ein Tuch über den Kopf gezogen, ihren Schmerz zeigen nur die geballten Fäuste, die sie vor die Brust hält.

In der Reihe darüber drei noch Stehende, deren Körper mit der oberen Hälfte des Kreuzes verbunden sind. Die in der Mitte stehende größte Figur legt beide Hände von oben aufs Kreuz. Das Gesicht, über das sich ein schräg sitzender Verband legt (im Gipsmodell bedeckte er noch ein Auge ganz), hat etwas Verlorenes. Jeder Hauch von Ausdruck und Gefühl scheint daraus gewichen. Da hat jemand überlebt und ist doch innerlich tot.

Auf der linken Seite ein bärtiger Alter mit Bart und Stahlhelm, der nach dem Kreuz greift, als sei es das Steuerrad eines Schiffes, das es hochkonzentriert und mit Routine durch die Nacht zu führen gilt. Auf der rechten Seite eine Gestalt mit rundlichem Gesicht und einem flachen Helm oder einer Kappe, die sich in ihren Mantel mit dem aufgestellten Kragen duckt, als sei dies eine Rüstung und könne sie gegen das noch Kommende schützen.

Barlach zeigt keine Helden, die ihr Leben freudig fürs Vaterland hingeben, sondern sinnlos hingeopferte Menschen. Sie sind im Schützengraben, umgeben von Stacheldraht, Dreck und Krankheit, bei jahrelangem Dauergranatbeschuss ganz stumpf und dumpf geworden. Lebende Tote fast schon, auch wenn sie noch aufrecht stehen, wie die drei in der oberen Reihe des Magdeburger Ehrenmals. Barlach geht es auch hier wieder um die leidende, die vergeblich auf Erlösung hoffende Kreatur.

Das Material der Kriegsmaschine atmet noch, aber mehr auch nicht. Diesen Blick in den Bauch des großen Schlachtens und der in diesem Schlachthaus Ausharrenden zeigt sein Magdeburger Ehrenmal. Käthe Kollwitz schrieb 1930 anhand eines Fotos dieser Soldatengruppe: »Ganz starker Eindruck. Der hat's gekonnt.« Sie sieht unter dem Tuch die trauernde Mutter. Auch wenn die Figur unter dem Tuch ein Selbstzitat Barlachs (»Die verhüllte Bettlerin« von 1919, diese jedoch mit bittend ausgestreckten offenen Händen) ist, es dieses Motiv auch bei anderen Künstlern schon gab, so scheint es doch eine plausible Deutung.

Aber war es von Barlach auch so gemeint?

Friedrich Schult wird in der Beschreibung des Magdeburger Ehrenmals eine nüchternere Sichtweise vorschlagen: eine Halbfigur (ein Toter!) mit verkrampften Händen, über deren Kopf einen Leichentuch gezogen ist. Doch beide Perspektiven scheinen legitim, denn ein Symbol für ein Übermaß an erlittenem Schmerz ist die Figur auf jeden Fall.

Von Schmerz und Leid, die keine höhere Rechtfertigung erlangen, sondern profane Hölle bleiben, wollen vor allem viele Hinterbliebene der Weltkriegstoten nichts hören. Der Tod der Väter, Söhne und Ehemänner muss doch einen Sinn gehabt haben!

In Magdeburg gärt es. Die Deutschen Christen sind mehr als nur halbe Nazis, sie gebärden sich hier als ganze. Da hilft es wenig, dass sich Johannes Schwartzkopff, der Güstrower Pfarrer, für Barlach einsetzt. Die Hetze nimmt zu. Doch noch können die Gegner das verhasste Denkmal nicht einfach aus der Kirche werfen, es gehört dem Preußischen Kultusministerium, und das steht hinter Barlach.

Aber das Unwetter zieht sich dennoch zusammen. Am Magdeburger Ehrenmal entflammt nun ein heftiger Kulturkampf über das herrschende Menschenbild. Das liberale »Berliner Tageblatt« notiert im Januar 1930 über den »Protest« (das Wort wird bewusst in Anführungszeichen gesetzt) gegen das Magdeburger Ehrenmal: »In den kirchlichen Kreisen Magdeburgs sind nun Proteste gegen das Werk Barlachs laut geworden, und mit Verwunderung hört man, daß auch der Direktor des städtischen Museums sich diesem Widerstande gegen das Kunstwerk angeschlossen hat. Hoffentlich legt sich bald diese unverständlich scheinende Gegnerschaft gegen ein hervorragendes Werk der Plastik und ihren führenden Meister Barlach.«[22]

Die »Magdeburgische Zeitung« berichtet am 13. Dezember 1929 über die Kampagne. Der Direktor des Magdeburger Kaiser-Friedrich-Museums Dr. Walther Greischel habe sich überraschend dem Protest des Dompredigers Ernst Martin angeschlossen und die Entfernung der Holzskulptur aus dem Dom verlangt. Geschildert wird die Vorgehensweise, mit der Barlach hier öffentlich diskreditiert wurde: »Man erfuhr, daß sich Barlach schon in früher

Jugend mit ›Gespenstern‹ herumschlug, daß ihn das Gegenstandslose mehr als die begrenzte Form anzog, daß er den Beruf des Plastikers fast gegen seinen Willen ergriff ... bis ihm dann anlässlich einer russischen Reise in der engen Berührung mit dem slawischen Volksgeist die Augen aufgingen und er das wurde, was er heute ist.«

Anhand von Lichtbildern und Zitaten aus Barlachs »Ein selbsterzähltes Leben« habe es der Museumsdirektor unternommen, das Artfremde von Barlachs Kunst zu beweisen. Er betonte »das Lichtlose, Unerlöste seiner Gestalten, kritisierte das Ungegliederte des plastischen Blocks und das Schematische des Aufbaus, zumal der Gruppen«, am schlimmsten aber sei, dass die gezeigten Gestalten »sich in ihrer Rassefremdheit von all dem entfernten, was wir als Deutsche von einem Kunstwerk, insonderheit von einem Ehrendenkmal für unsere Toten, mit recht fordern möchten«.[23]

Für ihn, so sagt Barlach einmal zu seinem Sohn Klaus, gebe es nur zwei Rassen: die geistige und die ungeistige.

Die nationalistischen Kreise haben einen Gegenstand gefunden, an dem sie sich mit Wut abarbeiten können. Es geht dabei längst nicht mehr nur um Barlach. Dr. Karl Zimmermann wird als Sprecher des nationalsozialistischen »Kampfbundes für deutsche Kultur« in Zwickau (er betreibt die Absetzung Hildebrand Gurlitts als Zwickauer Museumsdirektor am 1. April 1930) dekretieren: »Wir sehen Bolschewismus in der Art des Kultes mit dem Untermenschentume der Kollwitz, Zille, Barlach. Das ist eine verwirrende Verfälschung des Typs des deutschen Arbeiters, das ist lediglich ein winziger niederrassischer Bruchteil von der Peripherie unseres Volkstums, der in Groß-Berlin zugesiedelt ist und im ostbaltisch-mongoloiden Osten seine rassischen Wurzeln und seine Heimat hat.«[24]

Ermutigt werden diese bereits 1930 nach Vernichtung rufenden Stimmen durch das Beispiel Thüringen. Da regiert die NSDAP mit, und Innenminister Wilhelm Frick statuiert im Weimarer Schlossmuseum ein Exempel, wie der »Rostocker Anzeiger« am 29. November 1930 unter der Überschrift »Weimar gegen Barlach-

Richtung in der Kunst – Kampf gegen das ostische und minderrassige Untermenschentum« vermeldet. Mit Genugtuung nehme man in Mecklenburg zur Kenntnis, dass »im Weimarer Schloss-Museum sechs Säle mit Werken von Kandinsky, Kokoschka, Barlach, Dix …« geräumt worden seien. Und weiter: »Minister Frick vertritt die Anschauung, daß die ausgeschalteten Künstler in ihrer Kunst ›nichts gemeinsam hätten mit nordisch-deutschem Wesen, sondern sich darauf beschränkten, das ostische oder sonstige Untermenschentum darzustellen‹ … Allem Anschein nach erwacht allgemein der Widerstand gegen dieses ostische und sonstige minderrassige Untermenschentum in der bildenden Kunst.«[25]

Drei Jahre vor der Machtergreifung der Nationalsozialisten solche Töne! Sage da niemand, er habe nicht gewusst, dass die braunen Machthaber mit dem Sinn für den Unterschied von Kunst und Kitsch auch den Geist der Toleranz und Humanität aus der Kultur austreiben werden!

Die Hetze gegen Barlachs Bild vom Menschen reißt nicht ab, in heutigen Zeiten würde man von einem politisch motivierten Shitstorm sprechen. Da schreibt (immer noch 1930) die Mitbegründerin der völkischen »Deutschen Kunstgesellschaft Dresden« Bettina Feistel-Rohmeder, Barlach gegen die »Hetzkunst der Käthe Kollwitz« zu bevorzugen sei falsch, denn: »Dem unverfälscht deutschen Kunstwillen ist die Formung eines Barlachs fremd.«[26]

Paul Schultze-Naumburg verkündet in »Kampf um die Kunst« (Nationalsozialistische Bibliothek, 1932): »Gänzlich verfehlt ist es aber, wenn Künstler gar den Versuch machen, einen Entartungstyp zur allgemein gültigen Norm des deutschen Volkes zu erheben, ja, es sogar über sich bringen, unsere Feldgrauen als solche Halbtiere darzustellen und sie in solche Entstellungen in Denkmälern zu verewigen … Aber wir haben wohl sehr begründete Hoffnung anzunehmen, daß diese Larvenwelt von Verderbtheit, Häßlichkeit und Roheit durchaus nichts mit dem Kern des gesundgebliebenen Teiles unseres Volks zu tun hat.«[27]

Wenn die niedere Gesinnung sich einmal ermuntert fühlt, all ihre Ressentiments auszusprechen, dann macht sie so schnell nicht mehr halt. Zum Kleist-Preis etwa, den Barlach 1924 erhielt, hat die »Zeitschrift des Nationalverbandes Deutscher Offiziere« im März 1931 anzumerken, der Aufruf zur Stiftung dieses Preises sei einst von »44 Juden und 17 Deutschblütigen« unterzeichnet worden, was auch immer uns damit gesagt werden soll. Besonders verhasst: »1922 wurde dem Juden Berthold Brecht der Lorbeer zuerkannt.«

Die Drohung ist nicht überhörbar: »Im Dritten Reich wird er der erste sein, dem das Handwerk streng legal gelegt wird. Er schrieb die unerhörte ›Legende vom toten Soldaten‹, in der er schildert, wie ein toter Feldgrauer ausgegraben und für kv. erklärt wird ... Da kann man nur herausschreien: Deutschland erwache!! ... Trotz groß aufgezogener jüdischer Reklame für Barlach halten wir von seiner konfusen Dichterei *garnichts*. Unseres Erachtens schafften und schaffen Phantasten seiner Art heutzutage nur Verwirrung und Verirrung.«[28]

Im Chor der Hetzer vereinigen sich all jene, die ein heroisches Bild vom Deutschen und vom Krieg forcieren. Auch die nationalistischen Deutschen Christen klingen nicht anders, so Hans Preuß, Professor für Theologie an der Universität Erlangen, der 1932 in »Die Theologie der Gegenwart« schreibt: »Was Barlach schafft, scheint mir ... asiatisch – Asien als das Land erdverhafteter Stumpfheit und als das Land des Grauens ... Das ist das Wesen seiner Kunst. Wenn er im Drama Gott als Bettler oder Landstreicher auftreten läßt, so ist das auch in seiner Grafik bemerkbar (vgl. die ›Wandl. Gottes‹!). So kann niemand Gott, den Schöpfer, darstellen, der vor ihm letzte Ehrfurcht hat, das wird uns niemand einreden können! Seine Typen zeigen dementsprechend die breite Mongolenfratze.«[29]

Christliche Demut klingt anders. Barlach, von einer Briefschreiberin nach seinem Verhältnis zu Gott gefragt, antwortet am 28. Juli mit einem Zitat aus seiner »Sündflut«, wo Calan sagt: *Ich schäme mich, von Gott zu sprechen – – – Wort ist zu groß für meinen Mund. Ich begreife, daß er nicht zu begreifen ist, das ist all mein Wissen von ihm.*[30]

Das lässt an Goethes Religionsgespräch im »Faust« denken, an Faustens Antwort auf Gretchens beharrlich wiederholte Frage, wie er es denn mit der Religion halte:

Wer darf ihn nennen?
Und wer bekennen:
Ich glaub' ihn?
Wer empfinden
Und sich unterwinden
Zu sagen: ich glaub' ihn nicht?
Der Allumfasser
Der Allerhalter ...

Nenn' es dann wie du willst
Nenn's Glück! Herz! Liebe! Gott!
Ich habe keinen Namen
Dafür! Gefühl ist alles.
Name ist Schall und Rauch
Umnebelnd Himmelsglut.

Es ist die Antwort eines Zweiflers, der sich intensiver mit der Gottesfrage herumschlägt als selbstgefällig-denkfaule und gefühlsstumpfe Kirchgänger, die Gott gar nicht mehr mit der Seele suchen, sondern sich mit seinen kirchlichen Ersatzstoffen zufriedengeben, sich in vorgefertigten Sprachschablonen verbreiten, statt selbst um einen Ausdruck des Unbedingten zu ringen. Barlach steht in der Tradition der Geistunmittelbarkeit der Mystiker von Meister Eckhart bis Jakob Böhme, die nach einer Unio mystica von Mensch und Gott, von Einzelnem und Ganzem, von Geist und Natur streben. Vor allem aber ist es Goethes Pantheismus, die – spinozistische – Gewissheit: Gott ist in allen Dingen, den belebten wie den unbelebten.

Da ist viel Schweigen, ein Wissen um das Paradox unserer Existenz: zu leben auf den unausweichlichen Tod hin, den es zu bejahen gilt, weil er zuletzt doch der Erhalter des Lebens ist.

Die Verunglimpfung Barlachs, die mit den Ehrenmalen in Kiel und Magdeburg beginnt, wird weiter an Schärfe zunehmen, schließlich wird man über die »Barlach-Richtung« in der Kunst streiten.

Für seine Feinde ist das »Magdeburger Ehrenmal« eine Kampfansage. Vielleicht war es sogar so gemeint: Barlach besteht auf seiner Form, Umgang mit den Weltkriegstoten zu halten. Es ist fraglos ein pazifistisches Selbstverständnis, das Barlach hier auszeichnet. Unverzeihlich für den Magdeburger Domprediger Martin vom Stahlhelmbund.

Martin hat nun, um sich im Streit gegen Barlach aufzurüsten, behauptet, selbst der Güstrower Pfarrer und Barlach-Freund Johannes Schwartzkopff habe »zugegeben«, dass Barlachs Gesinnung eine pazifistische sei. Barlach dazu am 14. August 1933 an Schwartzkopff: *Nun lieber Herr Pastor, – was nun! Mir fehlt, offengestanden, die Puste – ein christlicher Pfarrer wirft mir Pazifismus vor? Es ist bloßstellend in christlichen Augen, nicht bellikos zu sein? Hör ich recht, oder soll ich lieber mal nach Gehlsheim* (psychiatrische Klinik in Rostock, Anm. G.D.) *für ein paar Wochen? Ob ich Ihnen gegenüber den Ausdruck Pazifismus gebraucht, weiß ich nicht mehr, auf keinen Fall will ich kriegerische Furiosität preisen, das ist schon recht.*

Der Brief an Schwartzkopff ist für Barlach auch ein Anlass auszusprechen, worum es ihm mit diesem Ehrenmal ging: *Ich habe an die Toten gedacht; das ist meine hauptsächlichste Frage gewesen: wie wird ein Gedächtnismal für Tote würdig gestaltet?*[31]

Und auf die Frage Schwartzkopffs, ob es sich bei dem Kreuz in der Mitte der Gruppe nun um ein christliches Symbol oder ein Grabkreuz handle, antwortet er überaus bündig: *Grabkreuz, denn ich habe immer an eine Kampfszene auf dem Gräberfeld gedacht, daher die Halbversunkenen und Toten.*[32]

Als von der Kirchengemeinde im Frühjahr 1933 – mit den braunen Machthabern im Rücken – der Abbau des Ehrenmals im Dom durchgesetzt wird, gibt es neben dem Beifall der Nationalen auch Kritik in der Magdeburger Bevölkerung. Anhand von Leserbriefen in der »Magdeburgischen Zeitung« lässt sich die gespaltene Haltung hierzu rekonstruieren.

Am 31. März 1933 meldet sich A. Schmidt (Geheimer Regierungsrat) in einem Leserbrief zu Wort und hebt hervor, was die Kriegerverbände am liebsten ganz vergessen würden: »Es ist kein Siegesdenkmal eines mit malerischen Schlachtbildern und ritterlichen Kampfszenen erfüllten Krieges, sondern das Totenmal eines von der Mordmaschine beherrschten, grauenhaft blutigen, verlorenen Krieges.«[33]

Gegen diese realistische Position läuft am 14. April in der »Deutschen Allgemeinen Zeitung« der General der Artillerie Johannes von Malachowski mit Worten Sturm. Ihn interessiere überhaupt nicht, ob es sich beim Magdeburger Ehrenmal um ein Kunstwerk handle oder nicht. Entscheidend sei für ihn nur eins: »Das sind keine Helden! Sehen so die deutschen Jünglinge aus, die bei Ypern mit dem Deutschland-Lied auf den Lippen in den Tod gingen? Sahen so die tapferen Wehrmänner aus, die auf den Schnee- und Eisgefilden Rußlands unser Deutschland vom Feinde frei hielten? Nein, und abermals nein! Ein Künstlertum besteht doch darin, zu verherrlichen, aber nicht das Erhabene in den Staub zu ziehen, und das geschieht hier.«[34]

Dieser in Rhetorik mündenden Weltanschauung eines deutsche Generals steht der Leserbrief Heinrich Matterns entgegen, eines einfachen Frontsoldaten, der schreibt: »Wir haben das Denkmal angesichts einer Harzreise gesehen und können nur sagen: so wie der Bildhauer es gemacht hat, so war der Krieg. So haben wir ausgesehen, als wir draußen lagen und so ist uns oft zu Mute gewesen. Ich glaube, man braucht nichts von Kunst zu verstehen, um zu fühlen, daß hier ein Denkmal für die Landser entstanden ist, wie sie waren. Vielleicht ist es nichts für die feinen Leute; für uns ist es aber richtig.«[35]

Schlimmer fast noch als die erwartbaren Angriffe ist für Barlach die damit verbundene Aufmerksamkeit, die ihn nun mit unerwarteter Wucht trifft. Ob es allzu großer Ruhm oder laute Schmähungen sind, den nach Verborgenheit und Stille Suchenden stört vor allem der Lärm, den Angreifer und Verteidiger gleichermaßen verursachen. Barlach jedenfalls ist in Mode, ein Prominenter, den man sich anschauen will. Darum geht er schon

Ende der 1920er Jahre nicht mehr gern in die Stadt, für seine Spaziergänge oder das Baden im Inselsee weicht er auf die Abendstunden aus.

Güstrow ist ihm immer fremder geworden, längst nicht mehr die Zuflucht vor der Welt, die er einst hier suchte. Aber es sind auch die Güstrower Kleinbürger, die ihm, dem gebürtigen Holsteiner Kleinbürger, zunehmend auf die Nerven gehen.

Was soll er tun, wenn für ihn alles andere als Arbeiten Zeitverschwendung ist? Und Arbeit beginnt und endet für ihn nun einmal mit ungestörtem Lesen, Schreiben und Zeichnen, unterbrochen nur von ausgiebigen Spaziergängen durch den Wald. Aber der Wald schrumpft, der Heidberg wird für Neubauten immer weiter abgeholzt.

Die Zone der Unwirtlichkeit wächst, auch in Güstrow.

Was bleibt da anderes, gerade in langen, dunklen Wintern, als es sich am Ofen (für den Bruder Hans, der Heizungsingenieur, sorgt) neben der Leselampe bequem zu machen und mit Phantasiegebilden (Gespenstern!) als allerrealsten Gefährten umzugehen?

Er weiß, es ist eine etwas kauzige, zu Wilhelm Raabe passende Existenzform, aber gibt es denn eine Verpflichtung zur Geselligkeit? *Ein bißchen recht kleinbürgerlich finde ich das ja, zugestandenermaßen eng-menschlich, diese Verkrochenheit in sich selbst.*[36]

Draußen wird es leider nicht besser, im Gegenteil! Wie sie die Stadt verschandeln! Reinhard Piper erfährt bereits am 8. Mai 1925: *Sonst sind in der Stadt sehr viele Bäume gefallen, d. h. gefällt, ganze Straßen entbaumt, die Leute finden das heiterer und die stattliche Scheußlichkeit ihrer Häuser kommt zu packender Geltung. Und die Jugend bricht sich Bahn, sie muß ja wohl wissen was sie will – und es muß ein enormes Glück sein, in Hitler-Uniformen, als Pseudosoldaten durch die Straßen zu laufen, ich bin eben alt.*[37]

Den lange Zeit gepflegten Besuch des Bahnhofsrestaurants zwecks Zeitungslektüre hat er aufgegeben, weil ihm dort ständig unerwünschte Besucher auflauern und mit ihren Angelegenheiten behelligen. Fremde weist er schroff zurück. Aber auch seine Freunde wollen ihn in Güstrow besuchen, da wird es schon schwieriger, wie er am 12. August 1929 notiert: *Die Ferien schwemmen Besucher zu mir, die ich keineswegs abweisen möchte, wenn der Zeitschaden mich dabei auch arg schädigt.*[38]

Immer noch schreibt er, der kein Theater von innen sieht, seine Dramen. Doch sie werden immer undramatischer, inwendiger, mystischer. In welcher Welt leben wir, fragt er in dem Stück »Die gute Zeit«, das am 20. November am Reußschen Theater in Gera zur Uraufführung kommt. Es ist Ausdruck eines Unbehagens angesichts von Veräußerlichung und Uniformität, die er als Hauptkennzeichen seiner Zeit ausmacht. Da kann man sich nur in seine eigene Gegenwelt flüchten, eine Insel inmitten der rasenden Zeit. Über »Die gute Zeit« lesen wir bei Barlach: *Es murrt etwas durch die Welt und wird auch vor steigenden Löhnen nicht schweigen, nicht ganz leise fragt fast jedermann: Wie lebt sichs denn in diesem Leben, lohnt es sich, oder wärs besser nicht – da stimmt was nicht.*[39]

Auf eine symbolische Weise zeichnet er hier das Bild einer auseinanderfallenden Welt. In einer Luxusherberge am Ende der Welt schert man sich nicht um das Elend der anderen. Hier herrscht die *Absolute Versicherung,* ein Leben garantiert frei von Leiden. Aber ist das überhaupt ein Leben, fragt Barlach. Das Stück führt in eine mythische Landschaft, in der das Historische nur eine Maske zu sein scheint für sehr grundsätzliche philosophische Fragen, vor allem nach den Grundwerten des Lebens.

Herbert Ihering ist nach Gera zur Uraufführung gefahren (das Stück wird dort nur fünfmal gespielt), und sein Urteil über Barlach auf der Bühne ist überaus deutlich: »Es hat keinen Inhalt. Es hat kaum Gestalten.« Hier versuchten die Sinnbilder Gestalt zu werden. Ein schwieriger symbolistischer Ansatz, der kaum bühnentauglich scheint. Aber genau diese Art, sich den Erwartungen zu verweigern, imponiert Ihering auch wieder an Barlach: »Es gibt keinen Dramatiker, der sich so verschloß und das Tor abriegelte gegen die Zeit. Ein biblischer Prophet. Ein biblischer Richter.«[40]

In »Der Graf von Ratzeburg«, den er 1930 zu schreiben beginnt und den er sich in den kommenden Jahren immer nur sporadisch vornimmt (erst 1951 kommt es zur Uraufführung), wird Barlach diese Art von innerem Drama, das letztlich in eine Form von Gespenstersonate mündet, weiter kultivieren. Auch dies ein für die Bühne fast unspielbares Stück. Wieder ist das historische Tableau rein symbolisch gebraucht, das Mittelalter, in dem es handelt, scheint Utopie und zugleich Anti-Utopie einer Insel zu sein. Barlach selbst spricht von *nebelhaften Formen.*[41]

Auch hier taucht Moses auf, der Barlach immer wieder beschäftigte. Soll man seine Gesetzestafeln achten oder sie – des freien Geistes wegen – zerstören?

In »Der Graf von Ratzeburg« heißt es ganz am Schluss, als Barlach Moses, den Gesetzgeber, noch einmal zu Wort kommen lässt, das nun jedoch auffallend nach Mephisto klingt: *Und bleibst doch der du bist, der eigene Schöpfer seines Gottes, der Schlürfer seines eigenen Speichels.*[42]

Haus- und Atelierbau am Heidberg

Erste Andeutungen, dass das Jahr 1930 Veränderungen in Barlachs Leben bringen soll, finden sich bereits in einem Brief an Bruder Hans vom 17. Februar 1930: *Hier ist alles beim alten, Böhmer derselbe in ewiger Verschleierung und Verwirrung der Geschäfte, aber wie immer anschlägig und anstellig, wo Auskünfte gefunden werden müssen.*[43]

Und Vetter Karl bekommt am 2. Juli 1930 zu hören, er sei mitten in der eiligen Arbeit zum Hamburger Ehrenmal. Aber da sei ja noch eine andere Sache, die ihm Zeit und Kraft raube, es seien *Baupläne für ein Atelier aufgetaucht, ein Waldgrundstück ist gekauft und der pp. Böhmer hantiert, als wäre er der Direktor der »Barlach G.m.b.H.«.*

Harte Worte, aber irgendwie meint Barlach sich auf Böhmer einlassen zu müssen, denn die Zeiten ändern sich wohl gerade sehr zu Ungunsten einer so altmodischen Künstlerexistenz, wie er sie betreibt: *Das sind die Konsequenzen dieser Zeit, die intensive Tätigkeit ist abgetan, der Betrieb kommt dummdreist mit immer frecheren Forderungen heran, denn die alte geliebte Muße bei allem Fleiß ist eine wirtschaftliche Unmöglichkeit geworden.*[44]

Soeben musste er einschreiten, als Böhmer beim Güstrower Bürgermeister als Gabe zu Barlachs sechzigstem Geburtstag die Schenkung eines Grundstücks auf dem Heidberg anregte. Ein Missverständnis, das er schleunigst ausräumen will, weshalb er am 23. Juni dem Stadtrat Wilhelm Lamberg schreibt. Er möchte klarstellen, dass *eine etwaige Hergabe eines Baugrundes im Charakter eines Geschenks der Stadt an mich auf keine Weise meine Zustimmung gefunden hat.*[45] Er stehe vielmehr im Augenblick in Kaufverhandlungen wegen eines Grundstücks.

Ende 1930 klagt er Reinhard Piper, *komplizierte Geldangelegenheiten sind nicht meine Sache.* Wenn Haus und Atelier fertig seien, schreibt er nach München, werde manches anders werden. Aber schon jetzt klingt sein Entschluss durch: Wohnen will er da nicht! Er werde in der Heidberghauswohnung bei Marga Böhmer sein, denn: *Einen stillen Winkel für ein (deutsch-nordisches?) beschauliches Treiben darf man doch wohl für sich behalten? Oder nicht? Es will mir fraglich vorkommen, ob solche Rechte fernerhin gelten werden. Welch eine Stille vor dem Sturm, man lebt eingesponnen in schauriges Behagen einigermaßen nach seinem Gusto und läßt es gut sein, so lange es angeht. Alle diese Leute, die Nazis, die Stahlhelmer, instinktiv meine Feinde, aus den unerklärlichen Regungen des Blutes mir böse, werden gegebenen Falls nicht viel Federlesen mit mir machen ...*[46]

Barlach ahnt, das Kapitel seines Lebens, das nun abbricht, wird keines des beschaulichen Alterswerks, sondern ein harter Existenzkampf sein. Und dann dieser überdimensionierte Hausbau, den der geborene Asket gar nicht will? Er hat sich offenbar überreden lassen von der Mensch gewordenen Eloquenz namens Bernhard A. Böhmer. Das Grundstück ist gekauft samt einem zusätzlichen Stück Wald, das die Stadt freigibt. Für diese »Zulegung eines Waldstreifens« lässt Barlach im Sommer 1930 zum Dank dem Rat der Stadt den Bronzeguss »Dorfgeiger« überreichen. 1936

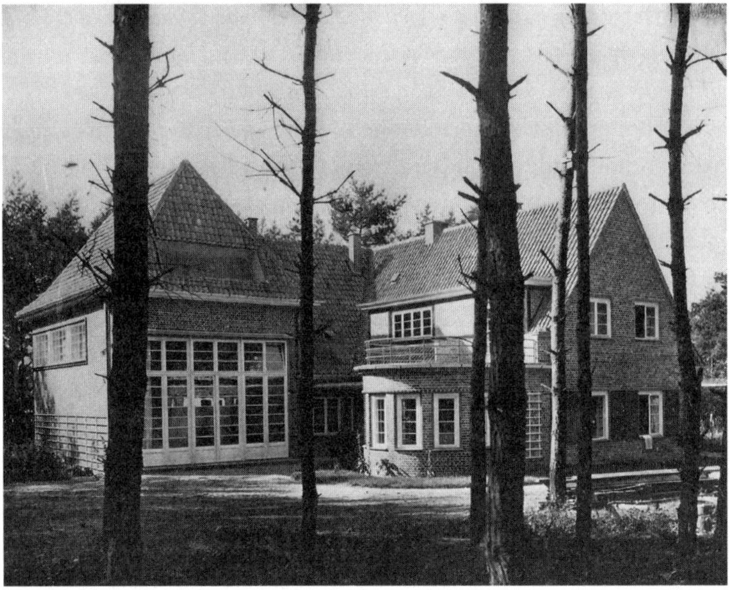

Wohn- und Atelierhaus am Heidberg (1931)

wird ihn die Stadt durch Rechtsanwalt Blauert verkaufen. Dieser schreibt dem NS-Oberbürgermeister Lemm: »Ich kann den ›Dorfgeiger‹ verkaufen für 350 RM. Sind Sie damit einverstanden? Ich glaube nicht, daß wir mehr dafür erzielen können, und ich habe ihn vielfach angeboten und meine, daß dieser Preis für das Scheusal allerhand ist.«[47]

Der Güstrower Architekt Adolf Kegebein beginnt im Sommer 1930 mit dem Hausbau. Am 8. November ist Richtfest, und bereits im Februar 1931 kann Barlach das Atelier nutzen.

Aber im Haus wohnen wird er nie, wollte er auch nie. Dafür zieht dann Bernhard A. Böhmer mit seiner neuen Frau in die repräsentative Wohnung ein. Barlach spricht – vom bescheidenen Nachbarhaus Marga Böhmers aus herüberblickend, wo er seit 1928 lebt – immer nur vom »Palais« und seinen Bewohnern.

Am 10. Juni 1933 klingt in einem Brief an Hugo Sieker Barlachs Erleichterung darüber mit, dass er nicht im Neubau nebenan wohnen muss. Es reicht schon, dass er die Schulden für den Bau zu tragen hat: *Böhmer wohnt jetzt da, wo ich wohnen sollte, auch*

Klaus ist glücklich, daß er »drüben« nichts mehr zu suchen hat. Gott bewahre mich vor den Sorgen reicher Leute, die es plötzlich nicht mehr sind, aber nun einmal den Stil der Reichen angenommen haben! [48]

Böhmer zahlt immerhin eine kleine Miete, und die wird auch dringend benötigt, nachdem Architekt Kegebein seine Rechnung schickte. 72 000 RM hat der Neubau gekostet, viel mehr, als Barlach mit seinen Arbeiten je verdienen wird! Noch mehr steht er nun unter Druck, sich lukrative Großprojekte zu sichern, auch wenn diese über seine Kräfte gehen.

Da wird das Hamburger Ehrenmal plötzlich schon des Geldes wegen immens wichtig, denn hier soll er 25 000 RM als Künstlerhonorar bekommen. Aber alles geschieht überstürzt, was ihm so verhasst ist.

Das Wohnen im Wald, neben seinem eigenen Haus, im Böhmer-Haus, bekommt ihm nicht. Sosehr Barlach ein passionierter Waldgänger ist: In ihm steckt ein reizbarer Neurotiker. Was sich im nächtlichen Wald alles verbergen kann – Gnome und Hexen, entlaufene Sträflinge, Räuber und auch seine neuen Feinde, die ihn wegen seiner pazifistischen Ehrenmale für die Gefallenen des Weltkriegs mit zunehmendem Hass verfolgen!

Ja, er fühlt sich bedroht und verfolgt, nicht ganz ohne Grund, aber seine Reaktionen darauf kann man als hysterisch bezeichnen. Barlach sieht nun einmal Gespenster! Er beginnt das Haus zur Festung auszubauen, wie er Bruder Hans am 13. November 1931 mitteilt: *Hier draußen im dunklen Wald fühlen wir uns oft recht wenig sicher, es sind mancherlei Ordnungen geschehen, die es verhindern sollen, daß man nicht direkt im Schlaf überfallen wird. Einige Male haben wir telefonisch Klaus alarmiert, der dann auch erbötig war, dem Verdächtigen nachzuspüren. Frau Böhmer wacht große Portionen der Nacht, kurz, eine Art Belagerungszustand hat sich ergeben.* [49]

Reinhard Piper erfährt am 22. November, dass draußen *fortwährender Alarm* herrscht, er alle Augenblicke auch das Schreiben dieses Briefes unterbrechen muss, um mit der Taschenlampe Garten und Wald abzuleuchten. Die Phantasie des Künstlers arbeitet auf Hochtouren: *Die Hunde sind aufgeregt, der Teufel ist los, eine barbarisch kalt-feuchte Novembernacht.* [50]

Dunkel sind die Nächte auf dem Heidberg, die Tage scheinen dagegen vielversprechend – noch. Ein zweiter gut bezahlter Auftrag kommt ins Haus, mit dem vor allem Barlach den Hausbau finanzieren zu können hofft.

Tilla Durieux heiratet 1930 den Unternehmer Ludwig Katzenellenbogen. Für ihr Musikzimmer wünscht sie sich den »Fries der Lauschenden«, den Barlach für das nicht realisierte Berliner Beethoven-Denkmal entworfen hatte. Neun Figuren soll Barlach liefern, dafür bürgt Katzenellenbogen in Höhe von 60 000 RM. Der Unternehmer ist sowohl im Bier- als auch im Zementgeschäft tätig. Doch zwischen dem Bildhauer und der Schauspielerin scheint sich trotz des so wichtigen Auftrags, den sie initiiert hat, eine chronische Entfremdung einzustellen, wie Tilla Durieux sehr wohl bemerkt. Trotz aller Freundlichkeit, die Barlach ihr gegenüber zeigt, hätten sie »wie durch eine gläserne Wand« miteinander gesprochen.

Da sich die Beziehungen zu Verlag und Galerie Cassirer verschlechtern, er fast keine Einkünfte mehr von dort bezieht, intensiviert Barlach die Beziehung zu einem anderen Kunsthändler: Alfred Flechtheim. Mitte 1930 schließen sie einen Vertrag. Hierbei ist ebenfalls Bernhard A. Böhmer der Einfädler. Es geht darin auch um die Vervielfältigung kleiner Bronzen, die zumeist als Vorarbeiten entstanden waren. Sechzehn Figuren sollen in Serien von jeweils zehn Exemplaren gegossen und für einen Stückpreis von 500 bis 2000 RM verkauft werden. Vom Verkaufserlös erhält Barlach zwei Drittel, Flechtheim ein Drittel. 22 000 RM überweist Flechtheim bei Vertragsabschluss im Juli 1930.

All das soll Barlachs Einkommensverhältnisse auf ein Niveau heben, das es ihm erlaubt, das »Palais« nebenan zu finanzieren. Aber es kommt anders als geplant. 1931 muss der Musikzimmerauftrag storniert werden, das Ehepaar Katzenellenbogen-Durieux hat andere Probleme. Barlach erhält nur 14 000 RM, eine schwere Enttäuschung. Wegen angeblicher Geldmanipulationen steht Katzenellenbogen vor Gericht, wird dann jedoch nur zu drei Monaten Gefängnis (die Dauer seiner Untersuchungshaft) und 10 000 RM

Strafe verurteilt. Ein Medienskandal ohnegleichen: der reiche Jude und die erfolgreiche Schauspielerin!

Der Prozess kommt einem Rufmord gleich. Noch gelten die Gesetze der Weimarer Republik, aber Tilla Durieux spürt bereits die antisemitische Stimmung, die geschürt wird: »Durch den Kurfürstendamm zogen Horden brüllender Menschen, die im Chor: ›Juden raus!‹ und ähnliches schrien. Man erzählte bereits von Fällen, wo Juden geprügelt worden waren.«[51]

Bernhard A. Böhmer ist inzwischen so etwas wie Barlachs Manager geworden: Er reist umher, spricht mit potenziellen Auftraggebern, alles, was Barlach selbst nicht tun würde. Doch je mehr sich das Auftragsbuch füllt, desto mehr leidet der angeschlagene Barlach auch darunter. Wozu das Ganze? Reinhard Piper klagt er am 31. März 1931, er räume die Wohnung in der Schweriner Straße, denn das neue Haus sei fertig.

Dann platzt es aus ihm heraus: *Bauen ist eine Erfahrung, die ich nicht zwei Mal zu machen wünsche – überhaupt, könnte ich in meinen alten Pferdestall zurück, wo ich von 1911 bis 26 saß, täte ich es ... Welch ein Luxus war mein Güstrower Dasein vor Zeiten!*[52]

In einem Brief vom 2. Januar 1933 – da sind die Nationalsozialisten noch nicht an der Macht – berichtet er Carl Albert Lange über seine aktuelle Wohnsituation. Er lebe immer noch in dem kleinen Häuschen direkt neben dem großen Haus. Er wohnt bei Marga Böhmer. Sein altes Atelier (die Autowerkstatt) hatte er seit 1927, davor den Pferdestall. *Davon gibt's kein Bild, aber da sind zwischen 1911 und 1927 viele Arbeiten fertiggeworden, und wer weiß, was ich täte, wenn ich wählen dürfte zwischen dem jetzigen Palais und dem Stall!*[53]

Barlach blickt wehmütig zurück, hat immer öfter auch depressive Zustände auszuhalten. Aber es wächst auch der Trotz, so etwa, wenn er am 28. März 1933 an Friedrich Schult schreibt: *Aber man sitzt eben in einem Atelier und Haus, das man nicht fluchtartig zu verlassen gedenkt, das man bis zuletzt behaupten wird, möge man mich da auch totschlagen: Einen von den Totschlägern nehme ich sicher mit in das letzte Gewahrsam.*[54]

1934 spätestens hasst er dieses Haus, das er nie bewohnen wird, aber trotzdem bezahlen muss. Natürlich ist es viel zu teuer für ihn gewesen, das wusste er von Anfang an. Er hat sich verführen lassen, davon, dass Tilla Durieux' Ehemann Ludwig Katzenellenbogen und sein neuer Galerist Paul Flechtheim für den Bau bürgten, davon, dass Ende der 1920er Jahre für ihn kein Ende der lukrativen Großaufträge in Sicht war. Und nun? Nach 1933 gibt es überhaupt keine größeren Aufträge mehr, und Katzenellenbogen wie Flechtheim sind als Juden vor den Nationalsozialisten auf der Flucht.

Während Tilla Durieux versucht, Visa für die Vereinigten Staaten zu bekommen, wird Katzenellenbogen von der Gestapo in Saloniki verhaftet und ins KZ Sachsenhausen gebracht, wo er 1944 umkommt. Für Tilla Durieux bleibt er spurlos verschwunden. In ihren Memoiren wird sie schreiben, dass ihr Mann in Griechenland auf der Flucht verschollen sei und sie nie wieder etwas von ihm gehört habe.

Vielleicht hat Bruder Hans eine despektierliche Äußerung über diese jüdischen Konstellationen in Barlachs Leben gemacht, die den Bruder – und nicht bloß seine Kunst – nun in größte Gefahr bringen. Die Antwort, die ihm Barlach darauf gibt, ist unmissverständlich: *Cassirer hat mir sein Wort gehalten: Solange er lebe, würde ich keine Sorgen haben. Wie groß sein Nutzen durch Verkäufe war, läßt sich nun nicht mehr feststellen, aber erstens haben Juden mich vorerst gekauft, und ich habe von 1908 bis 1925 sorglos leben können ... Flechtheim hat immerhin M 20 000 Baugelder als Bürge an die hiesige Kasse gezahlt. Auch da hat er später Abrechnungen frisiert, aber dann hat ihn der Judenboykott ruiniert, und meine von ihm schon halbwegs anerkannten Ansprüche gingen vorerst durch den Judenboykott flöten. Daß er nun für die restlichen 18 000 M ausfällt, ist ganz gewiß nicht seine Schuld. Ebenso konnte Katzenellenbogen nicht weiter zahlen, auch als zweiter Bürge nicht.*[55]

KAPITEL VIII

Weltensturz

Barlach im Richtungsstreit der NS-Kulturpolitik

Am 31. Dezember 1932 hatte Barlach einen Vertrag mit dem Schauspielhaus wegen der Aufführung des »Blauen Boll« geschlossen, am 26. Januar 1933 vermeldet er in einem Brief an Hugo Sieker, das Schauspielhaus wünsche die Prolongierung des Vertrages bis Ende des Jahres. Prolongieren ist ein Begriff aus dem Warenterminhandel und bedeutet, dass man einen Termin nicht einhalten kann oder will und ihn erst einmal hinausschiebt, unter Umständen in unendliche Ferne. Besser lässt sich nicht sagen, was in nicht einmal einem Monat in Deutschland geschehen ist: *Ich kenne den Vers, und die Meinung der Nazis ist, wo nicht gegen Boll, so doch gegen Barlach.*[1]

Das neue Jahr beginnt mit gegensätzlichen Signalen. Im Februar 1933 wird er zum Ritter der Friedensklasse des Ordens Pour le Mérite ernannt. Vetter Karl erfährt davon in einem Brief vom 14. März: *Nun will ich Dir nur sagen, wie es mit der Verleihung des Mérite war. Ausgerechnet Liebermann und Käthe Kollwitz (die auch den P.l.m. hat!) haben für mich gestimmt, außerdem eine Anzahl Naturwissenschaftler, die sich von den zweien gut beraten glaubten, von Künstlern verlautet nichts.*

Was er von der neuen Zeit zu halten hat, das weiß er genau: *Der Staat hat nichts damit zu schaffen, sonst wäre bestimmt nichts daraus geworden.*[2]

Im März 1933 beantragt der Kirchenrat der Domgemeinde Magdeburg die Entfernung des Ehrenmals. Barlach weiß, wenn das geschieht, ist es das Fanal für eine große Abbruchaktion, die sich fortsetzen wird.

Dem Antrag wird tatsächlich stattgegeben.

Das Magdeburger Mal wird abgebaut und in der Berliner Nationalgalerie magaziniert. Als es auch dort von Zerstörung bedroht ist, kann Bernhard A. Böhmer die Figurengruppe für 1000 RM für Barlach zurückkaufen.

Im Werkverzeichnis, das Friedrich Schult anfertigte, kann man den weiteren Weg des Magdeburger Mals verfolgen. Bis 1945 stand es in Barlachs Atelier am Heidberg, nach der Besetzung durch die Rote Armee in der Taufkapelle der Güstrower Pfarrkirche. 1949 kam es auf Erlass der Sowjetischen Militäradministration ins Kunstmuseum Moritzburg Halle, 1956 kehrte es schließlich an seinen alten Platz zurück.

Barlach weiß, was ihn unter den Nazis erwartet. Er war auch schon vor 1933 von ihnen beschimpft worden. An seiner Pforte hängen regelmäßig Schmähbriefe, nächtliche Steinwürfe auf seine Fenster werden folgen. Aber es gibt auch Sympathiebekundungen und solidarische Gesten von alten und neuen Freunden. Friedrich Schult und seine Frau etwa melden sich am 28. März 1933 bei Barlach und laden ihn zur Konfirmation ihres Sohnes ein. Barlach sagt zwar mit Hinweis auf *tausenderlei Bedrängnisse* seine Teilnahme ab, doch eine Einladung von seinem alten Güstrower Freund bekommen zu haben, tut gut.

Was bleibt anderes, als sich gegen kommende Unbill innerlich zu wappnen? Äußerlich ist man ohnehin wehrlos und jedem Übergriff ausgeliefert. Sein Bruder Hans erfährt: *Auf alles, auch das Schlimmste, gefaßt zu sein, gibt eine großartige Ruhe.*[3]

Man kann die nun anbrechende Zeit wie Barlach mit den Worten zusammenfassen: *Mein Kahn sinkt jetzt rapide …*[4]

Nach dem Reichstagsbrand räumen die Nationalsozialisten letzte demokratische Schutzmechanismen aus dem Weg. Für Barlach ist die Sache klar, wie er Hugo Sieker am 5. März 1933 schreibt: *Ob Sie wohl so lange gebraucht haben wie ich, um den Reichstagsbrand als Theaterbrand zu erkennen? Ich brauchte etwas über eine, aber keine anderthalb Sekunden dazu.*[5]

Noch schreibt er offen über sein Unbehagen, aber bald schon schleicht sich die Angst vor der Postzensur in seine Briefe.

Wird man nun auch ihn aus der Akademie der Künste vertreiben wie Käthe Kollwitz und Heinrich Mann? Sollte er besser von selbst gehen? *Ich denke an Weimar und begehre nicht, Ähnliches zu erleben: bloßer Egoismus.*

Weimar, wo Minister Frick bereits zu Republikzeiten das Prinzip »entartete Kunst« erprobte, ist ein Schreckensszenario nicht bloß für ihn. Doch *es juckt mich, nicht schlicht und etwa bloß aus Solidarität zu weichen, sondern mit Krach und Eklat.*[6]

Die Erfahrung der ersten Monate bestätigt die Befürchtungen: *... mir wird überall das Wasser abgegraben, und wenn kein Wunder geschieht, und zwar in den nächsten drei Monaten, so sackt mein Kahn.*[7]

Was bleibt ihm anderes, als sich in eine stoische Grundhaltung einzuüben?

Selbst ausgewiesene Denker, anerkannte Philosophen, geben plötzlich verstörende Bekenntnisse ab, etwa Alfred Baeumler am 10. Mai 1933 in seiner Antrittsvorlesung als Berliner Ordinarius für Politische Pädagogik, in der er sagt, geistig bedeute der Nationalsozialismus »die Ersetzung des Gebildeten durch den Typus des Soldaten«, oder Martin Heidegger, der in seiner »Rede an die Studenten« vom 3. November 1933 verkündet, »der Führer selbst und allein ist die heutige und künftige deutsche Wirklichkeit und ihr Gesetz«.[8]

Es ist die Abrechnung mit dem, was Goebbels einen »überspitzten jüdischen Intellektualismus« nennt. Die Juden seien bekanntlich kosmopolitisch, reine Geldmenschen und zudem Kommunisten. Das sind die Feinde, gegen die die NS-Ideologie ihren Kampf führt und sich als »völkisch« konstituiert.

Und wo steht hierbei Barlach?

Immerhin, es gibt im NS-Studentenbund Kräfte, die die in Thüringen unter Frick bereits in den Jahren zuvor exekutierte modernefeindliche Kulturpolitik scharf kritisieren. Diese Studentengeneration trägt den Untergang einer alten Welt im Ersten Weltkrieg mitsamt ihren Begriffen von Schön und Hässlich ganz selbstverständlich in sich. Im Unterschied zum »Kampfbund für deutsche Kultur«, der sich aus der »alten Garde« rekrutiert, sich über »Blut und Boden« definiert und ein kleinbürgerliches und bäuerliches Milieu vertritt, ist diese Jugend vorrangig großstädtisch und modern geprägt. Den Expressionismus sehen sie nicht als eine Zersetzung des deutschen Wesens an, sondern als eine Form, dieses auf gegenwärtige Weise auszudrücken. Das ist die Linie Filippo Tommaso Marinettis und seines »Futuristischen Manifestes«, das Technik, Geschwindigkeit und Krieg feierte. Der Futurismus als italienisches (und russisches) Pendant zum deutschen Expressionismus gilt im Faschismus Mussolinis seit den 1920er Jahren als neue staatstragende Kunst Italiens. Ein vehementer Angriff auf die alte Bürgerwelt! Der neue Mensch soll Herr der Technik sein, ein aggressiver Eroberer der Welt.

Dieses durchaus imperiale Selbstverständnis kollidiert nun mit dem völkischen Anspruch des »Kampfbundes für deutsche Kultur«, einem Organ der NSDAP, dem Alfred Rosenberg, Autor von »Der Mythus des 20. Jahrhunderts«, vorsteht. Rosenberg steht in direkter Konkurrenz zu Joseph Goebbels, mit dem er in Sachen Kultur und Kunst um die Macht im neuen Staat ringt.

Dass die Studenten mit ihrer Vorstellung, eine politische Revolution brauche auch eine neue Kunst (und diese könne nur der Futurismus/Expressionismus sein), nicht allein stehen, sieht man am Beispiel von Gottfried Benn, der sich in den Jahren 1933/34 Hoffnungen machte, ein deutscher Marinetti zu werden – bis man ihn verdächtigte, ein Jude zu sein, und zum Produzenten »entarteter Kunst« erklärte.

Entartet? Was ist das für eine Spießervorstellung, woher kommt dieser muffig-ressentimenthafte Geist, was hat er im Dritten Reich zu suchen, so fragt man sich im NS-Studentenbund im Frühsommer 1933. Kampf dem reaktionären Kunstbegriff!

Also werden in ganz Berlin rote (!) Plakate an Litfaßsäulen geklebt, auf denen in großen Lettern zu lesen ist: »Jugend kämpft für deutsche Kultur!« Eingeladen wird zu einer Kundgebung (so das neue Wort der Stunde, das liberalistische Formen wie Debatten und Diskussionsveranstaltungen ersetzen soll) am 29. Juni 1933 im Auditorium Maximum der Friedrich-Wilhelms-Universität Unter den Linden. Der Wortführer dieser Studenten ist Fritz Hippler,[9] der auch während der Veranstaltung den kämpferischen Ton vorgibt: Wider wilhelminischen Akademismus, für die Freiheit der Kunstformen!

Zu den Organisatoren der stark beachteten Veranstaltung gehört auch Hans Weidemann,[10] ein von Goebbels persönlich protegierter Mitarbeiter im Propagandaministerium, der auf Betreiben des Ministers schließlich stellvertretender Vorsitzender der Kulturkammer für bildende Kunst wird. Weidemann ist es wohl auch, der mit Hippler und Otto Andreas Schreiber den »Ring deutscher Künstler« gründet – eine direkte Antwort auf den 1929 gegründeten »Kampfbund für deutsche Kultur«. Unter dem Slogan »Gegen französisches Ästhetentum – für bodenständige deutsche Kunst« unterstützen sie deutsche Vertreter der modernen Kunst und laden Ernst Barlach ein, Präsident dieser Vereinigung zu werden. Vermutlich sorgt Weidemann dafür, dass Barlach auf der Weltausstellung in Chicago als Abgesandter der deutscher Kunst vertreten ist und ebenso auf der Biennale in Venedig. Barlach sieht darin ein Hoffnungszeichen, *man könnte es beinah Förderung von oben nennen.*[11]

Ein trügerisches Hoffnungszeichen, zumal Rosenberg sich durchsetzt und Weidemann auf Intervention Hitlers seinen Posten verliert. Auf der Chicagoer Weltausstellung werden in der Abteilung moderne kirchliche Kunst lediglich zwei formal eher harmlose Arbeiten von Barlach gezeigt, die Holzfigur »Lesender Klosterschüler« und die Klinkerbrandskulptur »Singender Klosterschüler«.

Wie sollte Barlach das nicht als Hoffnungszeichen verstehen? Am Ende wird sich – sogar in der NSDAP – die Vernunft durchsetzen? Aus dieser irrigen Hoffnung heraus ist wohl auch der folgende Hinweis an Vetter Karl vom 5. Juli 1933 zu verstehen: *Die »sympathischen« Menschen, die Dir rieten, »hinein« zu gehen, P.G. zu werden, um geistig darin zu wirken, haben nicht schlecht geraten. Sauerteig ist bitter not – so sehr, daß der Mut fehlt, die Worte zu sagen, die treffend genug wären und übrigens: Postzensur!*[12]

Da ihm die Präsidentschaft im »Ring deutscher Künstler« angetragen wurde, hält Barlach sich vorerst zurück und sondiert die Lage. In einem Brief vom 11. Juni 1933 an Alfred Kubin heißt es: *Sehr geehrter Herr Kollege, Sie werden als Mitglied einer Ausstellungs-*

gemeinschaft »Ring deutscher Künstler« aufgeführt, die nach Anregung des Nationalsozialistischen Deutschen Studentenbundes Berlin sich zusammengeschlossen [hat] und deren Präsident ich werden soll. Zweck: gegen französisches Ästhetentum – für bodenständige deutsche Kunst.

25 Mitglieder und ein Vorstand seien genannt, er wisse jedoch nicht, von wem gewählt. *Ich weiß auch nicht, was der Begriff »französisches Ästhetentum« umschreibt. Wissen Sie davon, oder sind Sie bereits Mitglied geworden? Ich bitte Sie dringend um ein paar aufklärende Worte, da ich völlig im Dunkeln tappe …*[13]

Er wolle nicht voreilig handeln, schließt der Brief. Friedrich Droß, später Herausgeber der Barlach-Briefe, merkt an, dass keine Antwort von Alfred Kubin überliefert ist, diesem Barlach mit seinem Sinn für das verborgene Dämonische in den Dingen so verwandten Künstler – und Autor eines kafkaesken Buches »Die andere Seite«. Kubin selbst erinnert sich an Barlach in einem Brief vom 7. Februar 1940 an Hermann F. Reemtsma: »Ich traf ihn leider nie persönlich an, und wie in einigen anderen Fällen, wo auch der Tod es unmöglich machte, tut es mir in diesem schmerzlich leid! – bei der außerordentlichen Schätzung und den dankbaren Gefühlen, die ich für den wunderbaren, mich immer zutiefst berührenden Künstler hatte.«[14]

Im Audimax der Berliner Universität spricht der Maler Otto Andreas Schreiber unter dem Jubel der Anwesenden: »Der Versuch der kunsthistorischen Dogmenbildung durch unschöpferische Menschen liegt wie ein Alpdruck auf allen jungen Künstlern unserer Bewegung … Die nationalsozialistischen Studenten kämpfen gegen die Kunstreaktion, weil sie an die lebendige Entwicklungskraft der Kunst glauben … Die nationalsozialistische Jugend glaubt an nichts so fest wie an den Sieg der Qualität und der Wahrheit.«[15]

Dies ist nicht weniger als eine Studentenrevolte gleich zu Beginn der NS-Herrschaft. Anfangs schauen Hitler und Goebbels zu, wie hier gegen Rosenberg (der noch keine offizielle Machtposition innehat) Front gemacht wird. Noch ist offenbar nicht entschieden, ob man sich auf die Marinetti-Linie des faschistischen Italien begeben oder die moderne Kunst für »entartet« erklären wird. Nur sollte sich niemand – angesichts der Bücherverbrennung am 10. Mai vor der Berliner Universität, bei der der NS-Studentenbund eine treibende Kraft ist – allzu große Illusionen über den dort herrschenden Geist machen.

Am 3. Mai kommt auf Initiative des Studentenbundes ein »Schandpfahl« zur Aufstellung, an den, wie es in einem Aufruf heißt, »wir die Erzeugnisse derer nageln, die nicht unseres Geistes sind«. Genannt werden etwa die »Weltbühne«, Stefan Zweig, Emil Ludwig (immerhin Autor eines Gesprächsbuches mit Mussolini!) und Kurt Tucholsky.

Für Barlach sollte der siebte der »Feuersprüche«, die vom Propagandaministerium der Deutschen Studentenschaft vorgegeben wurden, von besonderer Bedeutung sein: »Gegen literarischen Verrat am Soldatentum des Weltkrieges« heißt es, als Erich Maria Remarques Bücher in die Flammen geworfen werden. Das also sind die Kräfte, die Barlach zur Galionsfigur ihrer Revolte gegen Rosenbergs »Kampfbund für deutsche Kultur« machen wollen. Rosenbergs »Kampfbund«, der Barlach, Heckel, Kirchner, Mueller, Schmidt-Rottluff und Nolde – der Mitglied der NSDAP ist – verunglimpfe, sei ein Verein von »Gartenlaubekünstlern«, ein »Vergehen an deutscher Kultur«, eine »Organisation übellauniger Pinselschwinger« tönen seine nationalsozialistischen Gegner.[16]

Doch Rosenberg schlägt umgehend im »Völkischen Beobachter« zurück. Am 7. Juli 1933 schreibt er dort unter der Überschrift »Revolution in der bildenden Kunst«: »Aber um Männer wie Nolde und Barlach entbrennt eine temperamentvolle Auseinandersetzung. Eine Gruppe nationalsozialistischer Künstler will diese beiden aus unserem Vorstellungsbild einer kommenden Kunst ausgeschieden wissen, eine andere, die sich revolutionär nennt, hebt sie aufs Schild.«

Das klingt nach unparteilicher Berichterstattung, ist es aber ganz und gar nicht, wie im Fortgang des Artikels schnell klar wird. Nachdem Rosenberg das »ausgeprägte Schönheitsideal« der Künstler »nordischer Prägung« gepriesen hat, kommt er zu Barlach. Niemand wolle dessen Schnitzkunst die Monumentalität absprechen, räumt er ein und fällt dann ein vernichtendes Urteil: »Aber was er an Menschen gestaltet, das ist fremd, ganz fremd: erdversklavte Massigkeit und Freude an der Wucht der Schwere und Materie. Das sind keine ›mecklenburgischen Bauern‹, oh nein, diese schreiten ganz anders über die Erde als jenes Barlachsche Menschentum! Schließlich, man schaue doch Barlachs Magdeburger ›Kriegerdenkmal‹ an, das er für die dortige Kirche fertigte: kleine, halbidiotisch dreinschauende Mixovariationen undefinierbarer Menschensorten mit Sowjethelmen sollen deutsche Landsturmmänner versinnbildlichen! Ich glaube: jeder gesunde SA-Mann wird hier das gleiche Urteil fällen wie bewußte Künstler.«[17]

Und Rosenberg setzt nach: Er stellt Otto Andreas Schreiber als »kulturellen Otto Strasser« dar (eine Gleichsetzung, der Hitler im Jahr darauf folgen wird), der sich bereits für den eigentlichen »revolutionären nationalsozialistischen Menschen« gehalten habe. Aber die nationalsozialistische Bewegung sei kein Debattierklub, so Rosenberg: »Wir haben auf politischem Gebiet schon eine Otto-Strasser-Richtung gehabt und bekämpft und wie wir glauben, zum Nutzen der Bewegung.«[18]

Dann eröffnet der NS-Studentenbund in der Galerie Ferdinand Moeller am 22. Juli 1933 eine Ausstellung unter dem Titel »Dreißig deutsche Künstler«, darunter die Expressionisten Christian Rohlfs, Max Pechstein, August Macke, Karl Schmidt-Rottluff, Emil Nolde – und der Solitär Barlach. Ein Affront gegen die Völkischen! Die Antwort lässt nicht lange auf sich warten: Wilhelm Frick, in Thüringen bereits erfahren in der Verfolgung moderner Kunst und inzwischen Reichsinnenminister, lässt die Ausstellung drei Tage nach der Eröffnung wieder schließen.

Noch ist der Streit um die moderne Kunst nicht entschieden. Gottfried Benn veröffentlicht am 5. November 1933 in der Wochenzeitschrift »Deutsche Zukunft« sein »Bekenntnis zum Expressionismus« als der »letzten großen Kunsterhebung Europas«. Auch für ihn geht es um das künstlerische Überleben im Dritten Reich. Joseph Goebbels, Reichsminister für Volksaufklärung und Propaganda, hält sich in Sachen moderne Kunst vorerst bedeckt. Im November 1933 gründet er die Reichskulturkammer. Emil Nolde, Karl Schmidt-Rottluff, Erich Heckel und Ernst Barlach, die sich nicht offen regimefeindlich verhalten, sind geladen, der Eröffnung in Anwesenheit Hitlers beizuwohnen.

Barlach lässt sich entschuldigen. Peter Paret (ein Enkel Paul Cassirers) schreibt in seinem erhellenden Buch »Ein Künstler im Dritten Reich. Ernst Barlach« über die herausragende Machtposition, in die sich Goebbels Ende 1933 in Sachen Kunst und Kultur des Dritten Reiches gebracht hat: »Mit seinem Fanatismus, seiner Intelligenz und seiner politischen Gewandtheit war Goebbels und nicht Rosenberg auf dem Weg, der wahre Ideologe des Nationalsozialismus zu werden.«[19]

Mit der effektvollen Eröffnung der Reichskulturkammer, die live im Radio übertragen wird, gelingt Goebbels ein Punktsieg über Rosenberg. Hitler ist anwesend, aber auch Gerhart Hauptmann und berühmte Schauspieler wie Heinrich George, Werner Krauß, Paul Wegener (den Barlach porträtiert hat) und Käthe Dorsch. Wilhelm Furtwängler dirigiert. Hitler wünscht sich als Zugabe »Zueignung« von Richard Strauss und dankt dann dem Sänger Heinrich Schlusnus und dem ebenfalls anwesenden Komponisten persönlich dafür. Dann folgt Goebbels' Rede über die »totale Revolution« des Nationalsozialismus, die alle Lebensbereiche erfasst habe: »Der neue Staat hat seine eigenen Gesetze. Ihm unterliegen alle, vom ersten bis zum letzten.« Deutlich seine Ankündigung, man wolle »einen deutschen Künstlertyp züchten«.[20] Für die einen klingt das nach Verheißung, für die anderen nach Drohung.

Goebbels, darauf verweist Paret, wurde in der NSDAP der 1920er Jahre dem linken Parteiflügel um die Strasser-Brüder zugerechnet und sei anfangs an der modernen Kunst durchaus interessiert gewesen. Nach einem Besuch des Kölner Wallraf-Richartz-Museums äußerte er sich angetan über die Werke von van Gogh, Slevogt, Nolde und Böcklin. Und zu Ernst Barlach notierte er: »Am meisten packt mich eine Plastik. Barlach: Berserker. Das ist der Sinn des Expressionismus. Die Knappheit zur grandiosen Darstellung gesteigert.«[21] Vermutlich hat er zu dieser Zeit auch Arbeiten von Barlach erworben, jedenfalls schreibt Barlach am 11. Januar 1936 an Vetter Karl: *Übrigens besitzt Goebbels zwei Arbeiten von mir, Bronze und Porzellan.*[22]

Auftrieb erhalten die Vertreter der Moderne durch die Ausstellung »Italienische Futuristische Flugmalerei (Aeropittura)« im März 1934. Goebbels, Göring und Rust gehören von deutscher Regierungsseite dem Ehrenkomitee an, Marinetti, die Frau des italienischen Botschafters Vittorio Cerruti und Ruggero Vasari von italienischer Seite.

Eine bizarre Situation: Die Ausstellung zeigt genau das, was man im Jargon der NS-Ideologie »kulturbolschewistisch« nennt. Der »Völkische Beobachter« nimmt dann auch sofort Partei und spricht von »ausländischer Einmischung«. Zudem sei der Futurismus in Italien selbst inzwischen überwunden und bloß noch eine »bedeutungslose Richtung«.[23]

Am 25. Juni 1933 sagt Barlach dem »Ring deutscher Künstler« sowohl die Teilnahme an der geplanten Ausstellung als auch die ihm angetragene Präsidentschaft endgültig ab: *Ich bin Herrn Otto Andreas Schreiber, dem Mitunterzeichner Ihrer Aufforderung, zu Dank verpflichtet, daß er meine Einwendungen gelten läßt, in der Tat glaube ich, daß mein Hinweis darauf, daß mein Kampf als Künstler sich in der Stille einer freiwilligen Zurückgezogenheit abzuspielen hat, nur zu berechtigt ist. Ich habe lange zurückgestellte Aufgaben zu erfüllen, Entscheidungen zu finden, deren Ergebnis kein vorzeitiges Herausstellen leidet, welche Wertung diese Arbeiten erfahren, muß ich einer Zukunft vertrauensvoll überlassen.*[24]

Barlach laviert, und so klingt es auch. Er will sich weder instrumentalisieren lassen noch seine vielleicht letzten Freunde unter den neuen Mächtigen im Lande vor den Kopf stoßen. Aufträge? Öffentliche hat er nicht mehr, nur noch die einiger Privatkäufer. Über die »Ausstellung der 30« des Nationalsozialistischen Studentenbundes schreibt er Vetter Karl am 17. Juli 1933, man habe *ohne mein Wissen zwei Bronzen von mir, wohl aus Flechtheimschen Vorrat*, gezeigt. Der Brief schließt mit – – *verboten* – – –.[25]

Mit der Isolation wächst auch die Angst, das berichtet Reinhard Piper von seinem Besuch bei Barlach im Juni 1934. Im Vergleich zu 1928, als er ihn das letzte Mal besuchte, sei er rapide gealtert. Nach dem Essen am Bahnhof habe Barlach sofort einen Wagen bestellt und dies damit begründet, dass er durch Güstrow nur noch im *geschlossenen Wagen* fahre. *Ich will mich dort nicht mehr sehn lassen. Soll es etwa Streit auf offener Straße geben?*[26]

Die Nazis würden vor seinem Haus stehen und rufen, das »Judenhaus« müsse geräumt werden. Für die Nationalsozialisten ist er ein Feind, also ein Jude, ein Kulturbolschewist ohnehin. Gegen Hetze, weiß Barlach, ist man wehrlos.

Noch läuft die Bewerbung für das Stralsunder Ehrenmal. Durch die ständigen Drohungen wird ihm klar, was ein neuer Schauplatz in Stralsund, wo sich abermals der Hass der Nationalen gegen ihn entladen würde, bedeutet. Er hat nicht mehr die Kraft für einen solchen Kampf.

Der beschlossene Abbau des Magdeburger Ehrenmals, das sieht Barlach sehr deutlich, ist der Beginn seiner öffentlichen Ächtung. Am 5. April 1933 schreibt er an Bruder Hans: *Der Winter hat mich arg mitgenommen, ich habe sechs Monate mit Warten auf eine Entscheidung über einen Antrag auf ein Ehrenmal in Stralsund verbracht. Nun habe ich mich genötigt gesehen, um nicht noch mehr zu riskieren als einen Verlust, meine Entwürfe zurückzuziehen ... Wenn mein Ehrenmal aus dem Dom von Magdeburg, wie beantragt, entfernt wird, so folgen andere.*[27]

Schaut man sich heute die beiden erhaltenen Entwürfe für Stralsund an, dann zeigt sich, dass in dieser Zeit zwei Seelen in Barlach konkurrieren. Die eine ist die opportunistische, die dem Druck etwas nachgeben will, um nicht alles zu verlieren. Die andere ist davon unbeeindruckt, rigoros das Eigene vorstellend und bereit, jeden Leidenspreis dafür zu zahlen. Beide Entwürfe stammen aus dem Oktober 1932 und sind als Gipsfiguren erhalten. Sie könnten gegensätzlicher nicht sein.

Die erste, eine Pietà, zeigt eine Mutter in strenger Haltung mit übergeworfenem Tuch. Ein toter Soldat liegt sehr schmal und steif über ihrem Schoß, sodass ein Kreuz entsteht. Der tote Soldat trägt immer noch seinen Helm, seine Hände liegen gekreuzt übereinander.

Der zweite Entwurf wirkt dunkel-massig, durchaus martialisch. Auf einem sechseckigen Podest stehen drei Soldaten in voller

Montur mit tief ins Gesicht gezogenen Helmen, Rücken an Rücken, sich an den Händen haltend. Nur eines tragen sie nicht bei sich: Waffen.

Beim Stralsunder Ehrenmal konkurrieren Georg Kolbe und Ernst Barlach miteinander. Kolbe ist zweifellos einer der wichtigen deutschen Bildhauer des 20. Jahrhunderts. Auch er wurde von Paul Cassirer gefördert. Kolbe wird das Stralsunder Ehrenmal realisieren, nachdem sich Barlach aus dem Wettbewerb zurückgezogen hat. Es ist ein Stück glatter Auftragskunst geworden, das Kolbe hier abliefert. Den Kompromiss mit der herrschenden Ideologie so deutlich im eigenen Werk sichtbar werden zu lassen, dazu wäre Barlach charakterlich unfähig gewesen, so hätte er nicht arbeiten können.

Kolbe erntet dann auch Lob von Kriegerverbänden und NS-Kunstwarten. Man spielte beide Künstler gegeneinander aus, so Leonhard Blumberger 1937 in der »Dortmunder Zeitung«. Barlach zeige bloß »Mumien«, bei ihm liegen nicht »Ansätze, sondern Ruinen vor«. Ganz anders Kolbe. Bei diesem »bestehen dagegen lebensvolle Beziehungen zwischen den Gliedmaßen, über deren Wohlgeformtheit alles frei hinausströmt …«[28]

Die Helden, so klingt es bei Kolbe überdeutlich mit, erblühen erst im Tod zu ganzer Schönheit. Das ist etwas, das Barlach völlig zuwider läuft.

So zeigt Kolbe zwei nackte muskulöse Männerkörper, die entschlossen blicken und – jeder mit einer Hand – fest den Griff eines Schwertes umschließen. Sie ähneln eher Olympioniken als Gestorbenen. Beide stehen auf einem riesigen Steinquader, der die Aufschrift trägt »1914–1918 Ihr seid nicht umsonst gefallen«.

Nach 1945 wurde das Denkmal auf einem Schrottplatz gelagert. Heute ist es im Marinemuseum auf dem Dänholm zu sehen. Ohne den überdimensionierten Sockel und bedeckt mit Patina wirken die beiden jungen Männer gleich viel menschlicher.

Am 14. Juni 1934 stirbt Theodor Däubler in Sankt Blasien. Der »Nordlicht«-Dichter war wie kein zweiter entscheidend für Barlachs künstlerische Berufung. An ihm rieb er sich, zwischen

Bewunderung und Empörung pendelnd. Der Ablösungsprozess von Däubler, der sich während des Ersten Weltkriegs vollzog, war Teil seiner Emanzipation als Künstler. Dennoch, obwohl Däublers Dichterattitüden ihn zunehmend ärgerten, sodass er den persönlichen Kontakt immer mehr vermied, blieb Däubler einzigartig für ihn. Er war ein Gott, der mit weltschöpfendem Pathos aus dem Himmel herabschaute (wie Gottvater in den »Wandlungen Gottes«), und zugleich der Kasperl aus dem Puppenspiel, der gerade damit Schabernack trieb.

Barlach weiß, er ist Däubler ein Grabmal schuldig. Was liegt da näher, als ihn als einen schwebenden Koloss zu zeigen? Er erinnert sich seines Reliefs »Die Vision« von 1912, das aus zwei übereinanderstehenden Platten bestand. Am Boden ein Ruhender, der emporblickt, und über diesem – viel größer als der sie Betrachtende – eine mächtige Gestalt mit verschränkten Armen, die wie eine Wolke über dem Ruhenden schwebt.

Solche Horizontalfiguren – wie etwa der »Schwebende Engel« – sind für Barlach wesentliche Ausdrucksmittel, eine metaphysische Dimension zu versinnbildlichen. Da ist etwas aus einem nichtirdischen Stoff gemacht und hat nicht im Entferntesten die zu solchen Flugbewegungen geeignete ätherische Gestalt. Aus diesem Widerspruch beziehen Barlachs schwebende Figuren ihre Wirkung. Das gilt auch für den Gipsentwurf des Däubler-Grabmals von 1935. Das Gesicht dieses Schwebenden trägt die Züge Däublers, die Barlach während zahlreicher Porträtarbeiten so gut erkundet hatte. Zwei Schriftbänder oben und unten in Antiquaversalien zeigen Namen und Lebensdaten, Letztere nicht ausgeführt, sondern nur in Strichen. Über dem schwebenden Däubler jedoch klar lesbar die lyrische Selbstauskunft des Dichters: »Ich bin der Glaube an die Macht der Sonnen.«[29]

Das Grabmal kommt nicht zur Ausführung. Däublers Schwester, die sich darum bemüht, erhält von der Reichsschrifttumskammer die Auskunft, ein staatlicher Kostenzuschuss sei nur denkbar, wenn ein anderer Künstler als Barlach das Grabmal gestalten würde.

»Aufruf der Kulturschaffenden« von 1934. Warum bekennt sich Barlach zu Hitler?

Es ist eine knappe Mitteilung an Vetter Karl in einem Brief vom 31. August 1934: *Ich habe den Aufruf der »Kulturschaffenden« mitunterschrieben, bin also den Vorwurf, Kulturbolschewismus zu treiben, los, bis man ihn wieder aus der Kiste holt.*[30]

Was ist das für ein Aufruf, und warum glaubt Barlach, ihn unterschreiben zu müssen? Folgt er der Einflüsterung von Bernhard A. Böhmer mit Blick auf die Schulden, die er für den Bau des Atelierhauses am Heidberg gemacht hat, oder steckt mehr dahinter als bloß taktisches Kalkül?

Barlach als Opportunist ist uns bislang noch nicht begegnet, umso befremdlicher die Unterschrift unter diese unterwürfige Ergebenheitsadresse an Hitler. Hofft er immer noch, als Künstler mit ein paar devoten Gesten aus der Schusslinie der NS-Ideologen treten zu können, nachdem er solch unmissverständliche Ehrenmale geschaffen hat? Hat die Verzweiflung angesichts seiner Situation ihn blind gemacht? Oder vernimmt er Zeichen, die ihn hoffen lassen, dass die Nationalsozialisten in Sachen Kunst – und damit des Menschenbildes – lernfähig sind, dass es hier Reformkräfte zu unterstützen gilt? Doch woher sollte er solche Hoffnung nehmen?

Die NS-Ideologie steht allem entgegen, was er in seinen Plastiken, Grafiken und auch den Dramen ausdrückt. Die Politik der »Gleichschaltung« vollzieht sich in allen Bereichen und auf allen Ebenen der Gesellschaft. In den Großstädten gibt es immer noch Milieus, die nicht auf NS-Linie sind, wo man halbwegs frei denken und reden kann, aber auf dem Land – und besonders in Mecklenburg – sieht es anders aus.

Barlach muss erfahren, dass er in Mecklenburg als derjenige »entartete Künstler« herhalten muss, über den eine von Gauleiter und Reichsstatthalter Friedrich Hildebrandt instruierte Presse des Landes ungehemmt herfällt. Hildebrandt ist gelernter Landarbeiter und Freikorpsler primitivster Sorte. Bereits in einer seiner Reden von Anfang 1934 nimmt er Barlach ins Visier: »Ernst Barlach mag ein Künstler sein, aber er ist dem deutschen Wesen fremd.«

Die Begründung, die er liefert, klingt folgendermaßen: »Der deutsche Mensch kennt nicht wie Barlach den Bauern als einen faul auf die Erde gestreckten Menschen, sondern als den harten, selbstbewussten Mann, der … mit brutaler Faust, mit dem Schwert in der Hand sich den Weg bahnt.«[31]

Barlach liest diese Sätze, die der »Lübecker General-Anzeiger« am 18. Februar 1934 zitiert, und rafft sich zu einem Protestbrief an den Gauleiter auf. Reinhard Piper erfährt davon am 8. März 1934. Er werde seit Langem von Mecklenburg boykottiert und habe nun an den Gauleiter selbst geschrieben, *man rühmt ihm Offenheit, Gradheit und überhaupt männliche Gesinnung nach, um so mehr, obgleich er sich kürzlich in Lübeck offen gegen mich bekannt, hoffe ich, daß er das geheime Wühlen und die unbekannt bleibende Gegnerschaft nicht billigt.*[32]

In dem Brief vom 6. März 1934 an den »Hochgeehrten Herrn Reichsstatthalter« fragt Barlach beim obersten NS-Machthaber in Mecklenburg und Lübeck an, welche *allgemeinen Rechte als Künstler im Lande Mecklenburg und Lübeck* er noch besitze. Zwei jüngst erlebte Schikanen schildert er aus diesem Anlass. Eine Morgenfeier im Schweriner Staatstheater wurde kurz vor dem Termin ohne Begründung abgesagt. In einer Ausstellung des Rostocker Kunstvereins, der vier Arbeiten von ihm angefordert hatte, mussten diese umgehend wieder entfernt werden.

Wie also soll es weitergehen im Lande Mecklenburg mit Ernst Barlach und der Kunst? Zu dieser Frage fordert Barlach eine *unmißverständliche Stellungnahme,* und sich erstmals auch zum Thema Emigration äußernd, fährt er fort: *Ich glaube, hierauf einen Anspruch zu haben, da ich für meine Person so fest im Lande verwurzelt bin, daß der Gedanke, fortzugehen, mein Heil in der Emigration zu suchen, mir himmelfern steht. Ich werde an meinem Platze aushalten, wie es auch kommen möge …*[33]

Hildebrandt antwortet ihm ausführlich, jedoch ohne jede Verbindlichkeit. Er rekapituliert bloß seine ideologischen Positionen, dieselben, die er ein Jahr später mit verdoppelter Wucht in seiner Rede zum »Ehrentag der alten Garde« auf Barlach herniederstürzen lässt. Das berichtet der »Niederdeutsche Beobachter« am

2. Juni 1935: »Deutschlands Wiedergeburt aus Blut und Boden hat wohl am allermeisten in Mecklenburg Widerhall gefunden. Ein Aufatmen geht durch unser Land, und der hauptsächlichste Blutträger, unser Landarbeiter, ist mit freudiger Begeisterung dabei und will hier seine Pflicht tun ... Das Problem: Rettung unserer wertvollen Rasse in Mecklenburg ...«

Vor wem soll sie gerettet werden? Solchen Subjekten wie Barlach, auf den die Rede brutal zusteuert: »Wir haben das liberalistische Treiben eines mecklenburgischen Künstlers, der Kriegerdenkmäler in der übelsten verzerrten bolschewistischen Weise schuf, unterbunden. Und ich hoffe, daß die letzten Spuren seiner schrecklichen Werke bald von den Stätten, wo sie noch stehen, beseitigt werden, wie es ja in Magdeburg schon geschehen ist. Er ist uns innerlich fremd, und deswegen gibt es keine geistige und damit kulturelle Gemeinschaft zwischen uns und ihm.«[34]

All das gehört zum Vorspiel des »Aufrufs der Kulturschaffenden«, den Barlach zu unterzeichnen vom Propagandaministerium mehrfach telefonisch gedrängt wurde. Als Anrufer wurde später Ministerialrat Otto von Keudell ausgemacht, der Barlachs Zustimmung, ihn auf die Liste der Unterzeichner zu setzen, einholte – vermutlich im Auftrag von Goebbels. Im Streit mit dem immer mächtiger werdenden Rosenberg bringt der Propagandaminister dann seinen Ministerialrat als Bauernopfer dar, der wegen des Anrufs bei Barlach von seinem Posten entfernt wird.

Derweil nutzt Rosenberg die publizistische Macht des »Völkischen Beobachters«, um die Position der »nordischen Moderne«, die sich vor allem mit den Namen Emil Nolde und Ernst Barlach verbindet, beharrlich als artfremd und krankhaft hinzustellen. Sein Schriftleiter beim »Völkischen Beobachter«, Robert Scholz, reagiert am 16. März 1934 unter der Überschrift »Hausse in Verfallskunst« in überaus grobschlächtiger Art und Weise auf Versuche, Barlach wieder zum deutschen Kunsterbe zu zählen, die auch damit begründet worden waren, dass dieser eben noch den Pour le Mérite erhalten habe: »Dieses Argument im Kampf der Meinungen um Barlach scheint vernichtend für alle diejenigen, welche in Barlachs Menschengestalten fremdester Prägung und eines Ausdrucks seelisch dumpfer Resignation nicht das Schönheitsideal des deutschen Menschen zu erkennen vermögen.«[35]

Dann folgt die Pointe, dass Barlach diesen Orden nur dem Juden Max Liebermann und der Kommunistin Käthe Kollwitz zu verdanken habe. Im Raum steht nun, dass Barlach selbst Jude und Kommunist sei. Emil Nolde erinnert sich, dass zu dieser Zeit das Wort »Kulturbolschewismus« geprägt wurde. Eine Kunstrichtung sei damit weltanschaulich liquidiert worden.

Barlach geht es schlecht, er nimmt zu viele Schlafmittel, die keinen Schlaf bringen, ihn aber auf ungute Weise betäuben. Überall werde das Gerücht verbreitet, klagt er seinen Freunden, er sitze schon längst im KZ. Sein Uraltgefährte Theodor Däubler, der bald sterben wird, erfährt am 26. Januar 1934: *Wie oft denke ich abends, das Nicht-wieder-Aufwachen wäre das Beste.*[36] Doch Klaus brauche ihn noch, fügt er hinzu.

Es gibt nur noch eine Handvoll Leute, denen gegenüber er sich weiterhin offen zu äußern wagt. Sein Vetter Karl und Bruder Hans gehören dazu, ebenso Reinhard Piper, Friedrich Schult und Pfarrer Schwartzkopff. Bruder Hans liest am 18. März 1934 vom *wüsten Erbrechen des »Völkischen Beobachters«* am 10. März. Rosenberg mache sich in einem Hassausbruch die Mühe, ihn als *»halbidiotisch«*[37] zu bezeichnen. Er verbreite sich über das »glotzende Elend naturfremder Antikünstler«, ein »Raritätenkabinett von Erzeugnissen kranker Hirne« – gemeint sind die Werke von Paul Klee, Otto Dix (dessen Schützengrabenbildnisse den Nationalsozialisten ebenso verhasst sind wie Barlachs Magdeburger Ehrenmal) sowie von Pechstein, Barlach und Nolde, die in Berlin in der Kunstschau der Juryfreien in der Bellevuestraße gezeigt wurden.

Zu Beginn des Jahres hatte er Hans bereits über diejenigen geschrieben, die *in der Verborgenheit der Büsche stecken* und ihn einen Juden nennen. *Das Wasserabgraben geschieht geräuschlos und völlig anonym.*[38] Und dennoch – oder gerade deswegen? – setzt er seinen Namen unter einen Aufruf für den weiteren Machtausbau Adolf Hitlers?

Der »Aufruf der Kulturschaffenden« im Sommer 1934 erfolgt auf Initiative von Goebbels. Anlass sind der Tod von Reichspräsident Paul von Hindenburg und Hitlers Griff nach dem Amt des Reichspräsidenten, das er mit dem des »Führers und Reichskanzlers« vereinigen will. Hitler allein an der Spitze des Staates, darum geht es in der Volksbefragung, die am 19. August stattfinden soll.[39] Es ist keine Wahl, sondern eine »Kundgebung« in euphorischen – oder soll man sagen: hysterischen? – Zeiten.

Ins propagandistische Vorfeld dieser Aktion zur Machterweiterung gehört der »Aufruf der Kulturschaffenden«. Darin heißt es: »Wir glauben an diesen Führer, der unsern heißen Wunsch nach Eintracht erfüllt hat. Wir vertrauen seinem Werk, das Hingabe fordert jenseits aller krittelnden Vernunftelei; wir setzen unsere Hoffnung auf den Mann, der über Mensch und Ding hinaus in Gottes Vorsehung gläubig sieht ... Der Führer hat uns wiederum aufgefordert, in Vertrauen und Treue zu ihm zu stehen. Niemand von uns wird fehlen, wenn es gilt, das zu bekunden.«[40]

Diesen Aufruf haben siebenunddreißig »Kulturschaffende« unterschrieben – nur siebenunddreißig, muss man wohl sagen. Sehr wenige Schriftsteller, kein Ernst Jünger oder Gottfried Benn, dafür Werner Beumelburg, Rudolf F. Binding, Erwin Kolbenheyer und Friedrich Blunck. Zwischen Beumelburg und Binding steht der Name Ernst Barlach. Kein Ruhmesblatt für diesen und für andere Künstler, die sich auf dieser Liste wiederfinden, darunter Wilhelm Furtwängler, Georg Kolbe, Erich Heckel, Emil Nolde, Mies van der Rohe und Richard Strauss.

Solche Unterwerfungsgesten sichern dem Künstler keineswegs mehr Autonomie der Macht gegenüber, im Gegenteil: Sie untergraben bloß die eigene Integrität. In den Augen der Macht (Hitlers!) sind die Unterzeichner nichts weiter als Herdentiere, die danach verlangen, von ihm geführt zu werden. Wohin? Gewiss nicht zu mehr Stärke und Einfluss, eher zur Schlachtbank.

Barlach ahnt nicht, dass er wegen seiner Unterschrift unter den »Aufruf der Kulturschaffenden« nicht nur seine antifaschistischen Bewunderer wie Käthe Kollwitz vor den Kopf stößt, sondern er sich, da die Initiative hierfür vom Propagandaministerium ausging, als eine Art Protegé von Goebbels in Alfred Rosenberg einen erbitterten Feind macht. Er gerät so mitten hinein in den Machtkampf zwischen Goebbels und Rosenberg. Denn Rosenberg versucht die Tatsache, dass Goebbels auch auf erklärte Nicht-Nazis wie Barlach zugegangen ist, als eine Beleidigung des Führers hinzustellen. Es handle sich – auch im Fall des NSDAP-Mitglieds Emil Nolde und bei Ludwig Mies van der Rohe – »um klar umrissene Künstlerpersönlichkeiten«, die vom Führer persönlich eindeutig abgelehnt worden seien, schreibt er am 30. August 1934 an Goebbels. Es klingt wie die Drohung einer Hofschranze gegen die andere, wenn er feststellt: »Diese Ablehnung ist auch mehrfach mit grosser Eindeutigkeit öffentlich ausgesprochen worden und deshalb bleibt es nach wie vor bedauerlich, dass gerade diese angegriffenen Persönlichkeiten aufgefordert wurden, den veröffentlichten Aufsatz zu unterschreiben.«[41]

Seit Januar 1934 steht Rosenberg dem »Amt für die Überwachung der gesamten geistigen und weltanschaulichen Schulung und Erziehung der NSDAP« vor, kurz »Amt Rosenberg« genannt. Hitler hat ihn aufgewertet. Das ist für Goebbels nicht ungefährlich. Und Rosenberg unternimmt mit antisemitischem Eifer alles, um Goebbels' Propagandaministerium in den Schatten zu stellen. Das Amt Rosenberg ist ein gefürchteter Hort des Fanatismus.

Hitler erweist sich im Umgang mit Goebbels und Rosenberg wieder einmal als geschickter Machtpolitiker: Durch die Teilung der Macht über Medien, Bildung, Kultur und Kunst zwischen Goebbels und Rosenberg festigt er seine eigene Position als oberster Führer über den Ressorts.

Aber noch gibt es die Zeitschrift »Kunst der Nation«, gegründet von den Anhängern der Moderne im Zuge der NS-Revolte der Studenten. Hier schreibt G. H. Theunissen am 15. April 1934, ohne Mussolini als »politischem Futuristen« sei Italien heute bloß eine verstaubte Ansichtskarte: »Marinetti und seine Jünger im Manifest sind die künstlerische Inkarnation eines um 1909 dem Vesuvgehirn und Höllenherzen Marinettis entsprungenen Gedankens, die Zeit zu packen, das heißt: die Zeit an sich, um sie am Schopfe über die Ballonreifen blank polierten Asphaltstraßen Europas zu zerren … Flugzeuge, Autos und Marinettis bevölkern den neuen Kontinent.«[42] Das fällt ganz klar unter das Verdikt aus dem »Mythus des 20. Jahrhunderts«, wo Rosenberg von der artfremden »Asphaltkunst« der Großstädte spricht, die ein Ausdruck von Krankheit und Degeneration des gesunden Volksempfindens sei und die es im Interesse des Ariertums auszumerzen gelte.

Hitler selbst ist es, der den Kampf um die Kunst auf dem Reichsparteitag 1934 entscheidet, indem er von »zwei Gefahren« für die deutsche Kultur spricht. Im Folgenden werden dann Goebbels und Rosenberg gleichermaßen abgestraft. Die modernen Künstler, Futuristen, Dadaisten und Kubisten seien »Traditionsverderber« und »Scharlatane«, die im neuen Deutschland keinen Platz hätten. Das ist im Sinne Rosenbergs gesagt, aber dann wird auch dieser auf seinen Platz verwiesen, weit unterhalb dem des Genius Hitler. »Zum zweiten muß der nationalsozialistische Staat sich verwahren gegen das plötzliche Auftauchen jener Rückwärtse, die meinen, eine ›teutsche Kunst‹ aus der krausen Welt ihrer eigenen romantischen Vorstellungen der nationalsozialistischen Revolution als verpflichtendes Erbteil für die Zukunft mitgeben zu können.«[43] Das wiederum kann sich Goebbels auf seine Fahnen schreiben.

Und Barlach? Der steht zwischen allen Fronten. Ein Expressionist im engeren Sinne ist er nicht, aber wie anders als pure Ausdruckskunst wäre sein gesamtes Werk zu nennen?

Im Herbst 1934 schießt sich Rosenberg immer mehr auf Barlach ein. An Bildungsminister Bernhard Rust schreibt er, dieser solle seine Aufmerksamkeit auf den Fall des aus dem Magdeburger Dom entfernten Ehrenmals lenken. Es sei in die Berliner Nationalgalerie gebracht worden. Rosenberg empört das. Es gehe nicht an, dass man wegen »einer Person, deren künstlerische Bedeutung zumindest umstritten ist, dem Volke den Ausdruck einer fremden Weltanschauung aufzwingt und das Kunstprogramm der Bewegung und die klare, besonders jetzt wieder in Nürnberg eindeutig zum Ausdruck gekommene Willensmeinung des Führers außer acht lässt«.[44]

Rosenberg bittet um »Abhilfe des Mißstandes«, was heißt, das »Streitobjekt« solle »möglichst unbemerkt« entfernt werden. Der »Mißstand« besteht für Rosenberg also darin, dass das Magdeburger Ehrenmal nicht umgehend vernichtet wurde. Im Magazin wird es Besuchern auf Wunsch weiterhin gezeigt. Käthe Kollwitz nimmt das 1936 in Anspruch. Nachdem sie das Original des Ehrenmals gesehen hat, das sie bis dahin nur von Fotos kannte, schreibt sie erschüttert in ihr Tagebuch: »Unmöglich natürlich für Anhänger des Dritten Reiches, *wahr* für mich und viele. Wenn man von einer der Figuren zur anderen sieht: dies Schweigen. Wenn Münder sonst zum Sprechen gemacht sind – hier sind sie so fest geschlossen, als ob sie nie gelacht haben.«[45]

Hofft Barlach immer noch auf Reformkräfte in der NSDAP? Am 15. September 1934 schreibt er an Willy Katz, einen Rezensenten, den »Die echten Sedemunds« begeistert hatten (die bis zu ihrem Verbot im Altonaer Stadttheater gespielt wurden), er sei selbst *hart gerüffelt und beschimpft* worden, *als Untermensch und minderrassig angeprangert*, zudem als *»halbidiotisch« entlarvt* worden.

Was nun folgt, mag man nicht recht glauben. Vermutet Barlach etwa eine Falle? Jedenfalls fährt er fort: *Sodann: seit längerem, sagen wir Jahresfrist, wo nicht noch länger, rate ich allen jüngeren und jungen Freunden, sich der NSDAP anzugliedern, das beste Blut, die besten Charaktereigenschaften sind für sie gerade gut genug, diese Haltung denke ich zu bewahren, wie mein Glaube an eine wünschbare und notwendig zu fordernde Entwicklung ausreicht. Ich selbst kann das gleiche nicht. Ich bin politisch Dilettant und kann mich auf dieser Seinsebene nicht mehr umtun ... Übrigens: meine Post wird kontrolliert, mein Haus durchschnüffelt, ich bin auf alles gefaßt.*[46] Hätte sich Barlach anders – offener – geäußert, wenn er gewusst hätte, dass Willy Katz Jude ist und nur dank der Hilfe des Regisseurs Jürgen Fehling und seiner Freunde mit dem Leben davonkommen wird?

Ins Visier der Nationalsozialisten gerät nun auch der »Geistkämpfer« in Kiel. Am 12. August erscheint in der Kieler »Nordischen Rundschau« ein Artikel unter der Überschrift »Kirche, erbarme dich ihrer!« Darin heißt es: »Es soll Leute geben, die diese Bronzeplastik in der Nische der Heiligengeistkirche in der Falckstraße zu den Sehenswürdigkeiten von Kiel zählen. Wir finden das Werk, ehrlich heraus, abscheulich … Wir haben keinen Sinn für derartige ›Kunst‹. Wir lehnen sie als Entstellung und Verzerrung ab.« Aus diesem Missfallen resultiert dann eine eindeutige Forderung: »Wir Nationalsozialisten sprechen hiermit die klare und eindeutige Bitte aus, diese Plastik, die unser Kunstempfinden verletzt, von der Stelle, an der sie jetzt steht, zu entfernen.«[47]

Der Kampf des Geistes mit dem Triebhaften, den jeder in seinem Innersten führen soll – für Barlach ist der »Geistkämpfer« die äußere Darstellung eines inneren Vorgangs –, provoziert jene Ideologen, die sich aufschwingen, die Welt zu beherrschen. Während der »Geistkämpfer« die Fesselung der Dämonen durch den Geist versinnbildlicht, entfesselt die NS-Ideologie Dämonen. Darum ist es nicht verwunderlich, dass die Nationalsozialisten so wütend auf den »Geistkämpfer« reagieren.

Erstaunlicher ist etwas anderes: Vom Zorn der Volksgenossen getrieben, wendet sich Kiels Oberbürgermeister Walter Behrens am 25. September 1935 an das Propagandaministerium. Man wolle, bevor man dieses Bildnis, das dem »Kunstgeschmack der damaligen Zeit« entspreche, von seinem Platz entferne, ein Gutachten der Reichskammer der bildenden Künste einholen. Die Stellungnahme des Präsidenten der Reichskammer Eugen Hönig liegt am 16. November 1935 vor. Sie geht über Goebbels' Schreibtisch und mag die örtlichen Nationalsozialisten in Kiel ziemlich verblüfft haben. Sie ist ein weiterer Beleg für den andauernden Streit um Barlach in den obersten NS-Kreisen: »Man kann zur Kunst Barlach's stehen wie man will und es wird auch der Gegner zugestehen müssen, dass seine Kunst eine große und elementare ist, wenn auch keineswegs eine bequeme und nach den üblichen Gesetzen der Schönheit handelnde. Die Achtung vor dem Schaffen eines großen Künstlers macht es zur Pflicht, tolerant zu sein gegenüber Schöpfungen, denen wir nicht restlos folgen können.«[48]

Pflicht zur Toleranz? Das klingt ungewöhnlich und lässt vermuten, dass sich hier ein Kunst- und Menschenfreund in eine NS-

Behörde verirrt hat. Noch ist das offizielle Verdikt »entartete Kunst« nicht in der Welt. Aber da die NS-Ideologen unbedingt vernichten wollen, was nicht ins Raster ihrer Weltanschauung passt, steuert alles auf die große Schmähausstellung »Entartete Kunst« von 1937 zu.

Verbot der »Zeichnungen« im Piper Verlag

Am 13. November 1935 schließen Barlach und Reinhard Piper einen Vertrag über die Herausgabe von Barlachs »Zeichnungen« in einem Bildband. Es ist die erste Zusammenarbeit Barlachs mit dem Verleger, mit dem er bereits seit 1899 befreundet ist.

Piper und Barlach haben sechsundfünfzig Zeichnungen ausgewählt, wobei Barlach darauf besteht, dass auch Hexen, Furien sowie »Tiermenschen« dazugehören und die Auswahl nicht zu »brav« daherkommt. Ursprünglich hat Piper für einen Einleitungsessay Wilhelm Pinder vorgesehen, doch dieser sagt mit der Begründung ab, er wolle sich wegen Barlach nicht »diffamieren« lassen. Keine guten Vorzeichen für das geplante Buch!

Statt Pinder übernimmt Paul Fechter den Auftrag, schreibt einen klugen Essay, in dem es – die landläufigen Vorbehalte gegen Barlach aufnehmend – heißt: »Die Hemmungen, die die Betrachter der Bildwerke, die Leser und Zuschauer der Dramen Barlachs empfinden, ähneln etwa denen, die das deutsche achtzehnte Jahrhundert gegen Shakespeare und seine Dichtungen verspürte. Das Unmittelbare des Gegenständlichen wie der Form erschreckte damals selbst Menschen guten Willens, und es brauchte Jahrzehnte, bis das ererbte Grauen vor der Wildheit des Lebens, vor dem noch Schiller zurückwich, als er Macbeth übertrug, überwunden und der Erkenntnis gewichen war, daß da ein Mensch an den letzten Grenzen der Wirklichkeit, an den Pforten des Dämonischen sein Reich des Unmittelbaren aufgerichtet hatte. Ähnliches gilt für Barlach.«[49]

Da ist die Latte für jegliche Kritik hoch gelegt, zu hoch für primitive Rasseideologen, sollte man meinen. Aber die an der

Herausgabe des Bandes Beteiligten sollten sehr schnell belehrt werden. Das Titelblatt des Buches zeigt einen Hornbläser, eine Zeichnung aus dem Jahr 1912 mit dem Titel »Der neue Tag«. Der Hornbläser lässt aber keineswegs die Fanfare einer verheißungsvollen Zukunft ertönen, sondern kündigt eher ein blutiges Gottesurteil an. Er verkörpert eine apokalyptische Botschaft.

Ein Großteil der versammelten Zeichnungen stammt aus den 1920er Jahren. Betrachtet man sie heute, dann fasziniert vor allem ihre innere Dynamik, die bis zum Zerreißen gespannte Form. Hier steigen Urbilder der menschlichen Gattung herauf: Schönheit, die das Hässliche nicht ausschließt, Erhabenes, sich zum Niedrigsten herabbeugend, das den Namen Mensch trägt. Natürlich zeigt sich hierin ein Bild vom Menschen als tief in sich zerrissenes Wesen, das die Nazis in ihrem bruchlosen Pseudoklassizismus nicht hinnehmen konnten.

Die »Zeichnungen« kann man direkt neben die Plastik »Das Wiedersehen« (Christus und Thomas) legen, die in München auf der Ausstellung »Entartete Kunst« zu sehen sein wird. Auf Seite 5 des Bandes ist die Zeichnung zu »Das Wiedersehen« abgebildet. Auf Seite 15 sieht man den »Gang zum Scheiterhaufen«. Es ist jene für Barlach typische Frauenfigur, die sich in der »Gefesselten Hexe« offenbart. Den Kopf gesenkt, strahlt sie Hoffnungslosigkeit und Resignation aus, aber keinerlei Demut. Sie ist ein Opfer ihrer Verfolger geworden. Die Mächtigen haben eine Machtlose erfolgreich zur Strecke gebracht, darauf können sie stolz sein!

Am provokantesten haben wohl die Zeichnungen zu den »Furien« gewirkt. Auch diese entstanden in den frühen zwanziger Jahren. Furien sind immer auch Furien der Vernichtung. Die wütenden Frauen tragen die rasend gewordenen Rachegöttinnen in sich. Ob sich Goebbels in ihrem bildwütigen Fanatismus erkannte? Paul Fechter hat gerade diese Figuren sehr präzise gedeutet, als er schrieb, man treffe auf Erscheinungen, »in denen etwas wie ein zerfetzter Schrei einen heiseren Niederschlag gefunden hat«, das Böse sei hier in »die Grenzbezirke des komisch Grotesken verschleppt«[50] worden.

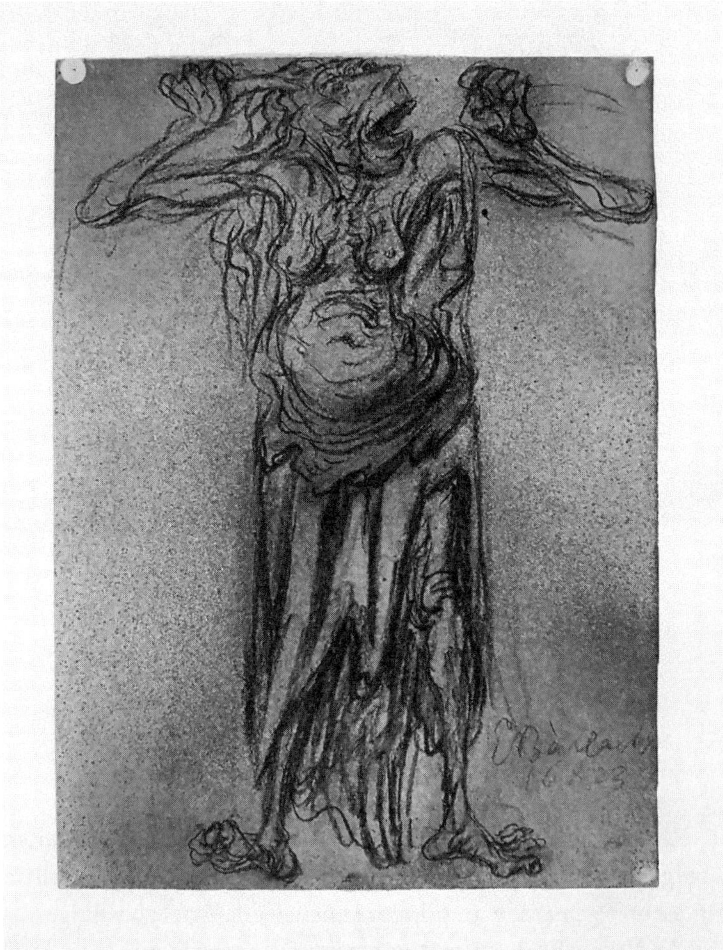

Furien (aus dem 1936 verbotenen Band »Zeichnungen«)

Barlach ist nicht ganz damit einverstanden, wie sich das Buchprojekt entwickelt. Einerseits freut er sich, endlich etwas mit Piper zusammen machen zu können, zumal man ihn in dieser Zeit in die Isolation treibt. Doch das Reproduzieren seiner Zeichnungen in Büchern, so meint er, schade deren Wirkung. Mit anderen Worten: Wenn er seine Zeichnungen in Büchern abgebildet sieht, haben sie in seinen Augen allzu sehr verloren, sie gefallen ihm dann nicht mehr.

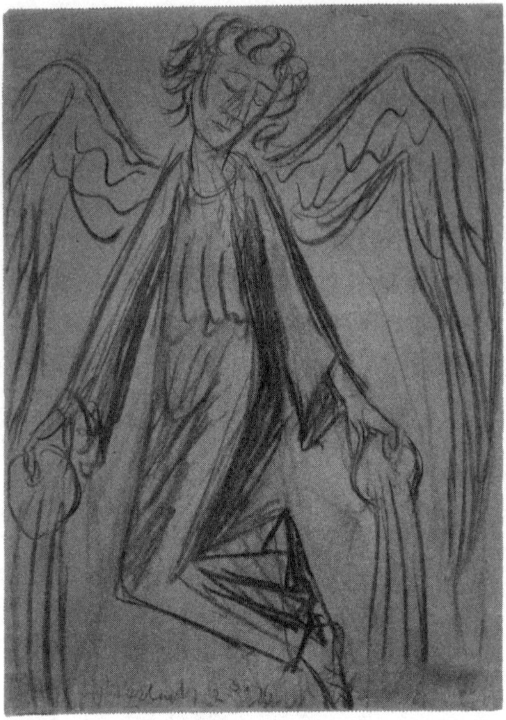

Entwurf zu einem Grabrelief
(aus dem 1936 verbotenen Band »Zeichnungen«)

Ursprünglich hatte er Piper eine Mappe mit hundert Arbeiten übergeben. Dass davon jetzt nur sechsundfünfzig ins Buch sollen, findet er – gemessen an seinem Lebenswerk – viel zu wenig.

An Vetter Karl schreibt er am 12. Dezember 1935: *Mein Buch »Zeichnungen« nimm freundlich in die Hände. Es könnte doppelt so reich sein, ist ein magerer Sammelband geworden, teils sparte der Verlag, teils wollte ich manches von den Entwürfen nicht ans Licht lassen. Auch sind die Reproduktionen nur mäßig, einzelne geradezu Entstellungen, denn Reproduzierung auf kleineres Format nimmt sehr vielen Blättern, vor allem denen aus dem Nibelungenzyklus, viel Wesentliches.*[51]

Wenn es um künstlerische Dinge geht, dann ist Barlach eben sehr streitbar, scheut sich nicht, dem Freund offen zu widersprechen: *Ich bin auch nicht der gleichen Ansicht mit Ihnen, daß durch die Einschränkung, die Sie gemacht, das Werk umso stattlicher wird, mir scheint es dadurch zu verarmen.*

Deutlich wird in dieser angespannten Situation, dass der Verleger Reinhard Piper anderen Rücksichten folgt als der Künstler Ernst Barlach. Piper, der immer auch deutschnationale Autoren verlegte, will den Bruch mit den NS-Behörden vermeiden, setzt – auch im Interesse der Erhaltung des Verlags – auf Kompromiss und klärendes Gespräch. Das sind Umgangsformen von kultivierten Menschen, die einen Dissens haben. Doch den Nationalsozialisten geht es um »Gleichschaltung«, rücksichtslose Durchsetzung ihrer Ideologie.

Barlach hat das inzwischen erfahren. Er weiß: Zurückhaltung den neuen Machthabern gegenüber wird von diesen nicht als Entgegenkommen, sondern als Schwäche ausgelegt. Darum versucht er Piper klarzumachen, dass es nicht lohnt, diese Leute überzeugen zu wollen, um ihr Verständnis zu werben: *Ich muß es aussprechen, wie meine Angelegenheiten heute stehen, muß ich den Schein der Schwäche, des nur mäßigzahmen Auftretens meiden, mehr, ich scheue ihn, gründlich und grausam belehrt wie ich bin, wie die Pest, ich kann nicht anders als grade um so rücksichtsloser zu handeln, je mehr Rücksichtslosigkeit man mir antut ... Geschrei, darin können wir Beide ohne Weiteres übereinstimmen, wird es in jedem Falle geben, und ich sehe gar kein Heil in dem Versuch, es ein bißchen leiser ausfallend zu machen.*[52]

Was dann kommt, das ist mehr als bloß »Geschrei«.

Am 24. März 1936 erhält Reinhard Piper Post von der Bayerischen Politischen Polizei. Darin heißt es, die »Zeichnungen« Ernst Barlachs werden beschlagnahmt und eingezogen, »da der Inhalt geeignet ist, die öffentliche Sicherheit und Ordnung zu gefährden«.

Ein herber Schlag nicht nur für Barlach, auch für den Verlag, der 4000 Exemplare drucken ließ, von denen erst 941 verkauft worden sind. Piper legt Protest ein, schreibt über die »gebildete Käuferschicht« und dass Barlach seit Langem »einer der hervorragendsten deutschen Künstler der Gegenwart« sei, Paul Fechter einer der »angesehensten deutschen Publizisten«.

Da Piper ahnt, welche Zeichnungen den Zorn der Zensoren am stärksten gereizt haben, fügt er hinzu: »Der Künstler stellt allerdings auch dunkle Seiten des Lebens dar, was aber von jeher zum Wesen deutscher Kunst gehört hat … Wer den Künstler Barlach kennt, weiss, dass er sehr stark mit den nordischen Sagen, Mythen und Märchen verbunden ist, weshalb auch Hexen, Furien und Unholde in seinem Schaffen vorkommen.«[53]

Solcher Protest hilft in Zeiten der »Gleichschaltung« nichts. Reinhard Piper drängt nun Barlach, ebenfalls zu protestieren, er sei schließlich »in schwerster Weise ideell geschädigt und herabgewürdigt« worden: »Sie dürfen das nicht unwidersprochen auf sich sitzen lassen.«

Im selben Brief vom 25. April schreibt er Barlach auch, dass es wahrscheinlich nicht zur Beschlagnahmung der »Zeichnungen« gekommen wäre, wenn sie Blätter wie die »Tiermenschen« durch andere ersetzt hätten: »Wäre die Auswahl um eine Kleinigkeit zurückhaltender gewesen, hätte das Buch künstlerisch genau so stark gewirkt und man hätte sich wahrscheinlich viel Aufregung und Schaden ersparen können.«[54]

Jetzt ist für Barlach der Punkt gekommen, in einem Brief an Piper vom 27. April 1936 verärgert zu reagieren: *Weiter meinen Sie, daß ein Fehlgriff bei einigen von ca. 6 Blättern das Unheil verschuldet hat und ich muß sagen, daß ich nicht daran glaube. (Mit Hinweis auf ideelle Schädigung und Herabwürdigung zu kommen, hieße den Leuten bloß eine heitere Zwischenpause bereiten.) Ihre Vorwürfe weise ich aufs schärfste zurück.*[55]

Es fehlt nicht viel, dass sich die beiden alten Freunde hierüber ernsthaft zerstreiten. Paul Fechter formulierte anhand der »Tiermenschen« das Wesen des Künstlers Barlach, und diese Charakterisierung hat bis heute Bestand: »Barlach ist ein Mensch mit dem Zugang zu den Tiefen des letzten Ernstes und der letzten Lebensangst: er hat aber ebenfalls die niederdeutsche Neigung, hinter dem Dasein die Abgründe des allzu Menschlichen aufleuchten zu lassen, in denen der Ernst versinkt und neben dem Gott das Tier im Menschen sichtbar wird. Weil er selbst ein ganzer Mensch ist,

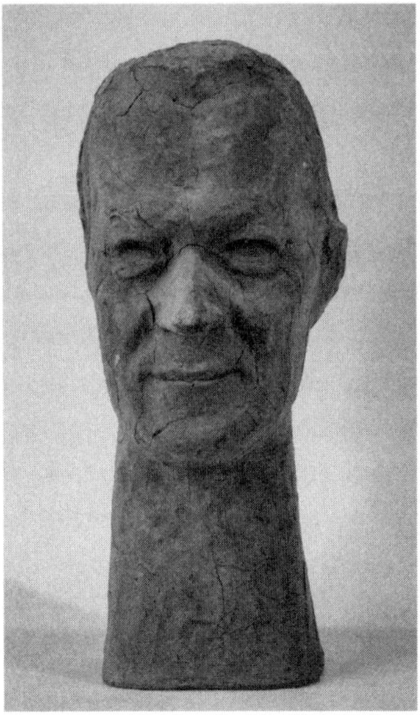

Reinhard Piper (1922)

umfaßt auch sein Werk die ganze Welt, vom Großen bis zum Kleinen, vom Erhabenen und Tragischen bis zum Grotesken und Lächerlichen …«[56]

Piper und Barlach besinnen sich schließlich darauf, dass sie beide, Verlag und Autor, hier das Opfer einer politischen Verfolgung geworden sind und dass es fatal im Sinne der Verfolger wäre, wenn sie nun in Streit miteinander gerieten. Bernhard A. Böhmer hat inzwischen herausbekommen – und schreibt dies auch Reinhard Piper –, dass das Verbot des Buches nicht von der Bayerischen Politischen Polizei ausging, sondern direkt vom Propagandaministerium in Berlin.

Am 22. April 1936 erfolgt die knappe Antwort von Goebbels auf den Protest Pipers gegen die Beschlagnahmung: »Ich habe keine Veranlassung, die Beschlagnahme der ›Zeichnungen‹ von Ernst Barlach zu beanstanden.«[57] Was Piper und Barlach nicht wissen: Goebbels als zwischenzeitlicher Sympathisant der »nordischen Moderne«, der sich zuvor auch von Barlach begeistert zeigte, ist auf die Seite von Hitler und Rosenberg gewechselt, die von »entarteter Kunst« sprechen. In sein Tagebuch notiert der Propagandaminister am 4. April 1936 über die ihm vorgelegten »Zeichnungen«: »Ein tolles Buch von Barlach verboten. Das ist keine Kunst mehr. Das ist Destruktion, ungekonnte Mache. Scheußlich! Dieses Gift darf nicht ins Volk hinein.«[58]

Auf Druck von Piper schreibt Barlach, obwohl er nicht daran glaubt, dass dies einen Sinn hat, nun sowohl an die Geheime Staatspolizei als auch an Goebbels persönlich. In dem Brief an Letzteren vom 25. Mai 1936 heißt es: *Die versuchsweise anzudeutende Annahme, daß meine zeichnerische Produktion als Ganzes das Gesetz zum Schutze des deutschen Volkes zur Anwendung zwingt, fällt also gewiß dahin. Daß ich aber mit einzelnen Stücken, umstritten, wie man mich bis zum Überdruß nennt, Mißfallen und Widerspruch hervorrufe, dieses Schicksal teile ich mit allen Künstlern, die sich ein bißchen hervorgewagt haben. Für diese Stücke um Verständnis werben zu dürfen, bitte ich Sie, Herr Reichsminister, mir zubilligen zu wollen.*[59]

Man billigt ihm dies nicht zu. Derartiger Widerspruch gilt in gleichgeschalteten Zeiten als Anmaßung eines Einzelnen, der noch nicht begriffen hat, wie umstandslos man vernichtet werden kann. Barlach ist gerade erst dabei, es zu begreifen. Wenn schon sein Adlatus Bernhard A. Böhmer nichts in den entsprechenden Dienststellen ausrichten kann, dann ist klar, dass es hier um eine grundsätzliche Weichenstellung geht. Barlach am 7. Juni 1936 an Piper: *Seit Jahr und Tag, auf Ehre lange vor 33, aber aus dem gleichen Lager, bin ich unausgesetzt besudelt. Wenn ich Ihnen gelegentlich davon schrieb, so haben Sie es wohl nicht für Ernst genommen ... Hätte ich das alles »nicht auf mir sitzen« lassen wollen, so wäre ich längst totpolemisiert und zu Grabe »gerichtet«, nämlich durch Beleidigungsklagen ohne Ende. Bleibt es auf mir sitzen? Ich merke nichts davon, denn diese Anschuldigungen sind ja aus dem Herzen der unbehilflichsten Bösartigkeit, Ahnungslosigkeit und Analphabetik gewuchert.*[60]

Böhmer informiert Piper am 26. Mai 1936 über seine vergeblichen Bemühungen: »Dass das Buch in seiner vorliegenden Form j e m a l s freigegeben wird, ist als vollkommen aussichtslos zu bezeichnen, da ich gesehen habe, dass auf Grund der verschiedenen Gutachten von Johst, v. Keudell, Weidemann (diese beiden letzten

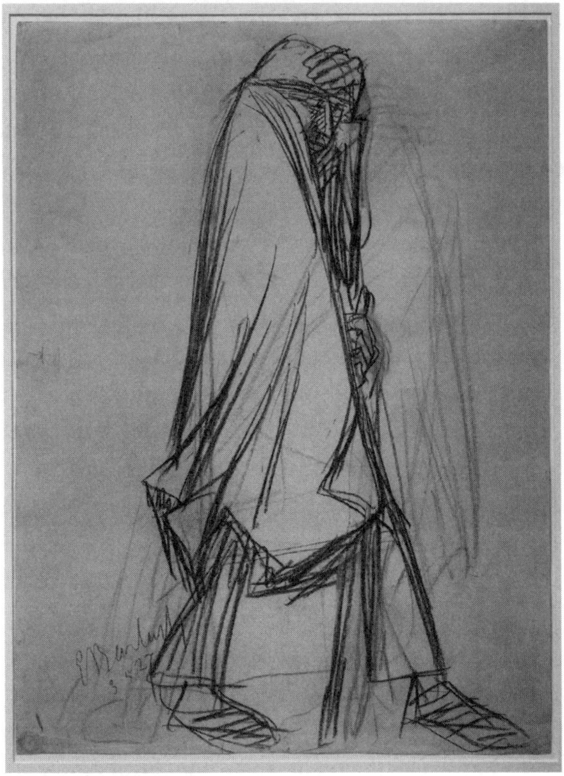

Wanderer im Wind (aus dem 1936 verbotenen Band »Zeichnungen«)

positiv) ein abschliessendes ablehnendes Gutachten von Goebbels persönlich vorliegt.«[61]

Dass sich im Propagandaministerium der Wind gedreht hat und diese Wendung auf Goebbels selbst zurückgeht, hat sich bereits herumgesprochen, wie aus dem Brief des Rembrandt-Verlags am 23. Mai 1936 an Piper ersichtlich wird, in dem es unverblümt heißt: »Neuerdings hat man sogar den Eindruck, als ob das Propagandaministerium sich in Fragen der modernen Kunst den Richtlinien Rosenbergs mehr anzupassen versucht.«[62]

Goebbels ist auf die Linie Rosenberg eingeschwenkt, weil diese nun einmal die von Hitler bevorzugte ist. Und so steuern Rosenberg und Goebbels gemeinsam auf das Projekt einer Schmähausstellung »Entartete Kunst« zu. Die Basis hierfür liefert Hitler selbst, der in »Mein Kampf« bereits ein Gleichheitszeichen zwischen Judentum, Bolschewismus und moderner Kunst gesetzt hatte. Dieses Gleichheitszeichen wird zur Basis der nationalsozialistischen Ideologie, die jetzt mit äußerster Militanz überall durchgesetzt werden soll. An Karl Fischoeder schreibt Barlach am 8. Juni 1936: *Haben Sie vielleicht einmal die Entwürfe nach Edda-Motiven für die Reichskanzlei gesehen? Wenn das im Ernst gelten soll, dann ist viel, man möchte sagen: alles geklärt, dann bin ich allerdings nur und nichts als ein Schädling.*[63]

Piper glaubt noch immer daran, dass man einen praktikablen Weg im Umgang mit den NS-Behörden finden kann, wenn man die radikale Gegnerschaft vermeidet. Nach der Verbotserfahrung mit Barlachs »Zeichnungen« gelobt er, künftig vorher immer die entsprechenden Stellen um Erlaubnis zu fragen. So bei einem Band mit Zeichnungen von Alfred Kubin zu dessen sechzigstem Geburtstag. Bevor er das Buch drucken lässt, will er alle Blätter vorlegen, und dann soll man sagen, was geht und was nicht.

Doch das von Piper hartnäckig betriebene Unternehmen »um Erlaubnis zu fragen« endet kafkaesk: Niemand erklärt sich für zuständig. Der Band kommt nicht zustande. Fünf Jahre später, zu Kubins fünfundsechzigstem Geburtstag, druckt Piper ihn dann, ohne um Erlaubnis zu fragen, und nichts passiert – vielleicht, weil man sich für Kubin außerhalb kleiner Kreise nicht recht interessiert. Seine großartigen surrealen Traumgebilde sind längst kein solches Politikum, wie es das Werk Barlachs darstellt.

Barlach beschäftigt viele Menschen, man kennt seine Arbeiten in allen Kreisen der Gesellschaft, er polarisiert, wie der Zeichner Otto Pankok am 16. Juli 1936 schreibt: »Die Beschlagnahme des Barlachbuches hat ungeheuren Staub aufgewirbelt … So Treffendes habe ich von Fechter noch nicht gelesen. Viele meiner Bekannten haben auf meine Anregung hin das Buch noch erwerben können. Vor solcher Dummheit und Bosheit bleibt einem der Verstand stehen.«[64] Aber Verbieten und Vernichten ist nun einmal der Stil der NS-Ideologie. Und so wird auch Pankoks eigenes Buch »Die Passion in 60 Zeichnungen«, das 1936 erscheint, umgehend verboten.

Der »Fries der Lauschenden« für Hermann F. Reemtsma als Privatdruck

Auf entwürdigende Verbote, wie das der »Zeichnungen«, sollte man so reagieren, dass man weiter in den Spiegel blicken kann. Wieder Atem schöpfen, darum ging es Hermann F. Reemtsma, der 1935 die neun Eichenholzfiguren vom »Fries der Lauschenden« erworben hatte.

Hermann F. Reemtsma gehört zu der bekannten Zigaretten-Fabrikanten-Dynastie und besitzt einen ausgeprägten Sinn für Kunst. Über die drei Reemtsma-Brüder Hermann (den ältesten, genannt »Eins«), Philipp (genannt »Zwei«) und Alwin (genannt »Drei«) und die Art, wie sie ihr Zigarettenimperium nach der Machtergreifung der Nationalsozialisten auszubauen verstanden, sind bereits umfangreiche Abhandlungen erschienen.[65]

Die Reemtsma-Konjunktur hat auch mit den von Hermann Göring von der Firma erpressten drei Millionen Mark zu tun, die dieser als Gegenleistung für die Niederschlagung eines Prozesses gegen die Brüder verlangte. »Göring gab an, Spenden für die Förderung eines erstklassigen Wildbestandes, die Forstwirtschaft und die Unterhaltung des Staatstheaters zu benötigen.«[66] Die Reemtsmas zahlen 1934 die geforderte Summe – eine geschäftliche Investition, die sich auszahlen wird. Und der Anführer der Mordaktion an der SA-Führung um Ernst Röhm, Sepp Dietrich, bekommt von der Firma Reemtsma 40 000 Mark – auch so wird Geschäftspolitik gemacht.

Bald verkauft niemand mehr Zigaretten im Dritten Reich als die Firma Reemtsma, die schließlich zum Monopolisten wird. Unter den Brüdern ist jedoch nur Alois bekennender Anhänger des Regimes – er gehört der SS an –, aber selbst er sorgt mehrfach für Eklats, etwa als er öffentlich zu jüdischen Freunden hält.

Hermann F. Reemtsmas Bekanntschaft mit Hugo Körtzinger ist Legende geworden. Das multitalentierte Unikum war 1931 als Bordmaler des Norddeutschen Lloyd tätig und lernte den Zigarettenfabrikanten auf einer Passage kennen. Mit der ihm eigenen

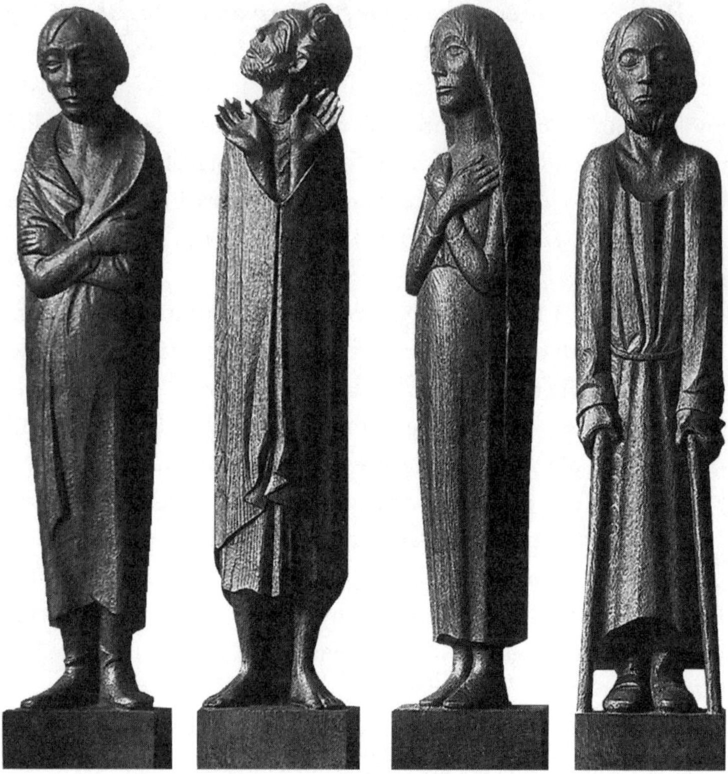

Überredungsgabe schaffte er es, in kurzer Zeit zum »Kunstberater« Reemtsmas zu avancieren. Fortan beriet er ihn beim Ankauf von Kunstwerken für seine Sammlung.

Alle drei Reemtsma-Brüder lieben und sammeln Kunst, oder soll man sagen, sie investieren in Kunst? Philipp Reemtsma etwa finanziert das Haus der Deutschen Kunst in München mit und damit jene offizielle NS-Kunst, die im krassen Widerspruch zu Werken der »entarteten Kunst« Barlachs steht, für die sich Hermann Reemtsma einsetzt.

Als Körtzinger erfährt, dass der jüdische Fabrikant Ludwig Katzenellenbogen den für seine Frau Tilla Durieux bestellten »Fries der Lauschenden« nicht mehr abnehmen kann, macht er Hermann F. Reemtsma umgehend darauf aufmerksam. Dieser

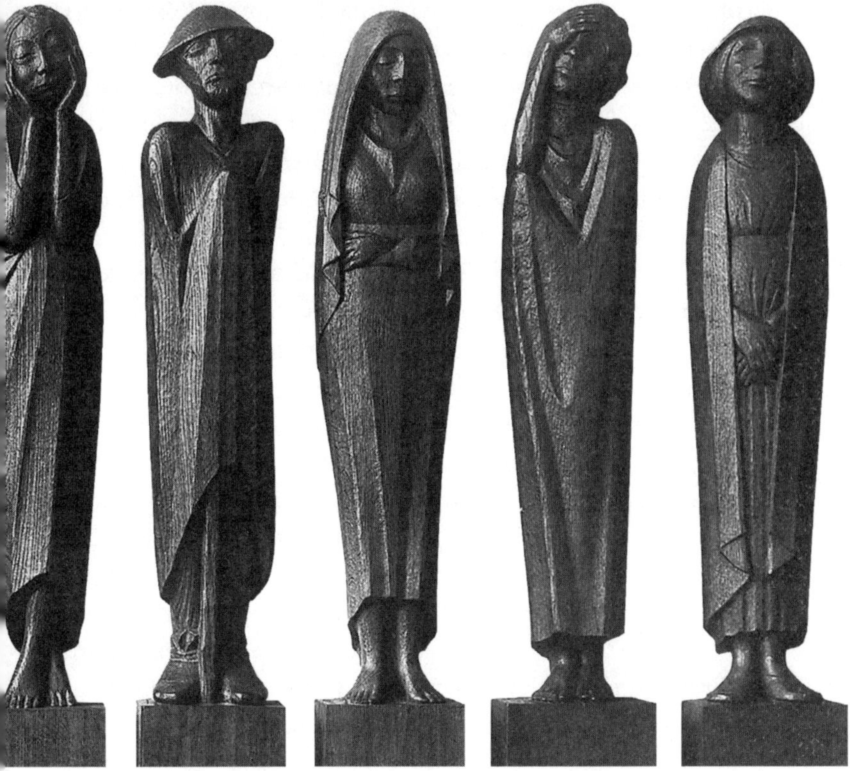

Fries der Lauschenden (1930–1935)

schreibt am 12. Dezember 1933 an Körtzinger: »Einen richtigen Barlach, der in das Haus paßt, würde ich auch erwerben.«[67] Gemeinsam reisen die beiden daraufhin nach Güstrow und werden sich mit Barlach schnell einig – kein Wunder, hat dieser doch keine Auftraggeber und fast keine Käufer mehr für seine Werke. Reemtsma sieht einen »einsamen Menschen neben der feindseligen Stadt« und ist entschlossen, die Vollendung des »Fries der Lauschenden« zu finanzieren.

Und Körtzinger? Er investiert sein Talent weniger in ein Werk und mehr in die phantastische Ausgestaltung seines Ateliers, das durch den Einbau einer Orgel, die Barlach bei seinem Besuch am meisten beeindruckt, zu einer Atelier-Orgelkloster-Abtei mutiert.

Bernhard A. Böhmer erkennt sofort die Bedeutung Körtzingers, der Reemtsmas Kunstsammlung maßgeblich mitgestaltet. Das von Körtzinger bei Hermann F. Reemtsma geweckte Interesse am Werk Barlachs, vor allem eine mögliche Finanzierung der Fertigstellung des »Fries der Lauschenden«, lässt ihn, der unablässig in Barlach-Geschäften umherreist und ein echter Bewunderer der Werke seines Meisters ist, hörbar aufatmen. Vielleicht ist ja trotz der neuen politischen Umstände doch noch nicht alles verloren für Barlach und seinen Marktwert? Am 9. September schreibt Böhmer an Hugo Körtzinger: »Ich möchte manchmal laut aufschreien, um den Ruf auf Unterstützung eines Menschen und Künstlers wie Barlach, der nun einmalig ist, Geltung zu verschaffen. Es ist nicht zuviel gesagt, wenn wirtschaftliche Sorgen ihm die so notwendige Nachtruhe oft rauben und diese Sorge ihm kaum Raum zur Durchführung seiner noch so vielen gewaltigen Werke lässt. Ich glaube in Ihnen, sehr verehrter Herr Körtzinger, einen Bundesgenossen gefunden zu haben, und hoffe mit Ihnen noch manches für Barlach tun zu dürfen. Wenn es möglich wäre, den ›Fries‹ zum Abschluss zu bringen, Barlach würde sofort losarbeiten und wieder auf andere Gedanken kommen.«[68]

Böhmer bemüht sich um die Intensivierung des Kontakts, doch Körtzinger hält den umtriebigen Böhmer auf Distanz, will ihn nicht in seinem Haus empfangen, da durch ihn »allzu leicht der eigentliche hiesige Atem verscheucht werden würde«.[69]

Dank seines Beraters Körtzinger entwickelte Reemtsma ein wachsendes Interesse an moderner Kunst, nicht nur an der von Barlach, sondern auch an der von Käthe Kollwitz oder Alfred Kubin.

Nach der Beschlagnahmung der »Zeichnungen« steht der Entschluss für Reemtsma und Körtzinger fest: Auf diesen Willkürakt muss man mit einem neuen Buch antworten. Mit großformatigen Alben hat man reichlich Erfahrung, schließlich sind die Zigarettenbildalben von Reemtsma ein riesiger Erfolg.

Aber wie das drohende neuerliche Verbot umgehen? Die Antwort liegt nahe: als Privatdruck! Und so erscheint noch 1936 der Band mit dem »Fries der Lauschenden« in dem wahrhaft üppigen

Format von 40 mal 31,5 Zentimetern. Trotz seiner nur dreißig Abbildungsseiten liegt das bei Gustav Petermann in Hamburg gedruckte und gebundene Buch schwer in der Hand – dreihundert handnummerierte Exemplare, alle mit dem Hinweis versehen: »Privatdruck – Othmarschen 1936«.

Hugo Körtzinger schreibt den Einleitungstext. Aber Reemtsma muss viele Rücksichten nehmen, regimekritische Töne, von denen es einige in Körtzingers Entwurf gibt, werden gestrichen, schließlich ist der nationalsozialistische Staat für die Zigarettenfabrikanten Reemtsma der wichtigste Großkunde und soll keineswegs provoziert werden. Es genügt, Barlachs Kunst gegen alle Verdammung weiterhin zu rühmen.

Für Barlach ist es ein Hoffnungsschimmer, als er das prächtige Buch in Händen hält. Und so klingt auch sein Dank an Hermann F. Reemtsma am 23. Dezember 1936: *Lieber Herr Reemtsma, Ihre Sendung, das dreifache Werk, dem Sie die Stattlichkeit seines Gewandes verliehen, Körtzinger sehr starke Formulierungen seiner Durchschau und Einordnung in die Zeit gegönnt und ich das beigetragen habe, was Ihnen beiden fördernswert erschien, dieses Werk liegt nun bei mir, mich bereichernd durch die Tatsache einer Erfüllung, die am Schluß eines schweren Jahres dem ersten nun nicht mehr dunkler werdenden Tag eine hohe Bedeutung gibt.*[70]

Aber er hat nur ein einziges Exemplar bekommen! Das schreibt er nun seinen Freunden und Bekannten, die sich von ihm ebenfalls Exemplare erhoffen. Friedrich Droß, später der Herausgeber der bis heute grundlegenden zweibändigen Ausgabe der Briefe Barlachs, bekommt noch am selben Tag zu hören: *Das mörderische Jahr ist vorüber, 1936, einzig dafür gelobt, daß es mit ihm aus ist.* Und dann muss er sich entschuldigen: *Lieber Herr Doktor, ich hoffte, Ihnen das Buch über den Fries schicken zu können als Zeugnis meines vorjährigen Fleißes, das in diesen Tagen als Privatdruck, also dem Zugriff sonstwoher entzogen, in ersten Exemplaren fertig geworden. Aber, o weh, es ist nur ein einziges Stück dieses unverhofft kostbaren, beinahe prunkvollen, verschwenderisch ausgestatteten »Zeugnisses« in meinen Besitz gelangt – wie es mit weiteren vielleicht noch kommt, muß ich dem Förderer überlassen zu beschließen.*[71]

Friedrich Droß erhält die erste einer ganzen Reihe von Absagen, die Barlach nun erteilt. Selbst Vetter Karl geht leer aus: *Von dem »Fries der Lauschenden« hat der Besteller einen Privatdruck mit großem, sehr großem Aufwand machen lassen, leider kann ich ihn Dir nicht schicken, da ich nur ein einziges Stück habe. Privatdruck – damit er vor Zugriffen wie bei den »Zeichnungen« sicher ist. Er soll mit großem, sehr großem Aufwand an Vorsicht verteilt werden.*[72]

Gefällt Barlach eigentlich, was da so schwer wiegend in seiner Hand liegt? Der Band wurde auf starkem Papier gedruckt, präsentiert in seinem ersten Teil Zeichnungen als Vorarbeiten zu den neun Lauschenden, Fotos von den einzelnen Figuren schließen sich an. Am Ende auf der Seite 29 dann Barlach selbst im Atelier vor dem fertigen Fries, und auf Seite 30 beschließt eine Zeichnung den Band, die eher wie aus einem Möbelkatalog wirkt, darauf Reemtsmas Wohnzimmer mit Sitzecke und darüber der »Fries der Lauschenden«. Seine neun in die Innerlichkeit Geflüchteten als ornamentaler Sofaschmuck. Schöner wohnen mit Barlach? Dieser muss entsetzt gewesen sein, als er das Arrangement erblickte.

Einerseits dies Befremden, das ihn vielleicht auch am Versenden des Bandes hindert, andererseits die Dankbarkeit Reemtsma gegenüber, der ihm, dem zunehmend Geächteten, nicht nur eine ganze Reihe von Werken abkauft, sondern zudem solch prächtigen Band drucken lässt – Barlach hält sich mit Kritik zurück, er will nicht undankbar erscheinen, auch wenn dem schweren Band etwas von Edelkatalog anhaftet.

Doch ein leiser Ton von Verachtung schwingt mit, wenn er am 28. Dezember 1936 an Hugo Sieker schreibt, dass er dessen Hoffnung auf ein Exemplar ebenfalls enttäuschen müsse, samt einem aufschlussreichen Zusatz: *Ich hatte gehofft, Ihnen ein Exemplar des Privatdrucks vom Fries schicken zu können, aber der Band, als Privatdruck unverkäuflich, ist erst in einem Exemplar zur Hand, ich weiß auch nicht, ob ich ihrer mehrere zur Verfügung haben werde. Er ist ganz unfaßlich kostspielig gewandet, ein Stück wie auserlesen zum Werben von Leuten, die nur ansehen, was sich als gewichtig durch Papier, Umfang und äußerliche Ansehnlichkeit von vornherein kenntlich macht.*[73]

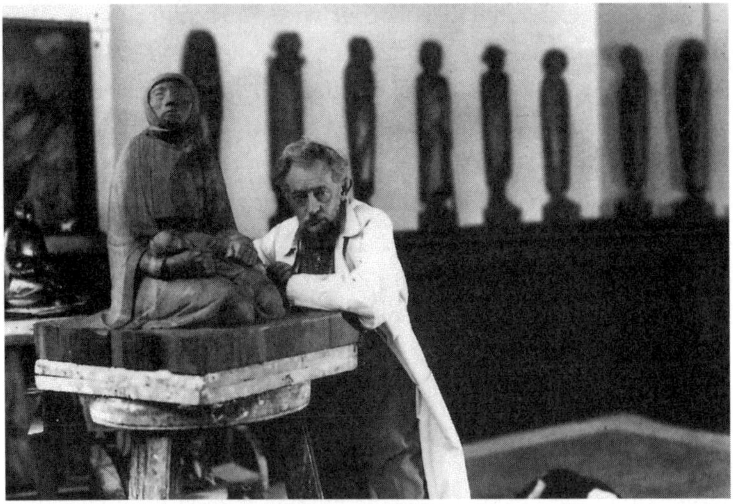

Barlach vor dem »Fries der Lauschenden« (1935)

Da wird seine Ablehnung gegen diese auftrumpfende Manier, ihn zu präsentieren, deutlich. Allerdings stapelt Barlach hoch. Das Exemplar, das ich besitze (die Nummer 293), besticht zwar durch Großformat und sein schweres, inzwischen etwas nachgedunkeltes Papier, aber der Einband ist aus schlichter Pappe mit aufgeklebtem, eher kleinem braunem Schildchen, auf dem in weißer Schrift zu lesen ist, worum es sich hierbei handelt: Ernst Barlach, Fries der Lauschenden.

Hugo Körtzinger versucht in seiner Einleitung den Spagat, Barlach einerseits als »deutschen Künstler«, der in der altmeisterlichen Tradition von Matthias Grünewald, Tilman Riemenschneider und Lucas Cranach dem Älteren steht, zu charakterisieren und andererseits als einen Neuerer der Kunstform darzustellen, der zu irritieren vermag.

Da ist sehr viel Pathos im Spiel, übersteigerte sprachliche Stilisierung wie diese: »Im Morgenlicht aber recken sich kantig gefügte Einsame ins Erhorchen ungetümer Vorgänge. Kein Schöntun verkleidet sie vor dem Zugriff schriller Quinten heller Verneinungen aus dem Getöse unbegreiflicher Welten.«[74] Das klingt nicht wie ausgesprochene (und damit erhellte) Dunkelheit, sondern eher wie absichtlich verdunkelt. Deutlicher wird Körtzinger dann allerdings, wenn er sich zur »neuen Zeit« bekennt, und da ähnelt er sehr Bernhard A. Böhmer, der ebenfalls Barlachs Werke zu schützen versucht, jedoch indem er sie als dem NS-Geist kompatibel hinstellt.

Laut Friedrich Droß wird Hugo Körtzinger zusammen mit Bernhard A. Böhmer Zeichnungen von Barlach – ohne dessen Wissen – in die Schweiz schmuggeln. Zu eigenem Vorteil oder damit Barlach, wenn er doch noch hätte emigrieren müssen, dort etwas Verkäufliches vorfände? Droß entschließt sich zu der Lesart eines »Notgroschens« für Barlach.[75]

Über Barlachs zeithistorische Bedeutung ist bei Körtzinger zu lesen: »Eine Zeitenwende wie die unsrige muß sich unbesieglich geben. Mitten in ihrer lauten Jugendlichkeit, ihrer beglückend unbekümmerten Zudringlichkeit und in ihrer lohenden Bezweiflung all dessen, was nicht von heute zu sein scheint, wirkt in der Stille eine hohe deutsche Kunst, die mit einer exemplarischen Stetigkeit seit der Jahrhundertwende zu einer wuchtigen Größe gewachsen ist.« Das scheint allerdings Nebelwerferei, bloße Absicherungsrhetorik, auch im Sinne Reemtsmas und seines Zigarettenimperiums. Es bleibt gewollt unklar, was mit der gefeierten »neuen Zeit« eigentlich gemeint ist – die Machtergreifung der Nationalsozialisten oder die moderne Kunst? Dass dies beides sich ausschließende Entwicklungen sind, sollte Körtzinger und Reemtsma doch inzwischen klar geworden sein. Gerade das bleibt jedoch im weiteren Fortgang des Textes verschwommen, weil Körtzinger sich hier offenbar bewusst eines unklaren Ausdrucks bedient: »Die neue Zeit in ihrem großartigen Versuch, das immer nur verheißene Paradies anheben zu lassen – Jetzt und Hier aufs wenigste mit dem Gleichnis des Jedermann gesicherten Stückes Brot –, diese mutig aufbegehrende Zeit birgt in sich den zähen Aufbegehrer Ernst Barlach. Unbesieglich wie sie, als eines ihrer wenigen echten, inwendigen Vorbilder von weltweiter Geltung.«[76]

Was hat dies mit dem vor Stille vibrierenden »Fries der Lauschenden« zu tun? Körtzinger und Reemtsma versuchen alles, um zu erreichen, dass Barlach weiterhin zum Kreis der geduldeten Künstler im nationalsozialistischen Deutschland gehört. Und anders als in den verbotenen »Zeichnungen« für Piper mit der erhellenden Einführung von Paul Fechter sind hier keine Furien der Vernichtung abgebildet.

Warum überhaupt so viele Verrenkungen bei einem Privatdruck, der nie in den Handel gelangt? Die Zeiten, das ist allen Beteiligten klar, sind mörderisch!

Der »Fries der Lauschenden« erreicht mit seinen dreihundert Exemplaren zum ersten Mal einen kleinen Kreis von Barlach-Bewunderern. Für Barlach ein Hoffnungszeichen, dass für ihn vielleicht doch noch nicht alles verloren ist. Gleichzeitig aber scheint er zu fürchten, dass dieser Band in die Hände von Vetter Karl, Friedrich Schult oder Reinhard Piper gelangt.

Diese bemühte Unternehmung einer Rettung des Künstlers Barlach im Dritten Reich mittels eines Privatdrucks, der im Schatten der soeben verbotenen »Zeichnungen« steht, bleibt – es kann nicht anders sein – zwiespältig.

Auch Körtzinger muss beim Zusammentreffen von »Fries der Lauschenden« und Sofasitzecke auf Seite 30 ein ungutes Gefühl befallen haben, anders ist die folgende Grundsatzerklärung nicht zu verstehen: »Große Kunst entsteht nicht mit einem Hinblick auf irgendeinen Geschmack. Das bleibt den allerdings nützlichen Bemühungen musischer Dekoration überlassen. Im Teesalon ist Michelangelo fehl am Platze, Rubens ist kein Schmuck für den Kindergarten …«

Und Barlach, ist man versucht zu fragen. Aber vielleicht gehört der forciert private Wohnzimmereindruck, in dem der Fries hier präsentiert wird, ja notwendig zu seinem Schutz? Er demonstriert: Es handelt sich nicht um einen öffentlichen Raum, hier findet keine Ausstellung statt, die man umgehend schließen kann.

Reemtsma empfängt auch Naziprominenz in seinem Haus in Othmarschen, wo sich der »Fries der Lauschenden« und weitere Barlach-Skulpturen befinden. Darunter jenen Gauleiter Karl Kaufmann, der dafür verantwortlich war, dass am Hamburger Ehrenmal Barlachs Relief von der trauernden Mutter entfernt und durch einen aufsteigenden Adler ersetzt wurde. Zu Besuch bei Hermann Reemtsma, legt der Gauleiter, so wird berichtet, mit abschätziger Geste Barlachs russischer Bettlerin ein Geldstück in die Schale. Wie weit kann man den Kompromiss treiben? Reemtsma wusste durchaus um den unauflöslichen Widerspruch, der innerhalb der herrschenden Verhältnisse nicht zu lösen sein würde.

So wolkig sich Körtzinger auch über Barlachs zeithistorische Bedeutung äußert, seine Worte zu den einzelnen Eichenholzfiguren des »Fries der Lauschenden« sind präzise und einfühlsam. Der »Empfindsame« verhalte sich »abwartend mit prüfenden Sinnen«, der »Begnadete« unterstelle »seine kühnsten und verlorensten Gedanken der begütigenden Stimme seines ungeahnten Verstehens«, der »Wanderer« höre »eine Melodie wie ein Wetter ab«, die Tänzerin lasse sich »umkreisen von einem Adagio kantabile, das zu tanzen sie zu erschrocken ist von unverlierbarer Schwere«. Schließlich der »Blinde«, der inmitten seiner selbst steht: »Unsäglich allein. Verdrängt auf den engsten Seelenraum, auf die einzige Bleibe, deren er sicher ist. Seine Gestalt, sein Haupt sind eine im Innenwuchs erstarrte Anwartschaft auf den Frieden Gottes. Seine Stecken tasten nicht mehr, sie sind wie in die Erde gestoßen.«[77]

Körtzingers Essay enthält unmittelbar nebeneinander kluges Bemerken, das zu sprachlicher Klarheit gelangt, und taktische Vertuschungsversuche, die bis zur Unverständlichkeit verblasen wirken. Wie denn soll man in dieser gefährlichen Situation über den wahren Geist von Barlachs Kunst sprechen?

Es ist dieser Riss in der Zeit, der in Körtzingers Text vibriert. Er geht auch durch Barlach selbst und lässt an den Satz von Georg Trakl denken: »Der Wahrheit nachsinnen, viel Schmerz.«

KAPITEL IX

Die Verteidigung des Mondes

Die Schmähausstellung »Entartete Kunst«. Das schlimme Jahr 1937

Um Barlach herum wird es auf ungute Weise still. 1935 schien es noch ab und zu, als würde sich die Lage für ihn wieder normalisieren. Dass das Altona Stadttheater »Die echten Sedemunds« erfolgreich zur Premiere brachte, konnte man als Hoffnungszeichen auffassen, doch schon bald werden weitere Aufführungen verboten.

Die neuen Mächtigen im Land verfolgen nun jeden seiner Schritte. Ihr Ziel ist es, Barlach ganz aus der Öffentlichkeit zu verbannen. Bereits 1935 war »Das Wiedersehen« ins Magazin des Schweriner Museums verbracht worden. Immerhin hat er in Hermann F. Reemtsma einen neuen Förderer gefunden, was in dieser Zeit einem Wunder gleichkommt.

Aber der Hoffnungszeichen werden weniger. Zu diesen gehört, dass er 1936 Ehrenmitglied der Wiener Secession wird. Gleichzeitig jedoch werden seine Arbeiten – und ebenso die von Käthe Kollwitz – aus der Jubiläumsausstellung der Preußischen Akademie der Künste entfernt. Zur selben Zeit kommen von der Akademie jedoch überraschende Signale der Hochschätzung, wie Barlach Piper am 26. Dezember 1936 mitteilt: *Bald nach der abrupten Entfernung meiner Arbeiten aus der Akademie vor Eröffnung der Jubiläumsausstellung aber machte mir die Dichter-Abteilung der Akademie eine Reverenz in Form eines Schreibens als Geleit der Ankündigung einer »Werkhilfe«.*

Die ist auch schon so etwas wie Rettung in höchster Not, denn Barlach muss Piper im selben Brief gestehen: *Das ganze Jahr 36 habe ich keinen Auftrag gehabt und fast keine Einnahme.*[1]

Was gäbe er um einen würdigen Feind! Karl Fischoeder bekommt am 16. Oktober 1936 zu hören: *Gewiß: »Leben ist Kampf« – ich wünsche mir nichts Besseres, als nur immer härter kämpfen zu dürfen, aber doch auf dem Platze, wo meine Art kämpfen kann. Gegen Anonymitäten, die ja überall hinter den exekutierenden Personen stehen, vermag ich nichts ...*[2]

Er hat sich im Heidberghaus bei Marga Böhmer nicht nur verbarrikadiert, er gibt auch Signal. Ab und zu feuert er nachts mit der Pistole durchs offene Fenster in die Dunkelheit. Sollen es alle wissen: Er ist auf jeden Überfall vorbereitet, vermag sich zu wehren.

Der Druck wächst, die Atmosphäre ist gewittrig aufgeladen, aber sie entlädt sich nicht sichtbar, sondern nur im Verborgenen. Panikattacken, Luftmangel, Herzanfälle und psychotische Anfälle von Aggression nehmen Barlach in den Würgegriff. Alles das sind Folgen der »Gleichschaltung«, die nun, abgestimmt zwischen dem Propagandaministerium und dem Amt Rosenberg, erfolgt.

Im Herbst 1936 wird dann auch die Kunstkritik als Relikt eines bürgerlich liberalistischen Zeitalters verboten. Begründungen folgen nun immer dem antisemitischen Muster und kommen in jenem indirekten Ton der Berichterstattung daher, in dem die »Münchner Neuesten Nachrichten« am 30. November 1936 das neue Gesetz erklären: »Der jüdische Kritiker sei sozusagen der preisbildende Mittler für den Geschäftsmann gewesen, der emporlobte, was verkauft, in Grund und Boden verdammte, was billig gekauft werden sollte. So seien denn bis 1933 die tollsten Bilder jüdischer Maler zu wahnsinnigen Preisen an die Museen des Reiches, der Länder, der Gemeinden usw. verkauft worden. Der gute deutsche Künstler verhungerte, während für kubistische Schmierereien Preise gezahlt wurden, die in die Zehntausende gingen.«[3]

Wieder ein Stück kritischer Öffentlichkeit zerstört.

Auch die Firma Cassirer ist liquidiert worden, Bernhard A. Böhmer versucht Grafiken und Mappenwerke vor dem Verramschen zu retten. Peter Suhrkamp, der den arisierten S. Fischer Verlag leitet, übernimmt das gedruckte Werk. Anlass zur Hoffnung ist das für Barlach Ende 1936 jedoch nicht.

Für das kommende Jahr sieht er noch größeres Unheil kommen. An Friedrich Droß schreibt er am 23. Dezember 1936: *Ich lebe noch, wenn auch merklich reduziert, leicht hätte es mich überleben können ...*[4]

Auch das neue Haus neben dem Böhmer'schen am Heidberg bringt alles andere als Glück. Ohne dass es jemand bemerkte, ist ein Abwasserrohr im Neubau gebrochen und hat das Grundwasser verunreinigt. Im alten Böhmer-Haus werden sie nun alle krank, und bis die Ursache gefunden ist, weiß niemand so recht, warum. Es sind Keime im Trinkwasser, das aus einem Brunnen auf dem Grundstück gewonnen wird. Dieser Misere folgt die nächste nach: eine schwere Grippe.

Im Jahr 1936 entstehen zwei Figuren, die wirken, als wolle Barlach sich gegen das Kommende wappnen: »Der Buchleser« und »Das schlimme Jahr 1937«. Die Figur des Lesenden (oft auch des lesenden Mönchs) begleitet Barlach lebenslang.

Lesen ist für ihn eine Art Meditation: Eintreten in einen anderen Seinszustand, der vor der Außenwelt abschirmt. Diese Form von Hermetik einer hochkonzentrierten und zugleich frei spielenden Geistigkeit sucht Barlach immer wieder. Sie ist ihm Zuflucht, eine Gegenwelt aus lauter Innerlichkeit gemacht. Aber es fällt ihm immer schwerer, sich lesend – und träumend – ins Reich der Phantastik fallen zu lassen. Denn dort lauern die Dämonen, die mit Vernichtung drohen. Barlach schläft immer schlechter und nimmt immer mehr Schlafmittel, die ihn oft auch tagsüber betäuben. Er vermag sich immer schwerer auf seine Arbeit zu konzentrieren. Unruhe peinigt ihn. Dazu die wieder schlimmer werdenden Herzschmerzen, die ihm den Atem abdrücken und eine lähmende Schwäche verbreiten. Immer häufiger überwältigt ihn nun die Depression – trotz der Ermunterungen von Marga Böhmer und der geschäftigen Lösungsversuche seiner Verkaufsmisere durch Bernhard A. Böhmer.

Dennoch hört er nicht auf zu rauchen – noch nicht. Es entstehen Werke wie »Der Buchleser«, Zeugnisse einer anderen Kultur, in der man sich demütig ins geschriebene Wort versenkte, es nicht als Waffe gegen andere benutzte. Wo ist dieser Humanismus hin?

Sorge und Schmerz birgt auch »Das schlimme Jahr 1937«, eine Frauenskulptur, die ebenfalls noch 1936 entstand. Eine Kassandra, die nicht mehr ruft, allein noch durch ihre stumme Gegenwart bezeugt, dass das Unheil unaufhaltsam näher rückt. »Das schlimme Jahr 1937« gibt es in zweifacher Ausfertigung, einmal in ungetöntem Gips, erfüllt von schlichter Würde, und einmal in Wassereiche geschnitzt. Eine einfache Frauenfigur in ihren Umhang gewickelt wie gegen einen kalten Wind und doch eine Bekennerin, die ihre Wehrlosigkeit nicht verbirgt, sondern geradezu ausstellt. Sie hat etwas von jener »gefesselten Hexe«, in der Barlach bereits zuvor die von einer Vernichtungsmaschine (der Inquisition) Ausgestoßenen versinnbildlicht zeigt: die unschuldigen Opfer einer Hassideologie.

Es ist ein langer Abschiedsblick, der den Betrachter wie ungeschützt trifft. Barlach ahnt, in diesem Jahr 1937 wird sein Werk an einen Endpunkt kommen. Es ist die schlichte natürliche Würde einer Frau, der wir uns hier gegenübersehen, und zugleich wirkt die Figur wie eine unberührbare Märtyrerin.

Zwei Welten, wie sie einander nicht fremder sein könnten: Barlachs Geist der Verinnerlichung und der Vernichtungswille der NS-Ideologie, der sich nun auch noch einer der letzten Nischen freier Geister bemächtigt: der Kunst.

Was hilft es da noch, dass Barlach am 30. März den offiziellen Abstammungsbescheid von der Reichsstelle für Sippenforschung erhält, dass er »deutschen oder artverwandten Blutes« sei.

Der »Geistkämpfer« in Kiel wird im Mai 1937 abgerissen. Im Juni ermächtigt Goebbels den Präsidenten der Reichskammer für bildende Künste Professor Adolf Ziegler, »die im deutschen Reichs-, Länder- oder Kommunalbesitz befindlichen Werke deutscher Verfallskunst seit 1910 auf dem Gebiete der Malerei und der Bildhauerei zum Zwecke einer Ausstellung auszuwählen und sicherzustellen«.[5]

Die »Säuberungsaktion« in Museen und Galerien beginnt im Frühjahr 1937. Mindestens 17 000 Werke werden beschlagnahmt. Von Barlach sind es, so schätzt man, etwa 400. Im Juli 1937 erhält Barlach ein Schreiben von der Akademie der Künste, in dem es lapidar heißt, die Neuordnung der Akademie erstrecke sich auf die

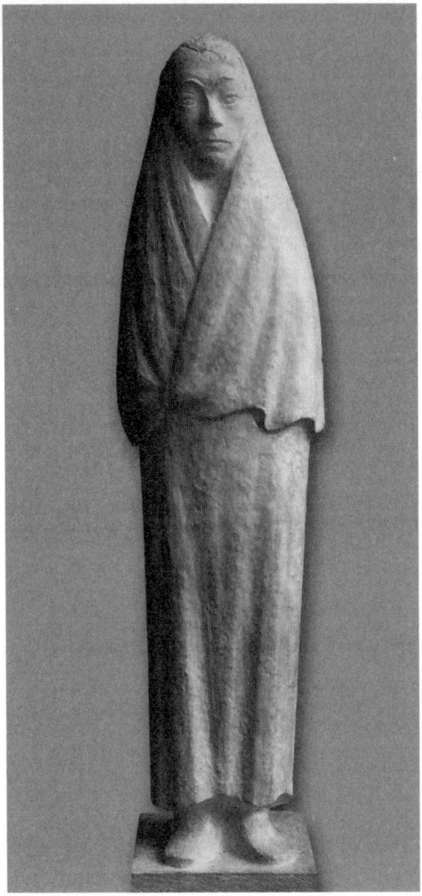

Das schlimme Jahr 1937 (1936)

Mitgliedschaft: »Da nach den mir gewordenen Informationen nicht zu erwarten ist, daß Sie künftig weiter zu den Mitgliedern der Akademie zählen werden, möchte ich Ihnen in Ihrem Interesse nahelegen, möglichst sofort selbst Ihren Austritt aus der Akademie zu erklären.«[6] Alle noch in der Akademie verbliebenen modernen Künstler erhalten solch ein Schreiben, unter anderen Ernst Ludwig Kirchner, Max Pechstein, Ludwig Mies van der Rohe und Emil Nolde.

Am 18. Juli 1937 wird dann in München die Ausstellung »Entartete Kunst« in dem alten Galeriegebäude der Hofgartenarkaden eröffnet, unweit des Hauses der Deutschen Kunst, das der »gesunden« deutschen Kunst vorbehalten bleibt.

Das Verfallsambiente wurde mit Bedacht für die »kranke« Kunst gewählt. Aber was als Propagandaveranstaltung geplant war, entwickelte sich zum ungeheuren Event: Über zwei Millionen Besucher strömen in die Ausstellung, in der man die Bilder absichtsvoll schlecht gehängt und mit denunziatorischen Schildern versehen hat, die etwa Preisangaben – zumeist Inflationspreise – enthalten und aufstachelnde Sprüche wie: »Vom Steuergroschen des deutschen Volkes gekauft.«

Die Besucher werden jedenfalls in Massen angezogen. Langweilig ist die Ausstellung im Gegensatz zu den im Haus der Deutschen Kunst gezeigten Werken keinesfalls.

An den Besucherzahlen gemessen wird es die erfolgreichste Kunstausstellung, die bis dahin jemals gezeigt worden ist, und es ist die erste, die in verunglimpfender Absicht präsentiert wird.

Hitler selbst eröffnet die Ausstellung mit den Worten, er wolle »im Namen des deutschen Volkes es nur verbieten, daß so bedauerliche Unglückliche, die ersichtlich an Sehstörungen leiden, die Ergebnisse ihrer Fehlbetrachtungen der Mitwelt mit Gewalt als Wirklichkeiten aufzuschwätzen versuchen, oder ihr gar als ›Kunst‹ vorsetzen wollen«.[7] Dann kündigt er einen »unerbittlichen Säuberungskrieg« an. Noch spricht er über Museen, im selben Wortlaut wird gut zwei Jahre später von Staaten die Rede sein.

Es ist unter den NS-Rednern und Kommentatoren viel vom »stammelnden Primitivismus« der modernen Kunst die Rede, man trommelt für eine »arische« Kunst: »Man wird hinübergehen in das schöne neue Haus der deutschen Kunst und wird sich dort erfreuen an den Werken ehrlicher, anständiger deutscher Künstler.«[8]

Aber das tun die wenigsten, denn die dort gepflegte Naturalismusapologie ist durchdringend langweilig. Adolf Ziegler, der die Ausstellung kuratiert hat, überschlägt sich in Hassreden über all den »Unrat«, der zur Belehrung des deutschen Volkes versammelt worden sei.

Es ist immer dieselbe Platte, die hier gespielt wird, das merken auch die konservativsten Bürger, die nicht gerade mit moderner Kunst sympathisieren. Die Drohung der Vernichtung geht um in Zieglers martialischer Rede. Es komme einem »das Grauen«, wenn man sieht, »wie der deutsche Frontsoldat bespuckt und besudelt wird, oder wenn in anderen Werken die deutsche Mutter als geile Dirne oder als Urweib und im Gesicht mit dem Ausdruck einer stupiden Blödheit durch solche Schweine verhöhnt wird«.

Wer Augen hat, der sieht in der Ausstellung etwas ganz anderes, doch Ziegler verkündet: »Es hätten Eisenbahnzüge nicht gereicht, um die deutschen Museen von diesem Schund aufzuräumen. Das wird noch zu geschehen haben, und zwar in aller Kürze.«[9]

Wer ist eigentlich dieser Adolf Ziegler? Ein erfolgloser Maler, der in den 1920er Jahren mit der NSDAP sympathisierte und mit Hitler bekannt wurde. Er wanderte dann nach Chile aus, kam 1933 zurück und wurde wenig später Professor und dann Präsident der Reichskammer der bildenden Künste. Von ihm sind nicht viel mehr als zehn Bilder bekannt, großformatige Akte im akademischen Stil. Abschätzig nannte man ihn auch den »Reichsschamhaarmaler«.

Wegen defätistischer Reden im privaten Kreis über den Bombenkrieg kam Ziegler 1943 ins KZ Dachau, wurde aber nach einem Monat – vermutlich auf Hitlers persönliche Weisung – wieder entlassen. Nach dem Krieg stufte man ihn als »Mitläufer« ein, womit er als relativ unbelastet galt.

Von Barlach sind zwei »Exponate« in der Ausstellung zu sehen. Ausgerechnet »Das Wiedersehen«, das jeden, der nicht seelenlos ist, durch seine Inständigkeit erschüttert, und zudem die »Zeichnungen«, die im Jahr zuvor im Piper Verlag erschienen waren, und zwar ohne Steuergelder als ganz private Unternehmung!

Wie verhalten sich die Besucher, die von Goebbels' gleichgeschalteter Presse auf die zu erwartende Kuriositätenschau eingestimmt wurden? Unterschiedlich. Für die Braunhemden, die durch die Räume trampeln und nur sehen, was sie sehen sollen, ist es bloß eine Zirkusattraktion. Der Spießer, der sich betrogen fühlt, empört sich gern laut.

Aber es gibt auch andere Besucher, die kommen, um Abschied zu nehmen von einer Kunst, die hier zum letzten Mal gezeigt und dann vernichtet werden soll. Gewiss sind sie in der Minderzahl, aber für die ästhetisch Gebildeten ist es doppelt schmerzvoll: Große Kunstwerke werden verhöhnt, das ist schon schlimm genug, schlimmer ist nur noch zu wissen, dass es diese Werke und alles, was mit der expressionistischen Wirklichkeitserfahrung zusammenhängt, im Dritten Reich nicht mehr geben soll.

Gottfried Benn, der 1933 noch ein deutscher Marinetti zu werden hoffte, schreibt – im Verborgenen – zehn Jahre später »Kunst und Drittes Reich«, seine rigorose Abrechnung mit den NS-Kunstwarten. Dort heißt es voll hellsichtiger Wut: »Alles, was in diesem schwerfälligen und zerrissenen Volk von einigen mit Geringschätzung und Schmutz beworfenen Erleuchteten an Stil und Ausdruck erkämpft wurde, erniedrigen sie und fälschen es um, bis es ihre eigenen Züge trägt: die Fresse von Cäsaren und das Gehirn von Troglodyten, die Moral des Protoplasmas und das Ehrgefühl von Hotelratten. Alle Völker von Rang schaffen sich Eliten; jetzt heißt es, deutsch sein ist differenzierungsfeindlich denken und hinsichtlich des Geschmacks auf das plumpste Pferd setzen; die Sensitiven werden von der Gestapo mit dem dritten Grad betreut. Diese betreut auch die Ateliers: großen Malern wird der Einkauf von Leinwand und Ölfarbe verboten, die Blockwarte kontrollieren nachts die Staffeleien.«

So weit trägt auch Benn nun das Entsetzen, so treffend formuliert er es, wenn auch unter Ausblendung der Tatsache, sich selbst von der Herrschaft dieser Parvenüs einst einiges versprochen zu haben. Der entscheidende Punkt, der den kleinbürgerlichen Charakter der Herrschaft der Kulturkammern trifft, folgt jedoch noch und ist vor dem Hintergrund Barlachs wohl der entscheidende: »Die Lösung einer inneren Spannung durch das Ästhetische ist ihnen fremd. Daß Ausdruck überhaupt einen kathartischen Charakter hat, werden sie mangels entsprechender innerer Erfahrung immer bestreiten. Was ihnen abgeht, sind Eindrücke von der konstruktiven Form des Sublimen.«[10]

Reinhard Piper schaut sich die Ausstellung »Entartete Kunst« (eher eine Jahrmarktsschau, oder soll man sagen Show?) mit eigenen Augen an, sieht auch die »Zeichnungen« aus seinem Verlag dort als krankes Machwerk präsentiert. Barlach berichtet er davon, dass an einem einzigen Tag über 30 000 Menschen die Ausstellung sehen wollten, es lange Schlangen an den Eingängen gab. Leere dagegen im Haus der Deutschen Kunst. Dort seien nur 6000 Besucher gezählt worden. »Es sind etwa 6 grosse Räume mit im Ganzen vielleicht 500 Bildern und graphischen Blättern. Im Parterre ist eine Vitrine aufgestellt, worin u. a. auch der Band mit Ihren Zeichnungen liegt. Dazu ein langer Plakatstreifen mit folgendem Text: ›Kulturschänder. Mindestens so toll wie die Ausgeburten unfähiger, boshafter oder krankhafter ‚Künstler' ist die Verantwortungslosigkeit der literarischen Zuhälter, die den Widergeist dem Volke aufgezwungen haben und ihnen auch heute noch als Kunst anbieten möchten.‹«[11]

Piper, dieser eher konservative Mensch, ein Bildungsbürger mit weitem Horizont, der Julius Langbehns »Rembrandt als Erzieher« schätzte und Moeller van den Brucks »Das Dritte Reich« in seinem Verlag herausbrachte, ein »literarischer Zuhälter«?

Die Geistzerstörung der Nazis macht auch vor radikal konservativen Kreisen nicht länger halt. Hitler ist dabei, seinen ganz persönlichen Krieg gegen die moderne Kunst zu führen, tief sitzendes Ressentiment und Kränkungen treiben ihn dabei an. Ähnlich liegt der Fall bei Goebbels, der sich vor 1933 vergeblich beim »Berliner Tageblatt« beworben hatte – und nicht nur da. Was wäre überhaupt aus der NS-Bewegung geworden, wenn Hitler ein erfolgreicher Maler geworden und Goebbels als Leitartikler etwa bei einem Ullstein-Blatt Karriere gemacht hätte?

Die »Entartete Kunst« wandert bis 1938 von München nach Berlin, Leipzig, Frankfurt am Main und Düsseldorf. Die Handzettel, mit denen für den Besuch dieser »Abartigkeiten« geworben wird, klingen martialisch: »Gequälte Leinwand – Seelische Verwesung – Krankhafte Phantasten – Geisteskranke Nichtkönner«, so lauten die hasserfüllten Schlagzeilen. Der daran anschließende Text ist nicht weniger widerlich: »Von Judencliquen preisgekrönt, von Literaten gepriesen, waren Produkte und Produzenten einer ›Kunst‹, für die Staatliche und Städtische Institute gewissenlos Millionenbeträge deutschen Volksvermögens verschleuderten, während deutsche Künstler zur gleichen Zeit verhungerten. So, wie jener ›Staat‹ war seine ›Kunst‹.« Angefügt der Hinweis: »Für Jugendliche verboten«.

Interessant ist, dass nach München die in der Ausstellung gezeigten »Exponate« wechseln. Von Barlach fehlen nun die »Zeichnungen« und auch »Das Wiedersehen«. Sie werden durch andere seiner ebenfalls für anstößig gehaltenen Lithographien ersetzt. Auf wessen Intervention diese Änderung zurückgeht, ist nicht geklärt. Aber Barlach bleibt für die Nationalsozialisten einer, den es im Dritten Reich zu schmähen gilt.

Barlach weiß sich nun als fremdes Element im eigenen Land behandelt, ein Ausgestoßener. Wohin soll er da noch emigrieren, wenn ihm nun das eigene Werk als Zuflucht entrissen wird? Seine Lage ist verzweifelt, schon zu Beginn des Jahres. An Vetter Karl schreibt er am 5. Januar 1937: *Hassen wird langweilig, Verbitterung ist ein Zeichen von Kleinmut, Kämpfen ist unmöglich, denn die Voraussetzung der Gegenseitigkeit in ehrlicher Feindschaft fehlt.*[12]

Aber es kommt noch schlimmer, so schlimm, wie es Barlach bereits Ende 1936 vermutet hatte. Die Ausstellung »Entartete Kunst« macht ihn zum verbotenen Künstler, zum Freiwild seiner Feinde. So meldet der »Rostocker Anzeiger« am 20. August 1937: »Nach der Rede des Führers am Tage der Deutschen Kunst in München haben die zuständigen Stellen nunmehr beschlossen, das von dem Bildhauer Ernst Barlach im Jahre 1926 geschaffene Ehrenmal für die Gefallenen des Weltkriegs aus dem Dom in Güstrow entfernen zu lassen.«[13]

Barlach sieht damit sein Leben als Künstler gewaltsam beendet. Es ist vorbei. Er will nur noch eins: weg aus Güstrow, wo man ihm Derartiges antut. Diese niedrige, feige Gesinnung ist nicht zu ertragen. Es hat alles keinen Sinn mehr: Barlach steht kurz davor aufzugeben. In einem Brief an Heinz Priebatsch vom 23. Oktober 1937 schreibt er: *Wenn man Tag für Tag den angedrohten vernichtenden Schlag erwarten muß, hört die Arbeit von selbst auf. Ich gleiche einem in die Enge Getriebenen, dem eine Meute auf den Fersen ist – man wird nicht zahm in solcher Situation, man wird auch kein Hasser. »Verachten« tun Köchinnen. Was also? Man sehnt sich nach dem Niveau auf der Feindseite, wo das alles, Haß usw. doch Sinn hat. Welch Niveau aber! Ein Königreich für einen anständigen Feind! Liebet eure Feinde? Freilich, freilich, aber sie müssen auch danach sein!*[14]

Kein Jahr später, am 31. Mai 1938, tritt das »Gesetz über Einziehung von Erzeugnissen entarteter Kunst« in Kraft. Darin heißt es, Kunst, die unter dieses Gesetz fällt, könne »ohne Entschädigung zugunsten des Reiches« eingezogen werden. Das geschieht dann auch. Eine Kommission wird gegründet, die über die »Verwertung« solcher Kunst befindet. Was gegen Devisen ins Ausland verkauft werden kann, soll verkauft, der Rest vernichtet werden. Natürlich gehören dieser Kommission der Präsident der Reichskammer der bildenden Künste Adolf Ziegler und der Reichsbeauftragte für künstlerische Formgebung Hans Schweitzer[15] an. Der Auslandsverkauf der Kunstwerke erfolgt über nur vier ausgewählte Kunsthändler, darunter Hildebrand Gurlitt und Bernhard A. Böhmer.

Den ganzen Sommer 1937 über kann Barlach nicht arbeiten, die innere Unruhe ist zu groß, *von Woche zu Woche gab es Hetzsignale.*[16] Am 30. August teilt er Wolf von Niebelschütz mit: *Am 24sten d. M. ist der Engel im hiesigen Dom abgehängt …*[17]

Das lang Angedrohte ist nun also Wirklichkeit geworden. Ein Jahrzehnt hing der »Schwebende Engel« im Dom, und jetzt lagert man ihn als ein Stück Alteisen ein. Gibt es ein Wort, das das Ausmaß der Barlach ergreifenden Verzweiflung fasst? Nein, eher ist es Edvard Munchs »Schrei«, der vor Entsetzen weit geöffnete Mund, aus dem kein Ton mehr kommt.

Am 19. September erfährt Vetter Karl: *Aber mein im Dom fortgeschaffter »Domengel« soll eingeschmolzen werden. Na, diese Kleinigkeiten sind mir also doch entfahren.*[18]

Der Schweriner Domprediger Karl Kleinschmidt wird am 4. November 1945 in der »Täglichen Rundschau« den weiteren Weg des »Schwebenden Engels« rekapitulieren. Nach der Entfernung des »Schwebenden« auf Initiative von Walther Schultz, dem damaligen Landeskirchenführer der Mecklenburgischen Landeskirche, der erklärt, das Werk sei »mit nationalsozialistischen Auffassungen nicht vereinbar«, sei die Bronzefigur ins Landeskirchenarchiv nach Schwerin gebracht worden. »Die Barlachsche Figur wurde in einer Kiste verpackt in der Garage des genannten Landeskirchenführers abgestellt. Dieser wurde deswegen durch einen noch höherprozentigen Nationalsozialisten denunziert. Die daraufhin durchgeführte Haussuchung endete mit einer kategorischen Aufforderung an den Landeskirchenführer, die Figur ›wehrwirtschaftlichen Zwecken‹ zur Verfügung zu stellen.«

So gelangte die Bronze schließlich zur »Metallsammelstelle«. Einige schwächliche Versuche des Landesbischofs, die Bronze vor dem Einschmelzen zu bewahren, prallten ab, und alle, denen es um die Einhaltung der Formalien zu tun war, verstummten, als sie vom NSDAP-Kreisleiter Wilhelm Meyn folgende Quittung zugestellt bekamen: »Wir bestätigen hiermit, vom Landesbischof der ev.-luth. Kirche Mecklenburgs eine Bronzefigur von 250 Kilogramm zum Zwecke der Einschmelzung für die Wehrwirtschaft erhalten zu haben. Heil Hitler!«[19]

Was bleibt Barlach anderes übrig, als Bruder Hans mitzuteilen, dass er nichts tun könne, nur ausharren ohne Hoffnung: *Zum Arbeiten werde ich auf absehbare Zeit nicht kommen, ins Ausland gehe ich nicht, im Vaterlande muß ich mich wie ein Emigrant fühlen – und zwar schlechter als ein wirklicher, weil alle Wölfe gegen mich und hinter mir heulen.*[20] Was jetzt noch fehlt, ist ein formell ausgesprochenes Berufsverbot. Die Nazis rauben ihnen ihre Kunst, und die Künstler sollen noch froh sein, wenn sie mit dem Leben davonkommen, das ist nun die Situation.

Obwohl der aus dem Dom zu Güstrow gestohlene Engel tatsächlich eingeschmolzen wurde, kann man ihn heute wieder an alter Stelle schweben sehen. Dank einer mutigen Rettungsaktion, an der eine ganze Reihe Personen beteiligt war. An erster Stelle der zwielichtige, umtriebige Bernhard A. Böhmer, ohne den der Engel wohl für immer verloren gewesen wäre. Denn das Gipsmodell des »Schwebenden Engels« überdauerte auf wundersame Weise. Es hing 1933 als Leihgabe im Städtischen Museum Duisburg und wurde von dort an Barlach nach Güstrow zurückgeschickt.

Während die Bronzefigur im Dom in der Nacht vom 23. zum 24. August 1937 abgehängt und tatsächlich eingeschmolzen wurde, blieb das Gipsmodell erhalten. Bernhard A. Böhmer entschloss sich 1942, dieses Modell auf eigene Kosten nach Berlin in die Gießerei Noack zu schicken. Dort wurde ein Zweitguss angefertigt, den Hugo Körtzinger in Schnega in der Lüneburger Heide versteckte, wo er die NS-Zeit überstand. Von diesem Zweitguss wurde dann nach dem Krieg jener Drittguss angefertigt, der heute im Güstrower Dom hängt. Über Hugo Körtzinger, den er Ende 1937 in Schnega besuchte, hatte Barlach an Reemtsma geschrieben: *Körtzinger haust und wirkt wie ein Zauberer in seinem schönen Burgbau am Webstuhl der Zeit …*[21]

An eine Rettung seines »Schwebenden Engels« kann Barlach im Herbst 1937 nicht glauben. Die Zeichen der Zeit stehen auf Vernichtung alles Andersartigen. Und so wappnet er sich am Heidberg, baut das Böhmer'sche Haus zur Festung aus, nennt es sein KZ: mit Zaun und frei laufenden Hunden, mit Falltür (!) zum Schlafraum, mit geladener Pistole auf dem Nachttisch. Noch immer feuert er bei verdächtigen Geräuschen draußen blindlings in die dunkle Nacht.

Er will sich nicht kampflos ergeben. Aber wie das so ist, wenn Pazifisten kämpfen: Die beiden Hunde sind keine Wachhunde, sondern Barlachs beste Freunde. Der »braune Boll« ist ein etwas dicklicher braun-weiß gescheckter Setter, der seinem Herrn kaum von der Seite weicht. Baldo, eine große schwarze Dogge, wirkt zwar furchteinflößend und muss nachts vor dem Haus patrouillieren, aber auch Baldo ist im Grunde ein friedliches Tier. Richtig aufregen können sich die beiden Barlach-Hunde nur, wenn Bernhard A. Böhmer mit seinem Terrier Rex herüberkommt, was jeden Morgen geschieht.

So endet das schlimme Jahr 1937, und das kommende verspricht nicht besser zu werden. Seinem Bruder Hans schreibt Barlach am 29. Dezember, er habe fast das ganze Jahr nichts arbeiten können *vor lauter Hundsföttereien, die mir auch 1938 in Aussicht stehen.*

Im Sommer habe ihm das Verbot der Berufsausübung gedroht. *In Spanien nennt man das Garottierung, Erdrosselung, was darf man selbst dazu sagen? Man darf überhaupt nichts sagen!*[22]

Das Bild der Garrotte findet sich bereits in dem im Sommer 1937 verfassten Text »Als ich von dem Verbot der Berufsausübung bedroht war«, der sich in Barlachs Nachlass fand. Er hebt an: *Im Vaterlande zu einer Art Emigrantendasein genötigt, bleibt mir nur die Wahl zwischen dem Vollzug der wirklichen Emigration oder der Entschluß, koste es, was es wolle, mein volles Recht auf ungehemmte berufliche Betätigung durchzusetzen.* Doch wie soll er das tun, in der Position des machtlosen Künstlers gegenüber denen, die absolute Macht im Land haben? Es klingt kämpferisch, doch Barlach weiß, in der Sphäre der Interessenkämpfe ist er chancenlos, da hat er bereits – zum »entarteten Künstler« gestempelt – verloren.

In seiner Kunst aber ist er unerreichbar für die plumpen Angriffe der Machtbolde um ihn herum. Barlach hat nur eine Zuflucht, und das ist sein Werk. Wenn man ihm auch dieses noch nimmt, dann erst ist er ganz und gar verloren. Er spürt die Garrotte am Hals, die langsame Erdrosselung, er weiß, dass sein Künstlertum davon nicht betroffen ist, sehr wohl aber sein nacktes Überleben als Mensch.

Die Wahrheit, die aus dem Schmerz kommt, sie lebt in ihm: *Ich weiß, daß ich nur dahin gehöre, wo ich bisher gearbeitet und gelebt habe, und da man mir Fremdsein nachredet, so behaupte ich, eine bessere, stärkere und weitaus tiefer eingewachsene Zugehörigkeit, eine mehr aus Geschichte und Erleben geformte Angehörig-, ja Hörigkeit zu meinem Geburtslande zu besitzen als alle meine solches absprechenden Mißgönner meiner Ungeschorenheit, Abseitigkeit und Arbeitsruhe, die auf Grund höchst jüngst errungener Vorstellungen meinen ganzen Lebensbau glauben zerbrechen zu können.*[23]

Immerhin, so schreibt er seinem Bruder Hans über die Grabstätte seines Vaters in Ratzeburg: *Ich habe den Ruheplatz bis 2060 gekauft.* Es ist dem Siebenundsechzigjährigen alles andere als eine Nebensächlichkeit, wenn er Hans unterrichtet: *Vaters Grab ist leidlich in Ordnung, über das, was geschehen muß, werde ich mit den Steinmetzen in der Nähe verhandeln.*[24]

Es klingt, als wolle er die verlorene Ordnung nicht nur in seinem Leben, sondern im ganzen Land von den Gräbern aus wiederherstellen. Doch der Satz, den er in »Als ich von dem Verbot der Berufsausübung bedroht war« so sachlich niederschreibt, als wäre er kein Schrei, schwebt wie ein Damoklesschwert über ihm, dagegen hilft auch die Vergangenheitsform nicht, in die er die Überschrift gesetzt hat.

Denn gerettet ist er nicht, im Gegenteil: *Ich erfahre somit eine Ausgestoßenheit, die der Preisgabe an Vernichtung gleichkommt.*[25]

Als ihm Hildebrand Gurlitt das Angebot vermittelt, den Taufstein für die Johanneskirche zu Hamm in Westfalen zu gestalten, beginnt er zwar mit den Vorarbeiten, schreibt dann aber am 3. September 1937 an Gurlitt: *Es gehört zu jeder Art von Tätigkeit, vielleicht gerade der künstlerischen besonders, ein Minimum von Arbeitsruhe und seelischen Gleichgewichts, aber dieses Minimum mankiert. Ich erwartete tagtäglich einen angedrohten Bescheid, der meine künstlerische Arbeit überhaupt verbietet oder doch so beschränkt, daß die Wirkung einem Berufsverbot gleichkommt.*[26]

In den kommenden Monaten wird er bis kurz vor seinem Tod mit diesem Taufbecken beschäftigt sein. Von Mai bis Juni 1938 zeichnet er vierzehn Entwürfe und arbeitet an zwei Gipsmodellen. Doch sowohl die physischen Kräfte als auch seine Konzentrationsfähigkeit lassen nun rapide nach. Dennoch wird gerade das unvollendet gebliebene Taufbecken ein Zeugnis seines Ringens um künstlerische Gestaltungsfähigkeit – bis zum Schluss. Wie skizziert wirken eine männliche und weibliche Figur auf der das Taufbecken tragenden Säule, umlagert von drohenden Dämonen.

Ende September 1937 kommt Leo von König nach Güstrow, wie Barlach Reinhard Piper am 25. September berichtet: *König war vor kurzem hier, um mich zu malen, kommt demnächst zurück, um fortzufahren. Er gehört ja nun auch endgültig mit denen in ein Schiff, die ich als die zum Emigrantenleben im Vaterlande Verurteilten bezeichne.*[27]

Warum es König traf, schreibt Barlach auch, *sein Bild von Goebbels, im Staatsauftrag gemalt, mußte abgehängt und auf den Boden getan werden.*[28]

Nun also malt König Ernst Barlach in eigenem Auftrag. Es ist ein eindringliches Porträt des Künstlers geworden – fünf Fassungen malt er –, der auf ein großes Werk zurückblicken kann, aber eines, das akut von Vernichtung bedroht ist. Sein Gesicht mit den wie verloren blickenden Augen drückt ein mühsames Ringen um Fassung aus. Ist denn alles verloren?

Barlach wird von König als jemand gezeigt, der einen tiefen Schmerz birgt, aber nicht gebrochen ist. König schickt auch Wein, für den sich Barlach – kein Gourmet – noch extra bedankt, dieser *edle alte Wein.*

Doch nichts liegt Barlach jetzt ferner als derartige Genüsse, er bekennt: *Halbtot bin ich freilich, teils darum, teils darum ...*[29]

Vor allem, so erfährt Leo von König am 20. September, sei seine Güstrower Existenz verfehlt. Er müsste weg, will weg, jedoch wohin, und werden die Kräfte für einen Neuanfang reichen? *»Arbeitsruhe am Heidberg«. Unter diesem Motto wurde Anno 1931 gebaut, geplant, gehofft – niemals ist eine Hoffnung schlechter geraten.*[30]

Noch während dieses letzten Lebensjahres rafft sich Barlach immer wieder auf, sammelt seine Kräfte, durchbricht die Lethargie, die von ihm Besitz zu ergreifen droht. König wird 1939 davon berichten: »Ernst Barlach, der seit Monaten nicht mehr gearbeitet hatte, entschloss sich plötzlich, meine Büste zu machen. So konnte ich die Intensität, mit der er schuf, bewundern. Gebückt wie ein Panther vor dem Sprung tat er mehrere Schritte, sah scharfen Auges auf das Modell und die Arbeit, um dann mit zwei oder drei hastig ausgeführten Schritten ein winziges Teilchen Ton an den Kopf zu drücken. Der zarte, kranke Körper war wieder ganz schwingende Kraft geworden, um so seine letzte Arbeit zu schaffen.«[31]

Der gestohlene Mond

> *Niemand sah den Mond, der für jedermann sonst mit klarem Schein stand, wohin er gehörte, wenn auch in Wirklichkeit nicht stehend, sondern sausend und stürmend, wovon durch ein Blendwerk aus andrer Ordnung der Dinge niemand etwas gewahrte.*
>
> Der gestohlene Mond[32]

Was Barlach 1937 zu Papier bringt und es dann – wie schon den »Seespeck« – unvollendet liegen lässt, klingt wie eine Spukgeschichte. Er selbst erscheint darin als wenig verfremdete Hauptfigur namens Wau, und sein Gegenspieler Wahl trägt die Züge seines Adlatus Bernhard A. Böhmer.

Es ist eine Geschichte von Fluch und Flucht. Denn die nächtliche Sonne der Romantiker, der Mond, scheint verschwunden.

Wo ist er hin, wurde er gestohlen?

Mit ihm versinkt das Reich der Phantasie, der Träume, der Kunst in ein Dunkel, das von keinerlei Licht mehr erhellt wird. Rembrandt schuf eine berühmte Radierung, unter die er schrieb: »In media noctis vim suam lux exerit.« (In der Mitte der Nacht verbreitet das Licht seine Kraft.) Es ist ein Lob der Nachthelle, wie sie die Romantiker kannten, jenes Zwischenreichs von Tag und Nacht, dessen Bewohner – neben Hexen, Gnomen, Feen und Kobolden – auch Wau gewesen war.

Wau, das ist Barlachs Selbstporträt hinter einer Milchglasscheibe. Über Wau heißt es: *Er verübelte dem Leben nichts und nahm es doch nicht leicht.*[33]

Jetzt aber ist der Mond weg, gestohlen offenbar von jenen allzu Klarblickenden, die immer nur den Tag kennen: *Niemand sah den Mond, der für jedermann sonst mit klarem Schein stand, wohin er gehörte, wenn auch in Wirklichkeit nicht stehend, sondern sausend und stürmend, wovon durch ein Blendwerk aus andrer Ordnung der Dinge niemand etwas gewahrte.*[34]

Wie in einer chinesischen Parabel haben wir teil an einem Schisma. Die einen sind vom Verlust des Mondes im Innersten getroffen, die anderen zucken bloß mit den Schultern und sagen: Was soll denn das heißen, der Mond ist gestohlen? Wer braucht denn diese blasse, ständig zu- oder abnehmende Leuchte, die kann man doch nicht einmal verkaufen!

Es gibt hier zwei Gruppen von Menschen: die eine, die sich um Wau, und die andere, die sich um Wahl versammelt. Einmal ist die Rede von *Hintze und Kuntze*, wer denkt da, von heute aus gesehen, nicht an Volker Brauns gleichnamigen Roman, der auch kein Roman im üblichen Sinn ist, sondern eine Versuchsanordnung, die mit Hegels Herr-und-Knecht-Dialektik aus der »Phänomenologie des Geistes« experimentiert. So auch bei Barlach: Der Herr (Wau) dominiert den Knecht (Wahl), aber da er diesem das tätige Prinzip überlässt, wird er immer mehr zu einem bloß scheinbaren Herrn, der wirkliche Herr aber ist der Knecht!

Das Leben ist dürftig geworden an der Schwelle des Jahres 1937. Das Problem dabei: Die einen leiden schwer darunter, die anderen bemerken es nicht einmal. Immerhin hat Barlach eine Werkbeihilfe der Sektion Dichtung der Preußischen Akademie der Künste erhalten. Das kann man angesichts der vielen schlechten Nachrichten als eine Ermutigung verstehen. Auch Reinhard Piper hört – trotz des Verbots der »Zeichnungen« – nicht auf, Barlach nach neuer Prosa zu fragen, die er drucken kann.

Also schreibt Barlach die Geschichte seiner Ängste, die ihm den Schlaf rauben, in der Hoffnung aller Märchenerzähler, die bösen Geister, die er am Werke sieht, zu bannen, wenn es ihm nur gelingt, sie mit ihrem richtigen Namen anzusprechen.

In Barlach rumort sein tagtägliches Unbehagen, das ihm Bernhard A. Böhmer bereitet. Gewiss, er ist diensteifrig, überaus nützlich im Umgang mit den neuen Realitäten des Dritten Reichs. Er kann Dinge regeln, die andere nicht regeln könnten. Er verschafft Barlach Aufträge und Geld, beides braucht er, da er schier unbezahlbare Schulden hat wegen des ihm von Böhmer eingeflüsterten Atelierhausbauprojekts.

Der tägliche Kontakt zu dem geschiedenen Mann seiner Lebensgefährtin Marga Böhmer ist zweifellos eine Last, die er nur um den Preis seines völligen Untergangs abwälzen könnte, das weiß er genau.

Er ist ein Gefangener Böhmers!

Darum geht es im ersten Kapitel von »Der gestohlene Mond«: *Daß Feindschaft sich mit den gefälligsten Formen und Farben der Freundschaft schmücken kann, wer möchte darüber noch ein Wort verlieren – denn, wohlverstanden, es ist von etwas Weitausholendem die Rede, und das derart Breitspurige waltet, hantiert und pfuscht nicht mit Beiläufigkeiten und allerorts üblichen Ungehörigkeiten, solchen Lappalien, wie die täglichen Auflagen der Zeitungen zur Befriedigung der Lüsternheit nach übelriechenden Tagtäglichkeiten ihren Lesern zuführen.* Und dann folgt der entscheidende Satz, der im Alltäglichen so nicht ausgesprochen werden könnte, nicht dürfte, der solch phantastischer Ummantelung bedarf, weil diese Wahrheit ein streng zu hütendes Geheimnis ist, das nie über Barlachs Lippen darf: *Feindschaft wie die zwischen Wahl und Wau können viele nicht von echter Freundschaft unterscheiden.*[35]

Er hat ihn ständig vor Augen, den Feind in Gestalt eines unabkömmlichen Freundes: Bernhard A. Böhmer, der Dandy mit besten Kontakten ins Propagandaministerium und zu Kunsthändlern im In- und Ausland. Er hat offensichtlich Geld und zeigt es gern auf protzige Weise. Er fährt mit einem Cadillac durch die Kleinstadtstraßen von Güstrow!

Ein Foto zeigt Böhmer in seinem Element: als Darsteller des schönen Scheins. Insofern wirkt er sehr gegenwärtig. Auf einem Foto aus den frühen zwanziger Jahren (siehe Seite 236) posiert er wie Hans Albers in der Rolle eines Gangsters. Es hat etwas von »Dreigroschenoper«, Mackie Messer mit hochgestelltem Mantelkragen, Schiebermütze und einem Blick, den man auf sehr direkte Weise verwegen nennen muss! Wie kann eine junge Frau wie Marga Böhmer nur diesen gut aussehenden, charmanten Mann wegen eines Alten mit »Totengräbergesicht« (Barlach) verlassen!

Barlach nimmt sich im »Gestohlenen Mond« viel Zeit, den Typus Wahl alias Bernhard A. Böhmer zu beschreiben: *Jedermann war*

Wahls Freund, guter Bekannter, Mithelfer bei Zeitvertreib, Abladeort für den Überfluß an Langeweile, die ihn gelegentlich befiel, kurz, Wahl bediente sich jedermanns Gefälligkeit, womit es ihm nur selten mißlang. Alle kannten ihn, und er kannte alle.

Barlach weiß, er hätte gewarnt sein sollen, denn er ist doch nicht ohne Lebenserfahrung, besitzt Menschenkenntnis. Aber was hilft ihm das hier?

Eine Abneigung herrscht also, doch was folgt daraus? *Wau, sonst vertrauensselig, hatte aus Wahls Allbeliebtheit eine Mahnung zur Zurückhaltung für seine Person entnommen. Er war der fetten Festivität von Lebenshaltung ein wenig gram geworden und fühlte sich von den immer neu aufzischenden Raketen der Lust an den gangbaren Arten der üblichen Hochleberei leicht angewidert. Wahl, der überall mitmachte und unermüdlich alle Anlässe zu Schlamperei, ja Luderei fleißig nutzte und studierte, machte ihn besorgt für seine mit den Jahren in bescheidenen Maßen gediehene Zurückhaltung, ja ihm ward bänglich in seiner Nähe, wenn er spürte, daß Wahl es mit ihm anders als mit den meisten hielt.*

Barlach wittert, Böhmer könnte es in all seiner *Betriebsamkeit* ganz schnöde kühl kalkulierend auf ihn abgesehen haben. Aber was verspricht er sich davon? Reichtum besitzt Barlach nicht, und sein Marktwert als Künstler scheint keineswegs gesichert.

Zehn Jahre später sind Bernhard A. Böhmer die Spuren seiner unheilvollen *Betriebsamkeit* dann wie Male des Unheils ins Gesicht geschrieben: Auf Fotos wirkt er verlebt und aufgedunsen, ein alternder Geck, der seine Lebenssünden nicht länger hinter der Maske jugendlicher Unbesonnenheit verbergen kann.

Vetter Karl warnt Barlach frühzeitig vor Bernhard A. Böhmer. Dieser entgegnet, er möge nicht Unrecht haben, er sollte vorsichtiger sein: *Wie weit ich gut daran tue, mich ihm ganz in allen geschäftlichen Dingen anzuvertrauen, weiß ich nicht. Aber bei mir ist es eine gewisse Bequemlichkeit und Notwendigkeit. Die geschäftliche Misere ist mir zuwider, und die nimmt er mir ab. Mag er dann auch das Seine sich davon nehmen.*[36]

Aber so eindeutig – und selbstgerecht – mag Barlach nun die Wahl-Welt von der Wau-Welt doch nicht trennen. Nein, beide vermengen sich, einer scheint gar des anderen Doppelgänger, wie wir im zwölften Kapitel lesen: *Habe ich wohl auch ein Stück Wahl in mir, ja wäre ich nicht geradezu der ganze Wahl, wenn ich nicht zufällig Wau wäre und als Wau am Ende nur mit dem Vorbehalt, es einmal nicht mehr sein zu müssen?*[37]

»Der gestohlene Mond« scheint mit seinen über 260 Seiten weit mehr als das Fragment, das er zu sein vorgibt: ein Roman jenes Typus, der immer unvollendet bleiben muss, weil er keine »quasidramatische« Fabel enthält. Auch das schreibt Barlach in diesen unmöglichen Roman mit hinein, gleichsam als Regieanweisung für die in ihm Handelnden wie auch für den Leser.

Es ist, darin zeigt sich der moderne Mystiker in Barlach, ein rein negatives Prinzip, das nur Aussagen über das trifft, was nicht zutrifft, und sich jeder positiven Setzung enthält: *Über nichts von allem Derartigen soll gehandelt werden, nichts, was zu einem guten und gerechten Bündel von Romankapiteln gehört, wird verheißen.*[38]

Damit steht »Der gestohlene Mond« in einer Reihe wichtiger Bücher des 20. Jahrhunderts, die jedes Genre von innen her aufsprengen. Rilke hat 1910 mit seinem »Malte Laurids Brigge« vielleicht den ersten modernen Roman dieser Art geschrieben, Kafka folgte mit »Amerika« sowie »In der Strafkolonie« und Robert Musil mit dem »Mann ohne Eigenschaften«, allesamt umfassende »Fragmente« im besten romantischen Sinn: philosophische Umkreisungen mittels Metaphern, Traumprosa, Groteske und dem Zeitsprung vor und zurück als Gestaltungsprinzip. All das wird intuitiv collagiert zum halbautobiographischen Bekennen hinter wechselnden Masken – und vor allem nicht zurückgehend hinter Nietzsches Diktum »Gott ist tot!«.

Was von Gott dennoch bleibt, ist entweder Teil von uns selbst geworden oder Gespensterseherei. Barlach kultiviert beides. Wau schöpft, wenn er denn schöpft, aus dem Chaos, das er in sich trägt. Das ist gleichsam Barlachs künstlerisches Bekenntnis: Sein Werk ist eine mühsame Aufhellung jenes Dunkels, von dem er sich umgeben weiß. Seine Sonne ist der Mond! Darum auch das Bekenntnis: *Wau hatte vielerlei durcheinander gelesen, behalten und vergessen. Nach welchem Richtpunkte nun aber das Behalten, nach welchem aber das Vergessen geschah, blieb ihm verborgen, indem sich das Zurückbleibende der aufgenommenen Vorstellungen gleichsam ungefragt in ihm etablierte, das Entschwundene sich davonstahl, als müsste es selbst wissen, wo seines Bleibens sein dürfe, aber gewiß nicht in Waus Wesen.*[39]

»Der gestohlene Mond« verteidigt seinen Rätselcharakter, er führt den Leser ins Labyrinth der Worte und lässt ihn dort allein. Gewiss ist, diese Spukgeschichte vom gestohlenen Mond, mit dem der verborgene Zauber des Lichts unwiderruflich verloren geht, ist keine harmlose Unterhaltung, sondern etwas Archetypisches: die Apokalypse im Gewand einer biedermeierlichen Kneipenrunde.

Dem 36. Kapitel geht das 35. voran. Der Zusammenhang beider ist nicht zufällig, obwohl vom Sujet grundverschieden und übergangslos aneinandergereiht. Das 36. Kapitel variiert noch einmal alles Unwohlsein in der schier unaufkündbaren Nähe Barlachs zu Bernhard A. Böhmer. So sah bei Goethe der längst wieder zur Vernunft gekommene Faust den Verführer Mephisto. Was der ihm zeigte, war Blendwerk, und Fausts – Waus, also Barlachs – größter Irrtum war, dass er sich mit dem falschen Versprechen, seine Jugend wiederzuerlangen – angesichts von Gretchen in Gestalt Marga Böhmers – hat übertölpeln lassen.

Nun steht er da wie ein Tor und ist Gefangener eines Satans namens Bernhard A. Böhmer. Selten nur geht Barlach zu Böhmer hinüber in jenes Haus, das eigentlich sein Haus ist oder vielleicht einmal sein wird, sollte er jemals die Bauschulden abbezahlen können, wonach es nicht aussieht. Jetzt aber wohnt hier Böhmer mit seiner neuen Frau.

Tiefes Befremden befällt Wau, wenn er sieht, wie Wahl nun in dem Haus, zu dem ihm dieser erst verführte, residiert: *Im Gegensatz zu Waus Wohnzimmereinrichtung, die im Verlaufe seiner ehefraulosen Jahre altväterlich geworden, war diejenige Wahls der Jetztzeit voll entsprechend, modernst zugeschnitten, hochvornehm und geeignet, Leute, die sich leicht verblüffen lassen, beim Betreten des Flurs schon mit der Vorstellung zu bedrücken, daß alles hier zu nobel für sie sei.*[40]

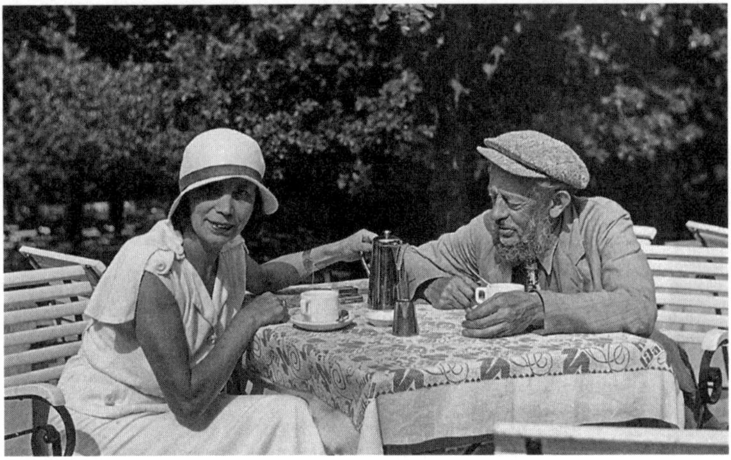

Marga Böhmer und Ernst Barlach (Mitte der 1930er Jahre)

In Wau widerstreiten Unbehagen mit Befangenheit und Fremdsein. Der Fußboden, das ist wirklich der Gipfel, wurde mit *Velour* bespannt (eine Art Vorform der »Auslegware«), was aus Wau herausplatzen lässt: *Kannst du das aushalten, Wahl ... nicht mal deine eigenen Schritte zu hören – es muß dir doch vorkommen, als hättest du hier nichts zu suchen –, machst du wenigstens beim Eintreten deine Verbeugung vor der Couch?*[41]

Wau sieht mit Barlachs Augen hier immer nur *Dekoration inmitten der anderen Dekoration,* und es erfährt ihm ein fast schon mitleidiger Ausruf: *Armer gepeitschter Wahl, geschunden von deinen wütenden Oberherren, deinen Großmannstrieben – immer außer Atem, immer verirrt in deinem Dschungel von wichtigen Unnützlichkeiten, lägest du doch einmal auf dem Purpur einer tiefen Ruhe mit Leib und Seele gebettet!*

Wau ringt geradezu um die Seele dieses doch fast schon verlorenen Menschen, der fatalerweise ein Teil von Wau geworden ist, sein dunkler lichtloser Schatten, der gar nicht versteht, wovon hier die Mondrede ist. Dieser Tagmensch scheint in seiner Geschäftigkeit blind für die Nachthelle.

Darum klingt Barlachs Urteil über Wahl, der sich in Gestalt Böhmers seiner bemächtigt hat, auch so hart, denn nur im Verborgenen kann er noch derartige Urteile so ganz als er selbst aussprechen, sich daran erinnern, dass er doch weiß, was wahr und was gelogen ist – im Unterschied zu Wahl, der dies nicht weiß: *Flink und behende zu schlüpfen, hatte das Lügenmäuslein aus Wahls Munde die Übung der tagtäglichen Gewohnheit. Wahl log so tüchtig, unbedenklich und schnellfertig, daß ihm das Aussprechen einer unwahren Feststellung bequemer war als einer zutreffenden.*[42]

Zurück zum Kapitel davor, dem 35. Hier ist kein Platz für die Lüge, hier regiert eine Wahrheit, die furchterregend ist: Ein Pferd wird vom Pferdeschlächter Viktor ins Schlachthaus geführt. Unterwegs treffen sie Wau, der in Viktor einen Freund weiß. Denn Viktor ist mit Ernst bei der Sache, weiß um die Würde des Tieres, dessen Lebensleiden er nun ein Ende setzen wird, schnell und sachlich, aber frei von aller Oberflächlichkeit. Er hat im Unterschied zum betriebsamen Wahl einen Sinn für das Schicksal, das uns, gleich ob abgemagertes Pferd oder kraftstrotzender Erfolgsmensch, in der Hand hält.

Die Szenerie ähnelt der in Leo Tolstois Erzählung »Der Leinwandmesser«, wo ein einst über die Maßen starkes Pferd, das man wie einen Gegenstand verschlissen hat, weggeworfen wird, als wäre es nicht ein Stück unwiederbringliches Leben. Dieses *Pferdejammerbild* rührt Wau, und er will Viktor das Tier abkaufen. Aber wozu?

Es ist am Ende, morgen oder übermorgen schon ohnehin ein Fall für den Schinder, er solle es sich doch bloß einmal anschauen. Und tatsächlich, *dieses zum Richtplatz stolpernde Gerüst eines bis zur Unbrauchbarkeit ausgedienten, somit schlachtreifen Pferdegespenstes, immer noch Roß geheißen,* wird Wau zu einem *grausamen Bild des regungslosen Dokuments seiner vierfüßigen Vergänglichkeit.*[43]

Detailliert schildert Barlach nun das Schlachten des Pferdes. Als es dann auf dem Boden in einer Blutlache langsam erkaltend liegt, noch bevor ihm sein zerschundenes Fell abgezogen wird und man die Innereien herausreißt, erkennt Wau: Tat twam asi. Das bist du! Wie dieser ausgediente Gaul sein Ende findet, wirst auch du bald daliegen.

Aber vor seinen Augen verwandelt sich das Schauspiel in eine Apotheose, in die poetische Rechtfertigung der Existenz, eine Pietà für ein ausgezehrtes Ross, das man geschlachtet hat: *Nur einen Blick warf er durch den Spalt der halboffenen Türflügel auf die mit ausgestreckten Beinen wie in Behagen und Ruheseligkeit eines tiefen Schlafes versunkene Regungslosigkeit des apokalyptischen Rosses, wie er den elenden Gaul in einer Regung von Gewaltsamkeit in seinem Gemüt nannte. Er ruhe auf der Glätte der Blutlache wie auf Purpur in königlicher Aufbahrung, beliebte er sich weiter vorzustellen.*[44]

Nicht mithassen, sondern mitleiden. Barlach und das Mysterium Mensch

> *Noch Eins: ich kann es gelegentlich nicht lassen, auf burleske Art zu sprechen oder zu schreiben, und in Briefen ist diese Narrheit gar zu oft Anlass zu Missverständnissen.*
>
> Ernst Barlach an Hugo Körtzinger (19. Oktober 1934)

Barlach mit Vincent van Gogh zu vergleichen erscheint auf den ersten Blick nicht naheliegend, auf den zweiten schon. Denn wie der Holländer in seinen Bildern von einer ungeheuren Kraft getrieben wird, den aus Widersprüchen gemachten Menschen zu zeigen, dessen Erlösungshoffnung inmitten des Wissens von der Abwesenheit Gottes in der Welt immer neu aufflammt, so auch Barlach. Beide sind sie Gottsucher in einer gottverlassenen Welt, beiden wird dieser Erkenntnisschmerz zur Intensivierungsform der eigenen Ausdrucksmöglichkeiten.

Wie bei van Gogh, so drängt auch bei Barlach dieser Ausdruck einerseits ins Kunstwerk, andererseits aber auch in eine unmittelbare Form des Schreibens: den Brief.

Vincent van Goghs Briefe an seinen Bruder Theo sind Meisterwerke der Briefliteratur, aber auch Barlach nutzt – neben seiner Prosa und der Dramatik – den Brief zu unverwechselbarem Ausdruck.

Seine Briefe sind eine Form von Bekenntnisliteratur, deren Rang es erst noch gerecht zu werden gilt. Vieles findet sich so nur in ihnen ausgesprochen.

Das Briefeschreiben ist für Barlach Last und Lust gleichermaßen, nach der öffentlichen Diskreditierung durch die Nationalsozialisten aber wächst in ihm der Vorbehalt gegen offene Bekenntnisse. Viele der Briefe, die an ihn gerichtet waren, wird er Mitte der dreißiger Jahre vernichten aus Furcht, sie könnten den Schreibern schaden, wenn die Gestapo sie bei ihm fand. Aber der Drang nach Offenheit wächst in ihm im gleichen Maße, wie diese Offenheit für ihn zur Gefahr wird.

In Barlachs letzten Lebensjahren wird es nicht Hermann F. Reemtsma sein, dem er bei aller Dankbarkeit für seinen – auch finanziellen – Beistand immer mit einer gewissen Reserve begegnet, sondern Hugo Körtzinger, dem gegenüber er offene Worte wagt. Am 3. Oktober 1934 schreibt er an ihn: *Lieber Herr Körtzinger, ich habe mir seit längerem angewöhnt, Briefe mit Unterbrechungen, quasi portionsweise, zu schreiben, teils weil dabei so vieles, was sonst in der Eile liegen geblieben wäre, doch noch aufgelesen wird, teils weil der Zwang zum Beendigen wegfällt, sintemal mir das Briefschreiben sonst, in der üblichen Weise, eine Last geworden ist. So wie ich's jetzt treibe, kann ich jeden Augenblick abbrechen und – nun, Sie verstehen schon ...*[45]

Was hier nur angedeutet ist, wird Körtzinger am 24. Juli 1936 Hermann F. Reemtsma mitteilen: »Zweimal haben seine Angehörigen ihn dabei betroffen, aus dem Leben zu gehen. Sie sagten alle, daß er mich sehr brauche. Ich tat soviel ich konnte.«[46]

Es ist die Arbeit am »Fries der Lauschenden«, die Barlach noch einmal ermutigt hatte. Aber die ist nun abgeschlossen, und es scheint nichts in Sicht, was ihn jetzt noch beflügeln könnte. Gegen das Verdikt der NS-Kunstwarte kommt niemand an – auch Reemtsma nicht und nicht Bernhard A. Böhmer, dieser Typus geschäftiger Mensch, wie Barlach ihn in »Der gestohlene Mond« beschreibt. Eigentlich ist er ihm zuwider, aber ohne Böhmers Hilfe im Alltag könnte er gar nicht mehr existieren.

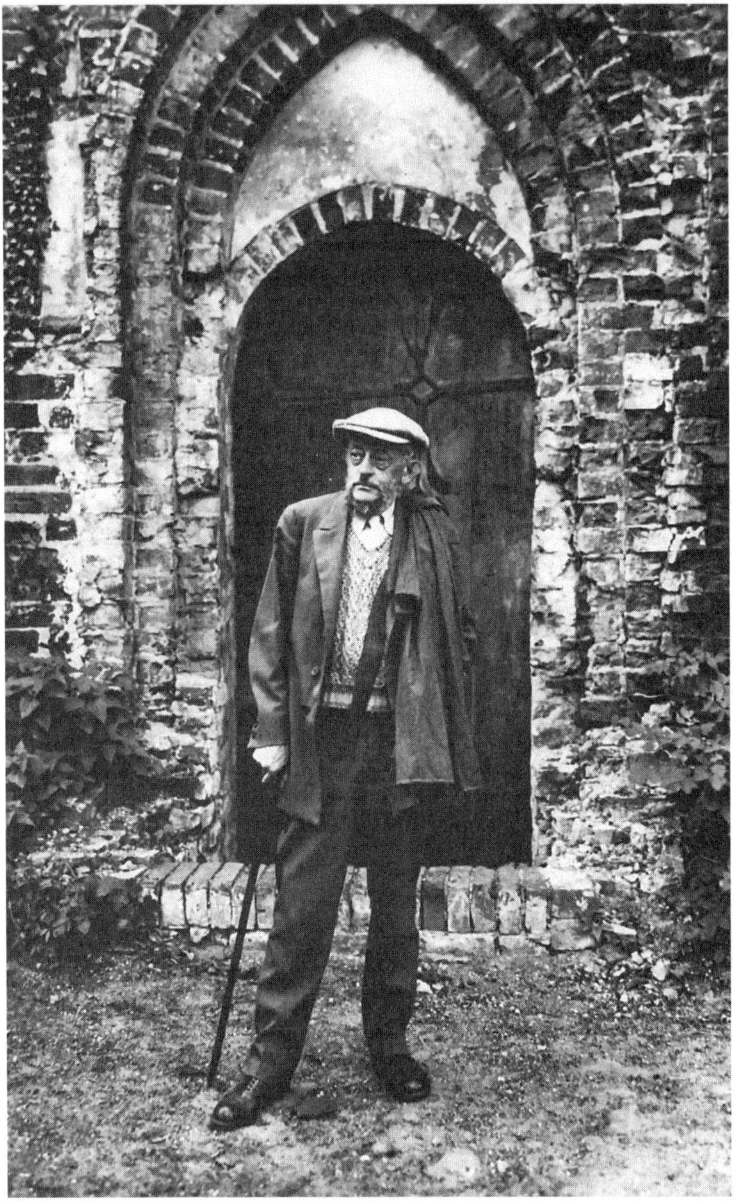

Barlach vor der Gertrudenkapelle (1934)

Barlach beobachtet Bernhard A. Böhmer nun mit wachsender Sorge. Am 11. Oktober 1934 lässt er Hugo Körtzinger daran teilhaben: *Böhmer ist hoffentlich bei leidlichem Wohlsein bei Ihnen gewesen, er macht mir Sorge, mit seinen Jahren fing meine Hauptarbeitszeit an, er ist an mehr als einem Punkte erledigt oder doch arg reduziert, gerade an denen, wo man sonst überschäumend leistungsfähig zu sein pflegt.*[47]

Solch Bemerken ist bei Barlach nichts, was kommt und geht, es ist eine anhaltend starke Unruhe, die eben nicht nur sein eigenes Schicksal betrifft. Er spricht es immer wieder an: Es sei fatal, wie sich Böhmer im zwielichtigen Tagesgeschäft zerreiben lässt. Er tut ihm leid, es geht ihm nah.

Am 7. Oktober 1935 ist es wiederum Hermann Körtzinger, dem er anvertraut, wie es um Böhmer steht: *Er gefällt mir gar nicht. Die Kur in Kissingen, längerer Aufenthalt an der See – alles offenbar nutzlos. Er lässt sich in ein Tempo hetzen, das ihn bei jungen Jahren zermürben muß. Ich bremse dieses Jagen nach Kräften ab, aber leider kann er so schlecht und eigentlich garnicht nein sagen. Darin bin ich ihm weit über.*[48]

Nein, er will über Bernhard A. Böhmer den Stab nicht brechen. So selbstgerecht ist er nicht. Er flucht gewiss oft, wenn er an ihn denkt. Was für eine Plage ist dieser Mensch doch! Manchmal verflucht er ihn geradezu. Aber im Grunde weiß er: Dies ist jemand, der seine Nähe nicht nur aus Berechnung sucht. Böhmer ist ihm vertraut geworden, er fühlt sich verantwortlich. Was er Hugo Körtzinger am 31. Oktober 1936 mitteilt, klingt wie ein Stoßseufzer: *Böhmer ist mein herzlich beflissener Kumpan im Intimen seiner mitleidenden Gedanken. Sie wissen, wie er's meint, er meint es ehrlich und voll von gutem echtem Gefühl.*[49]

Gegenüber Körtzinger, diesem verspielten Geist und originellen Lebenskünstler, fühlt sich Barlach frei zu Bekenntnissen, derer er sich sonst lieber enthält, etwa über die Entstehung seiner Werke, die auch für ihn etwas Mysteriöses hat. So heißt es in einem Brief vom 4. Oktober 1934: *Manchmal brauche ich nichts und denke an nichts, sondern gehorche nur dem Diktat meiner Hand – und so oft entsteht solcherweise das Bessere gegenüber dem Gesuchten und mit*

Mühe Beschafften. Oft muß ich mich heillos quälen und erfahre dann doch wohl, dass ich etwas gewollt, aber nicht gesollt habe. Damit muß ich mich abfinden, das Müssen steht obenan – und wenn es auf Buddhagewänder hinausläuft, so hat der Wille und Vorbehalt nichts damit zu tun. Immerhin: es steckt in mir eine Neigung zum Khristall, zu dem aus einer unbegriffenen Notwendigkeit zusammengeschlossen, dessen Halten weder bewiesen noch bestritten werden kann.[50]

Das Ende

Anfang 1938 sitzt Barlach mit Marga Böhmer in Wernigerode. Er versucht einen möglichst großen Abstand zu Güstrow zu gewinnen, diesen Ort, wo er seit fast dreißig Jahren gelebt hat und den er nun nicht mehr erträgt.

Vielleicht wäre Goslar eine Stadt, in der man noch einmal neu anfangen kann?

Aber im Grunde glaubt er nicht daran, dass es solch einen Anfang für ihn noch einmal geben könnte, wie er Friedrich Schult am 10. Januar 1938 anvertraut: *Das eine böse Jahr zieht ein anderes nach sich, und man sieht es kommen, ohne Anhalt über seine Beschaffenheit, ohne Vermuten und Ahnen zu gewähren, bleibt nur eine große, dunkle Leere.* Ja, Rohlfs sei auch gestorben, nachdem er kurz zuvor noch seinen 88. Geburtstag gefeiert hatte. Es klingt nicht nach einem launigen Spruch, sondern bitterernst, wenn Barlach bekennt: *Tot sein ist recht gut!*[51]

Im Sommer 1938 verschlechtert sich Barlachs Zustand rapide. Er beginnt die Seiten zu wechseln – vom Diesseits ins Jenseits. Er hört fast ganz auf zu arbeiten, schränkt seine Korrespondenz ein.

Dem jungen Autor Heinz Priebatsch, der kurz darauf emigrieren muss, schreibt er am 10. Juli 1938, sein Mitteilungsbedürfnis schrumpfe, Briefe stapelten sich und müssten unbeantwortet bleiben: *Im Ernst, ich werde maulfaul, und wenn's grade bei mir nicht zum Arbeiten reicht, gehe ich rauchend auf und ab, stundenlang, tagelang, von keiner Reue geplagt. Ich träume oft entsetzlich wild, oft wunder-*

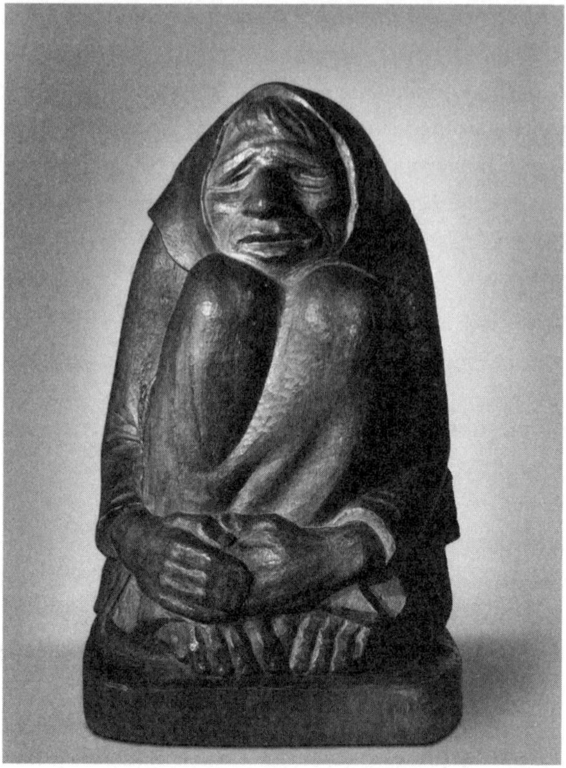

Frierende Alte (1937)

lich plastisch – musikalisch beseligend und von Zeit und Stunde gelöst! Jeder hilft sich wohl auf seine Art – ich möchte diese Träume nicht missen.[52]

Er hat – wundersamerweise – einen Auftrag erhalten, von der Johanniskirche in Hamm. Ein Taufbecken soll es werden. Er beginnt tatsächlich mit Zeichnungen dazu und formt ein Modell in Gips. Das Taufbecken soll auf einer vierzehneckigen Säule stehen, die umlaufend mit Schmuckelementen versehen wird. Aber diese sind im Modell nur im Ansatz zu erkennen. Man erahnt eine männliche und eine weibliche Figur, umdroht von bocksbeinigen Dämonen. Doch Barlach ist die Konzentration abhandengekommen, die braucht, wer ein Werk schaffen will. Es gibt so viele Werke von ihm – und wo sind sie? Die großen, die wichtigen sind

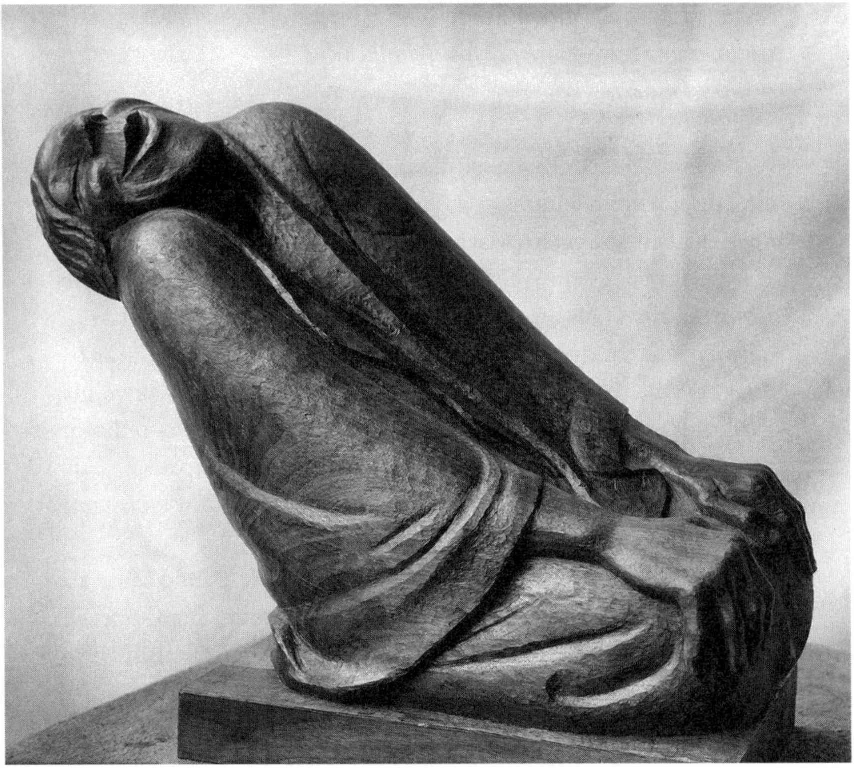

Lachende Alte (1937)

alle abgerissen und als »entartet« von ihren Plätzen entfernt worden. Warum nun überhaupt noch etwas Neues schaffen? Im vergangenen Jahr, dem schlimmen Jahr 1937, hatte er seine Verzweiflung noch einmal in Ausdruck verwandelt, in einem letzten großen Kraftakt. Er schuf den »Zweifler«, die »Frierende Alte« und die »Lachende Alte«. Damit ist alles gesagt!

Und auch Leo von König, der zu ihm kam, um ihn zu malen, hat er zum Dank noch porträtiert. Das muss dieser Welt, der er immer mehr abhandenkommt, genügen. Hermann F. Reemtsma schreibt er am 19. Juli 1938: *Es geht mir persönlich, gesundheitlich und in anderer Beziehung mehr als schlecht. Davon soll aber nicht weiter groß die Rede sein, ich teile in vielfacher Hinsicht das Schicksal von Tausenden ... Der Wald wird immer kahler, und zusehends ändert sich die Landschaft, es wird nicht »schöner mit jedem Tag«. Ich wohne seit 1910 hier und bin als »fremd, fast feindlich« verschrien. Habe ich mich so sehr geändert?*[53]

Den Verkauf des Atelierhauses, das er nie wollte und nie bewohnt hat, betreibt er im Sommer 1938 mit letzter Energie. Diesen Ballast muss er noch abwerfen. Marga Böhmer – das rechnet er ihr hoch an – will ihm auf dem Weg ins Ungewisse folgen. Hugo Körtzinger vermittelt das Haus an Hermann F. Reemtsma, der es kaufen will. Böhmer jedoch, der schon mit dem Gedanken an ein Barlach-Museum spielt, hintertreibt die Verkaufspläne, schließlich wohnt er selbst in dem Haus am Heidberg, das nun verkauft werden soll. Er stellt Reemtsma gegenüber den Sachverhalt so dar, als ob Barlach nur Geld braucht und das Haus als Sicherheit dafür einsetzen will. Die Rede ist von 50 000 Mark.

Auch Marga will ihr Haus verkaufen und hofft, 25 000 Mark zu erzielen. Barlach und sie wollen nur noch eins: weg aus Güstrow, den Ballast der ungeliebten Häuser abwerfen. Aber Barlachs Kräfte schwinden von Tag zu Tag mehr.

In dem letzten Brief, den Barlach am 16. August 1938 an Reinhard Piper schickt, heißt es: *Ich verkaufe mein Anwesen und es ist fast schon geschehen, ich gehe hin, wo es mir möglich ist, in einiger Ruhe vielleicht noch einige Jahre arbeiten zu können.*[54] Aber dazu kommt es nicht mehr. Barlach ist für die notwendigen Schritte zu schwach geworden, zumal Bernhard A. Böhmer dagegen arbeitet.

Barlachs Zustand verschlechtert sich zum Ende des Sommers weiter, er trinkt und raucht nun auch nicht mehr, isst kaum noch etwas. Marga Böhmer berichtet davon Hugo Körtzinger: »Die Arbeitslosigkeit, der sich so bös auswirkende Boykott, dadurch die Unsicherheit und Erschütterung der Existenz, haben ihn seelisch so zermürbt, und er kommt aus der motorischen Unruhe nicht mehr raus, läuft in seinem Atelier auf und ab, weiß selbst nicht, was er eigentlich noch soll. Die großen Augen schauen so traurig drein und er kommt mir vor wie ein gefangenes Tier ...«[55]

Mitte September hat sich Barlachs Zustand so verschlechtert, dass er in die Rostocker Privatklinik St. Georg von Professor Georg Ganter gebracht wird. Dort bekommt er Morphium, schläft seit Langem wieder.

Er wird immer schwächer, dennoch sieht Marga Böhmer es am 28. September als Erfolg an, dass er nicht mehr nur »spazierenliegt«, sondern es schafft, zweimal am Tag eine halbe Stunde zu sitzen.

Im Krankenzimmer steht »Der Träumer«, seine Holzskulptur von 1925. Das ist ein gern auf dem Rücken liegender Sterngucker, der die Hände unter dem Kopf verschränkt hält, ganz er selbst ist, ohne etwas tun zu müssen. So einer, wie es Däubler in seinen besten Momenten war.

Müßiggang! Das ist etwas, das Barlach nie gelang, seinem Sohn Klaus dagegen umso besser. Er lebt beharrlich gegen des Vaters Ermahnungen sein Eichendorff'sches Taugenichtsleben, wandert im Gebirge, fährt Ski im Winter und im Sommer Motorrad – alles von des Vaters Geld –, verbummelt genussvoll seine Tage wie die Dauerstudenten späterer Generationen. Doch Barlach liebt Klaus nicht nur, er glaubt auch fest daran, dass dieser die Kraft hat, ein eigenes Leben zu leben. Ein auf seltsam verschrobene Weise – darin dem Vater gleich – sorgendes Naturell besitzt Klaus durchaus, wie Karl Barlach sich erinnert: »Er birgt eine flügellahme Fledermaus in der Brusttasche und verbringt Stunden damit, ihr Fliegen zu fangen.«[56]

Ernst Barlach, in der Rostocker Klinik liegend, bekommt nun Eierkognak zur Kräftigung, verliert aber dennoch weiter an Gewicht, von ohnehin nur 61 auf 56 Kilo. Der Arzt beschwört innere Heilungskräfte: Hoffnung und Zuversicht.[57] Aber genau daran mangelt es ihm am meisten. Und der ärztliche Befund gibt wenig Anlass für Optimismus: »Schwerste Einengung der großen Schlagaderöffnung nach abgelaufener Entzündung der inneren Herzhaut mit hochgradiger Verkalkung und Verwachsung der großen Schlagaderklappen. Hypostatische Bronchopneumien in beiden Lungenklappen.«[58]

Der letzte kurze Brief, den Barlach schreibt, geht am 4. Oktober an seinen Bruder Hans. Er enthält den sein Selbstverständnis so wunderbar zusammenfassenden Satz: *Es ist kein Fall mit mir, der gemeldet werden müßte.*[59] Das Herzversagen ist nicht mehr aufzuhalten. Barlach stirbt am 24. Oktober 1938.

Das Nachleben

Nein, in Güstrow wollte Barlach nie begraben sein. Sein Begräbnis wird in Ratzeburg, der alten Heimat, stattfinden, so hat er es verfügt. Doch zum Abschiednehmen wird der Leichnam im Güstrower Atelier aufgebahrt. Dort gibt es auch eine Trauerfeier, dann wird der Sarg nach Ratzeburg gebracht und am Tag darauf beigesetzt.

Marga Böhmer, die bis zur letzten Stunde nicht von Barlachs Seite wich, wird in der von Bruder Hans und Sohn Klaus unterzeichneten Todesanzeige nicht erwähnt. Sie war eben nicht seine Frau, sondern nur eine Frau, mit der er lebte und in deren Armen er starb. Bei der Trauerfeier und der Beerdigung macht sie sich so unsichtbar wie möglich.

Richard Hertel kommt aus Berlin und nimmt die Totenmaske ab. Auch Käthe Kollwitz, die Barlach immer so bewundert hat, ist aus Berlin zur Trauerfeier gekommen, ist zeitig vor den anderen Trauergästen im Atelier, in dem man die Werkzeuge beiseitegeräumt hat.

Sie beschreibt die Szenerie: »Wie ich mich zur Seite wende, dem eigentlichen Atelierraume zu, sehe ich Barlach im offenen Sarg liegen. Der Sarg steht in der Mitte des Raumes. Er ist feierlich und kostbar aufgebahrt. Ein schwarzer Teppich und weiße Atlasdecken. Barlach ist ganz klein. Er liegt mit ganz zur Seite gesenktem Kopf, als ob er sich verbergen wolle. Die weggestreckten und nebeneinander gelegten Hände ganz klein und mager. Ringsum an den Wänden seine schweigenden Gestalten. Hinter dem Sarg Tannen aufgebaut. Über dem Sarg die Maske des Güstrower Domengels. Um den Sarg läuft ein kleiner Hund herum und schnuppert zu ihm auf.«[60]

Dann spricht Pfarrer Schwartzkopff, der von den Nationalsozialisten Verfolgte, der den Geist der Bekennenden Kirche verkörpert. Er, der den Auftrag für den »Schwebenden Engel« an Barlach maßgeblich initiierte, erinnert sich: »Vor Jahren sagte er mir, daß er ein Christusdrama zu schreiben begonnen, aber nach den ersten Szenen alles zerrissen habe; ›das läßt sich nicht psychologisieren und dramatisieren‹. Daß unser Denken und Reden den Heiligen entheiligen, den Gottmenschen entstellen, die Wahrheit in Lüge wandeln kann, das wußte er so wie ganz wenige.«[61]

Tags darauf, am 28. Oktober, findet in Ratzeburg die Beisetzung statt. Die Freunde, die in Güstrow dabei waren, fahren mit. Paul Schurek erinnert sich: »Vor der kleinen Kapelle stand kaum ein halbes Hundert Menschen versammelt, ein paar Maler und Schriftsteller, ein Museumsdirektor, ein Kunsthändler, ein Schauspieler, dazu manch unbekannter Freund – ein Häuflein Getreuer, natürlich keine Amtsperson darunter, kein berühmter Mann des Tages – wohl ganz im Sinne des Toten.«[62]

Friedrich Schult ist da mit seinem kleinen Sohn, der im schwarzen Anzug steckt und das Kissen mit dem Pour le Mérite trägt. Bruder Hans und Sohn Klaus folgen dem Sarg als Erste. Anwesend sind auch Georg Kolbe, Käthe Kollwitz, Gerhard Marcks, Hermann F. Reemtsma, Karl Schmidt-Rottluff, Heinrich Tessenow und Barlachs Jugendfreund Friedrich Düsel.

Die Beisetzung erfolgt um 15 Uhr, genau vierundzwanzig Stunden nach der Trauerfeier in Güstrow. Wie am Tag zuvor spricht auch in Ratzeburg Johannes Schwartzkopff. Er wiederholt den ausdrücklichen Wunsch Barlachs: »Sein letzter Wille war, daß das Sterbliche an ihm hier in Ratzeburg ruhen sollte, nicht auf dem Güstrower Friedhof neben der Mutter.« Dann spricht der Pfarrer über Barlachs Figur des Bettlers, »den seine Krücken emportragen und der mit Augen, Mund und allen Sinnen geöffnet ist für die obere Welt«. Ein Satz, der in allen Beteiligen lange nachklingt, lautet: »Es gibt bei ihm eine Verbundenheit ohne Worte – und es gibt sie durch sein Werk für uns über das Grab hinaus.«[63]

Barlach ist noch nicht begraben, da beginnt der Kampf um sein künstlerisches Erbe. Die veröffentlichte Meinung ist die der gleichgeschalteten NS-Presse. Seine Freunde und echten Bewunderer äußern sich ebenfalls, zwar nur im kleinen Kreis, aber in Worten, die bis heute Bestand haben. Alfred Kubin schreibt: »Ja, unsere Zeit ist gezwungen, sich ihre Schönheit aus dem Schrecken zu destillieren.« Karl Scheffler notiert: »Vier Jahrzehnte starren mich an, in denen er mir eine der markantesten Gestalten war. Er hat tragisch gelebt und ist tragisch gestorben. Und die Nachwelt wird noch viel zurechtzurücken haben.«[64]

Hermann Hesse schreibt aus Montagnola einen Brief an Friedrich Schult, in dem es heißt: »Es steht bei mir wenig anders als bei Ihnen, so verschieden unsere Standorte auch sind, ich erlebe einen großen Herbst, Verlust um Verlust, Abschied um Abschied und außer meinem unerschütterlichen Glauben an den Fortbestand dessen, was mir heilig ist, habe ich auch keinen Trost als den, daß ich alt bin, älter als meine Jahre, und daß darum die Erlebnisse für mich schon sehr an Wirklichkeit, Nähe und Intensität verlieren. In einer Zeit, wo die Mehrzahl der Erlebnisse schmerzlich ist, ist das ein Vorzug.«[65]

Aber bei Weitem nicht für alle ist Barlachs Tod ein Verlust. Die SS-Zeitung »Das Schwarze Korps« widmet Barlach einen längeren Nachruf, in dem es heißt, er sei »rassisch alles andere, nur nicht deutsch«. Man habe inmitten dieser Barlach-Figuren das Gefühl, »in einer Gesellschaft von nervenkranken, geistig unzulänglichen, haltlosen Kreaturen zu weilen. Man fühlt sich umwittert von den Ausdünstungen verwahrloster Leiber von plumpem Bau und schlechten Säften, von Opfern rassischer Niederzucht ...« Im Ganzen sei Barlachs Kunst »unerträglich artwidrig«, besonders natürlich seine Kriegerdenkmäler, in denen der Frontkämpfer als Held nicht vorkomme. »Rasseseele wird Barlach allzeit fremd, ja, widrig bleiben«, konstatiert triumphierend das SS-Blatt und hat in diesem Punkt recht: Rasse ist für Barlach keine Kategorie, in der er denkt, jedenfalls nicht im Sinne der NS-Rassenlehre. Voll Rasse, so hatte er seinem Sohn Klaus einmal erklärt, sei für ihn allein ein sprühender Geist.

Der Kunstkritiker Paul Westheim merkt 1939 in der in Moskau erscheinenden Exilzeitschrift »Das Wort« zum »von der Rosenberg-Clique organisierten Kesseltreiben« gegen Barlach an, dass es »tatsächlich nur eine unbegründete und unverzeihliche Hetze war«, denn: »Sein ganzes Verbrechen bestand darin, daß er ein deutscher Künstler war; ein wirklicher Künstler und ein guter Deutscher. Es ist leicht heute ›Verbrecher‹ zu sein, und es gibt in Deutschland viele Verbrecher.«[66]

Heinrich Mann, längst im französischen Exil, wird 1938 das mit Barlachs Tod verbundene Thema der Intellektuellenfeindschaft behandeln. Schöpferische Menschen wie Barlach überzeugen mit »Können und Sein«, während »die Feinde der Intellektuellen« alles nur durch Schrecken erzwängen. Sie seien »schlechtblütig, sie hassen zuerst die Intellektuellen wie diese die Macht haben, ihr Volk auszudrücken und zu überzeugen. Das wird für die Dauer die größte Macht sein.«[67]

Freundesworte. Ernst Barlach zum Gedenken

Nach dem Vorbild des Bildbandes zum »Fries der Lauschenden«, den Hermann F. Reemtsma als Privatdruck 1936 kursieren ließ, folgt 1939 ein weiterer Privatdruck: »Freundesworte – Ernst Barlach zum Gedächtnis«, wiederum großformatig im Umfang von sechzig Seiten mit einem grau-braunen Einband ganz ohne Titelei und bei Gustav Petermann in Hamburg gebunden. Jedes der fünfhundert Exemplare ist mit roter Tinte von Hand nummeriert.

Dieses Buch ist Hommage und Demonstration gleichermaßen. Die sich dem »Geistkämpfer« verbunden fühlen, geben sich in der Art und Weise zu erkennen, wie sie über Ernst Barlach sprechen – mit Liebe für den Menschen und voll Hochachtung für den Künstler.

Pfarrer Johannes Schwartzkopffs Gedächtnisreden, sowohl die am 27. Oktober 1938 im Güstrower Atelier als auch die einen Tag später bei der Beisetzung in Ratzeburg, sind abgedruckt und kreisen um den Kieler »Geistkämpfer« als Symbol für den »Sieg des Geistes über die Dämonen«.[68] Wer die Dämonen sind, bedarf in diesem Kreis der Freunde Barlachs keiner weiteren Erklärung.

Körtzinger und Böhmer, beide den Kampf des Geistes mit den Dämonen in sich selbst austragend, geben den etwas raunenden Grundton dieses Erinnerungsbandes vor, der mit der vorangestellten Mitteilung anhebt: »Am 24. Oktober 1938 wurde seinen Freunden mitgeteilt, daß Ernst Barlach in seine andere Dauer übergegangen sei.«[69]

Die Güstrower Rede von Pfarrer Schwartzkopff, diesem konsequenten Streiter gegen den Nationalsozialismus, steht am Anfang, seine Ratzeburger Rede folgt einige Seiten danach. Beide sind auch in dem leichter zugänglichen Band »Ernst Barlach. Werk und Wirkung« enthalten, den Elmar Jansen 1975 im Ost-Berliner Union Verlag herausgab.

In Güstrow hebt Schwartzkopff mit den Worten an: »Die Ewigkeit ist stille, laut die Vergänglichkeit.« In Ratzeburg, tags darauf, beginnt er mit den Bibelworten: »Wir haben keine bleibende Statt, sondern die zukünftige suchen wir.« Da blickt er bereits zurück auf die Güstrower Trauerfeier am Tag zuvor: »Wir haben gestern in der Werkstatt des Meisters gestanden, den wir hier zur letzten irdischen Ruhe geleiten. Um den Sarg standen seine Werke. Das konnte nur der schaffen, der ein Künstler war aus einem Guß, ohne Bruch, in Echtheit und Treue, seinem Auftrag verpflichtet. Wahrlich es sind nicht aufdringliche Konfessionen, aber es sind, wie er es von seinen Bettlerfiguren gesagt hat, Wahrzeichen ›für die menschliche Situation in ihrer Blöße zwischen Himmel und Erde‹, ihrem Gefangensein, ihrem dunklen Drang, ihrem Heimweh und ihrer Beheimatung in ewigem Licht.«[70]

Als Frontispiz dient das Foto einer »Bildnismaske«, die Bernhard A. Böhmer von Barlachs Antlitz gefertigt hat, das hier noch kraftvoll und entschlossen wirkt. Es erstaunt nicht, dass in Böhmers durchaus gekonnter Darstellung etwas fehlt: die Verhaltenheit, die scheue Distanz, die von Barlach ausging. Dafür hatte Böhmer kein Sensorium, wie Barlach selbst oft genug beklagt hatte. Auch von Böhmer ist ein Text enthalten, der in seiner umstandslosen Direktheit mehr über Böhmer als über Barlach sagt: »Ernst Barlach hat einen entscheidenden Einfluß auf mich gehabt. Er ist in Wahrheit mein geistiger Vater. In den Jahren unserer gemeinsamen Tätigkeit wurde unser Verhältnis für mich von einem starken verwandtschaftlichen Gefühl getragen, das alle Unterschiede persönlicher Art auf eine freie Weise überbrückte. Immer war es die Stimme des Vaters, die zu mir sprach, immer war es ein gütiger, besorgter Hinweis, der mir aufs herzlichste zuteil wurde.«[71]

So ist dieser Bernhard A. Böhmer nun einmal: immer eine Spur zu besitzergreifend. Ja, er möchte gern als »eigentlicher« Sohn Barlachs angesehen werden. Er kennt nicht die drastischen Urteile über sich in Barlachs Briefen, offenbar auch nicht den »Gestohlenen Mond« und scheut sich keineswegs, diese Rolle in Gegenwart von Barlachs Herzenssohn Klaus für sich zu reklamieren.

Gewiss, die Abhängigkeit Barlachs von Bernhard A. Böhmer war mit den Jahren immer größer geworden und lastete schwer auf diesem, aber trotz aller Diensteifrigkeit brachte Böhmer es in Barlachs Herzen doch bestenfalls zum – wegen seiner dubiosen Umtriebigkeit – ebenso argwöhnisch wie sorgenvoll beobachteten Stiefsohn.

Jugendfreund Friedrich Düsel ist der Einzige, der in Ratzeburg an Barlachs Grab auch über dessen Lebensgefährtin Marga Böhmer spricht, mit der den Verstorbenen eine anfangs laut herausgejubelte, später verhalten innige Liebe verband: »Und es begegnete dir die Gefährtin deiner Reifejahre, die geliebte und liebende Frau, die mit vorbildlicher Sorge und Pflege um dich war in den Tagen und Nächten deines bitteren Leidens und Sterbens ...« Auch Sohn Klaus spricht Düsel an, jenen geliebten Sohn, der lange nicht wusste, was im Leben eigentlich seine Bestimmung sein soll, bis er dann schließlich ganz in der Rolle des Sohnes seines Vaters aufging, Marga Böhmer eifersüchtig belauert, sie vielleicht sogar hasst – jedenfalls darf man vermuten, dass Barlach Marga Böhmer vor allem aus Rücksicht auf Klaus nicht heiratete, denn dieser sollte einmal der Hüter seiner Werke sein.

Düsel berichtet, er habe Barlach beim letzten Zusammentreffen auch nach Klaus gefragt und zur Antwort bekommen: »›Macht sich!‹, und ein Freudenschein glitt über sein zerfurchtes Gesicht. In dieser Minute, lieber Klaus, wurdest auch du mit feierlichem Ritterschlag, dünkt mich, aufgenommen in den Kreis seiner Freunde, wir wurden die deinen, du der unsere.«[72]

In einem weiteren Teil des schmalen, aber in seiner geistigen Substanz so gewichtigem Bandes werden »Bekenntnisse« zu Barlach versammelt, aus denen das von Käthe Kollwitz – nicht zum ersten und nicht zum letzten Mal – heraussticht: »Seine Arbeit ist außen wie innen, Form und Inhalt decken sich auf das genaueste. Nirgends fällt etwas auseinander, nirgends ist Füllsel. Was er aus sich herausstellte, ›alles Deinige, das Äußerste, das Innerste, Gebärde der Frömmigkeit und Ungebärde der Wut‹, war in sich eins. Form und Inhalt fielen zusammen. Das ist das Überzeugende in seiner Arbeit.«[73]

KAPITEL X
Der gerettete Engel

Mai 1945. Tod Bernhard A. Böhmers, geretteter Nachlass

Am 2. Mai 1945 wird Güstrow kampflos der Roten Armee übergeben, obwohl es Tage zuvor noch martialische Befehle des Kampfkommandanten von Güstrow gegeben hatte, die Stadt bis zur letzten Patrone zu verteidigen. Jeder, der kapituliere und die weiße Flagge zeige, werde sofort erschossen.

Dazu kommt es nicht. Aber wie in vielen anderen Städten, über die die Rote Armee hinwegzieht, wird auch in Güstrow geplündert und vergewaltigt. Fünfhundert Güstrower nehmen sich in diesen Tagen das Leben. Auch Bernhard A. Böhmer und seine Frau gehören dazu. Das verwundert. Dieser umtriebige, sich allen wechselnden Bedingungen anpassende Charakter will nicht weiterleben, jetzt, da das Dritte Reich Vergangenheit ist?

Ditte Clemens hat für ihre Monographie über Marga Böhmer alle Fakten hierzu zusammengetragen und die Gerüchte, dass Böhmer und seine Frau von den Russen mit der Axt erschlagen wurden, widerlegt. Fakt ist, Böhmers standen kurz vor der Flucht in Richtung Schwerin, wo bereits die Amerikaner waren. Ein Wagen mit beladenem Anhänger wartete abfahrbereit vor der Tür. Sprang er nicht an, fehlte es an Benzin, blockierten die Russen bereits die Straßen? Sie fahren jedenfalls nie los.

Was in der Familie am 3. Mai 1945 passiert, wird der überlebende Sohn Peter Böhmer berichten. Man habe sich an dem warmen Frühlingsabend gemeinsam zum Essen gesetzt. Böhmers Entschluss, sich zu töten, stand da bereits fest.

Auch der zwölfjährige Peter bekundet, lieber mit den Eltern gemeinsam sterben zu wollen, als den Russen in die Hände zu fallen. Er bekommt Morphium und Schlaftabletten, die Eltern nehmen Zyankalikapseln und sterben sofort. »Als Peter aufwacht, sitzen Marga und ein russischer Offizier an seinem Bett. Er soll brechen und immer wieder brechen. Nur nicht einschlafen. Auf keinen Fall schlafen.«[1]

Es ist Marga Böhmer, die Peter, dem Sohn von Bernhard A. Böhmer und seiner zweiten Frau Hella, das Leben rettet.

In diesen ersten Wochen und Monaten nach dem Ende des Dritten Reichs bewahrt Friedrich Schult einen kühlen Kopf und verhindert so, dass Barlachs Nachlass vernichtet wird oder schlicht verloren geht. Marga Böhmer, so heißt es, wird in dieser Zeit Opfer von Vergewaltigungen. Sie ist am Ende ihrer Kräfte und schwer krank, und es ist unklar, ob sie überleben wird. Friedrich Schult gelingt es am 12. Mai, einen Schutzbrief sowohl für Barlachs Werk als auch für Marga Böhmer zu erwirken. In diesem heißt es: »Der künstlerische Nachlaß des Bildhauers und Dichters Ernst Barlach und die Betreuerin dieses Nachlasses, Frau Marga Böhmer, werden hiermit unter Schutz gestellt. Barlach, wie Käthe Kollwitz ein Freund der Armen, der Bedrängten und Verfolgten, wurde von der russischen Regierung zum Wettbewerb für ein Lenin-Denkmal aufgefordert. Seine Werke, die von den Nationalsozialisten zerstört oder aus den öffentlichen Sammlungen entfernt wurden, sind nach seinem Tode von Freunden in der alten Werkstatt geborgen. Der Bürgermeister«[2]

Auch wenn Schult ausdrücklich Marga Böhmer als »Betreuerin« des Barlach-Nachlasses mit unter Schutz stellen lässt, wirklich schätzen wird er sie nie. Zu viel Spintisiererei sieht er in ihr verkörpert. Als am 29. Mai ihr Haus am Heidberg, in dem sie jahrzehntelang mit Barlach gelebt hatte, plötzlich geräumt werden muss, verliert die schwer Traumatisierte den Überblick. Wichtige Manuskripte und Zeichnungen Barlachs werden zugunsten ihrer persönlichen Habe nicht auf den von Schult eilig herangeschafften Handwagen verladen, was diesen zutiefst erbost: »Marga am weiteren Verladen gehindert«, notiert er in sein Tagebuch.[3]

Schult ist es nun, der sogar den Wald und die Müllhalde nach verlorenen Teilen des Barlach-Nachlasses absucht – und fündig wird.

Dass das Manuskript von »Der gestohlene Mond« überhaupt erhalten blieb, ist ein glücklicher Zufall. Vetter Karl hatte die Hefte mit schwarzen Wachstuchdeckeln, in die Barlach schrieb, 1941 an sich genommen. »Geplant war die Herstellung einer Abschrift in Maschinenschrift zur Vorbereitung der Herausgabe.« Karl Barlach, gut situierter Rechtsanwalt, nimmt die Kladden mit zu sich nach Neumünster, um sie zu transkribieren. Nach zwei Jahren hat er eine Rohfassung erstellt, von der zwei Exemplare in Maschinenschrift existierten.

Der Krieg tritt in seine Endphase ein, Kiel wird ständig bombardiert, Neumünster noch nicht. Doch von Ende 1944 an wird auch Neumünster zum Ziel alliierter Luftangriffe. Vetter Karl bringt Barlachs Handschrift von »Der gestohlene Mond« in ein Stahlfach im Tresor der Holsten-Bank in Neumünster, das als bomben- und feuersicher gilt. Bei einem Bombenangriff am 7. April 1945 erhält die Bank einen Volltreffer, nichts als ein Berg Trümmer bleibt von ihr übrig. Karl Barlach hat zunächst großes Vertrauen in den als unzerstörbar geltenden Banktresor, der unter den Trümmern liegen muss. Doch als die Trümmer weggeräumt sind, findet sich von ihm keine Spur.

Erst nach Kriegsende kann die Bank mit schwerem Gerät nach dem verschollenen Tresor suchen. Karl Barlach berichtet: »Nun entdeckte man mehrere Meter unter der Kellersohle, die bereits schon unter Grundwasser lag, die übrigen Teile des Banksafes mit ihren Fächern, durch den ungeheuren Druck der Explosion tief in den Moorboden hineingedrückt. Ich erhielt nun auch mein Fach, äußerlich unverändert. Es hatte aber mehrere Monate in dem übelriechenden Moorwasser gelegen, das alle Papiere durchfeuchtet hatte. So fanden sich die Seiten des Manuskripts vielfach zusammengeklebt, die Schrift ausgelaufen. Durch das Trocknen der einzelnen Blätter versuchte ich zu retten, was zu retten war.«[4]

Die Rettung der bedrohten Handschrift gelingt.

In Rostock, der Sterbestadt Barlachs, regt sich im Juli 1945 das Gewissen. Peter E. Erichson, der legendäre Verleger des Hinstorff Verlages, der sich zum Ärger Barlachs in den »Mecklenburgischen

Monatsheften« sichtlich zurückgehalten hatte, als es nach 1933 darum ging, für Barlachs Kunst Partei zu ergreifen, plant eine Ausstellung. Die von der sowjetischen Besatzungsmacht lizensierte »Tägliche Rundschau« vermeldet am 6. August: »Damit kann der große Künstler, ein Deuter des wahren Lebens, wieder zu uns sprechen, den Paul Wegener, der Präsident der Kammer der Kulturschaffenden, als ›deutschesten Künstler und den tiefsten und zartesten Menschen‹ bezeichnete.«[5]

1930 hatte Barlach für Alfred Flechtheim die Büste des berühmten Schauspielers geschaffen, dessen Porträt dem Klischee vom Aussehen eines Mongolen glich, was Barlach, der die Büste aus dem Gedächtnis schuf, interessant fand und in seiner Plastik eher noch betonte, als es unkenntlich zu machen versuchte. Wegener selbst hieß das Porträt gut, was aus Barlachs erleichterter Antwort vom 27. Dezember 1930 auf einen Brief Reinhard Pipers hervorgeht, der Wegener am Tegernsee getroffen hatte, wo dieser sich von Barlach begeistert gezeigt hatte: *Sie schreiben von Wegener, ich freue mich, daß er mir die freundliche Gesinnung bewahrt hat.*[6]

Dass die Variation auf »das Mongolische« im Porträt von Paul Wegener keinesfalls ein zufälliger Einfall Barlachs war, zeigt eine Überlegung, die er im selben Brief über Breughel anstellt: *Manchmal spüre ich bei Breughel etwas Chinesisches, die wirkliche Welt ist es ganz und gar und doch wieder keine betrachtete, sondern neu geschöpft und aus dem Bedürfnis nach einer Art musikalischem Aufbau u. Ausdeutung bedacht.*[7]

Paul Wegener spielte dann den Nathan in Fritz Wistens Inszenierung von Lessings »Nathan der Weise«, der legendären Premiere zur Wiedereröffnung des Deutschen Theaters in Berlin am 7. September 1945.

Wegener kam auch zur Ausstellungseröffnung nach Rostock – keine Kleinigkeit in dieser Zeit, in der nicht nur die Infrastruktur zerstört war –, wo während der ersten Rostocker Kulturwoche vom 27. Oktober bis zum 4. November 1945 die Barlach-Ausstellung gezeigt wird. Diese erste große Barlach-Ausstellung nach dem Krieg, zu der Friedrich Schult einen Katalog herausbringt – im Herbst 1945 eigentlich ein Ding der Unmöglichkeit –, wird in sieben

Räumen des Städtischen Museums präsentiert. Im Theaterfoyer wird die Wegener-Büste ausgestellt, die die Stadt umgehend für 3500 Mark ankauft.

Man staunt, was in der unmittelbaren Nachkriegszeit möglich war. Das spricht für das große Bedürfnis der Initiatoren, die in der NS-Zeit verfemten Werke Barlachs wieder in die Kulturlandschaft eines neuen Deutschlands zurückzuholen. Aber es ist noch ein schwieriger Weg, wie sich zeigen wird. Die Besucherresonanz ist nicht so, wie man es sich erhofft hatte. Nur 733 Besucher werden in dieser ersten Nachkriegsausstellung in Rostock gezählt.

In den westlichen Besatzungszonen bemüht man sich ebenfalls – vor allem dank Reemtsmas Einsatz – um Barlach, etwa in der Ausstellung »Befreite Kunst« in Celle im März 1946, in der auch erstmals der »Fries der Lauschenden« zu sehen ist. Adolf Grimme hält die Eröffnungsrede und spricht darüber, wovon die Kunst nach dem Untergang Nazideutschlands befreit wurde: von der »zynischen und finsteren Mißachtung des Menschen«, vom »machtpolitischen Mißbrauch aller Kulturwerte«, der das »schlimmste Sakrileg gegen den Geist« bedeute.

Friedrich Rasche schreibt über den »Fries der Lauschenden«, der Grad von »Innerlichkeit, Versunkenheit und reiner Seelenspiegelung, der in diesen Gestalten erreicht ist«, sei auch für Barlach ungewöhnlich. Der Rezensent sieht die Feinde dieser Barlach'schen »Versunkenheit« immer noch – und wieder neu – auf dem Sprung: »Doch es werden die Kritteler kommen und sagen: warum diese fremden ostischen Gesichter? Freilich, das sind keine Abbilder deutscher Hinze und Kunze und keine Idealgestalten, die einem garantiert germanischen Schönheitsempfinden schmeicheln. Aber sind sie deshalb weniger menschlich, mindere Menschen? O Eitelkeit eines ›Rassegefühls‹, das den Bruder verleugnet!«[8]

Die Wiedererrichtung des Hamburger Ehrenmals und der »Gemeinschaft der Heiligen« in Lübeck

Auf dem Sterbebett im Rostocker Krankenhaus im Herbst 1938 sah Barlach die Reihe der abgerissenen und wohl auch bald zerstörten Ehrenmale vor sich – den »Schwebenden Engel« in Güstrow vor allem, aber auch die Magdeburger Soldatengruppe und den »Geistkämpfer« in Kiel. Nur das Hamburger Ehrenmal von 1931 stand noch. Sollte man es vergessen haben?

Dieses Relief von Mutter und Kind auf einer von Klaus Hoffmann entworfenen einundzwanzig Meter hohen Stele aus Muschelkalk an der Wassertreppe des kleinen Alsterbeckens scheint ungewöhnlich für Barlach, ist es doch bis zur Kargheit schlicht gehalten, setzt ganz auf wenige prägnante Striche, die nur flach in den Stein geschnitten wurden.

Thomas Mann, schon immer ein Bewunderer Barlachs, sah sich tief ergriffen von dieser »aufrechten Schmerzensmutter«.

Eine Mutter drückt ihre Tochter an sich, die sich Schutz suchend an sie schmiegt. Der entleerte Blick der ausgezehrten Frau geht in eine unbestimmte Ferne, zeugt vom erfahrenen Leid. Im Ganzen eine überwältigend strenge Szenerie: Mutter und Tochter halten sich aufrecht, und man ahnt, welch übermenschliche Anstrengung sie das kostet.

Wilhelm Waetzoldt hatte über dieses Erinnerungsmal geschrieben: »Es ist nicht eine aus dem Atelier auf einen Stadtplatz verschleppte Plastik, sondern ein monumentales architektonisches Zeichen. Erinnert es nicht an eine nach einem Schiffbruch an den Strand geworfene riesige Planke, die aufgerichtet wie eine Seemarke wirkt?«[9]

Von den Anfeindungen, denen seine Hamburger Mutter mit Kind ausgesetzt waren, wusste Barlach sehr wohl. Warum auch sollte gerade dieses den Schmerz einer Mutter in eine ergreifend strenge Form bringende Bildnis den Beifall der Nationalsozialisten finden? So meldeten die »Kieler Nachrichten« am 22. Januar 1938: »Auf einer Gemeinschafts-Kundgebung des Gauamtes für Technik und

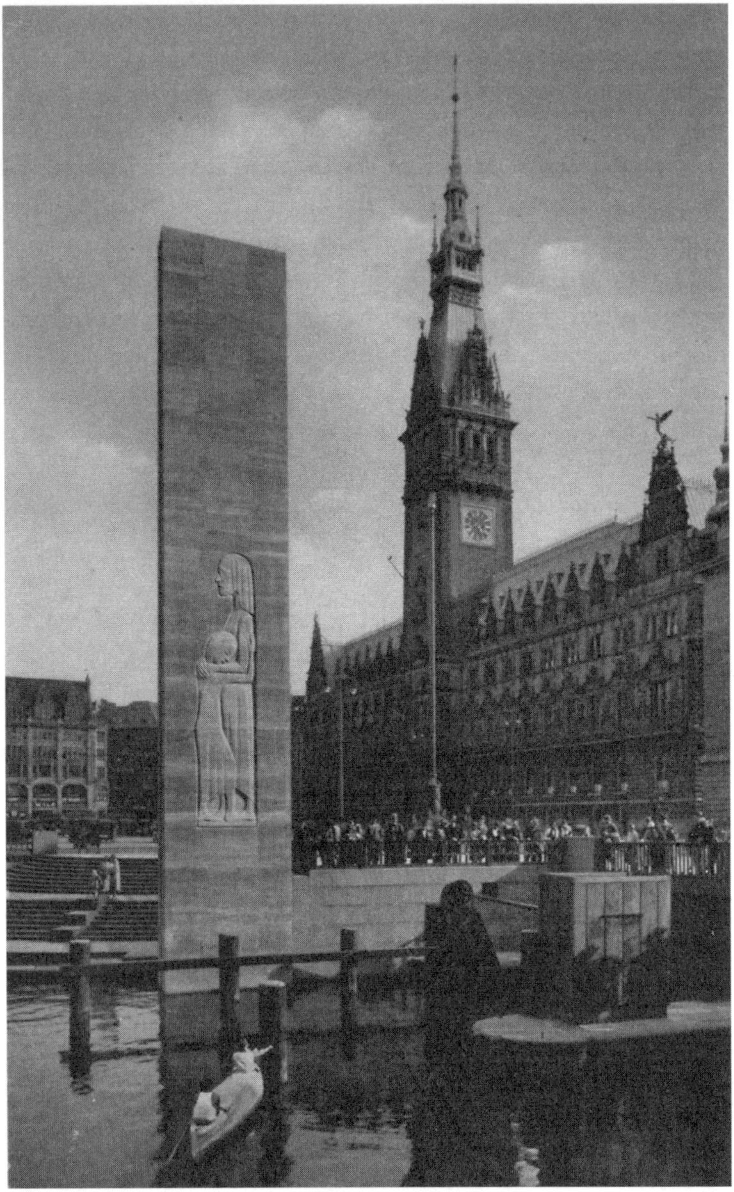

Hamburger Ehrenmal (1931)

der Technischen Nothilfe in Hamburg machte Staatsrat Dr. Becker im Zusammenhang mit der Behandlung kultureller Fragen in Hamburg unter starkem Beifall der Versammlung die Mitteilung, daß die eigenartige, durch den Bildhauer Barlach geschaffene Gestalt auf der Rückseite des Ehrenmals am Reesendamm sehr bald verschwinden werde, weil sie nicht eine Ehrung, sondern geradezu eine Verächtlichmachung der deutschen Mutter sei.«[10]

Dass das Relief aus dem nationalsozialistischen Hamburg verschwinden würde, stand seit Anfang 1938 fest. Die Rückgabe an die Güstrower Nachlassverwaltung – gegen Übernahme der Abbruchkosten – war bereits vereinbart, da verschwand das Relief im Februar 1939 über Nacht, wurde weggemeißelt und durch einen Adler (!) ersetzt. Kurz darauf erfolgte der Stapellauf des Schlachtschiffes »Bismarck«, das kriegerische Kontrastprogramm zu Ernst Barlachs Mutter mit Kind.

Nach dem Krieg wird das Relief auf Beschluss der Stadt Hamburg von Friedrich Busch erneuert. Daraufhin sind schrille Töne von Gegnern der erneuten Aufstellung zu vernehmen. Die Leserbriefe in der »Hamburger Allgemeinen Zeitung« spiegeln die Stimmung in der Hansestadt. Am 2. Mai 1949 meint ein Dr. F. Glose: »Leider hat man sich anscheinend aus politischen Gründen, ohne sich um die Auffassung der Öffentlichkeit zu kümmern, entschlossen, das Barlach-Relief wieder anbringen zu lassen, statt den Betrag von 25 000 DM zum Ausbau einiger Dachgeschoßwohnungen zu verwenden. Wahrscheinlich wollte man der Bevölkerung wieder einmal moderne Kunst nahebringen. Niemand wird behaupten können, daß die noch in unserer Erinnerung stehende Gestalt eine deutsche Frau und Mutter darstellt, sondern man hat bei aller Toleranz andersartiger Kunstauffassungen doch den Eindruck, hier eine Untergrundgestalt entarteter Kunst vor sich zu haben.«[11]

Man muss dies nicht kommentieren, es kommentiert sich selbst, wie auch die folgende Wortmeldung von einer Frau namens Gertrud Wahlmann, die unter der Überschrift »Unsere Jungens wären entsetzt« schreibt: »Man sollte die 40 000 Mütter der gefallenen Hamburger Söhne um ihre Meinung betr. das Barlach-Relief befragen, das auf dem Ehrenmal wieder erstehen soll. Keine einzige Mutter wird sich für diese Elendsgestalten entscheiden, und unsere Jungens wären entsetzt, wenn sie wüßten, welches Sinnbild man ihnen zugedacht hat.«[12]

So werden die toten Soldaten als »unsere Jungens« in Geiselhaft des Ressentiments genommen. Aber auch andere Stimmen, die mit dem Verdikt der »entarteten Kunst« bewusst brechen, verschaffen sich Gehör: »Eines der wenigen Ehrenmale, die nicht zugleich den Krieg verherrlichen, war das Hamburger. Dieses war allerdings kein anmutiges heldisches Weib, das Mann, Brüder und Söhne gen Walhall auffahren sieht, sondern eine einfache, bittere und verhärtete Frauengestalt, deren Aufgerecktheit, dem Stein besonders angepaßt, Verachtung mit Empörung darüber ausdrückt, was angerichtet war: ›40 000 Söhne der Stadt ließen ihr Leben.‹ Wenn der Senat dem Ehrenmal seine ursprüngliche Gestalt wiedergibt, so beseitigt er nur den an diesem verübten Frevel.«[13] (Joachim Suckau)

Im Jahr darauf ist das Barlach'sche Relief wiedererstanden. Paul Schurek, der Barlach-Biograph, schreibt darüber am 31. Mai 1950 für »Die neue Zeitung«, die Frauenverbände Hamburgs seien in langen Viererketten schweigend die Treppe hin zum Gefallenenmal gezogen, um Blumen und Kränze niederzulegen, und fügt hinzu: »Nebenbei war es wohl auch ein Dank der Frauen an den Künstler, der hier, ganz unüblich, auf den Anteil der Frau am Kriegsleid hinweist.«[14]

Auch bei der Wiederaufstellung des Magdeburger Ehrenmals gab es ähnlich gespaltene Reaktionen wie in Hamburg. Die Dogmen der »entarteten Kunst«, der Analphabetismus beim Betrachten von Kunstwerken – auch das ist eine Folge der NS-Diktatur. Man spricht von »scheußlich idiotisch« wirkenden Figuren und von Produkten »von meist seelisch Kranken«.[15]

Bereits am 22. Oktober 1929 hatte Barlach an Vetter Karl über einen Auftrag geschrieben, der auf Carl Georg Heise, den Lübecker Museumsdirektor, der nach 1933 sein Amt verlor, zurückging. In der Lübecker Katharinenkirche sollten für die Nischen der sech-

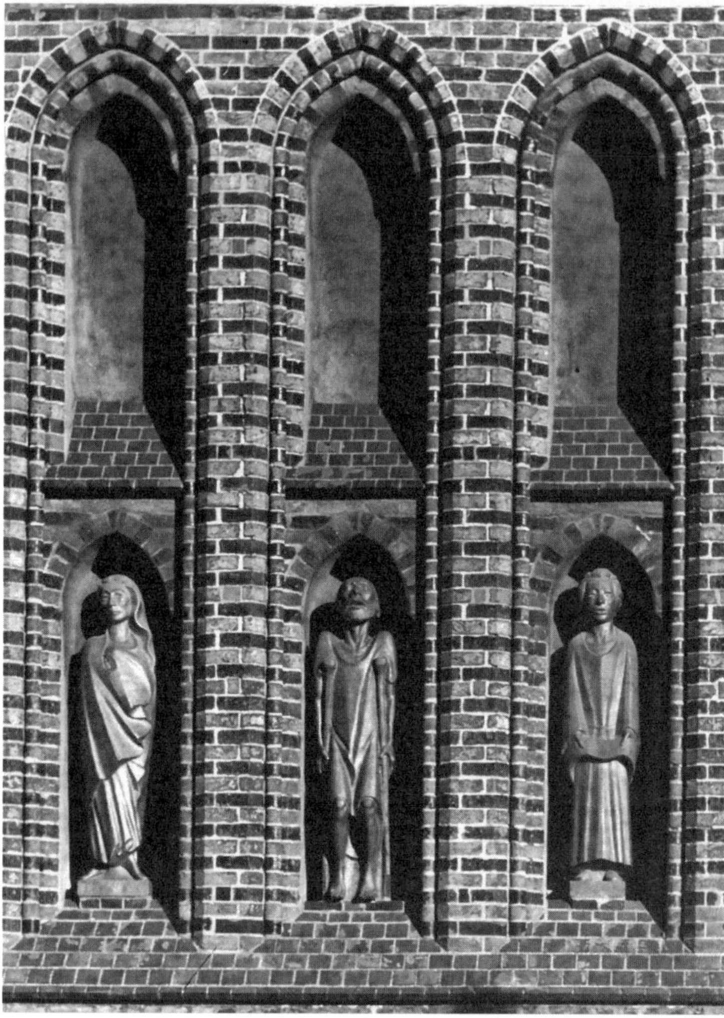

Gemeinschaft der Heiligen (1930)

zehn äußeren Bogenfenster Figuren geschaffen werden. Ob das nicht etwas für ihn wäre?

Barlach, schon mit den neun Figuren vom »Fries der Lauschenden« beladen, kann ob dieser gewichtigen Ehre nur stöhnen: *Mir geht bei dem Gedanken an 16 annährend lebensgroße Gestalten die Puste aus.*[16]

Die Probleme, die mit der geplanten »Gemeinschaft der Heiligen« verbunden waren, erwiesen sich als nicht leicht zu lösen. Vetter Karl vertraut Barlach am 26. Januar 1930 an: *Neben den vielen Dingen (z. B. wer finanziert denn eigentlich?) muß ich erst überzeugt sein, daß die Blendnischen Figurenschmuck vertragen. Vorläufig bin ich's nicht.*[17]

Insgesamt entstanden dann nur drei Figuren, von denen »Der Bettler« den schutzlosen Menschen schlechthin zeigt. Der Mensch, wie er geboren wird, trägt den Bettler und den Beter bereits in sich. Das sind, nach Barlachs Bekunden, die zwei Gestaltungsweisen des Menschseins, die ihn am stärksten beschäftigen. Dass beide, der Bettler und der Beter, auf eine tief verborgene Weise zusammenhängen, zeigt sich hier. Und auch das Paradox ist angelegt: Dass es der Beter in seiner Gestalt als Bettler ist, der sich in den Zweifler verwandelt, wie auch umgekehrt. Er ist der Figur gewordene Widerspruch zwischen Würde und Ohnmacht, Schmerz und Glück.

Der an Krücken mehr hängende als mit ihnen gehende Bettler hat dennoch eine Stärke, die er den meisten Menschen voraus hat: Er ist ein Dulder, der um das Elend weiß, das hinter glänzenden Fassaden wohnt. Sein Kopf ist gen Himmel gerichtet, seine Zwiesprache mit höheren Mächten kann man nur erahnen. Er ist im Übergang aus dem Diesseits ins Jenseits, sein Mund öffnet sich bereits wie im Tode – und dennoch: Diese Figur ist Ausdruck tiefsten Menschseins, das nun einmal das Drama des Sterbens vom Tage der Geburt an ausmacht.

»Der Bettler« entstand 1931, ein Zweitexemplar der Klinkerbrandfigur kam an die Harvard-Universität zu Cambridge in den USA. Mit »Singender Klosterschüler« und »Frau im Wind« entstanden insgesamt drei Figuren. Die »Zeit« vermeldet am 25. September 1947 deren Aufstellung in Lübeck. Barlach hatte das für ausgeschlossen gehalten, zumal als er 1937 erfuhr, dass Alfred Rosenberg Ehrenbürger Lübecks geworden war. Ein Schmerz, der ihn lähmt: *Meine liebe Stadt, wo ich ja nicht geboren bin, wo ich aber schon als Kind von Ratzeburg und Schönberg aus ohne viel Verständnis, mit desto mehr Ahnungsfreude gewesen bin. Lübeck war der Treffpunkt der Barlachschen Sippe, Vater, Onkel mit Frauen und Söhnen tagten nordisch-gesellschaftlich im Ratskeller und anderen guten Gelegenheiten. Dann verlebte ich dort von Hamburg aus Ferienzeiten – und schließlich tat die Marienkirche ihre Pforten auf.*[18] Nun also postum doch noch eine glückliche Ankunft in Lübeck. 1949 kamen zu den drei Figuren Barlachs noch sechs hinzu, die Gerhard Marcks schuf.

Hugo Körtzinger als Retter von »Schwebendem Engel« und »Geistkämpfer«

Hugo Körtzinger in Schnega spielte zweifellos eine wichtige Rolle bei der Rettung sowohl des »Schwebenden Engels« als auch des »Geistkämpfers«. Die Beziehung Körtzingers zu Bernhard A. Böhmer erwies sich hier als entscheidend. Heimlich hatte Böhmer 1939 einen Zweitguss des »Schwebenden Engels« anfertigen lassen – zum Glück, denn der beschlagnahmte Erstguss wurde kurz darauf als Altmetall eingeschmolzen.

Die entschlossene Rettungsaktion von Böhmer kam nicht von ungefähr: Im Jahr 1939 stellten die NS-Kunstwarte Überlegungen an, wie mit verwertbaren, also gegen Devisen ins Ausland zu verkaufenden Kunstwerken, die den Stempel »entartet« erhalten hatten und aus den Museumsbeständen ausgesondert worden waren, zu verfahren sei. Noch wurden sie in der Köpenicker Straße in Berlin gelagert. Am 22. Februar 1939 schrieb der Leiter der Abteilung IX des Propagandaministeriums an Goebbels: »Ich erbitte Ihre Zustimmung, daß ich den nach dieser letzten Überprüfung als unverwertbar verbleibenden Rest dann umgehend verbrennen darf, um das Depot für den dringenden Bedarf als Getreidespeicher frei zu machen.«[19] Den Zweitguss des »Schwebenden Engels« brachte Böhmer zu Körtzinger nach Schnega, wie auch den »Geistkämpfer«, der im Kieler Thaulow-Museum lagerte. Ein Husarenstreich!

Böhmer, der zu den vier deutschen Kunsthändlern gehörte, die »entartete Kunst« im Ausland verkaufen durften, legte in Kiel das folgende auf den 26. April 1939 datierte Schreiben des Propagandaministeriums vor: »Der Überbringer dieses Schreibens hat die Plastik von E. Barlach ›Der Geistkämpfer‹ käuflich erworben und ist berechtigt, dieselbe in Empfang zu nehmen. Im Auftrag gez. F. Hofmann.«[20] Böhmer trat offiziell als Kunsthändler im Auftrag eines ausländischen Interessenten auf, aber das war eine Finte. Er kaufte den »Geistkämpfer« für sich selbst. Wann genau und wie die monumentale Figur nach Schnega kam, ist im Detail umstritten. Jedenfalls ist sie in vier Teile zerlegt und als »Bildhauergut« in große Kisten verpackt auf dem Grundstück von Körtzinger in Schnega gelagert worden (nicht vergraben, wie die Legende sagt), wo sie den Krieg ohne Schaden überstand.

Im Mai 1945 nahm sich Böhmer das Leben. Körtzinger ist nun derjenige, der über den »Schwebenden Engel« und den »Geistkämpfer« verfügt. Er ist schließlich der Retter! Aber so einfach liegt der Fall nicht. Körtzinger will den »Geistkämpfer« 1946 offenbar in der Mahn- und Gedenkstätte Bergen-Belsen aufgestellt wissen. Aber dazu kommt es nicht. Es entbrennt vielmehr ein siebenjähriger Rechtsstreit, denn nun erinnert sich die Stadt Kiel an den »Geistkämpfer«, den sie schließlich einmal bezahlt hatte. Also gehört er ihr noch immer! Auch die Vormünder von Bernhard A. Böhmers unmündigem Sohn aus zweiter Ehe, Peter Böhmer – Böhmers Schwägerin Vilma Zelck und der Jurist Paul Zschimmer –, klagen auf die Herausgabe des Erbes ihres Mündels. Die beiden verweisen darauf, dass Bernhard A. Böhmer den »Geistkämpfer« rechtmäßig erworben habe; tatsächlich ist der Verkauf aktenkundig. Aber auch Hugo Körtzinger macht Rechte geltend: Er habe den »Geistkämpfer« von Böhmer gekauft, kann aber keinen Vertrag vorweisen. Und das Güstrower Barlach-Gremium, das den Nachlass betreut, verlangt den »Geistkämpfer« ebenfalls für sich.

Im Lauf der Jahre wird klar, dass ein Prozess nur vermieden werden kann, wenn die Stadt Kiel bereit ist, sowohl die Ansprüche der Böhmer-Erben als auch der Barlach-Nachlassverwaltung abzugelten, was bedeutet, dass ein weiterer Abguss des »Geistkämpfers« auf Kosten der Stadt hergestellt wird.

Ende 1952 einigt man sich: Böhmers Erbe soll 5460 DM bekommen, Körtzinger für Rettung und Aufbewahrung der Skulptur

6100 DM. Darüber hinaus werden die Kosten für einen weiteren Abguss in der Berliner Gießerei Noack in Höhe von 17 400 DM übernommen und für die Neuaufstellung des zerteilten »Geistkämpfers« in Kiel. Bis Anfang 1953 handelt Kiel die Kosten noch einmal herunter und hat schließlich für gut 20 000 DM den »Geistkämpfer« zurück[21] – ein bescheidener Preis für ein Kunstwerk von Weltrang. Am 19. Juni 1954 wird der »Geistkämpfer« erneut in Kiel aufgestellt, diesmal an der Nikolaikirche.

Dass viel Zeit vergeht bis zur Wiederaufstellung des »Geistkämpfers«, offenbart eine – bis heute andauernde – Rechtsunsicherheit im Umgang mit »entarteter Kunst«. War es ein schnödes Geschachere auf eigene Rechnung, das Kunsthändler wie Böhmer oder auch Gurlitt mit den beschlagnahmten Kunstwerken veranstalteten, oder wählten sie innerhalb der Zwänge der Zeit den einzig möglichen Weg, um diese Kunst vor der Vernichtung zu bewahren?

Das ist wohl nur Fall für Fall zu entscheiden. Der in Sachen Vorteilsnahme unverdächtige Friedrich Schult hatte Friedrich Droß, den späteren Herausgeber der Barlach-Briefe, am 9. Dezember 1948 im Fall des »Geistkämpfers« wie folgt informiert: »Der ›Geistkämpfer‹ ist seinerzeit von Böhmer aus eigenen Mitteln zurückerworben. Unterlagen darüber sind weder hier noch in Rostock vorhanden. Doch findet sich ein amtliches Verzeichnis der aus der Masse sogenannter ›Entarteter Kunst‹ verkauften Stücke nebst Angabe der Preise in den Händen der Zentralverwaltung Berlin. Der ›Geistkämpfer‹ befindet sich heute in Schnega und wird, soweit ich unterrichtet bin, von Herrn Körtzinger als Pfand betrachtet gegen von ihm erhobene Forderungen an den Böhmerschen Nachlass.«[22]

Wie verborgen verliefen die Transportaktionen des »Schwebenden Engels« und des »Geistkämpfers« wirklich? Diese Frage lässt sich heute nicht mehr eindeutig beantworten. Sicher scheint, dass nicht alle einflussreichen Mitarbeiter in Goebbels' Propagandaministerium Feinde der beiden Kunsthändler Böhmer und Körtzinger waren, was auch daraus ersichtlich wird, dass Körtzinger, vermittelt durch Rolf Hetsch, Kunsthistoriker in Goebbels'

Ministerium, der nach Barlachs Tod zum Mitverwalter des Barlach-Nachlasses gemacht wurde, mit dem Professorentitel bedacht werden sollte, was dieser jedoch ablehnte. Körtzinger blieb auch nach dem Krieg als Berater in Reemtsmas Nähe und beteiligte sich an der Konzeption des Ernst-Barlach-Hauses in Hamburg.

Und Bernhard A. Böhmer, der »entartete« Kunst gegen Provision ins Ausland verkaufen durfte? Gewiss ist, dass wir ohne ihn heute keinen »Schwebenden Engel« und keinen »Geistkämpfer« mehr hätten.

Um Böhmer gerecht zu werden, sollte man seinen Zeitgenossen Reinhard Piper zu Wort kommen lassen, der über diesen äußerte: »Er war – ein im Dritten Reich nicht seltenes Phänomen – ein Mensch zwischen den Fronten. Einerseits wirkte er maßgeblich an den offiziellen Aktionen gegen die ›entartete Kunst‹ mit, andererseits suchte er das Barlachsche Werk so weit wie möglich zu schützen, ja meinte möglicherweise, das eine tun zu müssen, um das andere zu können.«[23]

Barlach 1951 in der DDR. Brechts halbherzige Verteidigung

Am 14. Dezember 1951 wird in der Ost-Berliner Akademie der Künste eine umfangreiche Barlach-Ausstellung eröffnet. Ministerpräsident Otto Grotewohl ist anwesend, Arnold Zweig hält die Eröffnungsrede. Es sind würdige Worte, die dieser aus der Emigration zurückgekehrte große Autor als Ermöglicher echten Kunstverständnisses da über Barlach spricht: »Wir haben es mit einem Künstler zu tun, das heißt mit einem Menschen, der aus dem Unbewußten bis in die allerhellsten Räume des Göttlichen reicht, mit einem Menschen, der aus der Angst und aus der Hexerei seiner Gegenwart das gebiert, was die Gestalt ist, nämlich die Begrenzung der Materie durch die Form, und zwar getragen durch das lebendigste Gefühl, durch die lebendigste Empfindung, welche auf dem Erleben und Miterleben von Gegenwart und Zukunft gegründet ist.«

Das ist in einer Zeit gesagt, als die Dogmen des sozialistischen Realismus, wie sie der Stalinismus in Gestalt des sowjetischen Ästhetikers Andrei Schdanow postuliert hatte, noch kaum über einen simplen Abbildungsnaturalismus hinausgingen. Arnold Zweig jedoch, Barlach vor Augen, wagt sich weit vor, wenn er nun auch sein eigenes Bekenntnis zur Autorschaft formuliert: »Denn ein Künstler ist ein von seiner Gemeinschaft, von dem Kollektiv, dem er angehört, in die ungeformte, noch nicht gelebte Zeit ausgesteckter Fühlarm. Der Künstler, wenn er seinen Namen wirklich verdient, schöpft, ohne zu wissen, was er schöpft, und ohne zu sehen, für wen, für die Dauer seiner Gemeinschaft, seines Volkes, im besten Falle der Menschheit oder auch seiner Sprachgemeinschaft, wenn er ein Sprachkünstler ist. Er schöpft aus dem Ungelebten, welches an den Menschen noch ganz und gar vorüberrinnt, das, was ihnen die nächsten Jahrzehnte oder – wenn es sehr große Künstler sind – die nächsten Jahrhunderte voranleuchten wird.«[24]

Auch der Katalog zur Ausstellung, den die Akademie herausgibt, zeigt sich auf der Höhe des Barlach'schen Werks. Heinz Lüdecke, der bereits in den 1920er Jahren für die »Rote Fahne« geschrieben hatte, charakterisiert Barlachs Holzreliefs als »ergreifende Schar von Gezeichneten, Enterbten, Ausgestoßenen und Sonderlingen«. Und er fährt fort: »Und ihr Alleinsein ist so groß, daß sogar da, wo sie in Gruppen erscheinen, das Trennende nicht aufgehoben, sondern nur um so deutlicher spürbar wird: am stärksten im ›Fries der Lauschenden‹. Ihr Habitus ist von Vereinsamung bestimmt, von der Vereinzelung des hilflos Leidenden, des unverstanden Grübelnden, des echolos Rufenden. Viele von ihnen haben jene Lebensangst, die jeder fühlt, den keine Gemeinschaft stützt, und die wohl bisweilen in gellenden Schreien ausfährt, dann aber mehr und mehr in schweigende Resignation verfällt.«[25]

Das ist souverän formuliert und provoziert jene Partei-Ideologen, die mit dem sowjetischen Theoretiker Schdanow auftragsgemäß gegen den »Formalismus« in der Kunst kämpfen. Die »Tägliche Rundschau« begibt sich umgehend in eine Frontstellung zu Barlach und seinen Befürwortern, zu denen auch der kunstverständige Otto Grotewohl gehört. Professor Kurt Magritz stellt die Frage, ob Barlach »zu den fortschrittlichen Traditionen der deutschen Kunst« gehört, und rügt, dass diese Frage im Ausstellungskatalog nicht einmal gestellt wurde.

Statt dessen macht sich nun Wilhelm Girnus im Zentralorgan der SED, dem »Neuen Deutschland«, daran, diese Frage zu beantworten. Er bescheinigt Barlach, ein »in seinem Grundzug rückwärts gewandter Künstler« zu sein, dem es an jeder »optimistischen Perspektive« mangle, statt dessen flüchte er sich in »reinen Mystizismus«. Die russische Revolution spiele in seinem Werk keine Rolle, was dazu führe, dass Barlach »infolge des Fehlens der Orientierung auf diejenige künstlerische Klasse, der die Zukunft gehört«, in einen »Sumpf des Mystizismus«[26] gerate.

Das geht nicht nur gegen Barlach, sondern gegen die gesamte moderne Kunst. Gilt sie schon wieder als »entartet«? Brecht, soeben zurück aus der Emigration, wittert die Gefahr, dass diese Art von »Formalismus«-Diskussion auch bald ihn betreffen könnte. Darum schreibt er 1952 für die Zeitschrift »Sinn und Form« einen Essay, in dem er Barlach, den er offensichtlich nicht recht mag, verteidigt.

Eines weiß der von den Funktionären beargwöhnte Brecht ganz genau: Die Freiheit der Kunst ist die Basis der künstlerischen Arbeit eines jeden. Um diese Freiheit zu verteidigen, schreibt er für Barlach. Eine große Zahl von dessen Skulpturen wird gewürdigt. Zum »Buchleser« von 1936 heißt es bei Brecht: »Ein sitzender Mann, vorgebeugt, in schweren Händen ein Buch haltend. Er liest neugierig, zuversichtlich, kritisch. Er sucht deutlich Lösungen dringender Probleme im Buch. Goebbels hätte ihn wohl eine ›Intelligenzbestie‹ genannt. Der Buchleser gefällt mir besser als Rodins berühmter ›Denker‹, der nur die Schwierigkeit des Denkens zeigt. Barlachs Plastik ist realistischer, konkreter, unsymbolisch.«[27]

Für zwei deutliche Sätze muss ein ganzer Aufsatz herhalten, aber diese beiden Sätze haben Gewicht, man kann sich im Streit um Barlach nun auf sie berufen. Der erste Satz lautet: »Ich halte Barlach für einen der größten Bildhauer, die wir Deutschen gehabt haben.« Das ist in der hitzigen Herabsetzungsdiskussion um Barlach, die sich anbahnt, schon einmal eine klare Positionierung. Der zweite Satz nimmt davon nichts zurück: »Der Wurf, die Bedeutung der Aussage, das handwerkliche Ingenium, Schönheit ohne Beschönigung, Größe ohne Gerecktheit, Harmonie ohne Glätte, Lebenskraft ohne Brutalität machen Barlachs Plastiken zu Meisterwerken.«[28]

Allerdings will Brecht die Dogmen des sozialistischen Realismus nicht offen in Frage gestellt sehen, denn das würde sein Plädoyer für Barlach wieder entkräften: »Ich kann nicht viel anfangen mit Symbolik, aber Barlachs ›Das schlimme Jahr 1937‹ (in Gips) möchte ich gelten lassen. Es ist eine aufrecht stehende, abgemagerte junge Frau, in einen Schal gehüllt. Es könnte die ›Sitzende Alte‹ jung sein. Sie blickt sorgenvoll in die Zukunft, aber ihre Sorge bezeugt den Optimismus des Bildhauers. Das Bildwerk bedeutet eine leidenschaftliche Ablehnung des Naziregimes, des Goebbels-Optimismus.«

Nun, vom Optimismus des Bildhauers kann man wohl nicht sprechen, aber das musste wohl zur Verteidigung Barlachs in dieser Zeit gesagt sein. Doch der dann folgende Satz ist eindeutig des Guten zu viel, es klingt fast schon nach Satire auf sozialistische Zustände, wenn Brecht schreibt: »Diese junge Frau kann ich mir gut als Aktivistin von 1951 vorstellen.«[29] Das glaubt er gewiss selbst nicht angesichts dieser umdüsterten Märtyrerin, aber die frech auf dumme Parteihirne zielende Argumentation ist ein gewisser Selbstschutz. Denn auch wenn Brecht nun Plastiken wie den »Buchleser« beschreibt, die er im Unterschied zu anderen gelten lassen will, seine Distanz zu Barlach bleibt spürbar, und das soll wohl auch so sein.

Engel sind gewiss nicht Brechts Thema, doch angesichts des »Schwebenden Engels« im Güstrower Dom befindet er: »Daß der Engel des Güstrower Doms (Bronze 1927) mich überwältigt, ist nicht verwunderlich. Er hat das Gesicht der unvergeßlichen Käthe Kollwitz. Solche Engel gefallen mir. Und obwohl man weder einen Engel noch einen Mann je hat fliegen sehen, so ist das Fliegen glorios dargestellt.«

Von hier vermag dann wohl nur Brecht den folgenden Bogen zu schlagen: »Wenn ein Traktorist von heute diese herrlichen Darstellungen armer Menschen dennoch mit Gewinn zu betrachten vermag, so deshalb, weil der Künstler seiner so lange unterdrückten Klasse geradezu das Monopol der Menschlichkeit verlieh.«

Plötzlich sind wir nun sogar bei Brecht in stalinistischer Scholastik gefangen: Wer legt Schdanow geschickter aus, er oder Girnus? Brecht ist auch, was Zynismus angeht, unschlagbar, wenn er schließlich sein doppeltes Urteil über Barlach in der DDR des Jahres 1952 spricht. Gewiss, solche Barlach'schen Werke wie »Der Rächer«, »Der Zweifler« oder »Die Verlassenen« seien eine »Deformierung der Wirklichkeit« – mit anderen Worten: Denen ist nicht zu helfen, wenn sie das Etikett »dekadent« aufgeklebt bekommen. Und so lautet sein nach den rühmenden Eingangssätzen allerdings verwunderliches Fazit: »Auch ich bin der Meinung, daß unser künstlerischer Nachwuchs nicht aufgefordert werden sollte, von solchen Werken zu lernen.«

Unmittelbar darauf folgt ein für Brecht typischer Seitenhieb im Streit um die ästhetische Deutungshoheit im Land: »Jedoch geht es nicht an, diese Werke [gemeint sind die in Brechts Augen misslungenen Arbeiten Barlachs, Anm. G.D.] mit den anderen in einen Topf zu werfen, besonders dann, wenn weder die einen noch die anderen konkret behandelt werden. Eine abstrakte Kritik führt nicht zu einer realistischen Kunst.«[30]

Wie klar und arglos geradezu dagegen Arnold Zweig, wenn er in seiner Barlach-Rede sagt, was Brecht wohl vehement verneinen würde: »Denn die Kunst, die heute für uns eine Aufgabe des Denkens, des Verstehens und der Besinnung ist, hat ihre Wurzel in den tiefsten magischen Schichten unsrer Zivilisation.«[31]

Trotz dieses Streits um Barlach kann Friedrich Schult am 9. Juni 1952 Friedrich Droß vermelden: »Seit dem 4. 6. nachmittags ½ 6 Uhr ist der Engel wieder in der Hut des Doms (oder dieser in der Hut des Engels) …«[32]

Vom 8. Mai 1953 an schwebt er – ein Drittguss als Geschenk aus Köln – erneut im Güstrower Dom.

Franz Fühmanns Wege zu Barlach

Kaum jemand wird sich auf so existenzielle Weise anhand Barlachs mit dem Thema Künstler und Macht auseinandersetzen wie Franz Fühmann. Die Beschäftigung mit Barlach – ähnlich der mit Georg Trakl und E.T.A. Hoffmann – führt bei ihm Anfang der 1960er Jahre zum Bruch mit seinem bisherigen Selbstverständnis als Autor. In den 1950er Jahren war Fühmann hauptamtlicher Funktionär der Nationaldemokratischen Partei Deutschlands (NDPD) gewesen und gehörte zum Parteivorstand dieser Blockpartei, die vor allem geläuterte vormalige Nazis und kleine Gewerbetreibende in den Aufbau des Sozialismus einbeziehen sollte. Kunst galt ihm – konform mit der stalinistischen Doktrin – als ein Mittel des Klassenkampfes, letztlich als Form der Agitation für eine sozialistische Zukunft.

Auch der »Bitterfelder Weg«, auf dem Anfang der 1960er Jahre versucht wurde, Kunst und Produktion zusammenzubringen, erwies sich schon bald als Sackgasse. Welchen Stellenwert hat die Kunst für das Leben? Diese Frage stellte sich Fühmann erstmals frei von ideologischer Selbstzensur anhand der Werke von Ernst Barlach. 1963 schrieb er für den Hinstorff Verlag seine Barlach-Novelle, die Teil einer für die DDR dieser Jahre immens wichtigen Publikation wurde: »Ernst Barlach. Das schlimme Jahr«, ein von Hinstorff-Verleger Konrad Reich initiierter Textbildband. Zwei Jahre später erschien die sechzigseitige Novelle als Reclam-Band unter dem Titel »Barlach in Güstrow« und sorgte für Furore.

Die Beschäftigung mit Barlach wird für Fühmann zur Zäsur, der Beginn einer Katharsis von anfangs nicht vorstellbaren Ausmaßen. Kunst lebt davon, den Ursprung in eine Form zu bringen, das ist ihre mythische Dimension. Barlachs Kunst trägt ein eigenes Zeitmaß in sich, das macht sie immun gegen die Angriffe einer militanten Ideologie. Diese Einsicht schockiert Fühmann, der doch bislang »engagierte« Literatur, die sich mit den Schwierigkeiten beim Aufbau des Sozialismus auseinandersetzt, schreiben wollte.

Konrad Reich, der Verleger, der früh verstorbene Cheflektor Kurt Batt und der von Berlin ins Verlagshaus nach Rostock geholte

Autor Franz Fühmann waren sich einig darin, dass anhand von Barlachs Texten, Grafiken und Plastiken ideologisch so missbrauchte Begriffe wie Volk, Nation, Opfer, Glaube, Seele, Mystik, Mythos oder Innerlichkeit zutage treten, die den humanen Gehalt für ein modernes Kunstverständnis begründen, denn mit ihnen verbinden sich Worte wie Liebe, Demut und Mitleid.

Für Fühmann wird Barlach der Erwecker zur eigenen Form. Er erfährt, dass Kunst, wenn man sie so existenziell wie Barlach lebt, gegen jede Ideologie immunisiert. Da wird die Kunst dann zum Rettungsanker für einen, der im Meer der Zeit zu versinken droht: ein Licht am Ende jenes Tunnels, der Fühmann im Dunkeln gehalten hatte, gefangen in einer Krise, der Not des Sagens, dem Unbehagen in der Rolle, die zu spielen er übernommen hatte, dem zunehmenden Zweifel an allen weltanschaulichen Versprechungen.

Eine paradiesische Zukunft? Barlachs Bilder zeigen ein anderes Bild vom Menschen: Beter, Bettler, Wanderer, Verzweifelte, Skeptiker, Lesende und Lachende, aber keine Helden des Alltags, keine Erbauer von was auch immer.

Der Stil von »Barlach in Güstrow« offenbart den Neuansatz von Fühmanns Schreiben, das nun ausschließlich aus eigenem Antrieb erfolgt. Die Sätze spiegeln den kalten Rausch einer Selbstbefreiung, und akribisch gestimmte Leser zählen dann schon einmal kopfschüttelnd die Satzzeichen nach: zweiundfünfzig Kommas und Semikolons im vielleicht längsten Satz dieser gar nicht so langen Novelle! Das ist nicht leserfreundlich, aber Ausdruck der neuen Freiheit, die Fühmann sich bei seinem Schreiben nimmt.

Seine Partei, die NDPD, die ihn beobachten lässt, hält diesen sie beunruhigenden Wandel in einer Aktennotiz fest: »Fühmann macht im Schlusskapitel aus Barlach eine Gestalt, die nur aus Nichtverstehen, Ratlosigkeit und dumpfem, verallgemeinerndem Haß gegen die Deutschen schlechthin reagiert. Fühmann bestätigt sein Nichtverstehen gesellschaftlicher Vorgänge in Deutschland, Barlachs Ratlosigkeit über das, was sich ›seiner Vorstellungskraft entzog‹, wiederholt sich im letzten Kapitel. Dennoch lässt er ihn sich zum apodiktischen Richter über die Deutschen aufschwingen, an denen Hopfen und Malz verloren sei, unbegreifbar und unveränderbar in seinem geistlosen Walten und Wüten, unwandelbar durch Worte und Werke und nicht zu erschüttern durch die stillen Klänge der Kunst.«[33]

Fühmann gerät mit Barlach unweigerlich auf Kollisionskurs zu dem von ihm bis vor Kurzem noch mitgetragenen kulturpolitischen Kurs im Land. Alles, so weiß er nun, entscheidet sich in der Kunst an der Frage der Form.

Es gibt ein Bild in Fühmanns Barlach-Novelle, das wird zum Leitmotiv der Erzählung, die um den 24. August 1937 kreist, den wohl schlimmsten Tag in Barlachs Leben, der Tag, an dem sein »Schwebender Engel« aus dem Dom fortgeschafft wurde wie ein Stück Abfall, das es unauffällig zu beseitigen gilt. Dieses Bild, das sich durch die Novelle zieht, zeigt die Garrotte, das spanische Folter- und Hinrichtungsinstrument, bei dem sich ein eiserner Bügel immer stärker um den Hals des zu Tötenden schließt und ihn schließlich erwürgt.

So fühlt sich der herzkranke Barlach, dessen Nächte Torturen sind: »Er war, so hatte er geträumt, von einer Schar eberköpfiger Männer, die kleine, einen schwarzen Haken erst weiß und dann rot umrandete Schildchen am linken Arm trugen, zu einer roh gefügten, jochgroßen Holzschraube, die er jäh, doch nicht überrascht als das Hinrichtungswerkzeug der spanischen Inquisition, die Garrotte, erkannt hatte, geführt und am Hals darin festgeschraubt worden, und zwar mit solch qualvoller, an Stärke ständig zunehmender Drosselung der Schlagadern, Halswirbel und der Luftröhre, daß sein sich aufbäumender Körper schließlich waagerecht über der Erde geschwebt hatte, um dann, ein Zerspringen der Lungen als Eiseskälte fühlend, wie ein Stein zum Erdboden herabzustürzen und mit Geklirr dort zu zerschellen.«[34]

Barlach, bei Fühmann aus dem Schlaf auffahrend, weiß sofort, »daß dies Traumbild mehr gewesen war als ein Leiden, dem Elend seines Leibes entstiegen: es brachte ihm die gefürchtete Botschaft«.

Die braunen Machthaber werden ihm seine Kriegerdenkmäler nie verzeihen, hier prallen Welten unversöhnlich aufeinander. Wem gehören die im Krieg Geopferten, die Toten? »Das also war es, der tiefste Grund ihres hetzenden Hasses: Unsere Toten ... *Ihre Toten* ... ›Heuchler!‹ schrie Barlach. ›Nicht um der Toten Ehre und Nachruhm geht es, wenn ihr nach Heldenmälern schreit – das Schattenreich der Geopferten wollt ihr annektieren wie eine besiegte Provinz, um eure Niederlage im Namen der teuren Toten umzufälschen in euren Sieg; was ihr auf dem Schlachtfeld nicht erringen konntet, den Sieg, ihn soll euch der Künstler nun durch die Hintertür schleppen: den Sieg, das Siegesmal, das Mal und Zeichen eurer Herrlichkeit und Unwandelbarkeit!‹«[35]

Fühmann will nach der Novelle auch einen großen Barlach-Essay vorlegen, aber dieser bleibt ungeschrieben. Er muss sich eingestehen, dass er noch lange nicht auf der Höhe jenes Schmerzes ist, der Barlach in seinem »schlimmen Jahr« 1937 wie eine Garrotte die Luft abschnürt.

Das zeigt sich auch an einem weiteren Barlach-Vorhaben. Der Hinstorff Verlag plant eine Ausgabe ausgewählter Briefe auf der Grundlage der von Friedrich Droß herausgegebenen zweibändigen Ausgabe des Piper Verlages. Die Auswahl von 588 Seiten nimmt Fühmann selbst vor, aber das Nachwort vermag er nicht zu schreiben. Seinem Verleger Konrad Reich teilt er am 24. Juli 1970 mit: »Verrennen ist schon gar kein Ausdruck.«

Statt seiner schreibt nun sein Lektor Kurt Batt das Nachwort auf jenem hohen intellektuellen Niveau, das den Hinstorff Verlag dieser Jahre auszeichnete. Batt über Barlach: »Wie in seinen Dichtungen fehlt auch in seinen Briefen alle plaudernd feuilletonistische Gefälligkeit. Seine Sprache kommt von weither; in ihr wirkt ein dunkler, archaisierender Unterstrom, der viel Niederdeutsch mit sich führt. Ihre Quellflüsse mag man in Luthers Bibeldeutsch und im Platt der mecklenburgischen Erzähler entdecken.«[36]

Und doch wird auch Fühmann noch einmal in eine Auseinandersetzung um Barlach hineingezogen, als der DEFA-Regisseur Ralf Kirsten nach Fühmanns Novelle den heute selbst in seiner verstümmelten Form immer noch sehenswerten Film »Der verlorene Engel« mit Fred Düren als Barlach und Erika Pelikowsky als Marga Böhmer drehte. Sehr dunkel die Bilder und sehr insistierend, immer dem Eigenwert von Kunst gegenüber der Politik nachsinnend, eigentlich mehr ein elegischer Filmessay als ein Spielfilm.

Der Film gerät in den DEFA-Verbotsjahrgang 1965, als nach dem 11. ZK-Plenum der SED – dem berüchtigten »Kahlschlagplenum«, das die seit dem 6. Parteitag 1963 begonnene Liberalisierung in der Kulturpolitik schlagartig rückgängig machte – fast ein ganzer DEFA-Jahrgang verboten wurde. Zwölf von vierzehn Filmen verschwanden in den Archiven.

Am 21. Oktober 1966 wendet sich Fühmann an die Hauptabteilung Film im Ministerium für Kultur. Er höre von verschiedener Seite, »daß der Film, den Ralf Kirsten nach meiner Barlach-Novelle gedreht hat, ästhetisch mißlungen und auch politisch zu beanstanden sei. Da ich den Film nicht gesehen habe, möchte ich Sie höflichst bitten, mir und meinem Verleger Konrad Reich Gelegenheit zu geben, den Film zu sehen, damit wir uns unser eigenes Urteil bilden können.«

Nein, das dürfen sie nicht, es ist auch nicht die Zeit, sich »ein eigenes Urteil« zu bilden.

Heute weiß man, dass die Zensoren, die den Film verboten, argumentierten, Ralf Kirsten habe es unternommen, unter der »Maske des Antifaschismus« das angespannte Verhältnis der Künstler in der DDR zur Politik der SED zum heimlichen Thema zu machen. Mit dem Verbot bestätigen sie diese Lesart.

1971 wird der Film, nachdem er um zwanzig Minuten gekürzt worden war, in wenigen Kopien für Studiokinos freigegeben.

Zu dieser Zeit schreibt Fühmann sein vielleicht schönstes Buch, das frei in Beobachtung und Reflexion schwingende Reisetagebuch »Zweiundzwanzig Tage oder Die Hälfte des Lebens«. Barlach reist als unsichtbares Gepäck in seinem Kopf mit, Fühmann lebt mit ihm: »›Alle Wege sind recht, man muß sie nur gehen.‹ Das ist ein Satz von Barlach, und er fällt mir immer wieder ein, und ich zweifle ihn immer wieder an und so auch jetzt.«

Aber, so muss er kurz darauf feststellen, als Wanderer durch Budapests Straßen seinen Weg suchend, Barlach bekomme auf »wirklich absurde Weise recht«. Das Labyrinth, in dem er sich verlaufen hat, lichtet sich zwar nicht, aber Barlach erweist sich ihm als hilfreicher Gefährte bei der Wegsuche zu sich selbst: »Barlachs Leben ist ein Leben der Wandlung par excellence.«

Helmut Schmidt rettet den Nachlass von Marga Böhmer

Im Dezember 1981 besuchte Helmut Schmidt Güstrow, war im Dom beim »Schwebenden Engel« und im Atelierhaus am Heidberg, das erst seit 1978 als Gedenkstätte für das Publikum geöffnet hatte. An seiner Seite Gastgeber Erich Honecker, Generalsekretär der SED und Vorsitzender des Staatsrates, den der Wunsch des Bundeskanzlers in Verlegenheit brachte. Die Ost-West-Beziehungen waren schlecht, der kalte Krieg schien in eine neue Runde des Wettrüstens zu gehen. Es war die Zeit des NATO-Doppelbeschlusses: Stationierung von sowjetischen SS-20-Raketen in der DDR und amerikanischen Pershing-Raketen in die BRD. Der geteilte deutsche Staat drohte zum Schauplatz eines Atomkrieges zu werden. Und der Ostteil, die hoch verschuldete DDR, brauchte dringend Kredite, um überhaupt weiter auf dem Weltmarkt einkaufen zu können.

Schwierige, unangenehme Themen. Schmidts Wunsch, einen Abstecher nach Güstrow zu unternehmen, sollte wohl versöhnlich wirken? Aber dann wurde er für Honecker der wohl schwierigste Teil des Besuchs, denn wie alle Kleinstädte der DDR war auch Güstrow Anfang der 1980er Jahre kaum vorzeigbar. Wer konnte denn damit rechnen, dass sich die Kameras der Welt auf das mecklenburgische Güstrow richten würden? Man versuchte Schmidt den Güstrow-Besuch auszureden – vergeblich, das war eine Herzensangelegenheit.

Es kam zu dem allseits bekannten Szenario. Da die DDR-Führung Szenen wie beim Erfurt-Besuch Willy Brandts im Jahr 1970 verhindern wollte, wo es starken Beifall für Brandt gegeben hatte, aber keinen für den DDR-Ministerpräsidenten Willy Stoph, bereitete Erich Mielkes Ministerium für Staatssicherheit alles minutiös vor: Eilig wurden die Fassaden entlang der Protokollstrecke gestrichen, Gardinen auf Staatskosten ausgetauscht, die graue Kleinstadt potemkinsch aufgehübscht, so gut es in der Kürze der Zeit ging. Vor allem wurden unliebsame Personen für die Zeit des Schmidt-Besuchs festgesetzt und staatstreues Ersatzvolk nach Güstrow verfrachtet, das Honecker beim Besuch des Weihnachtsmarktes wie gewünscht hochleben ließ.

Schmidt aber hatte mit seinem Besuch erreicht, dass man jetzt nicht nur in Deutschland-Ost und -West, sondern in der ganzen Welt wusste, wer Ernst Barlach war.

Später wird Schmidt, der selbst Werke Barlachs besaß, sich zu seinem Wunsch, den »Schwebenden Engel« im Güstrower Dom zu sehen, äußern: »Daß die Nazis ihn als ›entartet‹ öffentlich deklassiert und seine Skulpturen beiseite geschafft haben, hat mich – damals noch ein unmündiger junger Mann – empört. Diese Behandlung Barlachs war eines der mehreren Erlebnisse, welche geholfen haben, meine Augen für die Verrücktheit der Nazis zu öffnen.«

Das schreibt er am 5. Mai 1995 in der Wochenzeitung »Die Zeit« unter der Überschrift »Nicht zerreißen, was zusammengehört«. Der Anlass für diese Wortmeldung ist ein dramatischer: Der Nachlass Marga Böhmers, aus etwa hundert Werken bestehend – zur Hälfte Arbeiten Barlachs, die dieser ihr geschenkt hatte, zur anderen Hälfte eigene Werke –, befand sich weiterhin in der Gertrudenkapelle, wo Marga Böhmer bis zu ihrem Tod im Jahr 1969 in einer kleinen Dachwohnung gewohnt hatte.

Dieser Nachlass, der an einen entfernten Verwandten Marga Böhmers gefallen war, sollte nun versteigert werden, da der Mann nach der Wiedervereinigung sein Erbe antreten wollte.

1993 war die Ernst Barlach Stiftung in Güstrow gegründet worden. Ihr gehörten auch die beiden Barlach-Enkel an, die mit Marga Böhmer auch in diesem Erbfall aber eher nichts tun haben wollten, und erst recht nicht wollte dies Barlachs Sohn Klaus. Der

Nachlass wurde auf etwa 1,2 Millionen D-Mark geschätzt. Das war keineswegs zu hoch gegriffen. Der Erbe wollte den Nachlass gern im Ganzen erhalten, doch es fand sich niemand, der bereit war, die Summe aufzubringen. Jahre vergingen, ohne dass jemand Interesse bekundete, und so entschloss er sich schließlich, die Werke versteigern zu lassen.

Die Versteigerung sollte am 9. Juni 1995 im Kölner Auktionshaus Lempertz stattfinden. Die Kataloge waren gedruckt, und es gab weltweites Käuferinteresse. Niemand schien den trostlosen Gang der Dinge noch aufhalten zu können. Doch dann schaltet sich Helmut Schmidt ein, der weiß, wie man politischen Druck erzeugt. Das Ziel fest im Blick, lässt er in seinem ganzseitigen »Zeit«-Artikel keinen rhetorischen Effekt aus. Die Auktion musste unbedingt verhindert werden, und so beschreibt er die wichtige Rolle Marga Böhmers in den letzten schweren Lebensjahren des Künstlers, ihre Verdienste um Barlachs Werk zu DDR-Zeiten. Und ihr Güstrower Barlach-Ort – gegen Friedrich Schult und die Berliner Akademie, aber das musste man jetzt nicht aussprechen –, die Festung ihrer Barlach-Verehrung war nun einmal die Gertrudenkapelle.

Die DDR hatte Marga Böhmer gewähren lassen – und nun? Schmidt bringt den Fall nicht direkt, aber schon mehr als bloß andeutend in Analogie zum 1937 von den Nazis heimlich aus dem Dom fortgeschafften »Schwebenden Engel«: »Schon jetzt sind mehr als einhundert Kunstwerke heimlich aus Güstrow abtransportiert worden.« Hans-Jürgen Klug, der Güstrower Lehrer Uwe Johnsons (Johnson schrieb dann in Leipzig bei Hans Mayer seine Diplomarbeit über den »Gestohlenen Mond«), erträgt den Blick »auf die vom Kruzifix entblößte Wand in der Gertrudenkapelle« kaum. Schmidt zitiert ihn mit den Worten, für viele Güstrower sei dieser Aderlass ein »schwerer Schlag«. Er zitiert auch Volker Probst von der Güstrower Ernst Barlach Stiftung. Dieser spricht von dem »blutenden Herzen, mit dem sich die Barlach-Stadt von einem Teil ihrer Historie trennen muß«. Genau das will Schmidt in letzter Sekunde verhindern, und so gibt er sich kämpferisch:

»Muß sie wirklich? Müssen wirklich Gipsmodelle, Zeichnungen, Terrakotten, Bronzen, Briefe – müssen wirklich alle diese Zeugnisse in vielerlei Hände verteilt und damit dem allgemeinen Publikum unzugänglich gemacht werden?« Er verschärft den Ton noch, sieht die fatalen Folgen eines solchen Ausverkaufs: »Aber wäre es wirklich erträglich, wenn jetzt eine der kulturellen Nischen der alten DDR von reicheren westdeutschen Brüdern und Schwestern leergekauft würde?«

Es drohe sich – nun im vereinigten Deutschland – das von Barlach nach 1933 in Güstrow erlittene Schicksal zu wiederholen: »Und jetzt soll sein späteres Wort vom Emigranten im eigenen Vaterland auf andere Weise nachträglich ein böses Echo finden?«

Schmidt gelingt es, die Nachlasssache Marga Böhmer zum politischen Fall zu machen. Der Effekt ist fulminant. Reflexartig zuckt man in der Schweriner Landesregierung bei so einem Rüffel zusammen, vier Tage später, am 9. Mai – einen Monat vor dem Auktionstermin –, verkündet die Kultusministerin von Mecklenburg-Vorpommern, Regine Marquardt, der Verbleib des Nachlasses Marga Böhmers in Güstrow sei nun gesichert.

Das Auktionshaus Lempertz sagt die Auktion kurzfristig ab, das gab es in der hundertfünfzigjährigen Geschichte des Unternehmens noch nie. Bevor der Nachlass nach Güstrow zurückgebracht wird, stellt ihn das Auktionshaus in Köln und Berlin öffentlich aus – eine noble Geste.

Was wäre geschehen, wenn Altbundeskanzler Helmut Schmidt nicht diese besondere persönliche Beziehung zu Barlachs Werk besessen, wenn er nicht derartig ultimativ seine ganze Autorität in den Dienst von Marga Böhmers Nachlass gestellt hätte, wohl wissend um dessen Symbolwert? Die Gertrudenkapelle wäre heute höchstwahrscheinlich ein verlassener Ort.

EPILOG

Der gläubige Zweifler

Ich bin allewege zuviel Mystiker, ahnungsvolles Subjekt ... ich rechne meine Abstammung nicht von hinten, von rückwärts, sondern von vorn, von oben her.

Ernst Barlach, Brief an Julius Cohen (1916)[1]

Blickt man auf Barlachs späte Figuren, jene aus dem Jahr 1937, die er bereits der Schwäche abtrotzte, dann ahnt man nichts vom näher rückenden Ende. Da ist – stärker denn je – eine innere Spannung, die auf Anfang aus ist. Seine »Frierende Alte« etwa scheint ganz in sich zusammengezogen. Brecht sagt, ihr Frieren sei Arbeit. Man könnte auch sagen: Sie sitzt auf dem Sprung.

Jenes Frieren rührt nicht allein von der Kälte, es zeugt vom Irrsinn der Welt. »Ich bin der Welt abhanden gekommen«, heißt es in einem Gedicht Friedrich Rückerts, das Gustav Mahler vertonte. Das ist der Zustand der »Frierenden Alten« ebenso wie der im selben Jahr entstandenen »Lachenden Alten«. Es sind Versuche, den Irrsinn der Welt durch Formgebung zu bannen.

Fremden Erwartungen nicht entsprechen, sich unerreichbar machen für die falschen Maßstäbe der Welt, das spürt man in diesen letzten Werken, die buchstäblich zwischen Über-Mut und Ohn-Macht zu schweben scheinen. Hier zeigt sich – wenn man die Scheu vor einem fremd gewordenen Wort überwindet – der moderne Mystiker. Ein Mystiker ist jemand, der die Unmittelbarkeit zwischen Ich und Gott in einen Ausdruck zu bringen versucht. Sprechen wird ihm zum Stammeln, sofern er nicht ganz verstummt, das Bild zum Archetypus.

Ein Mystiker ist nicht im Plural zu denken, er ist der bekennende Alleingeher schlechthin, Skeptiker und Ekstatiker in einem. Alles, was er denkt, mündet in einen Widerspruch – zur Welt, zu sich selbst. Es ist der Mut zum Paradox, der die Widerstände dieser Welt durchdringt – in der Gegenwelt des Geistes.

Von all dem zeugt der »Zweifler«, der nur ein konsequent gedachter Beter ist und zugleich auch ein Bettler, für Barlach das Urbild des Menschen. Wie er da auf seinen Knien hockt, nicht demütig-gebeugt, aber dennoch in einem anderen Zustand, die Arme verschränkt, nicht gefaltet, spricht er – aber zu wem? Gott ist in dieser Welt offenbar abwesend, eine einzige Leerstelle. Lässt er sich dennoch erreichen? Im inneren Monolog vielleicht, denn nach Meister Eckhart wohnt Gott ohnehin immer nur auf dem Grund der eigenen Seele.

Mit dem Wort Gottsucher ist dieser Zweifler nur unzureichend beschrieben. Denn er offenbart eben auch, dass es nicht darum geht, einfache Wahrheiten zu finden, sondern – diese überwindend – sie doch weiter in sich zu tragen. Die Antworten sind immer unzureichend, wenn nicht neue Fragen aus ihnen erwachsen.

Der Zweifler ist die letzte von Barlach vollendete Plastik. Barlachs Genie zeigt sich gerade darin, dass er nicht klassisch wird, nicht würdevoll-erhaben. Er altert nicht in geborgten Posen, sondern verjüngt sich bis zum letzten Atemzug, der ihm die Kraft dazu gibt. Fritz Gay schreibt über den »Zweifler«: »Wie ein Siegel steht diese Gestalt am Schluss des Werkes Barlachs, am Schluss seines Weges, von dem man nicht weiß, wie er, nunmehr unsichtbar, weiterführt.«[2] Jenes «Transzendieren ohne Transzendenz«, wie es Ernst Bloch nannte, wird auch in Barlachs letzten beiden Dramen verhandelt, in »Die gute Zeit« und dem erst postum aufgeführten »Graf von Ratzeburg«. Die Dinge, so sagen diese das Unerwartete, das Kryptische auch feiernden Texte, sind nicht, was sie scheinen – und sie scheinen nicht, was sie sind.

Am Ende kehrt Barlach noch einmal zu Goethe zurück – wenn er ihn denn je zurückgelassen hat –, zu dem ewigen Unbefriedigt-Sein, das den schöpferischen Menschen vorantreibt. Solcherart moderner Faust verliert dabei seine Unschuld, geht in die Irre, verfehlt vor allem das Wichtigste, was es auf der Lebensreise zu lernen gilt: Gelassenheit angesichts der Umstände. Denn es ist ein großes Ungenügen, das noch im scheinbaren Gelingen liegt: das Unmögliche zu wollen und am Möglichen fortgesetzt zu scheitern.

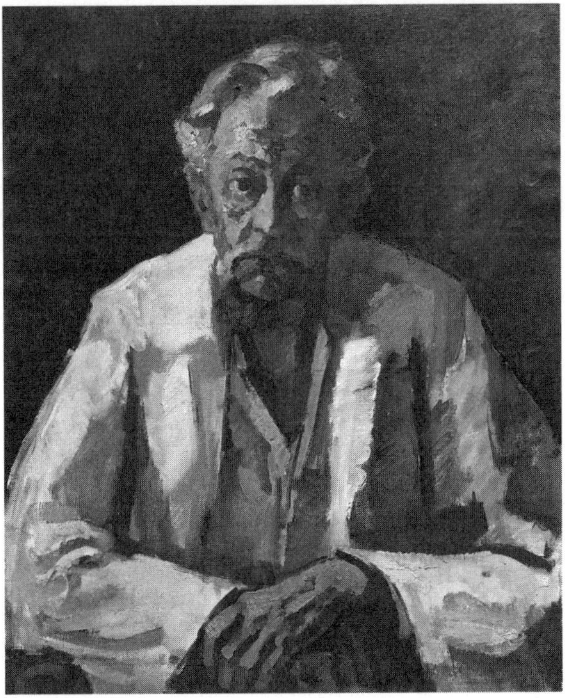

Leo von König, Bildnis Ernst Barlach (1937)

Das ist der Grundton, auf den Barlach gestimmt ist, vom ersten Drama an, dem »Toten Tag«, in dem es heißt: *Ich soll wohl, aber ich kann schlecht*, über die »Echten Sedemunds« mit ihrem *Wir sind immer zwei, der Löwe hinter mir ist auch ein Stück von mir, eine Art eigentliches Ich*, bis zum »Blauen Boll«, der bekennt: *Boll muß Boll gebären, Boll wird durch Boll – und Werden, Herr, Werden vollzieht sich unzeitig, und Weile ist nur ein blöder Schein.*

Darum geht es, um die – beständig unzureichenden – *Organe des Werdens*, und das sind laut Barlach Leiden und Kämpfen, siegreich nicht, aber erhellend in jenem andauernden Dazwischen von Ich und Gott, Diesseits und Jenseits, Schöpfen und Geschöpf-Sein.

So einfach und zugleich paradox bleibt es mit uns – oder, mit einem Lieblingswort Barlachs gesagt, überaus *vertrackt*.

ANHANG

Dank

Dieses Barlach-Buch gäbe es nicht ohne den nie nachlassenden freundlichen Zuspruch von Jens Dehning, dem Programmleiter Sachbuch des Siedler Verlags, der am Entstehen des Projekts großen Anteil hat. Mein herzlicher Dank für das aufmerksam-feinfühlige Lektorat gilt Ditta Ahmadi. Ebenso bedankt sei mein langjähriger Agent Thomas Karlauf, dessen Rat jederzeit wertvoll bleibt.

Ich danke sehr Friedrich Dieckmann, der mir die Barlach-Werkverzeichnisse von Friedrich Schult und weitere Literatur zur Verfügung stellte; dass diese aus der Bibliothek seines Vaters Johannes Dieckmann stammten, hat mich tief berührt. Ebenso danke ich Volker Probst, dem früheren Leiter der Ernst Barlach Stiftung Güstrow, der mir neben Rat auch ein Exemplar des längst vergriffenen Briefwechsels von Ernst Barlach mit Marga Böhmer zukommen ließ.

An zwei Anreger dieses Buches, die leider nicht mehr leben, möchte ich dankbar erinnern. Mit Elmar Jansen, Nestor der Barlach-Forschung in der DDR, entspann sich im Jahr vor seinem Tod 2017 ein brieflicher Disput über sein letztes, so wichtiges Werk »Luftwechsel der Empfänglichkeit«, das vor allem um bislang unausgesprochene Tiefen in Barlachs Werk kreist. Auch im Gespräch mit Konrad Reich, in den 1960er bis Mitte der 1970er Jahre legendärer Verleger Franz Fühmanns, war Ernst Barlach immer präsent. Fühmann hatte mit »Barlach in Güstrow« (erstmals 1963 unter dem Titel »Ernst Barlach. Das schlimme Jahr« erschienen) für einen Quantensprung des Barlach-Interesses gesorgt – und Konrad Reichs letztes eigenes Buchprojekt vor seinem Tod 2010 war bezeichnenderweise die Herausgeberschaft von Uwe Seemanns Bildband »Ernst Barlach – Landschaften seines Lebens« (2009).

Ganz besonders danke ich meiner Frau Kerstin; ihre Zustimmung zum Gelesenen ist jedes Mal aufs Neue schönster Lohn des Schreibens.

Berlin-Treptow, August 2019

Anmerkungen

Prolog

1 Barlach, Briefe I, 492
2 Ebd., 376
3 Barlach, Briefe II, 13
4 Schult, Barlach im Gespräch, 128
5 Alfred Polgar, in: Jansen (Hg.), Ernst Barlach, Werk und Wirkung, 5
6 Thomas Mann, in: ebd., 145
7 Ebd., 200
8 Ebd., 272
9 Barlach, Dokumente, 476
10 Karl Barlach, Mein Vetter Ernst Barlach, 20
11 Schult, Barlach im Gespräch, 125
12 Ebd., 125
13 Barlach, Dokumente, 38
14 Schult, Barlach im Gespräch, 32
15 Christa Wolf, Ein Tag im Jahr, 478

Kapitel I

1 Barlach, Ein selbsterzähltes Leben, 17
2 Ebd., 18
3 Ebd.
4 Ebd., 25
5 Ebd., 22
6 Ebd., 33
7 Ebd.
8 Ebd., 34
9 Barlach, Briefe I, 377
10 Ebd., 376
11 Barlach, Ein selbsterzähltes Leben, 34
12 Ebd., 25
13 Ebd., 15
14 Ebd., 19
15 Ebd., 26
16 Ebd., 30
17 Ebd.
18 Ebd., 35
19 Ebd., 36
20 Ebd.
21 Ebd., 38
22 Ebd., 40
23 Barlach, Briefe I, 12
24 Ebd., 44
25 In: ebd., Anmerkungen, 754
26 Barlach, Ein selbsterzähltes Leben, 42
27 Ebd., 43
28 Barlach, Briefe I, 67
29 Ebd., 21
30 Ebd.
31 Ebd., 22
32 Ebd.
33 Ebd., 23
34 Ebd., 25
35 Ebd., 68
36 Ebd., 57
37 Ebd., 54
38 Ebd., 133
39 Ebd., 162
40 Ebd., 164
41 Ebd.
42 Barlach, Ein selbsterzähltes Leben, 57
43 Ebd., 48
44 Ebd., 54
45 Ebd., 57
46 Barlach, Briefe I, 275
47 Barlach, Ein selbsterzähltes Leben, 56
48 Barlach, Briefe I, 225
49 Ebd., 224
50 Ebd., 225
51 Ebd., 228
52 Barlach, Ein selbsterzähltes Leben, 59
53 Barlach, Briefe I, 237
54 Barlach, Ein selbsterzähltes Leben, 61
55 Barlach, Prosa I, 65
56 Ebd., 69
57 Barlach, Briefe I, 236
58 Barlach, Prosa I, 93
59 Ebd., 92
60 Ebd., 95
61 Barlach, Briefe I, 245
62 Ebd., 234
63 Ebd.

64 Ebd., 251
65 Ebd.
66 Barlach, Ein selbsterzähltes Leben, 68
67 Ebd., 69
68 Schult, Barlach im Gespräch, 11
69 Barlach, Briefe I, 261
70 Ebd., 263
71 Barlach, Ein selbsterzähltes Leben, 69
72 Schult, Barlach im Gespräch, 12
73 Barlach, Ein selbsterzähltes Leben, 69
74 Barlach, Briefe I, 262
75 Ebd., 274
76 Barlach, Ein selbsterzähltes Leben, 70
77 Barlach, Prosa I, 187
78 Barlach, Briefe I, 269
79 In: Schult, Nachbemerkung zu »Seespeck«, 239
80 Ebd.
81 Barlach, Werkverzeichnis, Bd. 1, 55
82 In: Ernst Barlach, Auf dem Weg in die Moderne, Stationen der Frühzeit – Keramik in Altona und Berlin, Lehrer in Höhr, Hg. Inge Tessenow, 119
83 Barlach, Auf dem Weg in die Moderne, 93
84 Barlach, Briefe I, 271
85 Ebd., 273
86 Ebd., 274
87 Barlach, Auf dem Weg in die Moderne, 99
88 Barlach, Ein selbsterzähltes Leben, 70
89 In: Jansen (Hg.), Ernst Barlach, Werk und Wirkung, 55
90 Barlach, Briefe I, 278
91 Scheffler, Die fetten und die mageren Jahre, 129
92 Barlach, Ein selbsterzähltes Leben, 71
93 Barlach, Briefe I, 276
94 Barlach, Ein selbsterzähltes Leben, 70
95 In: Barlach, Werkkatalog, Plastik, 58
96 Schult, Barlach im Gespräch, 13

Kapitel II

1 Barlach, Ein selbsterzähltes Leben, 72
2 Ebd., 71
3 Barlach, Prosa I, 241
4 Barlach, Briefe I, 788
5 Barlach, Prosa I, 245
6 Ebd., 247 (Russisches Tagebuch)
7 Ebd., 251 (Russisches Tagebuch)
8 Barlach, Ein selbsterzähltes Leben, 72
9 Ebd., 73
10 Barlach, Prosa I, 271 (Russisches Tagebuch)
11 Ebd., 273 (Russisches Tagebuch)
12 Ebd., 275 (Russisches Tagebuch)
13 Ebd., 276 (Russisches Tagebuch)
14 Ebd., 284 (Russisches Tagebuch)
15 Ebd., 290 (Eine Steppenfahrt)
16 Ebd., 283 (Russisches Tagebuch)
17 Ebd., 286 (Russisches Tagebuch)
18 Ebd., 281 (Russisches Tagebuch)
19 Ebd., 275 (Russisches Tagebuch)
20 Ebd., 277 (Russisches Tagebuch)
21 Ebd., 285 (Russisches Tagebuch)
22 Ebd.
23 Barlach/Piper, Briefwechsel 1900–1938, 48
24 Jansen (Hg.), Ernst Barlach, Werk und Wirkung, 63
25 Ebd., 62
26 Barlach, Briefe I, 282
27 Schult, Barlach im Gespräch 14
28 Barlach, Briefe I, 279
29 Barlach/Piper, Briefwechsel 1900–1938, 53
30 Barlach, Briefe I, 283
31 Ebd., 285
32 Ebd., 290
33 Ebd., 286
34 Barlach, Der tote Tag, 92
35 Barlach, Der tote Tag, 81
36 Barlach, Der tote Tag, 92
37 In: Barlach, Briefe I, Anmerkungen, 799
38 Ebd., 480
39 Ebd.
40 Ebd., 483
41 Ebd., 520

42 Ebd., 494
43 Ebd., 544
44 Ebd., 297
45 Ebd.
46 Ebd.
47 Inge Tessenow u. a. (Hg.), Ernst Barlach – Berlin Florenz 1909, 17
48 Ebd., 18
49 Barlach, Briefe I, 303
50 Ebd., 300
51 Ebd.
52 Ebd., 301
53 Ebd., 305
54 Ebd., 306
55 Schinnerer, Erinnerung an Florenz, in: Jansen (Hg.), Ernst Barlach, Werk und Wirkung, 67
56 Barlach/Piper, Briefwechsel 1900–1938, 66
57 Ebd., 64
58 Wilhelm Gross, Stipendiat in der Villa Romana, in: Jansen (Hg.), Ernst Barlach, Werk und Wirkung, 71
59 Barlach, Briefe I, 310
60 Barlach/Piper, Briefwechsel 1900–1938, 67
61 Barlach, Briefe I, 307
62 Barlach, Ein selbsterzähltes Leben, 75
63 Barlach, Briefe I, 308
64 Ebd., 310
65 Barlach, Ein selbsterzähltes Leben, 75
66 Barlach, Prosa II, 367
67 Ebd.
68 Barlach, Briefe I, 415
69 Ebd., 446
70 Barlach, Seespeck, 149
71 Ebd., 167
72 Ebd., 142
73 Barlach, Briefe I, 439
74 Ebd., 448
75 Barlach, Seespeck, 167
76 Ebd., 141
77 Scheffler, Die fetten und die mageren Jahre, 123
78 Durieux, Eine Tür steht offen, 78
79 In: Feilchenfeldt/Raff (Hg.), Ein Fest der Künste. Paul Cassirer: Der Kunsthändler als Verleger, 13
80 Durieux, Eine Tür steht offen, 53
81 Barlach, Ein selbsterzähltes Leben, 79
82 Ebd., 77
83 Barlach/Piper, Briefwechsel 1900–1938, 83
84 Bauschinger, Die Cassirers, 91
85 Heinrich Mann, Ein Zeitalter wird besichtigt
86 Oskar Kokoschka, Das bin ich, München 1970, 160
87 Barlach, Ein selbsterzähltes Leben, 79
88 Ebd., 80
89 Else Lasker-Schüler, Essays, Berlin 1913, 70
90 Durieux, Eine Tür steht offen, 232
91 Jansen (Hg.), Ernst Barlach, Werk und Wirkung, 221

Kapitel III

1 Barlach, Briefe I, 301
2 Ebd.
3 Ebd., 301
4 Ebd., 324
5 Ebd., 326
6 Ebd.
7 Ebd., 327
8 Hans Carossa, Führung und Geleit. Ein Lebensgedenkbuch, 709
9 Barlach, Briefe I, 334
10 Ebd., 340
11 Ebd., 341
12 Ebd., 389
13 Ebd., 539
14 Barlach, Dramen, 117
15 Barlach, Briefe I, 482
16 Barlach, Dramen, 123
17 Ebd., 131
18 Ebd., 179
19 Ebd., 131
20 Barlach, Briefe I, 541
21 Ebd., 540
22 Ebd., 541
23 Ebd., 540
24 Ebd., 542

25 Ebd., 545
26 Barlach/Piper, Briefwechsel 1900–1938, 112
27 Fechter, Barlach, 17
28 Barlach, Prosa II, 388
29 Ebd., 387
30 Ebd., 385
31 Barlach, Briefe I, 418
32 Jansen (Hg.), Ernst Barlach, Werk und Wirkung, 223
33 Barlach, Prosa II, 12
34 Ebd., 11
35 Ebd., 133
36 Barlach, Prosa III, 17
37 Ebd., 36
38 Barlach, Prosa II, 141
39 Ebd., 23
40 Ebd., 24
41 Ebd., 271
42 Ebd., 270
43 Vgl. Bauschinger, Die Cassirers
44 Ebd., 104
45 Barlach, Prosa II, 32
46 Barlach, Briefe I, 433
47 Barlach, Prosa II, 89
48 Ebd., 91
49 Barlach, Briefe I, 434
50 Barlach, Prosa II, 135
51 Ebd., 190
52 Ebd., 215
53 Ebd.
54 Ebd., 172
55 Ebd., 143
56 Ebd., 214
57 Ebd., 264
58 Ebd., 267
59 Ebd., 294
60 Ebd., 319
61 Ebd., 147
62 Ebd., 148
63 Ebd., 135
64 Ebd., 301
65 Ebd., 303
66 Barlach, Briefe I, 453
67 Barlach, Prosa II, 223
68 Barlach, Briefe I, 456
69 Ebd., 453
70 Ebd., 459
71 Ebd., 460
72 Ebd., Anmerkungen, 797
73 Ebd., 471
74 Ebd., 465
75 Ebd., 471
76 Ebd., 469
77 Ebd., 473
78 Ebd.
79 Ebd., 475
80 Ebd., 476
81 Barlach, Prosa II, 325
82 Ebd.
83 Ebd., 341
84 Barlach, Briefe I, 479
85 Ebd., 502
86 Ebd., 512
87 Ebd., 519
88 Barlach, Prosa II, 335
89 Ebd.
90 Ebd., 341
91 Barlach, Briefe I, 530
92 Ebd., 522
93 Ebd., 523
94 Ebd., 524
95 Ebd., 525
96 Ebd., 527
97 Ebd., 511
98 Ebd., 510
99 Barlach, Prosa II, 359

Kapitel IV

1 Däubler, Ernst Barlach als Dramatiker, in: Jansen (Hg.), Ernst Barlach, Werk und Wirkung, 110
2 Däubler, Der neue Standpunkt, 73
3 Barlach, Prosa II, 224
4 Ebd.
5 Däubler, Der neue Standpunkt, 109
6 Wentscher, Kayßlers Lesung des »Toten Tags«, in: Ernst Barlach, Werk und Wirkung, 117
7 Däubler, Ernst Barlach der Dramatiker, in: Jansen (Hg.), Ernst Barlach, Werk und Wirkung, 114
8 Barlach, Briefe I, 677
9 Ebd., 537

10 Ebd., 544
11 Ebd., 546
12 Ebd., 543
13 Ebd., 377
14 Ernst Barlach, Katalog der Gedächtnisausstellung zum 10-jährigen Todestag, Galerie Rudolf Hoffmann, Hamburg 1948
15 Barlach, Briefe I, Anmerkungen, 806
16 Ebd., 535
17 Ebd., 534
18 Ebd., 535
19 Ebd., 538
20 Barlach/Piper, Briefwechsel 1900–1938, 142
21 Barlach, Prosa II, 174
22 Barlach/Piper, Briefwechsel 1900–1938, 146
23 Ebd., 149
24 Ebd., 152
25 Barlach, Briefe I, 584
26 Ebd., 589
27 Ebd., 590
28 Ebd., 592
29 Ebd., 602
30 Ebd., 605
31 Ebd., Anmerkungen, 811
32 Ebd., 602
33 Barlach, Prosa II, 91
34 Ebd., 137
35 Ebd., 107
36 Ebd., 165
37 Ebd., 107
38 Ebd., 129
39 Barlach/Piper, Briefwechsel 1900–1938, 129
40 Ebd., 640
41 Barlach, Briefe I, 641
42 Ebd.
43 Ebd., 656
44 Ebd., 642
45 Barlach/Piper, Briefwechsel 1900–1938, 169
46 Ebd.
47 Barlach, Briefe I, 651
48 Ebd., 655
49 Barlach/Piper, Briefwechsel 1900–1938, 170
50 Ebd., 645
51 Jansen (Hg.), Ernst Barlach, Werk und Wirkung, 76
52 Barlach/Piper, Briefwechsel 1900–1938, 174
53 Ebd., 176
54 Barlach, Briefe I, 141
55 Ebd., 142
56 Ebd., 534
57 Ebd.
58 Ebd., 548
59 Ebd., 549
60 Ebd., 550
61 Ebd., 552
62 Ebd., 628

Kapitel V

1 Barlach, Prosa II, 358
2 Barlach, Briefe I, 617
3 Barlach, Dramen, 186
4 Barlach, Briefe I, 619
5 Ebd., 620
6 Ebd., 621
7 Ebd., 635
8 Schult, Barlach im Gespräch, 25
9 Barlach, Dramen, 429
10 Ebd., 432
11 Barlach, Briefe I, 494
12 Ebd., 538
13 Barlach, Dramen, 382
14 Barlach, Briefe I, 539
15 Barlach, Dramen, 383
16 Ebd., 364
17 Barlach, Briefe I, 702
18 Barlach, Dramen, 366
19 Ebd., 369
20 Ebd., 373
21 Ebd., 376
22 Ebd., 373
23 Ebd., 435
24 Ebd., 404
25 Ebd., 400
26 Ebd., 409
27 Barlach, Briefe I, 670
28 Ebd., 671
29 Ebd., 672

30 Ebd., 674
31 Ebd., 679
32 Ebd., 681
33 Ebd., 697
34 Ebd., 682
35 Ebd., 610
36 Ebd., 616
37 Ebd., 698
38 Ebd.
39 Ebd., 709
40 Ebd.
41 Ebd., 710
42 Barlach, Briefe II, 19
43 Ebd.
44 Schult, Werkverzeichnis Plastik, 307
45 Barlach/Piper, Briefwechsel 1900–1938, 147
46 Barlach, Briefe II, 669
47 Barlach, Der Findling, 29
48 Barlach, Briefe I, 286 (Barlach auf der Bühne)
49 Jansen (Hg.), Ernst Barlach, Werk und Wirkung, 250
50 Barlach, Briefe I, 306 (Barlach auf der Bühne)
51 Barlach, Briefe II, 18
52 Ebd., 15
53 Jansen (Hg.), Ernst Barlach, Werk und Wirkung, 250
54 Barlach, Briefe I, 296 (Barlach auf der Bühne)
55 Ebd., 300
56 Barlach/Piper, Briefwechsel 1900–1938, 194
57 Barlach, Briefe I, 736 (Barlach auf der Bühne)
58 Ebd., 305
59 Ebd., 307
60 Ebd.
61 Ebd., 308
62 Tillich, Die sozialistische Entscheidung, 18
63 Ebd., 19
64 Barlach, Dramen, 442
65 Ebd., 359
66 Barlach/Piper, Briefwechsel 1900–1938, 230
67 Barlach, Der blaue Boll, 28
68 Barlach, Dramen, 448
69 Barlach, Briefe II, 326
70 Ebd., 13
71 Ebd., 14
72 Ebd., 13
73 Ebd., 29
74 Ebd., 116
75 Ebd., 121
76 Ebd., 130
77 Karl Barlach, Mein Vetter Ernst Barlach, 20

Kapitel VI

1 Barlach/Piper, Briefwechsel 1900–1938, 190
2 Barlach, Briefe I, 694
3 Michel, Das Teuflische und Groteske in der Kunst, 78
4 Durieux, Eine Tür steht offen, 244
5 Ebd.
6 Barlach, Ein selbsterzähltes Leben, 78
7 Scheffler, Die fetten und die mageren Jahre, 123
8 Durieux, Eine Tür steht offen, 50
9 Barlach/Piper, Briefwechsel 1900–1938, 221
10 Ebd.
11 Ebd., 222
12 Barlach, Briefe II, 105
13 Ebd., 48
14 Ebd., 57
15 Ebd., 73
16 Ebd., 77
17 Ebd., 79
18 Ebd., 131
19 Ebd., Anmerkungen, 812
20 Ebd., 65
21 Schult, Barlach im Gespräch, 128
22 Barlach, Briefe II, 130
23 Karl Barlach, Mein Vetter Ernst Barlach, 67
24 Barlach, Briefe II, 117
25 Ebd., 139
26 Ebd., 140
27 Barlach/Marga Böhmer, Briefe, 10
28 Ebd., 12

29 Ebd., 14
30 Ebd., 17
31 Ebd., 19
32 Ebd., 24
33 Ebd.
34 Ebd., 28
35 Ebd.
36 Ebd., 31
37 Ebd., 35
38 Ebd., 34
39 Ebd., 50
40 Ebd., 73

Kapitel VII

1 In: Crepon, Leben und Leiden des Ernst Barlach, 181
2 Ebd., 183
3 Barlach, Briefe II, 89
4 Ebd., 94
5 Barlach, Dokumente, 322
6 Barlach, Briefe II, 150
7 Ebd., 127
8 Ebd., 95
9 Ebd., 96
10 Ebd., 103
11 Ebd., 105
12 Ebd., 138
13 Barlach, Dokumente, 325
14 Barlach, Briefe II, 155
15 Ebd., 147
16 Ebd., 148
17 Ebd., 149
18 Ebd., 169
19 Ebd., 164
20 Ebd., 167
21 Ebd., 75
22 Barlach, Dokumente, 327
23 Ebd., 411
24 Ebd., 412
25 Ebd., 423
26 Ebd., 413
27 Ebd., 414
28 Ebd., 415
29 Ebd., 416
30 Barlach, Briefe II, 173
31 Ebd., 394
32 Ebd.
33 Barlach/Piper, Briefwechsel 1900–1938, 79
34 Ebd., 80
35 Ebd., 81
36 Ebd., 217
37 Ebd., 205
38 Barlach, Briefe II, 176
39 Barlach, Prosa II, 406
40 In: Barlach, Briefe I, 371 (Barlach auf der Bühne)
41 Barlach, Briefe II, 223
42 Barlach, Der Graf von Ratzeburg, 91
43 Barlach, Briefe II, 208
44 Ebd., 222
45 Ebd., 221
46 Ebd., 273
47 Ebd., Anmerkungen, 827
48 Ebd., 379
49 Ebd., 281
50 Ebd., 283
51 Durieux, Eine Tür steht offen, 260
52 Barlach, Briefe II, 278
53 Ebd., 345
54 Ebd., 366
55 Ebd., 442

Kapitel VIII

1 Barlach, Briefe II, 346
2 Ebd., 359
3 Ebd., 368
4 Ebd., 360
5 Ebd., 357
6 Ebd., 358
7 Ebd., 359
8 Brenner, Die Kunstpolitik des Nationalsozialismus, 189
9 Hippler hatte bei der Vorbereitung der Bücherverbrennung eine entscheidende Rolle gespielt, war dann im Propagandabereich tätig, u. a. als Produzent von »Der ewige Jude«, zuletzt im Rang eines SS-Obersturmbannführers.
10 Weidemann blieb im Goebbels-Umfeld des Propagandaministeriums, war vor allem im Bereich Film tätig. Ende der 1930er Jahre war er als SS-

Obersturmführer in Venetien stationiert, nach dem Krieg (durch seine Bekanntschaft mit Henri Nannen) »Stern«-Redakteur und in den 1970er Jahren auch Bundeswettbewerbsleiter von »Jugend forscht«.
11 Barlach, Briefe II, 379
12 Ebd., 384
13 Ebd., 380
14 Ebd., Anmerkungen, 840
15 Brenner, Die Kunstpolitik des Nationalsozialismus, 67
16 Ebd.
17 Barlach/Piper, Briefwechsel 1900–1938, 84
18 Brenner, Die Kunstpolitik des Nationalsozialismus, 69
19 Paret, Ein Künstler im Dritten Reich, 69
20 Barlach/Piper, Briefwechsel 1900–1938, 93
21 Paret, Ein Künstler im Dritten Reich, 25
22 Barlach, Briefe II, 605
23 Brenner, Die Kunstpolitik des Nationalsozialismus, 75
24 Barlach, Briefe II, 382
25 Ebd., 388
26 Piper, Mein Leben als Verleger, Vormittags – Nachmittags, 434
27 Barlach, Briefe II, 367
28 Barlach, Dokumente, 431
29 Schult, Werkverzeichnis Plastik, 243
30 Barlach, Briefe II, 490
31 Barlach, Dokumente, 421
32 Barlach, Briefe II, 450
33 Ebd., 449
34 Barlach, Dokumente, 422
35 Ebd., 424
36 Barlach, Briefe II, 440
37 Ebd., 441
38 Ebd., 433
39 Die Volksabstimmung von 1934 über die Frage, ob Adolf Hitler Reichskanzler und Reichspräsident in einer Person werden soll, ergab eine Zustimmung von insgesamt 89,9 Prozent. In einigen Großstädten, vor allem den »roten« Stadtbezirken Berlins, lag die Zustimmung jedoch unter 70 Prozent, was für eine Diktatur alarmierend wenig ist, sodass man fortan keine derartigen Plebiszite mehr wagte.
40 Barlach/Piper, Briefwechsel 1900–1938, Anmerkungen, 667
41 Piper, Ernst Barlach und die nationalsozialistische Kunstpolitik, 114
42 Brenner, Die Kunstpolitik des Nationalsozialismus, 76
43 Ebd., 83
44 Barlach, Dokumente, 326
45 Piper, Ernst Barlach und die nationalsozialistische Kunstpolitik, 135
46 Barlach, Briefe II, 494
47 Hupp, Der Kieler Geistkämpfer von Ernst Barlach, 48
48 Ebd., 49
49 Fechter, in: Barlach, Zeichnungen, 7
50 Ebd., 17
51 Barlach, Briefe II, 596
52 Barlach/Piper, Briefwechsel 1900–1938, 350
53 Piper, Ernst Barlach und die nationalsozialistische Kunstpolitik, 131
54 Ebd., 139
55 Ebd., 141
56 Fechter, in: Barlach, Zeichnungen, 18
57 Piper, Ernst Barlach und die nationalsozialistische Kunstpolitik, 137
58 Barlach/Piper, Briefwechsel 1900–1938, Anmerkungen, 678
59 Barlach, Briefe II, 638
60 Piper, Ernst Barlach und die nationalsozialistische Kunstpolitik, 170
61 Ebd., 163
62 Ebd., 159
63 Barlach, Briefe II, 645
64 Piper, Ernst Barlach und die nationalsozialistische Kunstpolitik, 176
65 Vgl. Erik Lindner, Die Reemtsmas, Hamburg 2007
66 Ebd., 123
67 Thieme, Hugo Körtzinger in Schnega,

16
68 In: Ochwadt, Ernst Barlach, Hugo Körtzinger und Hermann Reemtsma, 39
69 Thieme, Hugo Körtzinger in Schnega, 23
70 Barlach, Briefe II, 678
71 Ebd., 679
72 Ebd., 683
73 Ebd., 682
74 Körtzinger, Einführung zum »Fries der Lauschenden«
75 Vgl. Droß, Anmerkungen zu Barlach, Briefe II, 889
76 Körtzinger, Einführung zum »Fries der Lauschenden«
77 Ebd.

Kapitel IX

1 Piper, Ernst Barlach und die nationalsozialistische Kunstpolitik, 183
2 Barlach, Briefe II, 665
3 Piper, Ernst Barlach und die nationalsozialistische Kunstpolitik, 182
4 Barlach, Briefe II, 679
5 Piper, Ernst Barlach und die nationalsozialistische Kunstpolitik, 187
6 Ebd., 188
7 Ebd., 190
8 Ebd., 192
9 Ebd., 193
10 Gottfried Benn, Kunst und Drittes Reich, II. Kunst in Europa, in: ders., Gesammelte Werke I, Essays – Reden – Vorträge, Stuttgart 1977 (307–315), 319
11 Barlach/Piper, Briefwechsel 1900–1938, 326
12 Barlach, Briefe II, 683
13 Piper, Ernst Barlach und die nationalsozialistische Kunstpolitik, 205
14 Barlach, Briefe II, 735
15 Hans Schweitzer war Grafiker und Karikaturist, u. a. für den »Völkischen Beobachter« und das NS-Satireblatt »Die Brennessel«. Goebbels nannte ihn einen »gottbegnadeten Künstler«, der maßgeblich mitgeholfen habe, die Weimarer Republik »durch Lächerlichkeit zu töten«. Die Symbole des »russischen Untermenschen«, der »Juden als unser Unglück« gehen zumeist auf Schweitzers Hetzbilder zurück, die Plakate zur Ausstellung »Entartete Kunst« stammen ebenfalls von ihm. 1945 wurde er im Entnazifizierungsprozess zu 500 D-Mark Strafe verurteilt und zeichnete dann in der Bundesrepublik für rechtsextreme Blätter, entwarf aber auch Plakate für das Bundespresseamt.
16 Barlach, Briefe II, 720
17 Ebd.
18 Ebd., 728
19 Piper, Ernst Barlach und die nationalsozialistische Kunstpolitik, 232
20 Barlach, Briefe II, 721
21 Ebd., 745
22 Ebd., 746
23 Barlach, Prosa II, 428
24 Ebd., 738
25 Ebd., 428
26 Barlach, Briefe II, 722
27 Ebd., 730
28 Ebd., 734
29 Ebd., 731
30 Ebd., 729
31 Barlach, Dokumente, 478
32 Barlach, Prosa II, 440
33 Barlach, Der gestohlene Mond, 15
34 Ebd., 11
35 Ebd., 6
36 Karl Barlach, Mein Vetter Ernst Barlach, 44
37 Barlach, Prosa II, 473 (Der gestohlene Mond)
38 Barlach, Der gestohlene Mond, 16
39 Ebd., 20
40 Barlach, Prosa II, 610
41 Ebd., 612
42 Ebd., 615
43 Ebd., 606
44 Ebd., 609
45 Ochwadt, Ernst Barlach, Hugo Kört-

zinger, Hermann Reemtsma, 39
46 Ebd., 55
47 Ebd., 42
48 Ebd., 48
49 Ebd., 61
50 Ebd., 41
51 Barlach, Briefe II, 751
52 Ebd., 780
53 Ebd., 784
54 Barlach/Piper, Briefwechsel 1900–1938, 448
55 Ebd., Anmerkungen, 720
56 Karl Barlach, Mein Vetter Ernst Barlach, 72
57 Vgl. Clemens, Marga Böhmer, 73ff.
58 Ernst Barlach. Das Wirkliche und Wahrhaftige, hg. von Franz Fühmann, 245
59 Barlach, Briefe II, 792
60 Barlach, Dokumente, 451
61 Ebd., 453
62 Ebd., 457
63 Ebd., 460
64 Ebd., 462
65 Ebd., 463
66 Ebd., 469
67 Ebd., 476
68 Freundesworte, Ernst Barlach zum Gedächtnis, 11
69 Ebd.
70 Freundesworte, Ernst Barlach zum Gedächtnis, 25
71 Ebd., 42
72 Ebd., 29
73 Ebd., 35

Kapitel X

1 Clemens, Marga Böhmer, 108
2 Ebd., 112
3 Ebd., 118
4 Barlach, Prosa II, Anmerkungen, 715
5 Vgl. Decker, Franz Fühmann, 176
6 Barlach/Piper, Briefwechsel 1900–1938, 273
7 Ebd., 271
8 Piper, Ernst Barlach und die nationalsozialistische Kunstpolitik, 235
9 Barlach, Dokumente, 343
10 Piper, Ernst Barlach und die nationalsozialistische Kunstpolitik, 208
11 Ebd., 252
12 Ebd., 249
13 Ebd., 250
14 Ebd., 252
15 Ebd., 243
16 Barlach, Briefe II, 183
17 Ebd., 201
18 Ebd., 711
19 Piper, Ernst Barlach und die nationalsozialistische Kunstpolitik, 226
20 Hupp, Der Kieler Geistkämpfer, 58
21 Vgl. ebd., 66
22 Piper, Ernst Barlach und die nationalsozialistische Kunstpolitik, 244
23 In: Clemens, Marga Böhmer, 57
24 Barlach, Dokumente, 490
25 Piper, Ernst Barlach und die nationalsozialistische Kunstpolitik, 254
26 Ebd., 258
27 Barlach, Dokumente, 499
28 Ebd., 496
29 Ebd., 501
30 Ebd.
31 Ebd., 492
32 Piper, Ernst Barlach und die nationalsozialistische Kunstpolitik, 262
33 Decker, Franz Fühmann, 183
34 Fühmann, Barlach in Güstrow, 5
35 Ebd., 26
36 Kurt Batt, Nachwort, in: Ernst Barlach, Briefe, ausgewählt von Franz Fühmann, 504

Epilog

1 Barlach, Briefe I, 480
2 Gay, Der Frager, 33

Bibliographie

Werke Ernst Barlachs

Ernst Barlach, Fries der Lauschenden, mit einer Einführung von Hugo Körtzinger, Othmarschen 1936 (Privatdruck)

Ernst Barlach, Fragmente aus sehr früher Zeit, Berlin 1939

Ernst Barlach, Zeichnungen, mit einer Einführung von Paul Fechter, München 1948

Ernst Barlach, Zwischen Himmel und Hölle, 45 Zeichnungen, Auswahl und Einführung Carl Georg Heise, München 1955

Ernst Barlach, Die Dramen (2 Bände), Hg. Friedrich Droß, München 1956

Ernst Barlach, Das graphische Werk, bearbeitet von Friedrich Schult, Hamburg 1958

Ernst Barlach, Die Briefe, Bd. 1–2, Hg. Friedrich Droß, München 1959

Ernst Barlach, Die Prosa, Bd. 1–3, Hg. Friedrich Droß, München 1959

Ernst Barlach, Das plastische Werk, bearbeitet von Friedrich Schult, Hamburg 1960

Ernst Barlach, Seespeck, Hg. Friedrich Schult, Rostock 1962

Ernst Barlach, 1870–1970, Hg. Deutsche Akademie der Künste (Katalog zur Ausstellung Januar/Februar 1970), Berlin 1970

Ernst Barlach, Das Wirkliche und Wahrhaftige (Briefe, Grafik, Dokumente), Hg. Franz Fühmann, Rostock 1970

Ernst Barlach, Werkkatalog der Zeichnungen, bearbeitet von Friedrich Schult, Hamburg 1971

Ernst Barlach, Briefe, ausgewählt von Franz Fühmann, Rostock 1972

Ernst Barlach, mit einem Essay von Willy Kurth, Berlin 1985

Ernst Barlach, Dramen (8 Bände), Hg. Helmar Harald Fischer, München 1988

Ernst Barlach, Dramen, Hg. Klaus Hammer, Leipzig 1989

Ernst Barlach, Der gestohlene Mond, Rostock 1989

Ernst Barlach Stiftung Güstrow (Hg.), Nachlass Marga Böhmer (Ausstellungskatalog), Güstrow 1995

Ernst Barlach/Reinhard Piper, Briefwechsel 1900–1938, Hg. Wolfgang Tarnowski, München/Zürich 1997

Ernst Barlach, Ein selbsterzähltes Leben, Hg. Ulrich Bubrowski, Hamburg 2006

Ernst Barlach/Marga Böhmer, Briefe, Hg. Inge Tessenow, Güstrow 2012

Über Ernst Barlach

o.A., Freundesworte – Ernst Barlach zum Gedächtnis, Hamburg 1939 (Privatdruck)

Barlach, Karl, Mein Vetter Ernst Barlach, Bremen 1960

Brenner, Hildegard, Die Kunstpolitik des Nationalsozialismus, Reinbek 1963

Carossa, Hans, Führung und Geleit. Ein Lebensgedenkbuch, in: ders., Sämtliche Werke, Bd. 1, Frankfurt am Main 1962, 665–791

Clemens, Ditte, Marga Böhmer – Barlachs Lebensgefährtin, Schwerin 1996

Crepon, Tom, Leben und Leiden des Ernst Barlach, Rostock 1988

–, Friedrich Schult – Freund Ernst Barlachs, Schwerin 1997

Däubler, Theodor, Der neue Standpunkt, Zur Kunst des Expressionismus, Leipzig/Weimar 1980

Durieux, Tilla, Eine Tür steht offen, Erinnerungen, Berlin 1965

Fechter, Paul, Ernst Barlach, Gütersloh 1957

Feilchenfeldt, Rahel E., und Thomas Raff (Hg.), Ein Fest der Künste – Paul Cassirer, München 2006

Fischer, Bernd Erhard, Barlach in Güstrow, Berlin 2004

Franck, Hans, Barlach – Leben und Werk, Stuttgart 1961

Fromm, Andrea, und Helga Thieme (Hg.), Barlach auf der Bühne – Inszenierungen 1919–2006, Hamburg/Güstrow 2007

Fühmann, Franz, Ernst Barlach – Das schlimme Jahr, Rostock 1963

–, Barlach in Güstrow, Leipzig 1977

Gay, Fritz, Der Frager – Gedanken über Ernst Barlach, Dresden 1957

Hupp, Klaus, Der Kieler Geistkämpfer von Ernst Barlach – Darstellung, Deutung und Geschichte, Husum 1992

Jansen, Elmar, Ernst Barlach, Berlin 1984

–, Barlach/Kollwitz – Berührungen, Grenzen, Gegenbilder, Berlin 1989

–, Ein Luftwechsel der Empfindlichkeit – Baal, Barlach, Benjamin und andere Essays, Göttingen 2016

– (Hg.), Ernst Barlach – Werk und Wirkung, Berlin 1975

Kirsten, Ralf, Der verlorene Engel, DEFA 1965/1971 (DVD)

Kleberger, Ilse, Ernst Barlach, Leipzig 1998

Kollwitz, Käthe, Bekenntnisse, Leipzig 1984

Krahmer, Catherine, Ernst Barlach, Reinbek 1984

Michel, Wilhelm, Das Teuflische und das Groteske in der Kunst, München 1911

Müller, Karsten, und Helga Thieme (Hg.), Lichte Finsternis – Alfred Kubin und Ernst Barlach, Hamburg/Güstrow 2015 (Ausstellungskatalog)

Ochwadt, Curd, Ernst Barlach, Hugo Körtzinger und Hermann Reemtsma, Hannover 1988

Paret, Peter, Ein Künstler im Dritten Reich, Ernst Barlach 1933–1938, Berlin 2007

Piper, Ernst, Ernst Barlach und die nationalsozialistische Kunstpolitik. Eine dokumentarische Darstellung zur »entarteten Kunst«, München/Zürich 1983

Piper, Reinhard, Mein Leben als Verleger, Vormittag – Nachmittag, München 1964

Scheffler, Karl, Die fetten und die mageren Jahre. Ein Arbeits- und Lebensbericht, Leipzig/München 1946

Schmidt, Helmut, Nicht zerreißen, was zusammengehört, in: »Die Zeit« Nr. 19/1995

Schult, Friedrich, Barlach im Gespräch, hg. von Elmar Jansen, Leipzig 1989

Schurek, Paul, Begegnungen mit Barlach, München 1959

Seemann, Uwe, Ernst Barlach – Landschaften seines Lebens, hg. von Konrad Reich, eingeleitet von Friedrich Schorlemmer, Rostock 2009

Tarnowski, Wolfgang, Ernst Barlach und der Nationalsozialismus, Hamburg 1989

Tessenow, Inge (Hg.), Ernst Barlach – Auf dem Weg in die Moderne, Stationen der Frühzeit (Ausstellungskatalog), Güstrow 2016

– und Ernst Barlach Stiftung Güstrow (Hg.), Ernst Barlach – Berlin Florenz 1909, Güstrow 1995 (Ausstellungskatalog)

Thieme, Helga, Hugo Körtzinger in Schnega, Berlin 2018

Verein August Macke Haus Bonn (Hg.), Barlach und Russland – Ernst Barlachs Russlandreise im Sommer 1906 (Ausstellungskatalog), Bonn 2002

Zeittafel

2. Jan. 1870	Ernst Barlach kommt im holsteinischen Wedel bei Hamburg als ältester Sohn des Landarztes Dr. Georg Barlach (1839–1884) und seiner Ehefrau Luise Barlach, geb. Vollert (1845–1920), zur Welt
1871	Geburt von Bruder Hans († 1953)
1872	Umzug der Familie nach Schönberg (Mecklenburg) Geburt der Zwillingsbrüder Joseph († 1923) und Nikolaus († 1925)
1877	Umzug nach Ratzeburg
1884	Tod des Vaters, Rückkehr der Mutter mit den Söhnen nach Schönberg Besuch der dortigen Realschule
1888	Besuch der Gewerbeschule in Hamburg (bis 1891)
1891	Besuch der Dresdner Kunstakademie (bis 1895)
1892	Meisterschüler des Bildhauers Robert Diez, Abschlussarbeit »Die Krautpflückerin«
April 1895	Erster Aufenthalt in Paris (bis April 1896)
1896	Gemeinsamer Haushalt mit der Mutter in Friedrichroda
1897	Zweiter Aufenthalt in Paris (März–Juli) Nach der Rückkehr mit Carl Garbers Ausgestaltung des Giebels am Rathaus Altona
1899	Aufenthalt in Berlin (bis 1901) Bekanntschaft mit Reinhard Piper und Karl Scheffler
1901	Aufenthalt in Wedel (bis 1904), Keramikentwürfe für die Mutz-Werkstätten Altona
1903	Herzerkrankung
Okt. 1904	Lehrer an der Fachschule für Keramik in Höhr im Westerwald (bis April 1905) Ausstellung von Zeichnungen und Keramiken bei Richard Mutz in Berlin
1905	Erneuter Aufenthalt in Berlin (bis 1910)
1906	20. August, Geburt von Sohn Nikolaus, genannt Klaus († 2001), und nachfolgender Rechtsstreit mit der Mutter Rosa Limona Schwab um das alleinige Sorgerecht, den Barlach gewinnt Russische Reise (2. August–27. September)
1907	Freundschaft mit August Gaul Zwei Terrakotten in der Ausstellung der Berliner Secession, im Jahr darauf Mitglied der Secession Vertrag mit Paul Cassirer (festes Jahresgehalt vereinbart)
1908	Erste Arbeiten in Holz
1909	Aufenthalt in der Villa Romana in Florenz Begegnung mit Theodor Däubler und Arthur Moeller van den Bruck Figuren »Sterndeuter I« und »Sterndeuter II«

Okt. 1910	Umzug nach Güstrow mit der Mutter und Sohn Klaus Figur »Der Berserker«
1911	Arbeit am Drama »Der arme Vetter«
1912	Der Dramenerstling »Der tote Tag« erscheint in der Pan-Presse bei Paul Cassirer (mit Lithographien Barlachs)
Jan. 1913	Arbeit am Fragment gebliebenen »Seespeck« (bis 1916) Reise durch Mecklenburg mit Theodor Däubler
1914	Bei Kriegsausbruch Beginn des »Güstrower Tagebuchs« (bis 1917), Helfer im Güstrower Kinderhort Lithographien für »Kriegszeit« (bis 1915) Freundschaft mit Friedrich Schult
7. Dez. 1915	Ausbildung zum Landsturmsoldaten in Sonderburg (bis 19. Februar 1916), auf Intervention von Liebermann, Gaul und Slevogt aus dem Kriegsdienst entlassen
1916	Lithographien für den »Bildermann«
1917	Erste Gesamtausstellung bei Paul Cassirer Arbeit an »Die echten Sedemunds« (Uraufführung 1921)
1919	Mitglied der Preußischen Akademie der Künste Uraufführung der Dramen »Der tote Tag« in Leipzig und »Der arme Vetter« in Hamburg
1920	Tod der Mutter Holzschnittzyklus »Die Wandlungen Gottes«
1921	Drama »Der Findling« erscheint in der Pan-Presse
1923	Holzschnittzyklus zu Goethes »Walpurgisnacht«
1924	Uraufführung des Dramas »Die Sündflut« Verleihung des Kleist-Preises Bekanntschaft mit dem Ehepaar Marga (1887–1969) und Bernhard A. Böhmer (1892–1945) Skulptur »Der Träumer«
1926	Freitod von Paul Cassirer Uraufführung des Dramas »Der blaue Boll« in Stuttgart Skulptur »Das Wiedersehen«
1927	Kur in Bad Kissingen »Der schwebende Engel« im Güstrower Dom eingeweiht Barlach zieht zu seiner Lebensgefährtin Marga Böhmer an den Heidberg
1928	»Ein selbsterzähltes Leben« erscheint Uraufführung des Dramas »Der Findling« in Königsberg Kieler Ehrenmal »Der Geistkämpfer« aufgestellt
1929	Magdeburger Ehrenmal übergeben Uraufführung des Dramas »Die gute Zeit« im Reußischen Theater Gera
1930	Ehrenausstellung zum sechzigsten Geburtstag in der Preußischen Akademie der Künste Aufführung von »Der blaue Boll« im Berliner Schauspielhaus unter der Regie von Jürgen Fehling (mit Heinrich George als Boll)

	Vertrag mit dem Kunsthändler Alfred Flechtheim über Herstellung und Verkauf von einer erheblichen Anzahl seiner Bronzen »Der Wanderer« (erste Figur aus dem »Fries der Lauschenden«), »Bettler auf Krücken« für »Gemeinschaft der Heiligen« an der Westwand der Katharinenkirche in Lübeck
1931	Hamburger Ehrenmal auf dem Rathausmarkt eingeweiht (Mutter mit Kind) Fertigstellung des neuen Atelier- und Wohnhauses am Güstrower Heidberg
1932	Bewerbung um das Stralsunder Ehrenmal aufgrund immer stärkerer Angriffe nationalistischer Kreise zurückgezogen
1933	Ritter der Friedensklasse des Ordens Pour le Mérite (Februar) Abbau des Magdeburger Ehrenmals (März)
1934	Barlach wird von NS-Studentenkreisen umworben, die einen »nordischen Modernismus« propagieren, Mitunterzeichner des »Aufrufs der Kulturschaffenden«, einer Ergebenheitsadresse an Hitler
1935	»Das Wiedersehen« wird aus dem Landesmuseum Schwerin entfernt Aufführungsverbot von »Die echten Sedemunds« am Theater Altona »Zeichnungen« (mit einer Einleitung von Paul Fechter) erscheint im Piper Verlag Die neun Figuren vom »Fries der Lauschenden« werden dem Auftraggeber Hermann F. Reemtsma übergeben
1936	Beschlagnahmung der »Zeichnungen« durch die Gestapo Aufnahme der Arbeit an dem Fragment gebliebenen Roman »Der gestohlene Mond« (bis 1937) Holzplastik »Das schlimme Jahr 1937« Privatdruck mit Abbildungen vom »Fries der Lauschenden« (mit einer Einführung von Hugo Körtzinger), gestiftet von Hermann F. Reemtsma
1937	»Das Wiedersehen« in der Münchner Ausstellung »Entartete Kunst«; in der Folge werden etwa 400 seiner Arbeiten von »Säuberungskommissionen« aus öffentlichen Museen und Sammlungen entfernt Abbruch des »Geistkämpfers« in Kiel (20. April) »Der schwebende Engel« wird aus dem Güstrower Dom entfernt (in der Nacht vom 23. zum 24. August) Ausstellungsverbot
1938	Seit Mitte September mit Herz-Lungen-Insuffizienz in der Rostocker Privatklinik von Professor Ganter
24. Okt.	Ernst Barlach stirbt
27. Okt.	Trauerfeier im Güstrower Atelier
28. Okt.	Beisetzung in Ratzeburg
1939	Als Privatdruck erscheint »Stimmen der Freunde« im Auftrag von Hermann F. Reemtsma

Bildnachweis

akg-images: 411 (Ernst Barlach Haus)
Artothek: 83 (Kunsthalle Bremen/Karen Blindow)
Ernst Barlach Lizenzverwaltung Ratzeburg: 73, 96, 125, 278, 332/333, 370
Ernst Barlach Stiftung Güstrow: 2, 47, 104, 112, 119, 138, 149, 168, 181, 187, 197, 211, 217, 236, 237, 243, 244, 253, 269, 270, 273, 293, 323, 327, 329, 337, 345, 363, 367, 387, 390
Harvard Art Museums/Busch-Reisinger Museum: 324 (Schenkung von John S. Newberry, Jr.)
SLUB Dresden/Deutsche Fotothek: 371 (Berthold Kegebein)